Kultur- und Landschaftsführer in der Reihe DuMont Dokumente

Zur schnellen Orientierung – die wichtigsten Orte und Sehenswürdigkeiten Zimbabwes auf einen Blick:

(Auszug aus dem ausführlichen Ortsregister S. 362)

In der vorderen Umschlagklappe: Übersichtskarte Zimbabwe

In der hinteren Umschlagklappe: Stadtplan von Harare

Astrid und Marcus Cornaro

Zimbabwe

Das afrikanische Hochland zwischen den Flüssen Zambezi und Limpopo

DuMont Buchverlag Köln

Umschlagvorderseite: Ruinen von Great Zimbabwe

Umschlaginnenklappe: Dorf im Matabeleland

Umschlagrückseite: Giraffen im Hwange National Park

Frontispiz Seite 2: Mit dem Eselskarren unterwegs bei Bulawayo

Die Deutsche Bibliothek – CIP-Einheitsaufnahme

Cornaro, Astrid:
Zimbabwe: das afrikanische Hochland zwischen den Flüssen
Zambezi und Limpopo / Astrid und Marcus Cornaro. –
Köln: DuMont, 1991
(DuMont-Dokumente: Landschaftsführer)
ISBN 3-7701-2080-9
NE: Cornaro, Marcus:

Satz, Druck und buchbinderische Verarbeitung: Boss-Druck, Kleve

Printed in Germany ISBN 3-7701-2080-9

Inhalt

Städte, Stätten und Landschaften in Zimbabwe 188

Wasserfall in den Eastern Highlands ▷

Landeskundlicher Überblick

Naturraum Zimbabwe

Landschaftliche Gliederung und geologische Strukturen

Zimbabwe ist das südlichste Land des afrikanischen Kontinents, das sich noch gänzlich innerhalb der tropischen Zone befindet. Es liegt zwischen 15°30′ und 22°20′ südlicher Breite, was etwa der Höhe Boliviens und Nordaustraliens entspricht, sowie zwischen 25°14′ und 33°04′ östlicher Länge. Die Lage nördlich des südlichen Wendekreises bedingt die weitgehend gleiche Dauer von Tag und Nacht: Die Zeitpunkte von Sonnenauf- und Sonnenuntergang schwanken im Laufe des Jahres maximal um eine Stunde.

Das Staatsgebiet ist mit 390 580 km² etwa so groß wie das Deutschlands und der Schweiz zusammen. Zimbabwe ist ein Binnenland mit überwiegend natürlichen Grenzen, was in Afrika eher eine Ausnahme darstellt, da die Staatsgrenzen als Ergebnis der Kolonialpolitik meist künstlich festgelegt wurden. Der Zambezi River im Norden trennt das Land von Zambia. Die Grenze zu Moçambique markieren im Norden die Zuflüsse zum Cabora Bassa-Stausee und im Osten der Bergzug der Eastern Highlands. Im Süden bildet der Limpopo eine natürliche Grenze zu Südafrika; nur die Grenze zu Botswana im Westen verläuft willkürlich entlang der östlichen Ausläufer des Kalahari-Beckens.

Die Vielfältigkeit der Landschaften Zimbabwes ist eindrucksvoll: vom immergrünen tropischen Bergwald zur Strauchsavanne der Halbwüste, vom ausgedehnten Farmland zum unberührten Naturpark, von felsigen Gebirgszügen zu Flußniederungen. Das Land gliedert sich in vier Naturräume, die sich durch Höhenlage und Klima unterscheiden. Das Hochplateau (Highveld) steigt von der rund 1200 m hoch gelegenen Provinzmetropole Bulawayo im Südwesten über die Landeshauptstadt Harare bis nach Mvurwi im Nordosten allmählich auf 1700 m an. Die Jahresdurchschnittstemperaturen liegen hier zwischen 15 °C und 20 °C. Das Hochplateau ist bestes Farmland. Markante Akzente in dieser weiten Landschaft setzen die gewaltigen Granitblöcke und die sogenannten *balancing rocks,* ›balancierende Wackelsteine‹. Von diesem Hochplateau erstreckt sich ein schmaler Höhenrücken in östlicher Richtung, von Harare bis Nyanga im Östlichen Hochland.

Das östliche Hochland, die Eastern Highlands, ist eine Bergkette am Rande des Hochplateaus, die sich über 350 km vom Mount Nyangui im Norden bis zu den Chimanimani Mountains im Süden erstreckt. Höchster Berg ist mit 2592 m der Mount Inyangani bei Nyanga. Der Bergzug fällt im Osten zum Tiefland von Moçambique deutlich ab. Mit Jahresdurchschnittstemperaturen von weniger als 15 °C sind die Eastern Highlands die kälteste Region des Landes.

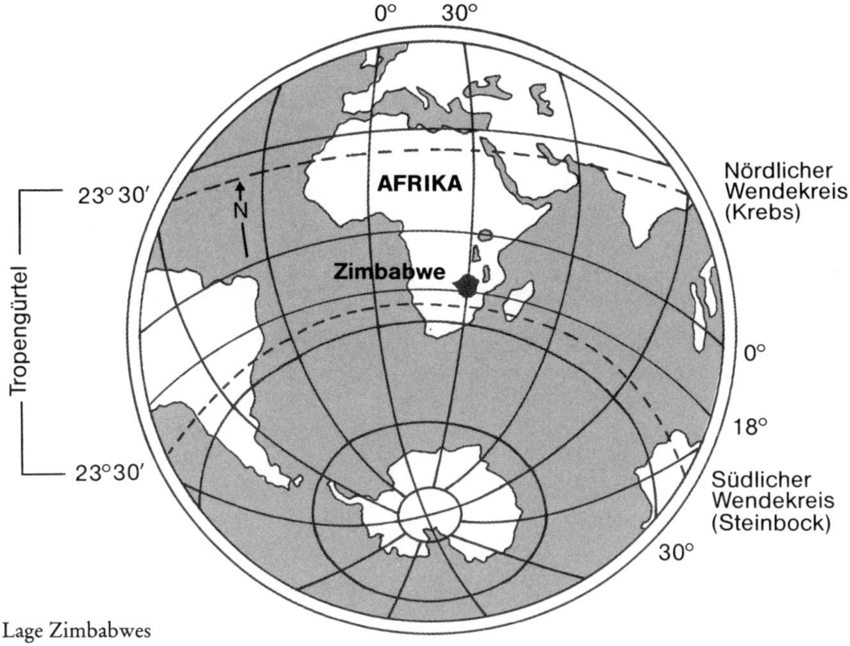

Die Lage Zimbabwes

Das mittlere Hochland (Middleveld) in einer Höhenlage zwischen 900 m und 1200 m schließt sich nordwestlich und südöstlich an das Hochplateau an und ist durch ein warmes Klima mit durchschnittlich 20 °C geprägt. Im Gegensatz zum ebenen Highveld ist die Landschaft abwechslungsreicher, durch Flußläufe und Felsbrüche gegliedert. Im Norden fällt das Hochland abrupt zum Tal des Zambezi ab, wobei die Steilhänge *(Escarpments)* bis zu 1000 m hoch sind. Die westlichen Ausläufer des Middleveld sind so eben, daß die Eisenbahnstrecke von Bulawayo nach Victoria Falls zwischen Gwayi und Dete auf einer Länge von 112 km schnurgerade verläuft. Im Süden flacht das mittlere Hochland zur weiten Talsenke zwischen Limpopo und Sabi ab.

Die Ebenen (Lowveld) der großen Flüsse – des Zambezi im Norden, des Sabi im Südosten und des Limpopo im Süden – sind mit einer durchschnittlichen Höhe zwischen 300 m und 900 m, einem heißen Klima mit Jahresdurchschnittstemperaturen von weit über 20 °C und kurzen Regenperioden die unwirtlichsten Regionen des Landes. Im Lowveld befinden sich die meisten Nationalparks und Wildtierfarmen. Intensive Landwirtschaft kann nur mit Hilfe künstlicher Bewässerung betrieben werden, wofür die tiefgrünen Zuckerrohrplantagen im Südosten ein Beispiel sind. Der tiefste Punkt Zimbabwes (152 m) befindet sich am Zusammenfluß von Lundi und Sabi im Gonarezhou National Park im Südosten des Landes.

Zimbabwe wird von drei Flußsystemen durchzogen, dem Zambezi im Norden, dem Limpopo im Süden und dem Sabi mit seinem Nebenfluß Lundi im Südosten, die jeweils in den Indischen Ozean münden. Die Wasserscheide zwischen Zambezi einerseits und Limpopo-Sabi-

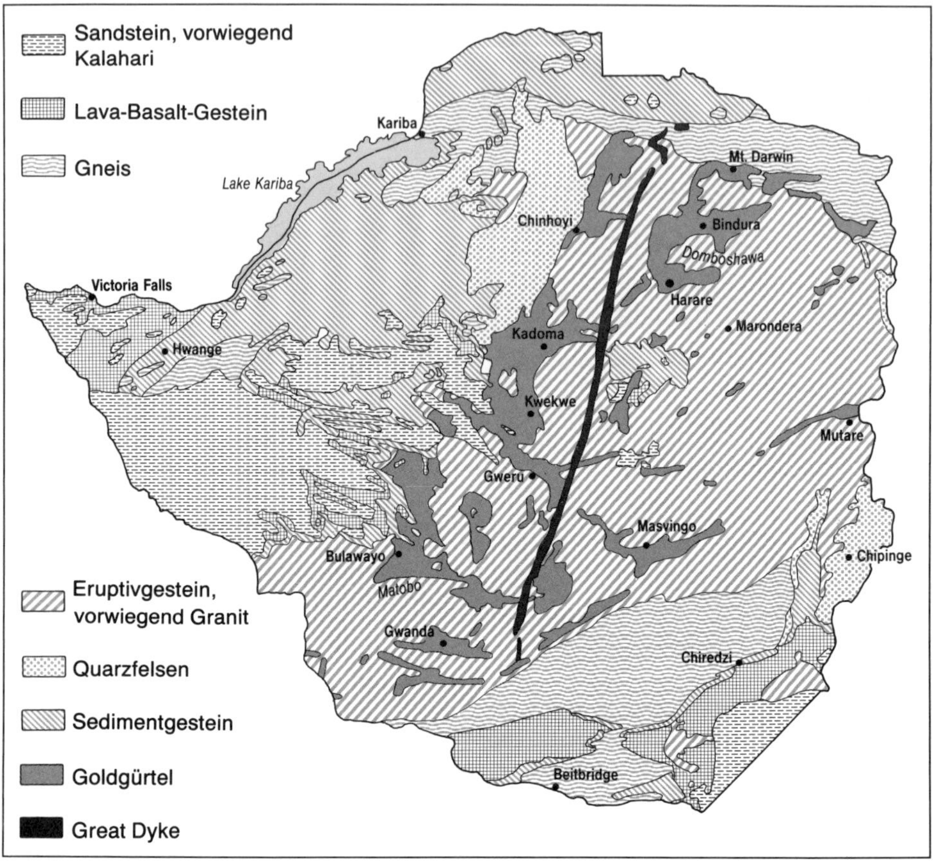

Geologische Formationen

Lundi andererseits verläuft entlang des Hochplateaus. Das Land besitzt keinen natürlichen See, aber zahlreiche Stauseen.

Wasserfälle und Schluchten gehören zu den großen Attraktionen der Naturlandschaften des Landes. Allen voran sind die Victoria Falls am Zambezi zu nennen, der größte ›Wasservorhang‹ der Welt. Doch auch in den Eastern Highlands gibt es imposante Fälle, darunter die Mtarazi Falls, die mit 762 m zu den höchsten des Kontinents zählen. Die Goba-Fälle zwischen Wedza und Rusape veranschaulichen die Höhenstufen des Landes, denn dort stürzt der Ruzawi River vom Highveld auf das Plateau des Middleveld. Ein analoges Beispiel für die Stufe zwischen Middleveld und Lowveld bilden die Bangala-Fälle des Mtilikwe River südöstlich von Masvingo. Der Lundi und der Sabi fallen im Gonarezhou National Park vom Lowveld in die Talsenke des Sabi River (Chivirira und Chitovi Falls).

Inselberge: dwalas, kopjes und balancing rocks

Im wenig gegliederten, ebenen Hochland von Zimbabwe finden sich häufig isolierte Felsformationen, die teils als hohe runde Kuppen, teils als zerklüftete Türme in Erscheinung treten. Diese ›Inselberge‹ sind Granitblöcke, die durch die Erosion der Gesteins- und Erdmassen in ihrer Umgebung langsam an die Oberfläche gelangten. In vielen Fällen sind die Blöcke bereits beim Erstarren der flüssigen Masse unter der Erdoberfläche gesprungen; ihre Freilegung beschleunigte jedoch das weitere Auseinanderbrechen. Durch Winderosion bildeten sich ›Wackelsteine‹, die *balancing rocks.* Seltener blieben Gesteinsblöcke als solide Monolithe erhalten, die nun auf der Erdoberfläche als gewölbte, regelmäßige Kuppen sichtbar geworden sind und *dwala* oder *whaleback* (Walfischrücken) genannt werden. Teils ragen sie als markante Dome oder sogenannte *bornhardts* aus der Landschaft. Auch die witterungsbeständigsten Granite sind im Laufe der Zeit der Erosion ausgeliefert: Sie bekommen vertikale und horizontale Risse, die verschiedenste Formen entstehen lassen. Überwiegen vertikale Sprünge, so bilden sich ›Burgen‹, die *castle kopjes.* Lösen sich die Blöcke zunächst entlang horizontaler Bruchlinien auf, kommt es zu einem beschleunigten Verfall der oberen Schicht, so daß einzelne Steinquader oder -kugeln auf den Kuppen der nächstunteren Schicht aufzuliegen scheinen.

Schöne Beispiele für Dome befinden sich nördlich von Harare bei Domboshava und westlich bei Goromonzi und Murewa. In Matobo bei Bulawayo, im Gebirgszug der Mvurwi Range und bei Marondera dominieren die *castle kopjes.*

bornhardt

whaleback/dwala

castle kopje

tor

balancing rock

Typische Formen verwitterten Granits

Die tiefsten und längsten Schluchten findet man am Zambezi: Die flußabwärts der Viktoria-Fälle gelegene 90 km lange Batoka-Schlucht verengt sich bei den Chimamba-Stromschnellen auf nur 20 m Breite. Zwecks Stromgewinnung soll hier die mit 200 m höchste Staumauer Afrikas errichtet werden. In der Kariba-Schlucht wurde der Zambezi zum gleichnamigen See aufgestaut. Vor seinem Übergang in die Tiefebene Moçambiques fließt er durch die 600 m tiefe Mupata- und durch die Mkaliva-Schlucht.

Die Landmasse des südlichen Afrika formierte sich in der Erdfrühzeit (Präkambrium), vor 3000 Mio. Jahren, als die Erdkruste langsam erkaltete. Ein Teil des Kontinents, darunter das Hochland von Zimbabwe, erstarrte binnen 500 Mio. Jahren zu einem gewaltigen Granitschild mit Einlagerungen von Grünschiefer-Formationen. Er bildet den heutigen Goldgürtel. Nördlich und südlich des Granitschildes entstand durch Druck Gneis. Dieser Prozeß war vor 2500 Mio. Jahren abgeschlossen. Beim Erstarren bekam der Granitschild Sprünge und Brüche, durch die Magma bis an die Erdoberfläche gelangte. Diesem Vorgang verdankt Zimbabwe eine geologische Besonderheit, den Great Dyke (s. S. 204 f.).

Gegen Ende des Erdaltertums (Paläozoikum), vor 300–200 Mio. Jahren, wurde das südliche Afrika von Sedimentgesteinen überzogen. Diese Sandsteinformationen sind auf dem Hochland verwittert, bilden aber noch das vorherrschende Gestein der Zambezi-Ebene und des südlichen Lowveld. Am Übergang vom Erdaltertum (Paläozoikum) zum Erdmittelalter (Mesozoikum), vor rund 200 Mio. Jahren, löste sich Afrika im Zuge der sogenannten Kontinentalverschiebung vom Südkontinent, der aus dem späteren Afrika, Indien, Australien und der Antarktis bestand. Der afrikanische Kontinent driftete nach Norden und geriet in wärmere Einflußzonen. Die Dehnung der Erdkruste bewirkte eine Einfurchung nördlich des heutigen Hochlandes, die den späteren Flußverlauf des Zambezi vorgab. In diese Zeit fällt auch die Aufwölbung der Bergkette der Eastern Highlands.

Schließlich kam es am Übergang zur Erdneuzeit (Neozoikum), vor 65 Mio. Jahren, zu Verwehungen von Kalahari-Sand, der sich im Westen des Landes ablagerte und dort die heute vorherrschenden Sandsteinformationen bildete.

Granitfelsen in Epworth bei Harare

Das Klima

Aufgrund der kontinentalen Binnenlage und der Landeshöhe ist das Klima Zimbabwes weniger feucht und heiß als in vielen anderen Ländern der Tropen. Vier Jahreszeiten können unterschieden werden: die hochsommerliche Regenzeit von Mitte November bis März, die warme Übergangszeit von April bis Mitte Mai, der kühl-trockene Winter von Mitte Mai bis August und die warm-trockene Jahreszeit von September bis Mitte November.

Zimbabwes Klima weist nur eine Regenperiode von Mitte November bis März auf, die im Oktober von bisweilen heftigen Stürmen eingeleitet wird. Mit den ersten Niederschlägen kühlt es merklich ab. Die regenreichsten Monate sind der Januar und der Februar.

Der jährliche Niederschlag – im Durchschnitt 675 mm – nimmt an Regelmäßigkeit und Ergiebigkeit von Norden nach Süden und von Osten nach Westen ab, wobei die Eastern Highlands mit über 1400 mm den feuchtesten und der Süden von Matabeleland mit weniger als 400 mm jährlich den trockensten Landstrich bilden. Die hohen jährlichen Schwankungen bedeuten für die Zonen mit weniger als 600 mm Jahresniederschlag die Gefahr langer Dürreperioden. Von April bis August herrscht trockenes Wetter, wobei es am Tag warm, nachts jedoch kühl wird. Im Juni und Juli kann sogar Frost auftreten. Kurzfristige Unterbrechungen der Trockenperiode ergeben sich gelegentlich durch Ströme feucht-kalter Luft aus dem Süden, die einen leichten Nieselregen bringen können. Die Temperaturen, die je nach Höhenlage im Jahresdurchschnitt von 15 °C bis weit über 20 °C betragen, nehmen von September an deutlich zu und erreichen im Oktober, Anfang November ihren Höhepunkt.

Höhenlage und mittlerer jährlicher Niederschlag

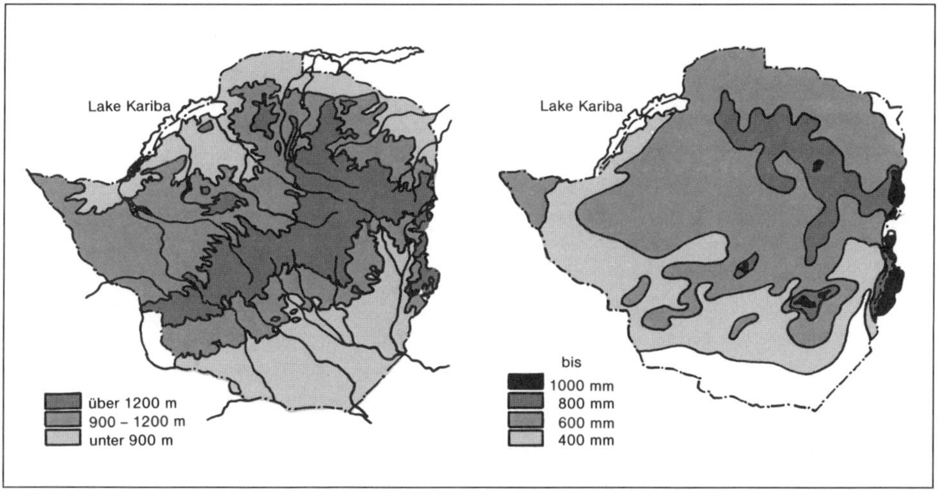

Exkurs: Das tropische Klima

Das klimatische Phänomen der Regen- und Trockenperiode erklärt sich aus der ›intertropischen Konvergenzzone‹. Das ist jene Tiefdruckzone, in der die vom Norden und vom Süden in Richtung Äquator strömenden Passatwinde zusammentreffen. Dort fließt mehr Luft zu als ab (Konvergenz), wodurch die Luft aufsteigt (Konvektion), sich abkühlt und Wolken bildet, die Regen bringen. Die jeweilige Weltwetterlage bestimmt die Position der Konvergenzzone über dem Kontinent. Sie bewegt sich nördlich des Äquators, wenn auf der Nordhalbkugel Sommer ist, und verlagert sich während der Sommermonate auf der Südhalbkugel in den Süden des afrikanischen Kontinents, da die Passatwinde (Monsun) aus Nordost überwiegen. Die Konvergenzzone erreicht über Zimbabwe im Januar und Februar ihre südlichste Position, bevor sie mit zunehmender Erwärmung der Nordhalbkugel wieder nach Norden gesogen wird. Nur das östliche Hochland Zimbabwes ist nicht ausschließlich von Regenfällen der Konvergenzzone abhängig; es profitiert ganzjährig von der ozeanen Wolkenbildung über Moçambique.

Die Gewitter der Regenzeit zeichnen sich durch die Intensität der Blitze aus, die das Zehnfache der in Europa üblichen Spannung erreichen. Dies und die schlechte Leitfähigkeit des Bodens sind dafür verantwortlich, daß Gewitter jedes Jahr etwa 200 Todesopfer fordern.

Während der langen Dürreperiode von April bis November (in den südwestlichen Landesteilen von Februar bis Dezember) trocknen die meisten Flüsse in Zimbabwe aus. In dieser Zeit muß die Bevölkerung ihren Wasserbedarf durch Brunnen und Staubecken decken. In den vergangenen Jahrzehnten wurden deshalb etwa 50 große Stauseen geschaffen. Daneben gibt es noch 5000 kleine, teils in Privatbesitz befindliche Staubecken.

Die reine Höhenluft, insbesondere in den kälteren Wintermonaten, sorgt für einen klaren nächtlichen Sternenhimmel. Dank seiner Nähe zum Äquator sind 97% der von der Erde sichtbaren Sterne von Zimbabwe aus zumindest zeitweise, zwei Drittel ganzjährig zu erkennen. Ein charakteristischer Stern der südlichen Hemisphäre ist das ›Kreuz des Südens‹, das von Februar bis September zu sehen ist.

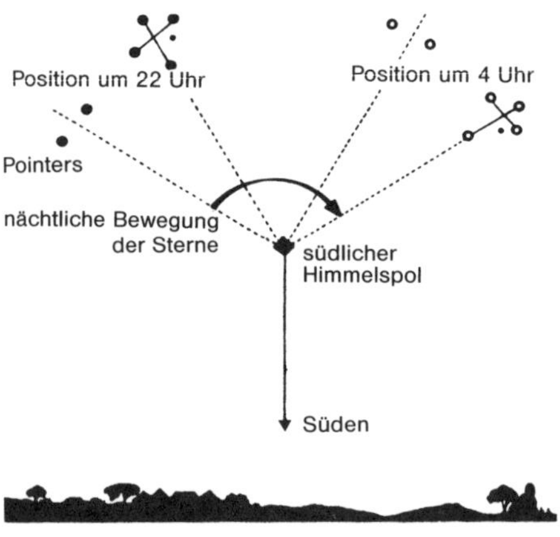

Position des Sternbildes ›Kreuz des Südens‹

Die Flora

Zimbabwe besitzt dank der Kombination von Bergland, tropischen Wäldern und Savanne eine abwechslungsreiche, mehr als 200 Pflanzenfamilien mit 5200 Gattungen umfassende Flora. Ihre Verbreitung wird vor allem vom Niederschlag und von der Höhenlage bestimmt, darüber hinaus jedoch auch von der Geologie sowie von menschlichen Eingriffen.

Der verbreitetste Vegetationstypus ist die Miombo genannte Baumsavanne, die das zentrale und nördliche Middle- und Highveld bedeckt. Für das Highveld (über 1200 m) ist ein Laubwald aus Msasa (Brachystegia spiciformis) und Mnondo (Julbernardia globiflora) typisch, die in feuchten, aber gut entwässerten Zonen gedeihen. Im Frühling (September/Oktober) legen ihre austreibenden jungen Blätter einen prächtigen rötlichen Schimmer über das Hochland, der alle Schattierungen von Weinrot (Mnondo) bis Rosa-braun (Msasa) umfaßt. Die Rinde des Msasa wird wegen ihres hohen Gerbsäuregehaltes traditionell für die Lederverarbeitung verwendet; einen Extrakt der Wurzeln trägt man bei Bindehautentzündung auf. Zwischen den Bäumen wächst Savannengras der Hyparrhenia-Arten, mit dem die Dächer vieler Hütten und Farmen gedeckt werden.

In Regionen des Middleveld zwischen 900 und 1200 m Höhe und in Regionen mit weniger als 1000 mm Niederschlag gewinnt der Mfuti (Brachystegia boehmii) an Bedeutung, wegen seiner buschigen, gebündelten Blätter manchmal auch als ›Prince of Wales' feathers‹ bezeichnet, da sie an die Federn am Jagdhut des englischen Prinzen erinnern. Aus der Rinde werden traditionell Barkenseile hergestellt. Eine verbreitete Grasart ist das Speer- oder Elefantengras (Heteropogon contortus). Im nördlichen Middleveld wächst der Mukwa (Pterocarpus angolensis), dessen dunkle, grobe Rinde an den Panzer eines Krokodils erinnert. Wegen seiner vielseitigen Verwendbarkeit gehört der Mukwa zu den ernstlich von Abholzung bedrohten Arten. Er wird vor

Tabuisierte Bäume

Im Zusammenhang mit der Diskussion über die Schonung des noch vorhandenen Waldbestandes werden in der Öffentlichkeit auch jene traditionellen Tabus wieder positiv bewertet, die das Fällen bestimmter Bäume an bestimmten Orten untersagen. Zu den tabuisierten Bäumen gehören der Mukarati (Burkea africana), der als Habitat für Raupen geschützt war. Seine Rinde wird vom Heiler zerkaut und als Wickel für septische Wunden verwendet. Der Marula (Sclerocarya birrea) ist den Tonga heilig. Aus den Blättern und Wurzeln des Flacourtia (Flacourtia indica) stellt man einen Sud her, der ein effektives Mittel gegen den Rinderspulwurm darstellt, weshalb das Fällen dieses Baumes nur mit Zustimmung des Häuptlings erfolgte. Wegen seiner medizinischen Bedeutung galt auch der Kudubeerbaum (Pseudolachnostylis maprouneifolia) als tabu; der Rauch seiner glimmenden Wurzeln wird bei Lungenentzündung inhaliert.

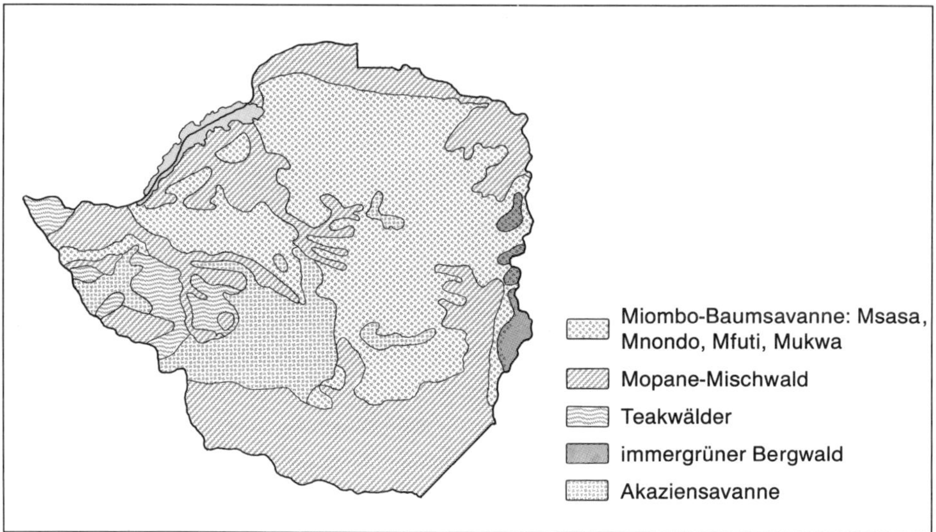

Vegetationszonen in Zimbabwe

allem wegen seines harten Holzes, das eine charakteristische Zweifärbung in Gelb und Braun aufweist, für die Herstellung von Möbeln, Parkettböden, Mörsern und Booten geschlagen. Der blutrote Baumsaft wird auf Brandwunden aufgetragen und gegen Nasenbluten eingesetzt; in der traditionellen Textilverarbeitung nutzt man ihn als Farbstoff. Aus der verkochten Rinde stellt man unter Beigabe von Feigen eine Brustsalbe zur Förderung der Laktation her.

Teakwälder (Baikiaea plurijuga) oder Gusu Woodlands wachsen wie das borstige Aristidagras auf den sandigen Kalahari-Böden im Nordwesten, doch ist ihr Bestand wegen der Abholzung für die Möbel- und Holzindustrie gefährdet. In der wegen ihres saftigen Grases auch ›sweet Veld‹ genannten Region westlich von Bulawayo dominieren Akazienwälder (Akazia karoo und Ziziphus mucronata), deren Blätter die Nahrung der hier gehaltenen Rinder ergänzen.

Auf dem von Lovegras (Eragrostis) bedeckten heiß-trockenen Tiefland der Flußebenen sind der Mopane (Colophospermum Mopane) und der Baobab (Adansonia digitata) anzutreffen. Seinen Namen verdankt der Mopane, zu deutsch Schmetterling, den doppelten Blättern, die zum Schutz gegen die Sonne zur Mittagszeit zuklappen. Von ihnen ernährt sich neben Großwild auch der Mopane-Wurm (Gonimbrasia Belina), der wegen seines hohen Proteingehaltes eine willkommene Ergänzung der lokalen Nahrung bildet. Kein anderer Baum wird wohl so sehr mit Afrika assoziiert wie der Baobab, dessen Krone nach dem Werfen der Blätter wie nach oben getriebenes Wurzelwerk aussieht und der Thema zahlreicher Fabeln und Sagen ist.

In unmittelbarer Ufernähe und entlang der Nebenflüsse behaupten sich verschiedene Akazienarten (Akazia albida, A. tortilis, A. hetercantha und A. xanthoploea).

Der Baobab

Der Baobab trägt von Oktober bis Juni Blätter. Während sie austreiben, erblühen die übelriechenden weißen Knospen für nur eine Nacht. Die Bestäubung erfolgt durch Fledermäuse oder Nachtfalter. Die Früchte, auf Deutsch auch Affenbrot genannt (nicht identisch mit dem Monkey Bread des Mutukutu-Baumes), reifen von Dezember bis zum Ende der Regenzeit im April/Mai. An langen Stielen hängen die ellipsenförmigen Früchte vom Baum herunter. In den hölzernen, samtgrünen Hülsen befinden sich zahlreiche flache schwarze Kerne, die von einer weichen zartrosafarbenen Substanz umgeben sind. Die eßbaren, aber reichlich sauren Früchte sind reich an Vitamin C, Weinsäure und Kalium. Wegen ihrer Beliebtheit bei afrikanischen Kindern nennt man sie auch *african sweets*. Mit den Blättern verkocht, gelten sie als Heilmittel gegen Malaria.

Aus der fasrigen, kalziumhaltigen Rinde werden Seile, Fischernetze und Baströcke geknüpft. Der Stamm selbst besteht aus einem schwammigen Gewebe, das bis zum Fünffachen seines Eigengewichtes Wasser speichern kann. Der Wasseraufnahme und -speicherung dienen die bis zu 40 m langen Wurzeln. Der Stamm ist oft hohl und wird von Menschen wie Tieren als Unterschlupf genutzt. Ausgewachsene Bäume erreichen eine Durchschnittshöhe von 19 m und einen Umfang von 13 m, doch gibt es einige Exemplare mit einer Höhe von 25 m und einem Umfang von über 30 m. Das Alter eines Baobab kann nicht genau ermittelt werden, da er nur Wachstumsringe, aber keine Jahresringe bildet und sein Umfang in trockenen Jahren schrumpft. Manche Bäume werden jedoch über 1000 Jahre alt.

Innerhalb der Bergflora der Eastern Highlands dominieren in den trockeneren Zonen Heidekraut (Philippia), Aloen und Proteazeen. Mit Zunahme der Höhe und des Niederschlags gewinnen Bergmacaranga (Macaranga capensis) und Albizia (Albizia versicolor) an Bedeutung, deren hochgiftige Früchte Schafen und Rindern im Spätsommer zum Verhängnis werden können. In den oberen Lagen wachsen die Bergzeder (Widdringtonia nodiflora) und die unter Naturschutz stehende Afrikanische Zeder (Juniperus procera). Die Zedernwälder werden von Gelbholzbäumen (Podocarpus latifolius) unterbrochen, deren weiches, helles Holz als Fußbodenbelag beliebt ist. Reste immergrüner Tropenwälder, deren Fauna über die Hälfte aller in Zimbabwe vorkommenden Waldgewächse umfaßt, existieren an Steilhängen in geschützten Mittellagen, wo sich häufig Nebel bilden. Die schönsten Beispiele befinden sich im Honde und Pungwe Valley sowie südlich der Chimanimani Mountains im Rusito-Tal und bei Mount Silinda. Besonders beeindrucken dort die gewaltigen, bis zu 60 m hohen Mahagonibäume (Khaya nyasica und Lovoa swynnertonii) sowie große Arten von Strychnos und Diospyros.

Termiten bilden Hügel (s. S. 34) mit einer reichhaltigen Erde, die auch in Höhenlagen eine Vegetation begünstigt, die ansonsten für das Tiefland typisch ist. Dazu zählen verschiedene Akazien- sowie Combretum-Arten und der Kandelaberbaum (Euphorbia ingens). Selbst Feigenbäume und Ebenholz (Diospyros mespiliformis) sind im Highveld auf Termitenhügeln anzutreffen.

Flechten (Lichenes), eine Symbiose aus Algen und Schlauchpilzen, werden in Europa häufig als biologischer Indikator der Luftqualität eingesetzt. In Zimbabwe sind sie dank der reinen Luft weit verbreitet. Auf kahlen Granitfelsen fallen die Krustenflechten auf, und der sorgsame Beobachter wird im Gestrüpp Laub- und Strauchflechten finden.

Die Fauna

Zimbabwes Fauna ist durch eine außergewöhnliche Artenvielfalt gekennzeichnet. 640 Vogelarten, 291 wildlebende Säugetiere (davon 168 einheimische), 152 verschiedene Reptilien (darunter 75 Schlangen- und 60 Eidechsenarten), 132 Fischfamilien, 450 verschiedene Schmetterlinge und 30 000 Insektenarten machen das Land zu einem Tierparadies, das jeden Besucher faszinieren wird.

Säugetiere

Obwohl das Jagen von Wildtieren nicht grundsätzlich abgelehnt wird, mißt Zimbabwe dem Artenschutz große Bedeutung bei. 25 Spezies stehen unter Naturschutz und sind von der Jagd ausgenommen. Nur wenige von ihnen sind ernstlich in ihrem Bestand bedroht, so das Nashorn, die Schabrackenhyäne, der Löffelhund, die Kuhantilope und der Blauducker. Die meisten anderen Arten, deren Verbreitung und Habitat noch Gegenstand der Forschung ist, werden sozusagen vorsorglich geschützt. Außerhalb der Tierparks findet man, vor allem im Lowveld, verschiedene Antilopenarten, Zebras, Elefanten, Büffel, Giraffen, Nilpferde, Wildschweine und Leoparden, die man allerdings selten zu Gesicht bekommt. Das Einfangen bzw. Erlegen von schädlichem Großwild und streunenden, für die Bevölkerung gefährlichen Raubkatzen (insbesondere von Löwen) ist grundsätzlich Aufgabe der Nationalparkbehörde. Selbst in bewirtschafteten Gebieten leben Antilopenarten wie Kudu oder Blauducker. Das Buschschwein zieht bewirtschaftete Zonen den Parks sogar vor. Bis in Stadtgebiete dringen Wildkatzen, Ginsterkatzen und Mangusten vor.

Kurzbeschreibung ausgewählter Säugetiere

Antilopen: Paarhufer mit zahlreichen Unterarten, horntragende Wiederkäuer, durchweg gesellig lebende Tiere.

Blauducker (Cephalophus monticola, engl.: Blue Duiker): Kleinste Antilopenart in Zimbabwe, Schulterhöhe bis 40 cm, Gewicht bis 9 kg. Färbung: dunkelbraun. Einzelgänger. Lebensraum: dicht bewaldete Gebiete des östlichen Hochlandes. Artengeschützt.

Blauducker

Elenantilope (Taurotragus oryx, engl.: Livingstone's Eland): Größte Antilopenart in Zimbabwe, Schulterhöhe bis 175 cm, Gewicht bis 900 kg; massige, rinderartige Erscheinung, in sich gedrehte, gerade Hörner. Färbung: gelblich-braun. Geselliges Tier, dessen Domestizierung gelungen ist. Lebensraum: offene Savanne, Mopanewälder, Berggrasland.

Elenantilope

Ellipsenbock (Kobus ellipsiprymnus, engl.: Waterbuck): Schulterhöhe bis 135 cm. Kräftige, nach oben halbmondförmig gebogene, geringelte Hörner, die Weibchen sind hornlos. Färbung: graumeliert bis braun; auffälliger Ellipsenring auf dem Hinterteil. Lebensraum: Waldland in unmittelbarer Wassernähe.

Ellipsenbock

Gnu, Streifengnu (Connochaetes taurinus, engl.: Blue Wildebeest): rinderähnlicher Vorderkörper, unverhältnismäßig schlankes Hinterteil, Schulterhöhe bis 140 cm, Gewicht bis 270 kg; schwarze Nacken-, Schulter- und Halsmähne (Bart), mittelgroße, büffelartige Hörner. Färbung: dunkles Blaugrau. Sehr

Kudu

Nyala

Rappenantilope

gesellig, unternimmt ausgedehnte Wanderungen in großen Herden. Lebensraum: offene Grassteppen mit Dornbuschvegetation; während der Regenzeit große Herden in Hwange, außerdem im Südosten; nicht im Zambezi-Tal und in Kariba.

Kudu (Tragelaphus strepsiceros, engl.: Kudu): Groß und schlank, Schulterhöhe 160 cm, Gewicht bis 300 kg; runde, abstehende Ohren und stattliche, gedrehte Hörner; überspringt Zäune von 2 m Höhe; markanter Warnschrei. Färbung: bläulichgrau bis rötlichbraun, weißgestreifte Körperseiten. Lebensraum: lichte Waldungen und dichtes Busch-, Berg- und Hügelland, auch Farmland.

Lichtensteins Kuhantilope/Konzi (Alcelaphus lichtensteini, engl.: Hartebeest): Schulterhöhe bis 125 cm, Rücken rötlichbraun, Flanken gelblich, Hinterteil weiß; Z-förmige, kurze Hörner. Lebt in kleinen Verbänden bis zu zehn Tieren in festen Revieren; bei Gefahr übernimmt ein Weibchen die Führung. Lebensraum: Feuchtsavanne im Südosten. Bedrohte Spezies (noch 200 Tiere in Zimbabwe: Gonarezhou, Mutirikwe); artengeschützt.

Nyala (Tragelophus angasi, engl.: Nyala): Schulterhöhe 110 cm; zottiges Fell und auffallende Rückenmähne, starke Hörner mit Halbwindung. Färbung: rötlichbraun; weiße Längsstreifen. Lebensraum: dichte Buschsavanne in Wassernähe, z. B. in Chewore, Mana Pools, an den Flüssen Sabi und Runde. Artengeschützt.

Pferdeantilope (Hippotragus equinus, engl.: Roanantilope): Pferdeähnliche Gestalt, Schulterhöhe bis 160 cm; lange, spitze Ohren und starke, relativ kurze, geringelte Hörner. Färbung: rötlichbraun; Gesichtszeichnung schwarzweiß. Herden von bis zu 20 Tieren. Lebensraum: lichte Waldungen in Wassernähe; nur etwa 1000 Tiere in Hwange, Chizarira, Gonarezhou und im Zambezi-Tal. Artengeschützt.

Rappenantilope (Hippotragus niger, engl.: Sableantilope): Schulterhöhe bis 140 cm; sehr lange, stark geringelte, in weitem Bogen nach hinten geschwungene Hörner. Färbung: glänzend schwarz; markante

Kopfzeichnung. Beliebtes Jagdwild; lebt in Herden von bis zu 20 Tieren. Lebensraum: Busch- und Grassavanne.

Schwarzfersenantilope/Impala (Aepyceros melampus, engl.: Impala): Verbreitetste Antilopenart in Zimbabwe; mittelgroß und zierlich; S-förmige, lange Hörner; die Weibchen sind hornlos. Grundfärbung: rötlichbraun, Unterseite und hintere Keulenseite weiß; am Hinterteil zwei schwarze senkrechte Streifen. Lebt in Haremsverbänden. Lebensraum: Savanne und lichte Waldung.

Schwarzfersenantilope

Büffel (Syncerus caffer, engl.: Buffalo): Horntiergattung, Wildrind mit erhöhtem Widerrist, Schulterhöhe bis zu 170 cm, Gewicht bis 850 kg; kräftige, weit ausladende Hörner. Kann als Überträger der Maul- und Klauenseuche für die Viehzucht gefährlich werden. Lebt in großen Herden bis zu 2500 Tieren. Lebensraum: feuchtes, wassernahes Gebiet; mit 50 000 Exemplaren in Zimbabwe weit verbreitet.

Büffel

Buschschwein (Potamochoerus porcus, engl.: Bushpig): Hausschweinähnliches Tier mit borstigem Fell und langer, weißer Rückenmähne; flink, guter Schwimmer; Allesfresser. Hauptfeind ist der Leopard. Vorwiegend nachtaktiv; gesellig, lebt in Rotten von sechs bis 20 Tieren. Lebensraum: Regenwald, Bergwälder, dichtes Buschland.

Elefant (Loxodonta africana, engl.: African Elephant): Aus der Familie der Rüsseltiere, größtes und schwerstes Landsäugetier; trotz eines Körpergewichtes bis 6500 kg leichtfüßige Fortbewegung. Die Stoßzähne, früher bis 3 m lang und 100 kg schwer, wiegen heute selten über 45 kg. Lebenserwartung bis 70 Jahre, Tragzeit 20 bis 22 Monate. Nahrungsbedarf von rund 200 kg täglich, daher Schädigung der Fauna. Gesellig; hochentwickelte soziale Bindung; im allgemeinen friedfertig, aber leicht reizbar und unberechenbar. Lebensraum: vorzugsweise Baumsavanne in Wassernähe. Jungtiere sind artengeschützt.

Elefant

Erdferkel

Erdferkel (Orycteropus afer, engl.: Antbear): Größe und Schnauze wie beim Hausschwein, aber Känguruh-ähnlicher Schwanz. Kraftvoller Graber, Hauptnahrung sind Termiten. Nachtaktiv. Lebensraum: offene Savanne mit sandigem oder lehmigem Boden. Artengeschützt.

Erdwolf

Erdwolf (Proteles cristatus, engl.: Aardwolf): Der Hyäne ähnlich, aber bedeutend kleiner; gelbliches bis rötlichbraunes Fell mit dunkelbraunen Querstreifen, zottige Rückenmähne. Nachtaktiv. Lebensraum: offene, trockene Steppe und Strandsavanne. Artengeschützt.

Flußpferd

Flußpferd (Hippopotamus amphibius, engl.: Hippopotamus): Massiger, dunkler Körper, Schulterhöhe bis 160 cm, Körpergewicht 1200 bis 2600 kg. Bleibt bis zu 6 Min. unter Wasser. Lebenserwartung bis 30 Jahre. Pflanzenfresser (bis zu 100 kg täglich); grast meist bei Nacht. Sehr gesellig und ortstreu, wird aggressiv, wenn der Fluchtweg zur Herde bzw. zum Wasser versperrt ist. Lebensraum: Flüsse und Gewässer mit dauernder Wasserführung, insbesondere im Zambezi, auch im Sabi, Runde und Mwenezi.

Gepard (Acinonyx jubatus, engl.: Cheetah): Katzenartiges Raubtier mit kleinem Kopf, erreicht 2 m Länge, 80 cm Schulterhöhe. Ist das schnellste Säugetier, ein Kurzstreckenläufer mit 100 km/h Spitzengeschwindigkeit. Fell: braunrot, schwarzgetüpfelt. Hauptnahrung sind Antilopen. Einzel- oder Gruppentier; wird zur Zeit der Dämmerung aktiv. Lebensraum: offene Grassavanne. Bedrohte Spezies (noch ca. 500 Tiere in Zimbabwe); artengeschützt.

Giraffe

Giraffe (Giraffa canelopardis, engl.: Giraffe): Paarhufer mit fellbedeckten Knochenzapfen auf dem Kopf, sehr langer Hals, hohe Vorderbeine, kurzer, steiler Rücken, Schulterhöhe bis 5 m, Gewicht bis 1200 kg: Höchstgeschwindigkeit 50 km/h. Färbung: braun-gelb gefleckt. Hauptnahrung: Blätter und

Zweige von Leguminosen; spreizt die Beine, um trinken zu können. Loses Herdentier; häufige (Schein-) Kämpfe untereinander. Lebensraum: offene Savanne (Akazien, Mopane); Hwange, Matobo, Mutirikwe; nicht entlang des Zambezi.

Hyäne, *Tüpfelhyäne* (Crocuta crocuta, engl.: Spotted Hyena): Wolfsgroßes Raubtier. Ca. 80 cm hoch und 80 kg schwer; getüpfeltes Fell, hauptsächlich Aasfresser, jagt jedoch auch selbst. Rudelbildung bei der Jagd, vorwiegend nachtaktiv; typisches unverkennbar gräßliches Gelächter. Lebensraum: alle Savannenformen; in Zimbabwe außer im Hochland überall anzutreffen, besonders häufig in Mana Pools.
Schabrackenhyäne (Hyaena brunnea, engl.: Brown Hyena): Ähnliches Aussehen wie die Tüpfelhyäne, geringfügig kleiner; schwach gestreiftes, fast einfarbiges, schwarzbraunes Fell. Scheuer Einzelgänger; statt ›Gelächter‹ melancholisch klingender ›Uah‹-Ruf. Lebensraum: Trockensavanne. Seltenes Tier, kommt nur im Nordwesten und Südosten Zimbabwes vor; artengeschützt.

Hyäne

Hyänenhund (Lycaon pictus, engl.: Wild Dog): Ein afrikanischer Wildhund von der Gestalt eines großen Hundes, mit schlankem Körper, massigem Kopf und fledermausähnlichen Ohren; buschiger Schwanz. Fellzeichnung sehr variabel. Rudel von bis zu 40 Tieren; Hetzjäger, tagaktiv. Lebensraum: offene bis bewaldete Savanne. Wurde in Zimbabwe wegen der Gefahr für Farmtiere rücksichtslos verfolgt, Restbestand von 400 Tieren; artengeschützt.

Hyänenhund

Leopard (Panthera pardus, engl.: Leopard): Raubkatzenart, Schulterhöhe 70 cm, Gewicht bis 80 kg; großer, geschmeidiger Körperbau. Meist gelblicher Pelz mit dunklen Flecken. Zerrt Beute bis zu 100 kg in Baumkronen. Sehr scheu, ortstreuer Einzelgänger. Lebensraum: vielfältig, vorzugsweise felsiges Waldland. Weit verbreitet, jedoch nur selten zu sehen, insbesondere in Matobo.

Leopard

Löffelhund

Männlicher und weiblicher Löwe

Grüne Meerkatze

Löffelhund (Otocyon megalotis, engl.: Bat-eared Fox): Kleines Schakal-ähnliches Tier, bis 65 cm Länge; hochbeinig. Hauptnahrung sind Insekten. Lebt in Kleingruppen; vorwiegend nachtaktiv. Lebensraum: Savanne, offene Steppe, vor allem in Hwange. Artengeschützt.

Löwe (Panthera leo, engl.: Lion): Größtes Raubtier, Schulterhöhe bis 100 cm, Gewicht bis 200 kg. Männchen mit buschiger Mähne. Fell: verschiedene Gelbtöne. Lebenserwartung: 30 Jahre. Pro Jahr erlegt ein Löwe 20 bis 30 Tiere, auch größeres Wild. Gesellig, polygam; kennzeichnend ist ein markantes lautes Brüllen. Lebensraum: offenes bis licht bewaldetes Grasland; außer im Hochland weit verbreitet, insbesondere in Hwange, Mana Pools, Matusadona, Kariba.

Meerkatze, Grüne (Cercopithecus aethiops, engl.: Vervet Monkey): Eine Affenart mit bis 50 cm langem Rumpf und Kopf und langem, steifem Schwanz; schwarzes Gesicht. Vorwiegend Vegetarier. Lebt in Gemeinschaften von fünf bis 20 Tieren; anpassungsfähig. Lebensraum: Waldausläufer, Buschland; weit verbreitet.

Nashorn, *Breitmaulnashorn* (Ceratotherium simum, engl.: White Rhinoceros, Square-lipped): Unpaarhufer mit massigem, plumpem Körper und faltiger Panzerhaut; Höhe bis 180 cm, Gewicht bis zu 3500 kg; langer Kopf mit rechtecksförmiger Schnauze; auf dem Nasenbein sitzen ein bis zwei Hörner, das vordere wird bis zu 16 cm lang. Schlechtes Sehvermögen, Geruchssinn und Gehör sind gut entwickelt. Hauptnahrung ist Gras. Gesellig und friedfertig; typisches heftiges Schnauben. Lebensraum: Grasland und Buschsavanne. Wurde in Zimbabwe Anfang des Jahrhunderts ausgerottet, aber erfolgreich aus Südafrika wiedereingeführt; etwa 500 Tiere leben in Hwange, Matobo, Mutirikwe und am Lake Chivero; artengeschützt.

Spitzmaulnashorn (Diceros bicornis, engl.: Black Rhinoceros, Hook-lipped): Kleiner als das Breitmaulnashorn, bis zu 1500 kg Gewicht; kein Nackenhöcker, kleinerer Kopf und kleineres Horn (bis 13,5 cm) sowie eine namengebende zugespitzte Oberlippe. Hauptnahrung sind Zweige. Ortstreuer Einzelgänger. Lebensraum: Dornbuschlandschaft. Ernstlich bedroht; noch etwa 1200 Tiere leben in Zimbabwe, insbesondere in Mana Pools, Chewore, Matusadona, Chizarira; artengeschützt.

Breitmaul- und Spitzmaulnashorn

Schakal, *Schabrackenschakal* (Canis mesomelas, engl.: Black-backed Jackal) und *Streifenschakal* (Canis adustus, engl.: Side-striped Jackal): Wildhunde mit fuchsähnlichem Kopf; Schulterhöhe 40 cm. Unterscheidung: dunkle Schabracken-(Schulter-)zeichnung bzw. helle Flankenstreifen. Aasfresser. Scheu, hauptsächlich nachtaktiv, nächtliches Heulen. Lebensraum: offene Savanne und lichte Waldungen; Hwange.

Schabracken- und Streifenschakal

Schliefer, *Klippschliefer* (Procavia capensis, engl.: Rockdassie) und *Steppenschliefer* (Heterohyrax brucei, engl: Yellow-spotted Dassie): Nagetierähnliches Aussehen, dennoch laut Frankfurter Zoologischer Gesellschaft mit Elefanten und Seekühen enger verwandt als mit anderen Säugetieren; Länge von Kopf und Rumpf bis 50 cm; gelblich-graue Grundfärbung, beim Steppenschliefer braun mit schwarz und weiß vermischt. Klippschliefer sind Pflanzenfresser, Steppenschliefer ernähren sich auch von Insekten. Gesellig, leben in Kolonien von bis zu 60 Tieren. Lebensraum: felsiges, offenes Gelände.

Schuppentier, Steppenschuppentier (Manis temmincki, engl.: Pangolin): langgestreckter Körper mit scharfkantigen Hornschuppen; Gesamtlänge 100 cm, Gewicht 8 kg. Zahnlos, sehr lange Zunge. Hauptnahrung sind Termiten. Nachtaktiv, ortstreu, scheu. Lebensraum: trockenes, dichtes Buschland, selbstgegrabene Höhlen. Artengeschützt.

Schuppentier

Serval

Stachelschwein

Warzenschwein

Zibetkatze

Serval (Felis serval, engl.: Serval): Raubtier, bedeutend größer als Hauskatzen, kleiner Kopf. Gelbliches Fell mit schwarzen Flecken. Nahrung sind Kleintiere und Geflügel. Einzelgänger; nachtaktiv. Lebensraum: sumpfnahe Baumsavanne; trotz weiter Verbreitung selten zu sehen.

Stachelschwein (Hystrix, engl.: Porcupine): Das größte in Zimbabwe lebende Nagetier, bis 80 cm lang, mit bis zu 30 cm langen, schwarz-weiß-braunen Stacheln, die bei Bewegungen ein rasselndes Geräusch verursachen. Nachtaktiv. Lebensraum: selbstgegrabene Höhlen.

Warzenschwein (Phacochoerus aethiopicus, engl.: Warthog): Auf der Schnauze sitzen zwei große Warzen; die oberen Eckzähne sind halbkreisförmig aufwärts gekrümmt; Schwanz mit Endquaste wird beim Lauf senkrecht nach oben getragen. Gesellig, lebt meist in Familienrotten. Lebensraum: Gras- und Buschsavanne in Wassernähe.

Zebra (Equus burchelli, engl.: Burchell's Zebra): Gestreiftes Wildpferd, eng verwandt mit dem ausgestorbenen Quagga; weniger kontrastreiche Streifen als beim in nördlicheren Regionen lebenden Grantzebra oder weiter südlich vorkommenden Chapmanzebra. Schneller, ausdauernder Läufer. Hauptnahrung ist Gras, hoher Wasserbedarf; sehr gesellig, Domestizierung und Kreuzung mit Pferden ist in Einzelfällen gelungen. Lebensraum: offene Grassteppen und bewaldete Savanne in Wassernähe.

Zibetkatze (Viverra civetta, engl.: Civet): Größte, hundeähnliche Schleichkatze, die aus einer Afterdrüse ein moschusähnlich riechendes Fett ausscheidet; Länge von Kopf und Rumpf bis 90 cm. Grundfarbe: grau-gelblich. Einzeltier, nachtaktiv. Lebensraum: alle Savannenformen; im östlichen Bergwald kommt selten auch der Pardelroller vor (Nandivia birotata, engl.: Tree Civet).

Vögel

Zimbabwes Vogelwelt umfaßt 640 Arten, während beispielsweise in Westeuropa insgesamt ›nur‹ 450 Arten beheimatet sind. Etwa 60 Zugvögel fliehen vor dem Winter aus Europa und Asien ins südliche Afrika. Bekanntester der Gäste aus dem Norden ist der weiße Storch (Ciconia ciconia). Unter den kleineren Zugvögeln befinden sich der Kuckuck (Canorus canorus) sowie der europäische Mauersegler (Apus apus) und die Schwalbe (Hirundu rustica), die in Zimbabwe zwischen Oktober und März – die Schwalbe sogar bis Mai – in Scharen beobachtet werden können. Zu Beginn der warmen Regenzeit trifft ein Bienenfresser (Merops apiaster) aus Europa ein, und die Golddrossel (Oriolus oriolus) macht zwischen Oktober und März auf ihrem Weg von und nach Südafrika Zwischenstation. Auf seinem Durchzug nach Süden ist auch der Grauwürger (Lanius minor) zu sehen, während der Rotwürger (Lanius collurio) in Zimbabwe überwintert.

Ein markanter afrikanischer Vogel ist der Kronenkranich (Balearica regulorum), dessen akrobatisch-rhythmischer Brunfttanz einige lokale Tänze inspiriert hat. Zwei Vogelarten sind in Zimbabwe endemisch: das Swynnerton-Rotkehlchen (Swynnertonia swynnertoni), das nur in den tropischen Bergwäldern der Eastern Highlands, insbesondere im Chirinda Forest, vorkommt, und der weniger seltene Prinia Robertsi-Vogel, der ebenfalls im Östlichen Hochland lebt. Der Strauß (Struthio camelus), mit 150 kg der größte Vogel der Welt, kann als einziger nicht fliegen. Dieses Handicap kompensiert er jedoch durch eine Laufgeschwindigkeit von bis zu 50 km/h.

Zimbabwes Naturlandschaften sind ein idealer Lebensraum für Raubvögel: Adler, Habichte, Bussarde, Milane und Falken sind in beinahe allen Landesteilen zu sehen. Ein typischer Vogellaut, den man im afrikanischen Busch hört, ist das ›Go away‹ des gleichnamigen Vogels (Corythaixoides concolor), der in Europa durch das »Dschungelbuch« bekannt wurde. Charakteristisch für Fluß- und Seelandschaften ist der Duett-Ruf der Fischadler (Haliaeetus vocifer). Wenig beliebt sind die Quelea, die im Tiefland in Scharen über Weizen- und Sorghumfelder herfallen und die Ernte bedrohen.

Unter den Artenschutz fallen Pelikane, Flamingos, Geier, Bussarde, Kraniche, Störche, elf Adler- und drei Falkenarten, der Osprey (Pandion haliaetus), die Trappgans (Otididae), der Hamerkop (Scopus umbretta) und der Secretary Bird (Sagittarius serpentanus).

Fische und Reptilien

Insbesondere im Zambezi und im Lake Kariba leben zahlreiche Fischarten, darunter der Tigerfisch (Hydrocinus forskahlii) mit seinen messerscharfen Zähnen, die Kariba-Brassen (Kariba Bream, Tilapia rendalli), der Vundu (Heterobanchus longifilis), der mit bis zu 50 kg Gewicht der größte im Zambezi lebende Fisch ist, der seltene Nkupe (Distichodus mossambicus), die Hechtart Cornish Jack (Mormyrops deliciosus), der Chessa (Distichodus schenga) sowie verschiedene Barbenarten und die Kapenta-Sardine, die im Lake Kariba ausgesetzt wurde (s. auch S. 219).

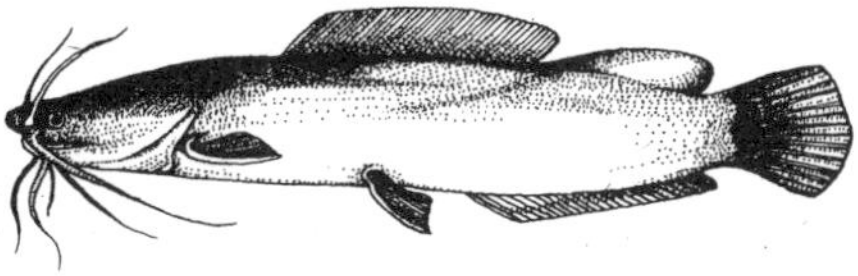

Vundu

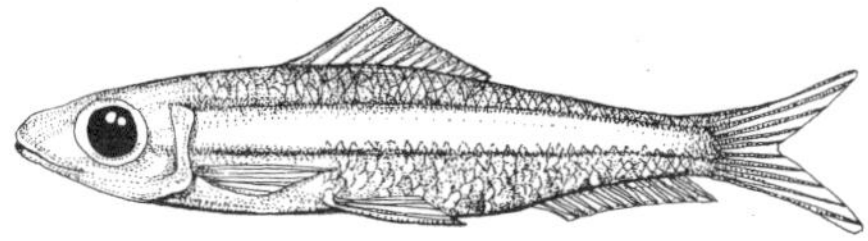

Kapenta-Sardine

Das Krokodil ist das größte aller existierenden Reptilien. Einst in seinem Bestand ernsthaft gefährdet, ist es heute wieder in allen ganzjährig wasserführenden Flüssen und Seen zu finden. Dies verdankt sich der kommerziellen Aufzucht auf Krokodilfarmen, deren wirtschaftlicher Zweck die Gewinnung von Leder und Hornschmuck ist. Das Fleisch der Schwanzenden gilt zunehmend als kulinarische Spezialität. Die Farmen sind gesetzlich verpflichtet, 5% ihrer Aufzucht in der Wildnis auszusetzen.

Neben den Krokodilen werden Schlangen am meisten gefürchtet. In bewohnten Gebieten verfolgt man sie schonungslos, obwohl von den 75 in Zimbabwe vorkommenden Spezies nur zwölf giftig sind. Schlangen nutzen dem Menschen hingegen dadurch, daß sie die Vermehrung von schädlichen Nagetieren eindämmen, und sie haben generell eine defensive Natur: Entweder bleiben sie regungslos liegen, um nicht entdeckt zu werden, oder sie zischen davon. Dem Menschen werden sie erst gefährlich, wenn er ihnen bis auf eine Distanz, die etwa ihre eigene Körperlänge beträgt, nahekommt.

Zu den in Zimbabwe vorkommenden Giftschlangen gehören Viperiden, nämlich Puffotter, Nachtotter, Bergotter und Gaboon Viper, Elapiden wie die Ägyptische Kobra, die Moçambique-Spuck-Kobra, die Waldkobra, Rinkal, Schwarze und Grüne Mamba sowie als Colubriden die Boomslang und die Vine Snake. Die Wirkung der Gifte ist je nach Artengruppe unterschiedlich. Die Viperiden injizieren Blutgifte, die auch bei Überleben Gewebeschäden hinter-

Krokodile auf einer Zuchtfarm

lassen. Das Gift der Elapiden und Colubriden hingegen wirkt nervenbetäubend und hat im Überlebensfall keine bleibenden Nebenwirkungen. Mehr als zwei Drittel aller letalen Bisse von Giftschlangen in Zimbabwe stammen von der Puffotter, mit der in allen licht bewachsenen Gegenden gerechnet werden muß. Die Puffotter ist nur 90 cm lang und dicklich und besitzt einen abgeflachten, dreiecksförmigen Kopf, der deutlich breiter ist als der Körper. Dessen Färbung variiert von dunklem Graubraun bis zu lichtem Gelbbraun, unterbrochen von markanten, helleren V-Zeichnungen.

Die Python (Python sebae) gehört zur nichtgiftigen Gruppe der Aglyphen. Sie wird im Durchschnitt 3 m, im Einzelfall bis zu 6 m lang und erdrosselt ihre Opfer. Da ihre Haut ein begehrtes Rohmaterial der Taschen- und Gürtelindustrie darstellt, wird sie heute auch kommerziell gezüchtet. In der Natur fällt sie unter den Artenschutz.

Insekten

Unter den zigtausend Insektenarten ist eine für Afrika besonders typisch: die Termite (Isoptera). Termiten oder weiße Ameisen setzen in sozial straff organisierten Kolonien über Jahre und Jahrzehnte markante Termitenhügel in die Landschaft. Den Anfang einer Kolonie bilden Königspaare, die nach heftigen Regenfällen zu Tausenden als fliegende Ameisen herumschwirren und teilweise absterben bzw. von Menschen und Tieren verzehrt werden. Die überlebenden Paare verlieren ihre Flügel und graben sich zur Zeugung ihrer Nachkommenschaft – geschlechtsloser, flügelloser Arbeiter und Soldaten sowie einer begrenzten Zahl reproduktionsfähiger Ameisen – ein. Die Königin wird zu einer reinen Gebärmaschine, die über 15 Jahre lang mehrere tausend Eier pro Tag legen kann. Ihr Körper schwillt dazu bis auf 10 cm Größe an, während ihr Kopf seine ursprüngliche Form beibehält. Stirbt die Königin, wird eine Nachfolgerin herangezogen.

Nach Ernährung und Habitat unterscheidet man Trockenholztermiten, die in alten Bäumen leben, die Erntetermiten in Graslandschaften, die als einzige Art Tageslicht vertragen, die Pilztermiten, die zu ihrer Ernährung innerhalb des Termitenhügels Pilze kultivieren, und Erdtermiten, die Erde in Humus verwandeln. Die Erde der Termitenhügel eignet sich hervorragend zur Ziegelherstellung. Für Holzgebäude sind Termiten eine große Gefahr, für die Verbesserung des Bodens durch Belüftung und Durchgrabung jedoch von großem Nutzen.

Der 1 cm große Ameisenlöwe (Nemeura glangingi im Matabeland, Palpares cataractae am Zambezi) fängt Ameisen in trichterförmigen Sandgruben und saugt sie dann aus. Indem er seine Opfer von unten mit Sand bewirft, gleiten sie an der Trichterwand hinunter. Häufig zu beobachten sind Mistkäfer (Pachylomera femoralis, Heliocopris colossus und andere), wie sie mit erstaunlicher Kraft, großer Ausdauer und viel Geschicklichkeit frischen Kot von Säugetieren durch Rollen mit Erde bedecken und ihn so als Nahrung konservieren.

Das Zirpen der Grillen, insbesondere das der 7,5 cm großen Sandgrille (Brachytrupes membranaceus) gehört zu den Klängen des afrikanischen Busches. Tabakfarmer fürchten die Grillen als Schädlinge. Baumwollernten werden vor allem durch Heuschrecken gefährdet.

National- und Naturparks

Der *Park and Wildlife Estate* (Park- und Wildnisgebiet) von Zimbabwe umfaßt insgesamt 12% der Landesfläche. Das Gebiet wird von den 2700 Mitarbeitern der Nationalparkbehörde (Department of National Parks and Wildlife Management) verwaltet und schließt alle ökologischen Zonen des Landes ein. Die Nationalparks dienen so verschiedenen Zwecken wie dem Naturschutz, der Forschung, der Erziehung, der Erholung, der Jagd, der Fischerei und dem Wassersport, aber auch als Einnahmequelle. Der ›Wildnischarakter‹ ist sehr unterschiedlich und kann auch innerhalb der Parks variieren. Die unberührten *Special Conservation Areas* sind ausschließlich der Forschung vorbehalten, der Öffentlichkeit ist der Zutritt zu ihnen verwehrt. Es handelt sich meist um kleine abgegrenzte Flächen am Rande größerer Parks. In den *Wilderness Areas* werden in begrenztem Umfang Besucher zugelassen, die Entwicklung einer Infrastruktur ist jedoch untersagt. Die *Wild Areas* schließlich sind allgemein geöffnet und durch Straßen, Camps, Aussichtsplattformen und dergleichen erschlossen. Die Parks werden je nach Nutzung in sechs verschiedene Kategorien unterteilt, die unterschiedlichen Naturschutzbestimmungen unterliegen.

Die *National Parks* dienen dem Schutz und Erhalt von Flora, Fauna und Naturschauspielen. Jagd und Fischfang sind in ihnen verboten. Insgesamt wurden elf Nationalparks eingerichtet, die eine Fläche von 27 000 km² einnehmen und von den berühmten Victoria Falls bis zum entlegenen Gonarezhou National Park das breite Spektrum der unterschiedlichsten Landschaften Zimbabwes repräsentieren.

Die *Safari Areas*, insgesamt 19 000 km², sind Jagdgebiete, die meist an Nationalparks angrenzen und der Tierwelt einen ausreichenden Lebensraum sichern sollen. Sie sind touristisch wenig erschlossen und nur im Rahmen einer organisierten Jagd zugänglich.

Die *Recreational Parks* sind meist rund um Stauseen angelegte Erholungsgebiete. Insbesondere diejenigen in Großstadtnähe weisen eine ausgebaute Infrastruktur auf und ermöglichen Freizeitaktivitäten wie Fischen, Segeln, Rudern und Motorbootfahren. Die Gewässer sind meist durch Bilharzia (s. S. 313f.) verseucht, so daß in jedem Fall ein unnötiger Aufenthalt im Wasser vermieden werden sollte. Zu vielen Erholungsgebieten gehören angeschlossene Wildparks und Vogelreservate.

Die *Sanctuaries* sind zu Forschungszwecken eingerichtete Gehege mit speziellen Tier- und Pflanzengattungen sowie mit besonderen Biotopen. Die *Botanical Reserves* (botanische Schutzgebiete) sollen eine besondere lokale Flora in ihrem natürlichen Habitat erhalten helfen, während in den *Botanical Gardens* (botanische Gärten) auch Pflanzen anderer Regionen und exotische, nichteinheimische Arten wachsen.

National- und Naturparks in Zimbabwe

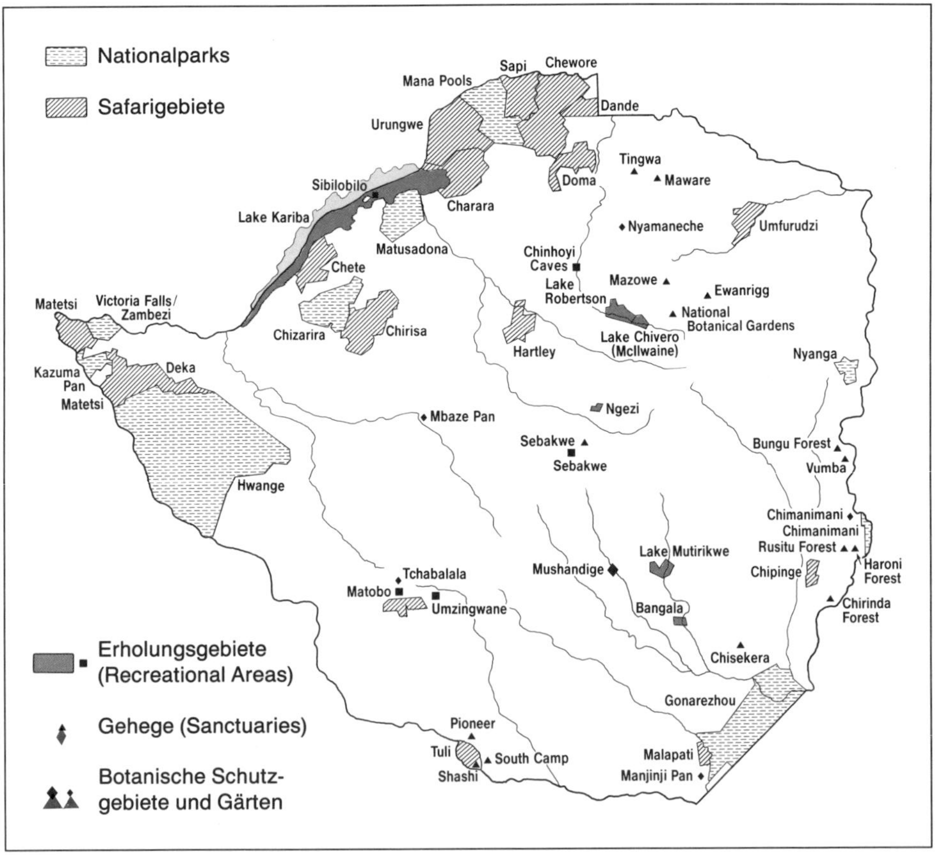

Nationalparks

Chimanimani	17 110 ha; wenig Wild; Karstlandschaft, besondere Bergvegetation, ideales Wander- und Klettergebiet
Chizarira	191 000 ha; entlegener Park mit viel Großwild, inklusive Nashörnern; Steppen- und Flußlandschaften, Sandsteinformationen
Gonarezhou	505 300 ha; bekannt für Elefanten, Nashörner und Nyala; weite, unberührte Landschaft
Hwange	1 465 100 ha; wildreichster Park des Landes; Gras- und Baumsavanne
Kazuma Pan	31 300 ha; wildreiche Großsteppenlandschaft
Mana Pools	219 600 ha; dichte Wildkonzentration; abwechslungsreiche Landschaft zwischen Zambezi und dem *Escarpment*
Matobo	42 400 ha; von der UNESCO zum ›World Heritage Site‹ erklärt; eindrucksvolle Felsformationen und Höhlenmalereien, abgegrenzter kleiner Tierpark
Matusadona	140 700 ha; artenreiche Tierwelt; abwechslungsreiche Landschaft zwischen Seeufer und Hügelkette
Nyanga	33 000 ha; wenig Wild, Forellenfischerei; Berg- und Hügellandschaft, schönes Wandergebiet
Victoria Falls	2340 ha; weltberühmte Wasserfälle; Regenwald
Zambezi	56 010 ha; abwechslungsreiche Wasserfrontvegetation; in der Trockenperiode wildreich

Safarigebiete

Charara	169 214 ha; Safaris, Wassersport, Jagd; von Kariba aus erschlossen
Chete	108 100 ha; Jagd, Fischen, Forschung (Krokodile)
Chewore	339 000 ha; von der UNESCO zum ›World Heritage Site‹ erklärt; Jagd (Elefanten, Büffel), Fischen; Camps; landschaftliche Besonderheit: Mupata-Schlucht
Chipinge	26 100 ha; Jagd (hauptsächlich Antilopen), Berglandschaft mit Zykadazeen (Palmfarnen), keine Infrastruktur
Chirisa	171 300 ha; Jagd (Großwild) und Wildtierforschung (Sengwe Wildlife Research Institute)
Dande	52 300 ha; Jagd (Großwild)
Deka	51 000 ha; Jagd, ›Walking Safari‹
Doma	94 500 ha; Jagd, ›Walking Safari‹
Hartley	44 500 ha; Jagd (Antilopen)

Malapati	15 400 ha; Schutzgebiet für Wasserfrontvegetation des Mwenezi-Flusses
Matetsi	295 000 ha; Jagd (Großwild, Rappenantilope)
Sapi	118 000 ha; von der UNESCO zum ›World Heritage Site‹ erklärt; Jagd, Safaris
Sibilobilo	22 700 ha; begrenzte Jagd
Tuli	41 600 ha; Jagd, Safaris; Camp der Wildlife Society
Umfurudzi	76 000 ha; Safaris; begrenzte Antilopenjagd; Camp
Urungwe	298 400 ha; Jagd (Großwild), unter Pacht der Mashonaland Hunters Association

Erholungsgebiete (Recreational Parks)

Bangala	2700 ha; Stausee mit Fischen, keine Infrastruktur
Chinhoyi Höhlen	148 ha; Dolomithöhlen mit einem unterirdischen See; Hotel
Lake Chivero (McIlwaine)	6180 ha; Stausee, beliebtes, gut ausgebautes Erholungszentrum nahe Harare; Wassersport, abgegrenzter Tierpark, Vogelschutzgebiet; Hotel

Lake Kariba	283 000 ha; Erholungspark, Fischen, Safaris, Wassersport, Vogelparadies
Lake Mutirikwe (Kyle)	16 900 ha; großer Stausee mit Fischen; abgegrenzter, schöner Tierpark; gute Infrastruktur
Lake Robertson	11 200 ha; Stausee, keine Infrastruktur
Ngezi	5800 ha; Stausee; teilweise einzigartige Flora des Great Dyke-Gebietes; Krokodilforschung; Antilopen (insbesondere Riedbock); Fischen
Sebakwe	2600 ha; Stausee; Segeln und Fischen
Umzingwane	1233 ha; Stausee; Segeln und Fischen; Ausbau der Infrastruktur vorgesehen

Gehege (Sanctuaries)

Chimanimani	1800 ha; Park mit Elenantilopen
Manjinji Pan	300 ha; Vogelschutzgebiet am Mwenezi River
Mbaze Pan	40 ha; Vogelschutzgebiet am Shangani River
Mushandige	129 000 ha; Forschungs- und Ausbildungszwecke
Nyamaneche	2480 ha; Great Dyke-Flora
Tchabalala	1100 ha; Erziehungszwecke

Botanische Schutzgebiete und Gärten

Bungu Forest	495 ha; Bergvegetation; Samango-Affen
Chirinda Forest	40 ha; immergrüner Bergwald, Riesenmahagoni
Chisekera	95 ha; Mangrovenfarne
Ewanrigg	286 ha; artenreicher botanischer Garten, berühmt für Aloen und Baumfarne
Haroni Forest	20 ha; immergrüner Tieflandwald
Rusitu Forest	150 ha; immergrüner Tieflandwald
Maware	34 ha; Raphia-Palmen
Tingwa	290 ha; Raphia-Palmen
Mazowe	46 ha; Bergakazien
National Botanical Gardens	67 ha; großer botanischer Garten inklusive Herbarium
Pioneer	38 ha; Fuchsia
South Camp	26 ha; Nyala-Bäume
Sebakwe	278 ha; Bergakazien, Great Dyke-Flora
Shashi	4300 ha; Ilala-Palmen
Stapleford	212 ha; Baumfarne
Vumba	242 ha; Bergvegetation, malerischer botanischer Garten

Ökologie und Ökonomie

Die Entwicklung des Verhältnisses von Mensch und Umwelt

In frühgeschichtlicher Zeit lebten die Bewohner des heutigen Zimbabwe in einem ausgeglichenen Verhältnis zur Umwelt, die ihnen ihrem Verständnis nach von den Ahnen zur sorgsamen Nutzung nur geliehen war: Der Wander-Hackbau schonte den Boden, und die Brandrodung ließ den Bestand an größeren Bäumen intakt. Wildbret war eine willkommene Ergänzung der Ernährung, das der Jäger mit der Gemeinschaft teilen mußte. Das Leben war weder einfach noch ungefährlich, aber fest in den Kreislauf der Natur eingebunden und ihr untergeordnet.

Die Intensivierung der Landwirtschaft, die mit der Seßhaftwerdung einherging, bedingte zunehmende Eingriffe der Menschen in die Natur. Der Niedergang des Reiches von Great Zim-

Frauen mit Eselskarren im Matabeleland

babwe (s. S. 282 f.) ist ein Indiz dafür, daß die Stämme in vorkolonialer Zeit ihre Existenzgrundlage durch Raubbau an der Umwelt bedrohten. Damals konnte die Bevölkerung jedoch auf neue Acker-, Weide- und Jagdgebiete ausweichen, und das abgewirtschaftete Land regenerierte sich wieder.

Die Weißen nahmen den Afrikanern den Freiraum, das Land nach ihrem Gutdünken zu nutzen: Einerseits verdrängten die Siedler die afrikanische Bevölkerung in wenig fruchtbare Reservate, die heutigen *communal areas* (kommunale Landgebiete). Andererseits erklärte die Kolonialregierung alle Wildtiere zum königlichen Wild *(Royal Game)* und verbot den Einheimischen die Jagd. Die Folgen waren eine Überbeanspruchung des Bodens durch Abholzung, Überweidung und Bodenerosion in den kommunalen Landgebieten und die geringe Wertschätzung des Wildes, das mit dem Jagdverbot auch seinen Nutzen für die Afrikaner verlor.

Verheerende Auswirkungen hatte die unkontrollierte Großwildjagd der weißen Siedler: Um die Jahrhundertwende war das Breitmaulnashorn ausgerottet, und die Zahl der Elefanten war auf 5000 gesunken, so daß sich die Kolonialregierung gezwungen sah, Schutzmaßnahmen zu ergreifen. Diesen legte sie den damals in Europa vorherrschenden Gedanken der Konservierung zugrunde: Die Natur müsse in ausgewählten, von der Bevölkerung abgetrennten Gebieten unversehrt bewahrt werden, um der modernen Gesellschaft – zu Erholungs- und Forschungszwecken – das Erlebnis ›Wildnis‹ bieten zu können. So entstanden die Vorläufer der heutigen Naturparks. Die weiße Siedlergesellschaft hat unbestritten brauchbare Expertisen zur Erhaltung der Flora und Fauna entwickelt, auf die Zimbabwe heute, wenn auch mit geänderten Prioritäten, zurückgreifen kann.

Landknappheit und Raubbau

Die Bevölkerung Zimbabwes hat ihren traditionellen Bezug zum ländlichen Leben behalten. Mehr als die Hälfte der Menschen betreiben nach wie vor in den *communal areas* eine Subsistenzwirtschaft, ein Fünftel arbeitet auf Großfarmen. Sogar in den Städten lebende Zimbabwer haben den landwirtschaftlichen Nebenerwerb aufrechterhalten. Höhenlage, Niederschlag und Bodenqualität bestimmen das landwirtschaftliche Potential der einzelnen Regionen des Landes. Die Bodennutzung richtet sich jedoch weniger nach agro-ökologischen Gesichtspunkten als nach den Eigentumsformen, die sich im Zuge der Landverteilung der Kolonialzeit herausgebildet haben. 5000 Großfarmen bewirtschaften 30% der Landesfläche, vor allem die fruchtbaren Zonen des Hochlandes. Dem stehen die kommunalen Landgebiete gegenüber, die aus den früheren Reservaten in den wenig fruchtbaren Randgebieten des Hochlandes entstanden sind und 40% der Landesfläche umfassen. Von deren Erträgen müssen 650 000 Bauern über 5 Mio. Menschen ernähren.

Die intensive landwirtschaftliche Nutzung in den *communal areas* hat zwangsläufig den Raubbau an der Natur zur Folge. Der Baumbestand halbierte sich in den letzten 25 Jahren und dezimiert sich weiterhin um 2% jährlich. Brennholz ist in dieser Region die wichtigste Energiequelle. Außerdem wird Holz für Hüttenbau und Zäune verwendet. Das Schlagen von einheimischen Harthölzern, wie Teak und Mukwa, aus denen Möbel und Parkettböden gefertigt wurden, trug ebenfalls stark zur Abforstung bei und wurde erst vor einigen Jahren behördlich eingeschränkt. Hinsichtlich der Deckung des lokalen Holzbedarfs gelten bereits mehr als die Hälfte der 52 Distrikte Zimbabwes als Defizitgebiete.

Die extensive Viehhaltung in diesen Gebieten erschwert die Aufforstungsbemühungen; vor allem Ziegen fressen gern junge Setzlinge.

Die Rinderzucht – 3 Mio. der insgesamt 5 Mio. Rinder werden auf den Weiden der *communal areas* gehalten – führt zur Überweidung, deren Folgen für die Umwelt die Kolonialverwaltung bereits 1951 erkannt hatte. Aber mit ihrem ›Native Land Husbandry Act‹ bekämpfte sie nur das Symptom, nicht die Ursache: Sie beschränkte die Höchstzahl der Rinder pro Haushalt auf fünf, ohne dem Problem allgemeiner Landknappheit Beachtung zu schenken. Und da dem Rind in der afrikanischen Gesellschaft eine starke symbolische und soziale Bedeutung zukommt, die weit über seinen kommerziellen Wert hinausgeht, brachte dieses Gesetz die Landbevölkerung mehr als viele andere repressive Maßnahmen gegen das Kolonialregime auf.

Eine Hauptfolge der Abforstung und Überweidung ist die rasante Zunahme der Erosion. Jährlich gehen in den *communal areas* pro Hektar Ackerland bis zu 40 t Boden verloren, was neben Produktionseinbußen und erhöhtem Düngerbedarf zu einer Versandung von Flüssen und Stauseen führt. Hierzu trägt in jüngster Zeit auch die Verbreitung der Goldwäscherei entlang einiger Flüsse bei, weil sie mit einer Rodung der Uferböschungen verbunden ist. Die heftigen tropischen Regenfälle spülen die ungeschützte Erde davon.

Die von Schwarzen bewirtschafteten *communal areas* dienen in vielen Landesteilen als Pufferzone zwischen den Großfarmen weißer Siedler auf dem Hochland und den Wildgebieten. Ernteerträge und Viehbestand werden dort also zusätzlich durch Wildtiere gefährdet. Die staatlichen Wiedergutmachungsleistungen sind bescheiden und mit mühseligen Behördenwegen verbunden. Die Bauern der kommunalen Randgebiete stehen daher den Bemühungen um die Erhaltung des Wildbestandes tendenziell negativ gegenüber. Für sie ist die Zurückdrängung des Wildes eine Frage des Selbstschutzes und der Gewinnung zusätzlicher Weideflächen, also eine Überlebensfrage. Der Landdruck wird vor allem in den nördlichen Safarigebieten entlang des Zambezi deutlich. Die Tsetsefliege, die Überträgerin der für Rinder tödlichen Schlafkrankheit *nagana* (bei Menschen löst sie Trypanosomiase aus), verhinderte dort bisher Auseinandersetzungen um das Land. In den letzten Jahren – seit das Tsetse-Bekämpfungsprogramm mit ausländischer Hilfe große Fortschritte erzielte – nahm das Interesse an den fruchtbaren Weideflächen entlang des Zambezi zu. In den von der Tsetsefliege befreiten kommunalen Landgebieten wird die Konkurrenz zwischen Wild und Vieh, zwischen Wald und Weide zur Herausforderung an ein neues Naturschutzkonzept: Die lokale Bevölkerung soll so in neue Landnutzungsformen eingebunden werden, daß ihr der Erhalt der Tierwelt als wirtschaftlich lohnend erscheint. Ein erfolgversprechender Ansatz ist das CAMPFIRE-Programm (s. S. 48).

Die agro-ökologischen Zonen Zimbabwes

% der Landesfläche	Klima	Landwirtschaft	Viehzucht
2%	ausgiebige Niederschläge (über 1000 mm); kühl (unter 15 °C)	Forstwirtschaft, Obst, Tee, Kaffee, Hafer, Kartoffeln	intensive Milchwirtschaft, Schafzucht
19%	ergiebiger Niederschlag (700–1000 mm); warme Sommer, kühle Winter	intensive Bewirtschaftung, Anbau von Mais, Tabak, Baumwolle, Winterweizen, Gemüse	intensive Fleisch- und Milchwirtschaft
17%	mäßiger Niederschlag (550–700 mm); warm (18 °–24 °C); Trockenperioden	trockenresistente Baumwollarten, Sojabohnen, Hirse	Rinderzucht
33%	geringer Niederschlag (450–600 mm); warm (20 °–25 °C); Dürreperioden	Bewässerungswirtschaft, trockenresistente Getreidearten	halb-extensive Rinderwirtschaft
26%	sehr geringer Niederschlag (unter 500 mm); sehr heiß (22 °–30 °C), Dürreperioden	Bewässerungswirtschaft im Lowveld: Zuckerrohr, Zitrusfrüchte	extensive Rinderzucht, bewässerte Weiden, Wildwirtschaft
3%	für Landwirtschaft zu heiß und trocken; Wildwirtschaft		

Die Jagd

Die Jagd ist in Zimbabwe so alt wie die Besiedlung des Landes. Prähistorische Felszeichnungen und Werkzeugfunde belegen, daß schon immer Wildtiere erlegt wurden. Ihr Fleisch diente als Nahrung, aus Fellen, Hörnern und Knochen fertigten die Einheimischen verschiedene Gebrauchsgegenstände an. Die Araber und Portugiesen führten mit dem Elfenbeinhandel die kommerzielle Trophäenjagd ein. Im 19. Jh. begannen Europäer mit der Sportjagd auf Großwild, die um die Jahrhundertwende solche Ausmaße angenommen hatte, daß die Zahl der Elefanten erheblich dezimiert und das Breitmaulnashorn verschwunden war. Das Jagdrecht wurde daher eingeschränkt, indem das Wild zum ›Royal Game‹ erklärt wurde, dessen Abschuß der Genehmigung der Kolonialverwaltung unterlag. Parallel dazu schuf man Schutzgebiete, aus denen später die Wildparks hervorgegangen sind. Diese Maßnahmen brachten erstmals die begriffliche Unterscheidung von legaler und illegaler Jagd, dem Wildern.

Drei Erscheinungsformen der Wilderei lassen sich in Zimbabwe unterscheiden. Das Subsistenzwildern der Bauern in den *communal areas* dient der eigenen Ernährung. Das Fangen von Kleinwild mit Hilfe von Fallen stellt eine Fortsetzung des traditionellen Wirtschaftens dar, das trotz der weiten Verbreitung für den Wildbestand insgesamt wenig bedrohlich ist und daher im Zuge der Naturschutzreform schrittweise legalisiert werden soll.

Jäger auf einem erlegten Elefanten, um 1920

Begehrte Jagdtrophäen: Elfenbein und Nashorn

In Afrika lebten 1988 noch 750 000 Elefanten, die jährlich wegen des begehrten Elfenbeins um 10% dezimiert werden. Von 100 000 Stoßzähnen, die 1986 statistisch erfaßt wurden, gelangten drei Viertel illegal in den internationalen Handel. Die bedrohliche Dezimierung der Elefanten führte 1989 zu einem weltweiten Verbot des Elfenbeinhandels. Zimbabwe hat sich unter Hinweis auf seinen großen Tierbestand und dessen Folgen für die Umwelt vehement gegen ein generelles Verbot des Elfenbeinhandels ausgesprochen, bisher allerdings erfolglos. 1982 lag die Zahl der Elefanten in Zimbabwe bei 50 000, das sind zehnmal so viel wie zu Beginn des Jahrhunderts. Die natürliche Zuwachsrate beträgt 10% im Jahr. Da Elefanten beim Fressen an Bäumen und Sträuchern großen Schaden anrichten, muß ihre Zahl zum Schutz der Flora auf ein umweltverträgliches Maß beschränkt bleiben. Als Richtwert gilt eine Höchstgrenze von einem Elefanten pro Quadratkilometer, so daß für Zimbabwe eine Gesamtzahl von 34 000 anzustreben wäre. Die Parkbehörden haben begonnen, die Elefanten schrittweise auf diese Ziffer zu reduzieren. 1990 wurde noch ein Bestand von 40 000 geschätzt.

Ein Mittel zur Kontrolle der Tierpopulation ist die legale Jagd: Die Behörde setzt jährlich landesweite Abschußquoten fest, die – meist an Ausländer – teuer versteigert werden und eine wichtige Einnahmequelle für die Erhaltung der Wildreservate darstellen: Der Grundpreis für den Elefantenabschuß betrug 1989 4500 US$, Trophäen wurden zu 50 US$/kg abgegeben, und bei einer Mindestjagdzeit von zwei Wochen kostete der Tag 750 US$. Auf diese Weise wird der Tierbestand in allen Gebieten außerhalb der Nationalparks, also in Safarigebieten, auf kommunalem Land und auf Wildfarmen, begrenzt. In den Nationalparks hingegen ist die Jagd grundsätzlich verboten. Bei Überpopulation wird in ihnen nicht ein einzelner Elefant, sondern die ganze Herde erschossen. Diese Methode, *culling* genannt, dient der Erhaltung des alters- und geschlechtsspezifischen Gleichgewichts der Elefantenpopulation insgesamt. Elfenbein, Haut und andere Produkte werden dann verkauft. Seit Elfenbein in Zimbabwe legal und in ausreichenden Mengen erworben werden kann, ist das Wildern von Elefanten stark zurückgegangen. Heute stellt es nur noch im Gonarezhou National Park im Südosten des Landes eine ernsthafte Bedrohung dar. Die Legalisierung der begehrten Trophäenjagd und deren staatliche Kontrolle haben daher in Zimbabwe im Endeffekt zum Schutz der Elefanten beigetragen.

Die Zahl der Spitzmaulnashörner ist in Afrika von 100 000 im Jahre 1965 auf höchstens 3000 im Jahre 1990 gesunken. Zimbabwe gilt mit 1200 Exemplaren als letzte Bastion dieser unmittelbar von der Ausrottung bedrohten Spezies. Seit 1985 treiben hier jedoch Wilderer verstärkt ihr Unwesen, nachdem sie zuvor die Tiere in Kenia, Tanzania und Zambia dezimierten. Mit internationaler Unterstützung hat die Regierung den vorwiegend aus Zambia eindringenden Jägern mit der ›Operation Stronghold‹ den Krieg erklärt: Schwerbewaffnete Sondereinheiten versuchen, sie in den grenznahen Parks zu stellen. Außerdem bringt man Nashörner aus der gefährlichen Grenzgegend in sicherere Parks und auf Farmen im Landesinnern. Der Kampf gegen die Wilderer wird mit zunehmender Unerbittlichkeit geführt: Bis 1990 kamen auf 800 erlegte Nashörner 100 erschossene Wilderer. Deren Erfolgsquote sinkt zwar, aber die Auseinandersetzung ist noch nicht entschieden.

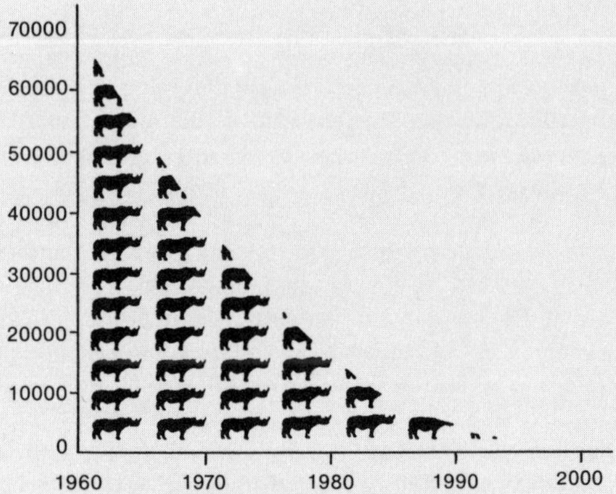

Dezimierung der Nashörner

Hinter den Wilderern stehen internationale Banden. Ihre Kunden sind einerseits im Nordjemen zu finden, wo man aus dem Horn Dolchgriffe herstellt, andererseits in Asien, insbesondere Taiwan und Malaysia, wo das Horn zu einem begehrten pulverisierten Potenzmittel, dem *jin,* verarbeitet wird. Dieser Mythos, der Glaube an die Wirkung des Horns, ist noch so stark, daß es im Jemen und in Malaysia zu Höchstpreisen gehandelt wird: mit 15 000 US$ für 1 kg Horn!

Die kommerziell betriebene Wilderei mit großflächig verteilten Fallen, Gewehren und Netzen hat in einigen Landesteilen merklich zur Verringerung des Wild- und Fischbestandes geführt. Mit Patrouillen und der Androhung hoher Haftstrafen wird versucht, diese Form des Wilddiebstahls in den Griff zu bekommen.

Die Jagd nach Trophäen, insbesondere von Elefanten und Nashörnern, ist wegen der hohen Gewinnspannen, der guten Bewaffnung der Banden und ihrer internationalen Verflechtung am schwersten zu bekämpfen.

Das Konzept der kontrollierten Jagd ist heute in Zimbabwe unumstritten. Die Hälfte des *Park and Wildlife Estate* ist Jagdrevier, darüber hinaus stehen kommunale Landgebiete und private Farmen zur Verfügung: insgesamt 65 000 km², das sind 17% der Landesfläche. Abschußquoten werden von der Nationalparkbehörde auf der Basis ökologischer Kriterien errechnet. Die Abschußrechte in öffentlichem Gebiet werden jeden Februar an private und gewerbliche Höchstbieter versteigert, wobei die jährliche Preissteigerung in den letzten Jahren mindestens 15% betragen hat. Waffen- und Jagdscheine sind nicht erforderlich, wohl aber die Teilnahme eines ortskundigen (einheimischen) Jägers und einer Aufsichtsperson der Parkbehörde. Ein neuer Trend ist die Jagd mit dem Bogen, die sich insbesondere auf Farmen zunehmender Beliebtheit erfreut.

Versuch einer Verbindung von Ökologie und Ökonomie

In Zimbabwe gibt es seit einigen Jahren Bemühungen, im Naturschutz ökologische und ökonomische Überlegungen zu verknüpfen. Wie in anderen Entwicklungsländern hat sich die Einstellung durchgesetzt, Naturschutz sei auf Dauer nur denkbar, wenn er nicht auf Kosten, sondern zum Nutzen der betroffenen Bevölkerung erfolgt. Diese Erkenntnis wurde in der ›National Conservation Strategie 1987‹ festgeschrieben und in den Bereichen Land-, Forst- und Wildwirtschaft teilweise in die Praxis umgesetzt.

Das Konzept der Agro-Forstwirtschaft richtet sich gegen die weitere Abholzung, sieht aber neue Baumpflanzungen als integralen Bestandteil landwirtschaftlicher Nutzung vor. Die inzwischen hochentwickelte kommerzielle Forstwirtschaft beginnt mit Aufforstungsprogrammen in den *communal areas*, in denen allerdings schnellwachsenden importierten Weichhölzern wie dem umstrittenen Eukalyptus vor den lokalen Hartholzspezies der Vorzug gegeben wird. Unter den einheimischen Bäumen gilt vor allem die Akazie für die Aufforstung zu kommerziellen Zwecken als geeignet.

Das heute oft gebrauchte Schlagwort bei der Suche nach einer ökologisch ausgewogenen Nutzung des Bodens heißt ›Permakultur‹ *(von permanent agriculture)*. Sie zielt auf einen ökologisch tragfähigen Ackerbau: So werden die Anlage von Gemüsegärten, eine Optimierung der Fruchtfolge, die Verwendung von einheimischen Getreide- und Baumwollsorten sowie von Naturdünger, das Pflügen der Äcker nach den Höhenlinien (Konturen) und die Neugestaltung der kommunalen Weidenutzung angeregt. Doch können diese Bemühungen nicht darüber hinwegtäuschen, daß die Bewirtschaftung der Großfarmen weiterhin auf Monokulturen hochgezüchteter Hybridarten ausgerichtet ist, die den massiven Einsatz von Kunstdünger und Insektiziden bedingen und natürlich auf die Subsistenzbauern der *communal areas* beispielgebend wirkt. Die ›Permakultur‹ hat daher gegenwärtig wenig Aussichten, sich landesweit durchzusetzen.

Im Bereich der Wildtiernutzung hat Zimbabwe bereits vor einiger Zeit das staatliche Monopol gelockert. 1960 begann eine vorsichtige Revision des Konzeptes des ›Royal Game‹. Großfarmern wurde die Möglichkeit eingeräumt, Wild kommerziell zu nutzen. Als Folge entstanden das *gamefarming*, d. h. die gleichzeitige Haltung von Vieh und Wild, und das *gameranching*, die ausschließliche Wildtierhaltung auf für die Landwirtschaft nicht anderweitig nutzbarem Farmgelände. Zebras, Elen- und Rappenantilopen, Gnus und Warzenschweine sowie die artengeschützten Kuh- und Pferdeantilopen, seit kurzem auch Nashörner, sind bei *gamefarmern* und *-ranchern* die beliebtesten Tierarten. Die Jagd, die Leder- und Fleischindustrie und der Tourismus blühten auf einer unüberschaubaren, privaten Basis auf. Es zeigte sich bald, daß der Bestand an Wild dadurch insgesamt vermehrt wurde. Dieser Erfolg führte 1975 zum heute noch gültigen ›Parks and Wildlife Act‹, dem die Überlegung zugrunde liegt, die Erhaltung des Wildbestandes könne auf Dauer nur dann gelingen, wenn das Wild als erneuerbarer Rohstoff angesehen wird. Im Gegensatz zu anderen Rohstoffen, die einem chronischen Preisverfall auf dem Weltmarkt ausgesetzt sind, ist das Wild eine begehrte Mangelware von steigendem Wert. Das Gesetz übertrug allen Landeigentümern auf ihrem Gebiet die Nutzungsrechte über das Wild, was zu einer

Ausweitung privater und kommunaler Jagdgebiete führte, die heute 65 000 km², das sind 17% der Landesfläche, umfassen. Allerdings profitierten bisher hauptsächlich die wenigen Großfarmer und Berufsjäger von dieser Entwicklung, nicht die afrikanische Landbevölkerung. Die Prämien für Jagdrechte in den *communal areas,* die von der Zentralstelle erhoben werden, flossen nur selten dorthin zurück. Ferner ist die Verteilung der Gewinne stets umstritten, da das System des kollektiven Landeigentums eine eindeutige Zuweisung von Gestehungskosten nahezu unmöglich macht.

Ein erfolgversprechender Versuch, die Bevölkerung in den ländlichen Kommunen in den Naturschutz einzubinden, ist 1987 mit dem CAMPFIRE-Programm angelaufen: das ›Communal Areas Management Programme for Indigenous Resources‹ (Managementprogramm für lokale Rohstoffe in Gebieten ländlicher Kommunen) gibt den Bewohnern die Vollmacht, ihre natürlichen Ressourcen selbst zu verwalten und unmittelbar von ihnen zu profitieren. Das betrifft neben dem Verkauf von Abschußgenehmigungen an Jäger, der wegen der hohen Preise einen wichtigen Anreiz darstellt, auch die Forstwirtschaft, die Wassernutzung und die Viehhaltung. Das Programm will zeigen, daß die wirtschaftlich rentable Nutzung der Umwelt und ihr Erhalt gleichzeitig möglich sind und einander sogar bedingen.

Der Kern von CAMPFIRE ist die Überlegung, die Viehwirtschaft zugunsten einer Wildwirtschaft zurückzustellen. Da Rinder Privatbesitz, Wild hingegen Kollektivbesitz sind, besteht die zentrale Aufgabenstellung darin, einen befriedigenden Kontrollmechanismus über die Nutzung und einen Verteilerschlüssel für Kosten und Gewinne zu erarbeiten. Dies kann nur durch eine Dezentralisierung der Entscheidungen gelingen, durch die Berücksichtigung der Interessen von Betroffenen und durch die Kooperation mit den lokalen Behörden *(District Councils).* Man mußte also neue Organisationsformen finden: Die Beteiligten – das sind die örtliche Bevölkerung, die lokalen Behörden und die Nationalparkverwaltung – bilden eine Art Aktiengesellschaft, deren Stammeinlage die ›Natur‹ ist. Die Nationalparkbehörde übernimmt das Marketing gegenüber Jagdklienten und wacht darüber, daß sich das Ausmaß der Jagd im Rahmen der landesweiten Quoten bewegt. Der Bevölkerung und den lokalen Behörden obliegt es, das ›Stammkapital‹ durch Naturschutzmaßnahmen zu erhöhen und über die Verwendung der Gewinne zu entscheiden.

Erste Projekte haben in Nyaminyami am Südufer des Lake Kariba, in Doma und Guruve begonnen. Der Jagderlös der Gemeinde Nyaminyami betrug im ersten Jahr (1989) 200 000 US$, und an die Bevölkerung konnten 30 000 kg Fleisch zum Selbstkostenpreis abgegeben werden. Die Einbindung der ländlichen Gemeinden in die Tourismuswirtschaft und die erstmalige Verfügung über Eigenmittel für dörfliche Projekte verbesserten das soziale und wirtschaftliche Gefüge. 1990 trafen zehn weitere Distrikte die organisatorischen Maßnahmen, um sich an CAMPFIRE zu beteiligen. Das Programm erntete bereits internationale Anerkennung; um die langfristigen Auswirkungen auf den Naturschutz zu beurteilen, ist es jedoch zu früh. Das Programm erhält finanzielle und wissenschaftliche Unterstützung vom Zimbabwe Trust, dem World Wide Fund for Nature (WWF), der International Union for the Conservation of Nature and Natural Ressources (IUCN) und der Universität von Zimbabwe (Center for Applied Social Sciences).

›Weiße‹ und ›schwarze‹ Wirtschaft

Mit der Unabhängigkeit im Jahr 1980 übernahm Zimbabwe eine ›zweigeteilte‹ Wirtschaft: einen entwickelten weißen und einen unterentwickelten afrikanischen Sektor. Zum modernen, gänzlich im Besitz von Weißen befindlichen Sektor gehörten eine ertragreiche Landwirtschaft, eine diversifizierte verarbeitende Industrie und ein florierender Bergbau sowie eine entwickelte Infrastruktur aus Straßen und einem Eisenbahnnetz. An den Industriebetrieben war zu einem hohen Grad ausländisches, insbesondere südafrikanisches Kapital beteiligt. Die rhodesische Wirtschaft verbreiterte ihre Basis in der Zeit der Wirtschaftssanktionen gegen das Regime von Ian Smith, denn diese begünstigten die Diversifizierung der Industrie. Auch setzte in dieser Zeit eine umfassende staatliche Kontrolle ein, um die knappen Devisen zuweisen und die Importe beschränken zu können. Zur Zeit der Unabhängigkeit war die Wirtschaft jedoch erheblich geschwächt, wozu vor allem die teuer bezahlten illegalen Importe und der illegale Export von Produkten zu Niedrigstpreisen sowie der Bürgerkrieg beigetragen hatten.

Den zweiten oder afrikanischen Sektor bildeten die unterentwickelten, entlegenen und kaum von Straßen erschlossenen *communal areas*, in denen über die Hälfte der Bevölkerung lebte, die

Schwarze Arbeiter in Zivishvane

sich mit geringen Ernteerträgen, Überweidung und völlig unzureichenden Sozialeinrichtungen abfinden mußte. Der wirtschaftliche Austausch zwischen den beiden Sektoren beschränkte sich weitgehend auf Wanderarbeiter: Die kommunalen Landgebiete dienten den Weißen als schier unerschöpfliches Reservoir an billigen Arbeitskräften. Vor diesem Hintergrund forderten die Befreiungsbewegungen in ihren sozialistisch orientierten Programmen eine Landreform, die Gleichstellung von Afrikanern im Arbeitsleben und die Verbesserung von Erziehung und Gesundheitsfürsorge für Afrikaner.

Der ehemals ›weiße‹ Sektor der Wirtschaft blieb jedoch nach der Unabhängigkeit im wesentlichen unverändert bestehen. Nach einer mehrjährigen Übergangsphase wurde ein Wirtschaftsprogramm entwickelt, das die Sozialisierung des Eigentums an den Produktionsmitteln und eine Landreform sowie die ausgewogene Entwicklung der Wirtschaft unter Berücksichtigung von Umweltaspekten beinhaltete. Das Motto hieß: ›Wachstum mit Umverteilung‹. Die Nationalisierung der Wirtschaft und die Landreform haben sich jedoch bisher in bescheidenen Grenzen gehalten; pragmatische Lösungen wurden einer buchstabengetreuen Verwirklichung des Parteiprogrammes vorgezogen. Die schwarze Bevölkerungsmehrheit übernahm nicht schlagartig die Kontrolle der Wirtschaft, sondern verlangte nur bevorzugte Beförderung. Noch 1990 – zehn Jahre nach der Unabhängigkeit – waren die 1000 wichtigsten Positionen in Industrie, Banken und Versicherungswesen zu 90% mit Weißen besetzt.

Die Politik des ›Wachstums mit Umverteilung‹ erbrachte nur bescheidene Verbesserungen, da die Wirtschaftsentwicklung nur mühsam mit dem Bevölkerungswachstum Schritt halten konnte. Gelungen ist allerdings die Ankurbelung der kleinbäuerlichen Produktion. Ihr Beitrag

Daten zur Wirtschaft

Bruttoinlandsprodukt (BIP):	5,880 Mrd. US$
BIP pro Kopf:	625 US$ (BRD: 19 000, Kenya: 370)
Wirtschaftswachstum:	1989: 4,9%
Durchschnitt 1980–1989:	3%
Inflation (1989):	13%
Arbeitslosenrate:	30%
Wechselkurs (August 1990):	1 ZW$ = 0,63 DM (1980: 1 ZW$ = 3,10 DM) oder 0,40 US$ (1980: 1 ZW$ = 1,5 US$)
Außenhandel:	Exporte: 1,47 Mrd. US$ (davon 10% BRD) Importe: 1,32 Mrd. US$ (davon 9% BRD)
Auslandsverschuldung:	2,7 Mrd. US$ (1988) Schuldendienstrate: 22%
Tourismus (1987):	500 000 Besucher (80% Afrikaner, 12% Europäer, 1,8% Deutsche) Einnahmen: 140 Mio. US$

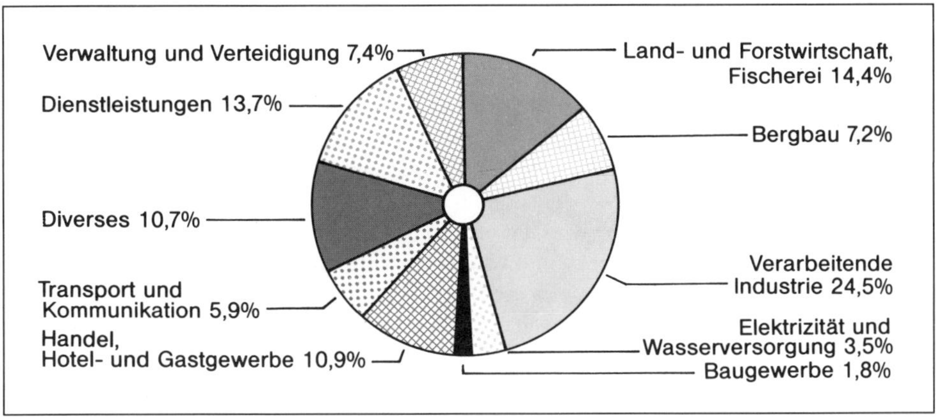

Zusammensetzung des Bruttoinlandproduktes

zur Maisernte wurde beispielsweise von 6% im Jahr 1980 auf über 60% im Jahr 1990 angehoben. Im August 1990 kündigte die Regierung eine neue Landumverteilung an: In den nächsten Jahren soll etwa die Hälfte des Farmlandes (5 Mio. ha) für Rücksiedlungsprogramme erworben werden. Richtlinien für die Auswahl der zu enteignenden Farmen und für die Höhe der Entschädigung fehlen bislang.

Das Hauptproblem der 90er Jahre ist die Schaffung von Arbeitsplätzen: Zu den 1 Mio. Arbeitslosen im Jahr 1990 kommt jährlich eine wachsende Zahl von Schulabgängern. Die Beschäftigungsmöglichkeiten im öffentlichen Dienstleistungsbereich, der nach der Unabhängigkeit aufgebläht wurde, haben ihre Grenze erreicht: Die Gehälter der Staatsbeamten verschlingen bereits 30% der Staatsausgaben. Vor diesem Hintergrund leitete die Regierung 1989 eine Liberalisierung der Wirtschaft ein, um durch den Abbau staatlicher Preis-, Devisen- und Handelskontrollen lokale und internationale Kapitalinvestitionen zu fördern. 1991 wurde in Zusammenarbeit mit der Weltbank ein Strukturanpassungsprogramm zur beschleunigten Liberalisierung der Wirtschaft und zur Eindämmung des Budgetdefizits ausgearbeitet.

Produktion und Infrastruktur

Konjunkturmotor der Wirtschaft ist die Landwirtschaft. Sie beschäftigt ein Viertel der Bevölkerung und deckt 40% der Deviseneinnahmen ab. Die Bewirtschaftungsformen reichen vom hochmechanisierten Großbetrieb bis zum traditionellen Hackbau auf kleinen Schollen und sind durch die verschiedenen agro-ökologischen Bedingungen in den einzelnen Landesteilen und durch die in der Kolonialzeit geschaffenen Eigentumsverhältnisse geprägt (s. S. 41ff.).

Zimbabwe versorgt sich selbst mit Grundnahrungsmitteln und exportiert darüber hinaus Überschüsse an Mais. Es ist nach den USA und Brasilien der drittgrößte Tabakproduzent der Welt. Etwas bescheidener ist der Beitrag der Kaffee-Ernte, die mit 11 000 t jährlich zwei Tage lang den Weltbedarf deckt. Wachstumsbranchen sind der Anbau von Baumwolle und von Gartenprodukten, wie Blumen und Frischgemüse. Die Zuckerrohrindustrie im südlichen Lowveld hat die Errichtung der ersten afrikanischen Ethanolanlage ermöglicht. Ethanol wird dem Benzin in Zimbabwe zu 10% beigemischt.

Die Viehwirtschaft ist mit 5 Mio. Rindern ein wichtiger Landwirtschaftszweig. Sie beruht auf einheimischen Rassen (Tuli, Mashona und Nkome) sowie importierten britischen, belgischen und deutschen Züchtungen. Zimbabwe exportiert Rindfleisch nach Europa. In den letzten Jahren hat die Wildwirtschaft im Lowveld an Bedeutung gewonnen. Die Forstwirtschaft hat ihren Schwerpunkt in den Eastern Highlands, wo 90 000 ha Nutzwald kultiviert werden.

Die verarbeitende Industrie ist im afrikanischen Vergleich hochgradig diversifiziert. Sie trägt den höchsten Prozentsatz zum Volkseinkommen bei und ist zweitgrößter Arbeitgeber des Landes. Die Produktpalette hat sich unter dem Druck der Wirtschaftssanktionen und im Schatten des staatlichen Protektionismus seit 1965 von 600 auf 6000 verzehnfacht: Nahrungsmittel, Textilien, Lederwaren, Möbel, Papier, chemische Produkte, Maschinen und andere Arbeitsgeräte gehören zu den wichtigsten Warengruppen.

Die Bergbauindustrie erlebte im Zweiten Weltkrieg und dann noch einmal in der Zeit der internationalen Sanktionierungen gegen Rhodesien einen Aufschwung. Heute stellt sie eine Säule der Exportwirtschaft dar und bringt 6% der Devisen ein. Wichtigstes Abbauprodukt ist

Landwirtschaft in Zimbabwe

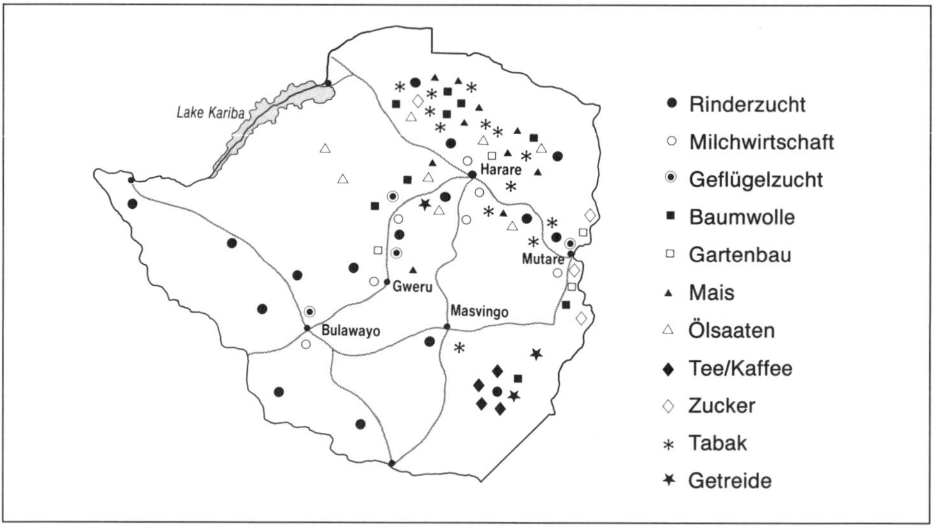

Beim Kaffeesortieren in den Eastern Highlands

Gold, gefolgt von Kohle, Asbest und Nickel. Auch Chrom, Kupfer, Eisenerz und Zinn werden gefördert.

Der Energiesektor basiert gleichermaßen auf Wasserkraft, Kohle und Holz, die zusammen 90% des Bedarfs decken. Alternative Energiequellen, wie Wind- und Sonnenenergie, tragen trotz 300 Sonnentagen im Jahr und trotz regelmäßiger Winde erst 2% zur Stromgewinnung bei, importierte Erdölprodukte rund 8%. Zimbabwe verfügt über reiche Kohlevorkommen, ein unerschöpfliches Potential an Wasserkraft und große Nutzholzplantagen. Die im Zambezi-Tal durchgeführten Studien werden bis Mitte der 90er Jahre zeigen, ob sich dort Bohrungen nach Erdöl lohnen könnten. Mit der Fertigstellung eines zweiten Wasserkraftwerkes am Zambezi (Batoka-Staustufe) wird um das Jahr 2000 gerechnet.

Das Straßennetz ist eines der besten Afrikas: Von 85 000 km sind 12 000 km asphaltiert und mehr als die Hälfte geschottert. Die Hauptverkehrsstraßen befinden sich in einem ausgezeichneten Zustand und sind durchweg gut erhalten. Seit 1980 fördert die Regierung in besonderem Maße den Ausbau des ländlichen Wegenetzes, das bis zur Unabhängigkeit stark vernachlässigt wurde. 3400 km Schienen verbinden die großen Städte und Industriezentren. Seit der Unabhängigkeit profilierte sich Harare als regional bedeutender Flughafen, von dem alle Hauptstädte des südlichen Afrika sowie Nairobi, Dar es Salaam und Mauritius auf direktem Luftwege zu erreichen sind.

Entwicklung der Gesellschaft

Die Bevölkerung Zimbabwes

Die Einwohnerzahl Zimbabwes lag 1990 bei 9,8 Mio., das sind 30% mehr als bei der Volkszählung von 1982 und fünfzehnmal so viel wie bei der ersten Bevölkerungsschätzung im Jahre 1901. Das Bevölkerungswachstum, das in den 70er Jahren mit 3,4% seinen Höhepunkt erreicht hatte, liegt heute bei 3%, wobei weiterhin eine leicht abnehmende Tendenz feststellbar ist. Die Bemühungen im Bereich der Familienplanung zeigen erste Erfolge. Der Altersaufbau ist für ein Entwicklungsland typisch: Die Hälfte der Bevölkerung ist unter 15 Jahre alt.

Die Siedlungsdichte ist mit 25 Einwohnern/km² vergleichsweise niedrig (zum Vergleich: Deutschland 218/km², Österreich: 90/km², Schweiz: 157/km²), doch zeigen sich große regionale Unterschiede. Gemessen an ihrem agrarökologischen Potential, sind einige Regionen überbevölkert, während andererseits fruchtbare Gebiete nur dünn besiedelt sind. Die Ursache dafür liegt in der Kolonialgeschichte. Die Landumverteilung gehörte daher zu den vorrangigen Zielen des Befreiungskampfes, und sie bleibt weiterhin eine der wichtigsten innenpolitischen Aufgaben.

Zu Beginn der Kolonialzeit um das Jahr 1890 lebten in Zimbabwe rund 600 000 Afrikaner, vorwiegend im südlichen Landesteil zwischen Bulawayo und Mutare. Weil Siedler diesen Landstrich für sich beanspruchten, begann die Kolonialverwaltung 1911, die Afrikaner in Reservate abzuschieben. Der ›Landapportionment Act‹ von 1931 schrieb die Aufteilung des Landes in abgegrenzte Gebiete für Afrikaner und weiße Siedler fest: Die großenteils in der fruchtbaren Hochebene gelegene Hälfte wurde für Weiße reserviert. Die Afrikaner hingegen, deren Zahl die der Europäer um das Fünfzehnfache überstieg, konnten nurmehr in den Reservaten, die lediglich ein Viertel der Fläche Zimbabwes ausmachten, frei über Land verfügen. In einem weiteren Zehntel durften sie Grund und Boden kaufen *(purchase area).* Diese Aufteilung wurde im wesentlichen beibehalten. Der ›Land Tenure Act‹ (1969), der den Afrikanern nicht nur den Besitz, sondern auch die Verwaltung ›weißen‹ Bodens verbot, teilte den damals 234 000 Weißen 181 000 km² Farmland zu, während 4,9 Mio. Afrikaner mit einer gleich großen Fläche in unfruchtbareren und unwirtlicheren Gegenden vorlieb nehmen mußten.

Seit der Unabhängigkeit im Jahre 1980 können theoretisch alle Zimbabwer Land im Siedlergebiet erwerben. Die Regierung kaufte Land zur Rücksiedlung der afrikanischen Bevölkerung auf, die sogenannten *resettlement areas.* Bis 1989 erhielten hier 55 000 Familien in Form verschiedener privater und genossenschaftlicher Besitzmodelle Farmland. Das Ungleichgewicht in der Bevölkerungsverteilung änderte sich dadurch jedoch nicht, da der Bevölkerungszuwachs in

Daten zur Bevölkerung

Einwohner:	9,8 Mio.
Wachstum:	3% jährlich
Besiedlungsdichte:	25 Einw./km²
Bevölkerungsverteilung:	30% Stadt, 70% Land
Die größten Städte:	Harare (1,1 Mio. Einw.), Bulawayo (660 000 Einw.), Chitungwiza (600 000 Einw.), Gweru (95 000 Einw.), Mutare (80 000 Einw.)

Altersstruktur:	50% unter 15 Jahren	
Ethnien:	77% Shona 18% Ndebele 3,5% afrikanische Minderheiten	98,5% Afrikaner
	105 000 Weiße 15 000 Asiaten 30 000 Farbige	1,5%
Religion:	ca. ⅓ Christen, ⅔ autochthone Religion	

den kommunalen Landgebieten oder *communal areas,* wie die ehemaligen Reservate heute heißen, bei weitem die Entlastung durch das Rücksiedlungsprogramm übersteigt.

Die Bevölkerungsdichte liegt in dem fruchtbaren Gebiet, das die weißen Siedler für sich reklamiert hatten, noch immer bei nur acht Einwohnern/km² – obwohl auf den dortigen Großfarmen 20% der Bevölkerung des Landes arbeiten. In den früheren afrikanischen Reservaten hingegen leben 26 Einwohner pro km², weit mehr als der hier überwiegend karge Boden ernähren kann.

Der Anteil der Stadtbevölkerung ist mit 30% niedriger als in anderen Entwicklungsländern. Allerdings leben in den urbanen Zentren des Landes über 80% der Nichtafrikaner. Die Stadtbevölkerung – 1982 noch 25% – wächst überproportional schnell weiter: Seit der Volkszählung von 1969 hat sich die Einwohnerzahl der drei großen Zentren Harare, Bulawayo und Chitungwiza, das ein Teil von Groß-Harare ist, beinahe verdreifacht. Die Regierung versucht die

Landverteilung nach dem Land Tenure Act von 1969

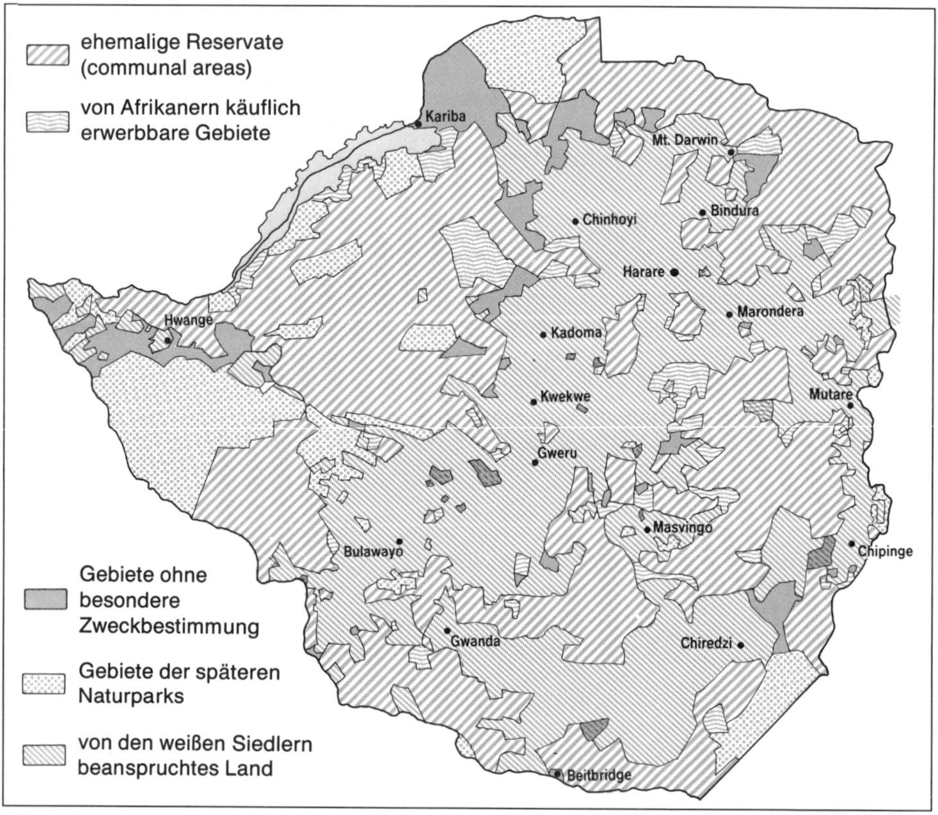

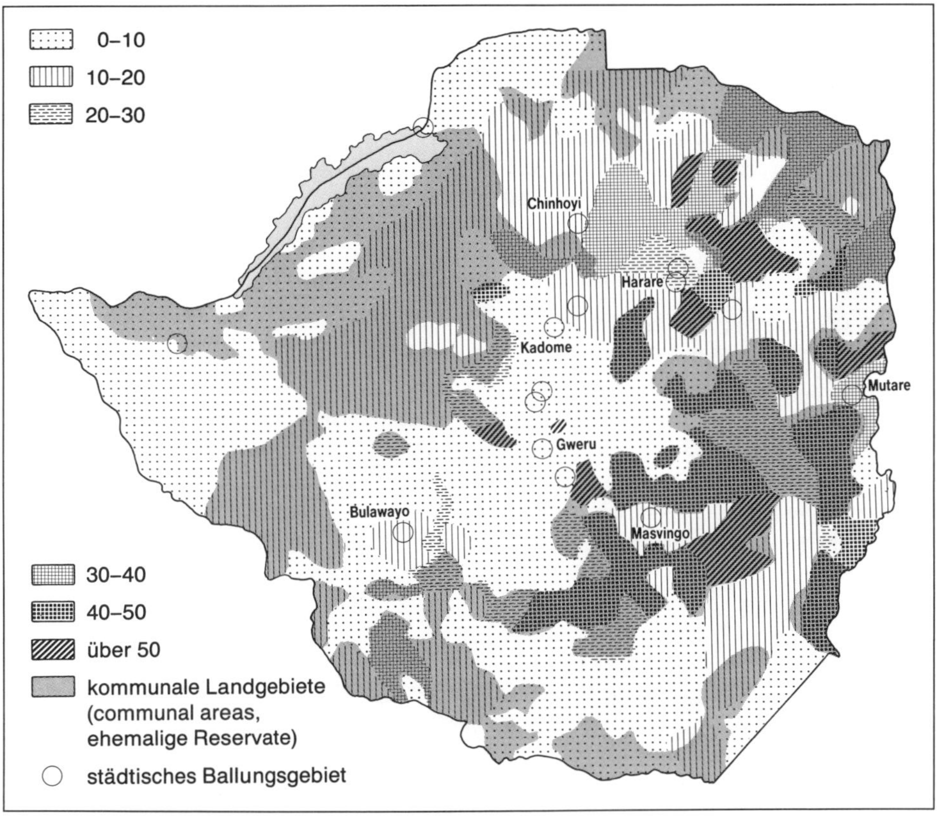

Bevölkerungsverteilung

Zuwanderung in die Städte dadurch zu bremsen, daß sie in den *communal areas* gezielt Wachstumszentren, sogenannte *growthpoints* fördert. Ein Beispiel dieser Politik ist Gokwe in der Provinz Midlands, das sich in den letzten Jahren von einer kleinen Gemeinde zu einem lebhaften Verkehrsknotenpunkt und Handelszentrum entwickelte.

Der frühe Bau eines Eisenbahnnetzes (1904) gab die Entwicklung der städtischen und industriellen Zentren des Landes vor, die an der Eisenbahnverbindung zwischen Mutare im Osten über die ehemalige Hauptstadt Salisbury nach Bulawayo bis zur Grenze Botswanas im Südwesten liegen sowie an der Verbindung von Bulawayo über Victoria Falls nach Zambia. Unabhängig von den Schienenwegen entstanden nur in Kariba (Staudammbau) und in Chiredzi (Zuckerindustrie) Orte mit mehr als 10 000 Einwohnern. Die Zuwanderung der Afrikaner in die Städte wurde ab 1936 an eine Arbeitsgenehmigung gebunden. Infolgedessen lebten bis in die 50er Jahre weniger als 10% der Afrikaner im Umkreis der städtischen Ballungszentren. Der

Ausbau der Industrie in den 60er Jahren machte eine Öffnung der Städte für afrikanische Arbeiter unumgänglich. Die strikte Trennung der Wohngebiete von Weißen und Afrikanern wurde nun vorgeschrieben. Als Afrikanerviertel schuf man in den Vororten der Städte *townships,* im Umkreis der Dörfer *locations.* In den Quartieren der Europäer zu wohnen war ausschließlich dem schwarzen Hauspersonal gestattet. Diese Politik trug dazu bei, das urbane Wachstum in Grenzen zu halten. Erst mit der Landflucht infolge des Befreiungskrieges stieg der Anteil der städtischen Bevölkerung auf über 20%.

Die afrikanische Bevölkerung

Die Bevölkerung Zimbabwes setzt sich zu 98,5% aus Schwarzafrikanern zusammen, die den Volksgruppen der Shona (77%), der Ndebele (18%) und den Minderheiten Tonga, Hlengwe, Sotho und Venda (3,5%) angehören. Diese Namen bezeichnen zugleich die unterschiedlichen Idiome, die zur großen afrikanischen Sprachfamilie der Bantu gehören, was soviel wie ›Mensch‹ oder ›Volk‹ bedeutet. Die Karanga, Kalanga, Korekore, Manyika, Ndau und Zezuru sprechen

Afrikanisches Kind mit traditionellem Schmuck, historisches Foto

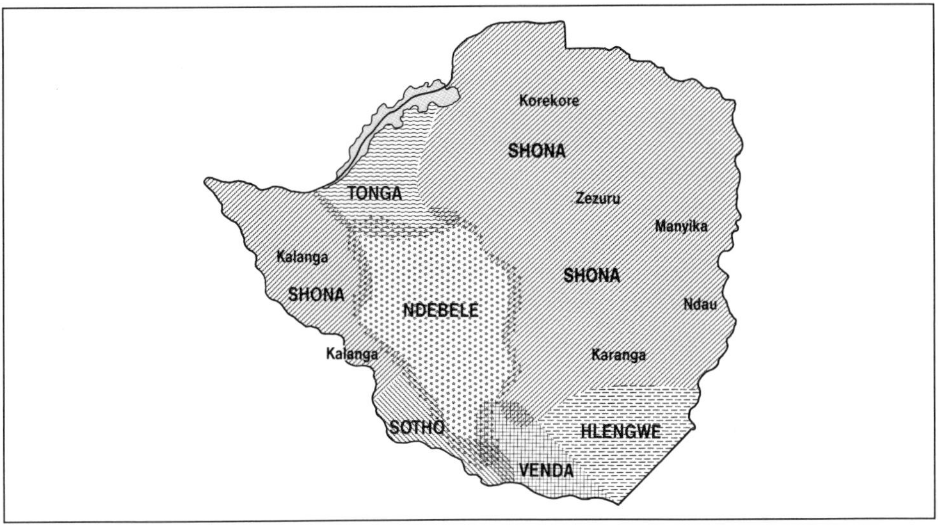

Verteilung der Ethnien in Zimbabwe

Shona-Dialekte, die der südzentralen Bantu-Gruppe zugeordnet werden. Ndebele entwickelte sich aus der Zulu-Sprache der südöstlichen Bantu.

Im Vergleich zu anderen Staaten des Kontinents bildet die afrikanische Bevölkerung Zimbabwes eine relativ homogene Gruppe. Gemeinsamkeiten zeigen sich in ihrer religiösen Anschauung, den Sozial- und Familienstrukturen oder der ländlichen Produktionsweise. Eheschließungen zwischen den Volksgruppen sind üblich. Ein markanter Unterschied, der sich bis in den Befreiungskampf hinein auswirkte, besteht jedoch in den traditionellen Herrschaftsformen.

Die Shona waren in einer Vielzahl kleinerer Häuptlingstümer unterschiedlicher Größe und Bedeutung organisiert. Nach außen bewahrten die Shona-Häuptlinge eine weitgehende Autonomie, auch wenn sie mächtigere Herrscher durch Tributzahlungen anerkennen mußten. Hingegen beruhte die Macht des Königs bei den Ndebele auf einer straff organisierten Verwaltung und der Armee. Sein Herrschaftsgebiet war in Divisionen bzw. Provinzen gegliedert, die einem Oberhäuptling *(induna enkulu)* unterstanden. Seit der Herrschaft Lobengulas waren die Divisionen in Regimenter von je 40 Kriegern unterteilt, die eine mehrjährige Ausbildung abgeschlossen hatten. Der straffen politischen Struktur entsprach ein ethnisch gegliedertes Klassensystem: Die Aristokratie bestand aus den direkten Nachkommen der ersten Zulu-Einwanderer, die nächstrangige Klasse bildeten Krieger des Tswana Sotho-Stammes (Enhla) und die niedrigste Gruppe stellten Gefangene vom Stamm der Rozvi (Holi).

Nach dem Verständnis der Shona und Ndebele gehörte der Boden den Ahnen. Der Häuptling hatte die Aufgabe, ihn zu verwalten und den Stammesangehörigen zuzuteilen sowie allgemein für das Wohl der Gemeinschaft zu sorgen, also Konflikte zu schlichten und die Ahnen im

Rahmen zeremonieller Feste um Schutz zu bitten, wie dies die Ndebele beim ›Fest der ersten Früchte‹ *(inxwala)* taten. Die Nachfolge des Häuptlings entfiel auf das nächststehende männliche Mitglied seiner Generation. Der älteste Sohn trat nur dann an seine Stelle, wenn Verwandte der älteren Generation dafür nicht zur Verfügung standen.

Die Kolonisierung ging mit drastischen Eingriffen in die traditionellen Herrschaftsformen der Shona und Ndebele einher. Die ›Native Affairs Ordinance‹ von 1910 degradierte die Häuptlinge zu Polizisten, sogenannten *constables,* die den Vollzug kolonialer Rechtsvorschriften zu gewährleisten und die Eintreibung von Steuern sicherzustellen hatten. Nach der Unabhängigkeit erweiterte man wieder die Befugnisse der Häuptlinge, vor allem in den Bereichen der Rechtsprechung, der Bodenzuteilung und der örtlichen Verwaltung, und sicherte diese Aufgabenstellungen auch gesetzlich ab.

Sozialstrukturen und traditionelle Produktionsweise

Die afrikanischen Traditionen haben auf dem Land noch heute ihre Bedeutung, während sie in den Städten zunehmend von modernen, europäischen Lebensformen verdrängt werden.

Die Großfamilie umfaßt alle Menschen, die sich durch gemeinsame Ahnen verbunden fühlen. Sie erfüllt Schutz- und Versorgungsfunktionen und ist sozusagen die ›Sozialversicherung‹ der Benachteiligten. Die patrilineare Struktur zeigt sich darin, daß der Sippenname des Familienvorstandes – ähnlich wie europäische Nachnamen – auf die männlichen Nachkommen übertragen wird. Das Ansehen der Familie richtet sich nach der Anzahl der Kinder und der Rinder. Nach dem Tod des Vaters übernimmt entweder einer seiner Brüder oder der älteste Sohn die Rolle des Familienvorstandes, und die anderen Söhne verlassen dann in der Regel den elterlichen Hof *(musha).* Die Anrede eines Verwandten richtet sich nicht nach der Verwandtschaftsbeziehung, sondern nach der Generation, dem Alter und dem Geschlecht. Ein männlicher Verwandter aus der Generation der Eltern wird mit *baba* (Vater) angesprochen und entsprechend geachtet.

Die Mitglieder einer Großfamilie verbindet ein gemeinsames Totem *(mutupu),* das ein Tier, eine Pflanze oder ein Körperteil sein kann. Die Funktionen des *mutupu* sind vielfältig: Es ist zugleich ein Name und eine ehrerbietige Form der Anrede und beinhaltet eine soziale Verpflichtung. Angehörige des gleichen Totems dürfen untereinander nicht heiraten. Wer das Totem-Tabu verletzt, muß mit einem Unglück rechnen.

Die Ehe beruht auf einem Vertrag zwischen zwei Familien, nicht nur zwischen zwei Individuen. Der Eheschließung gehen langwierige Verhandlungen über den Brautpreis (Shona: *roora;* Ndebele: *lobola*) voraus, den die Familie des Bräutigams an die Familie der Braut zu leisten hat. Ein wichtiger Bestandteil ist Vieh, mit dem materieller Reichtum und familiäres Wachstum assoziiert werden. Häufig wird die Ableistung des Brautpreises über viele Jahre ausgedehnt, manchmal dauert sie ein ganzes Leben. Ein Shona-Sprichwort sagt: »Ein Schwiegersohn ist wie ein Obstbaum; man kann immer wieder von ihm essen.« Als Folge der Geldwirtschaft fordern immer mehr Familien Bargeld oder Konsumgüter. Gemessen am Einkommen, geht es nicht selten um astronomische Summen. Beispielsweise kann für eine Frau mit mittlerer Schulbildung und einer Anstellung ein Vielfaches des Jahreseinkommens des künftigen Schwiegersohns verlangt werden. Daher diskutiert man heute darüber, eine gesetzliche Höchstgrenze für den Brautpreis festzulegen.

In den meisten Fällen erfolgt die Eheschließung im Einvernehmen zwischen den Eheleuten und ihren Familien *(kukumbira)*. Bei der Fluchtehe *(kutiza mukumbo)* wird das Einverständnis der Eltern der Frau erst nachträglich durch Verhandlungen über den Brautpreis eingeholt. Als *kugarira* bezeichnet man eine Ehe, für die der Bräutigam den Brautpreis nicht leisten kann, so daß er gezwungen ist, bei der Schwiegerfamilie mitzuarbeiten, bis er sich seine Ehefrau ›erarbeitet‹ hat. *Kuzvarira,* die Tochter bereits als Kind einem Mann als Schuldenleistung zu versprechen, ist zwar seit 1893 gesetzlich verboten, kommt jedoch in wenigen Fällen noch heute vor.

Afrikanische Frau mit Kindern, Foto aus der Zeit der Kolonie Südrhodesien

Die Polygamie, in der afrikanischen Gesellschaft ein Zeichen des Wohlstands, ist gewohnheitsrechtlich erlaubt und noch heute auf dem Land verbreitet, wo ein Kleinbauer durchaus mit bis zu vier Frauen verheiratet sein kann. Auch ist es üblich, daß im Todesfall des Ehemannes einer seiner Brüder die Witwe mit ihrer Zustimmung zur (Zweit-)Frau nimmt. Jede Frau besitzt eine eigene Hütte und einen eigenen Gemüsegarten. Bei allen hausfraulichen Tätigkeiten wie Kochen, Holzsammeln und Wäschewaschen wechseln sich die Frauen ab, während die Bestellung der Felder gemeinsam erfolgt. Die erste Frau hat die höchste soziale Position und ist für die Arbeitseinteilung verantwortlich. In der Regel holt der Mann ihre Zustimmung zu einer weiteren Eheschließung ein.

Die afrikanische Bevölkerung besteht aus Bauern. Ursprünglich stand bei den Shona die Feldbestellung und bei den Ndebele die Rinderhaltung im Vordergrund, aber heute widmen sich beide Volksgruppen gleichzeitig dem Ackerbau und der Viehzucht. Daneben gab es immer einige Handwerker, die ihr Dorf und seine Umgebung mit Metallwaren, Tontöpfen, Holzkarren und anderen Gegenständen versorgten.

Sadza mit *mutikiti* und *dove*

Zutaten für Maisbrei mit Kürbisblättern und Erdnußbutter: 3 Tassen Maismehl, 4 Tassen Wasser sowie 2 Tassen Kürbisblätter, 2 Tomaten, ½ Teelöffel Salz, 1 Tasse Wasser, 3 Eßlöffel Erdnußbutter

Frau beim Sadza-Kochen

Zubereitung: Die Hälfte des Maismehls mit etwas kaltem Wasser anrühren, ins übrige kochende Wasser geben und unter ständigem Rühren köcheln lassen, bis die Flüssigkeit eindickt. Das restliche Maismehl hinzugeben, kräftig rühren und den dicken Brei weitere 5–10 Min. bei geringer Hitze garen lassen.

Die kleingeschnittenen Kürbisblätter in der Erdnußbutter dünsten, anschließend die kleingeschnittenen Tomaten unterrühren und das Ganze mit einer Tasse Wasser und Salz weitere 10 Min. köcheln lassen.

Der Maisbrei wird mit den Händen zu Kugeln geformt und gemeinsam mit der Beilage gegessen.

Die afrikanische Gesellschaft sieht eine geschlechtsspezifische Arbeitsteilung vor: Der Mann hat die körperlich schweren Arbeiten wie das Roden und Beackern des Bodens oder den Hüttenbau auszuführen, während der Frau neben der Haushaltsführung die körperlich leichteren, aber mühseligen Aufgaben des Jätens, Erntens und Dreschens zufallen. Durch die Einführung der Wanderarbeit in der Kolonialzeit verschob sich diese Aufteilung zu Lasten der Frau. Heute leben zwei Drittel der Frauen auf dem Land von ihrem Mann getrennt und sind daher gezwungen, auch die Männerarbeiten zu verrichten.

Hauptanbauprodukt ist der Mais, der seit der Kolonialzeit Hirse als wichtigstes Grundnahrungsmittel verdrängte. Heute baut man Hirse fast ausschließlich zum Bierbrauen an. Das tägliche Hauptgericht ist die *sadza*, ein mit der europäischen Polenta vergleichbarer Maisbrei, der mit verschiedenen Gemüsebeilagen zubereitet wird. Fleisch ißt man seltener, als es die umfangreiche Viehhaltung von Rindern, Ziegen und Hühnern – in manchen Gegenden auch von Schafen und Schweinen – wirtschaftlich zuließe. Pilze, Wildfrüchte, Insekten (Heuschrecken und Raupen) und Niederwild ergänzen den Speiseplan.

Autochthone Religion und christliche Missionierung

Die Religion der Shona und Ndebele ist dem Wesen nach monotheistisch. Sie kennt ein göttliches Wesen (Shona: *mwari*, Ndebele: *mlimo*), den Schöpfer aller Dinge. Die Bedeutung von *mwari* manifestiert sich im Shona-Spruch: »*Kwaari, penobva zwose*«, was wörtlich bedeutet: »Von wo er/sie ist, kommt alles.« Gebete werden jedoch nicht direkt an *mwari*, sondern an die Ahnen, die Vermittler zwischen Gott und den Menschen, gerichtet. Im Glauben der Bantu lebt der Geist jedes Verstorbenen weiter und beeinflußt das Schicksal seiner Familie. Daher kommt der zeremoniellen Beerdigung unter Beteiligung der erweiterten Großfamilie eine wichtige Bedeutung zu, um das Wohlwollen des Geistes nicht zu verlieren.

Als die Ndebele in das Gebiet der Shona vordrangen, übernahmen sie deren religiöse Kulte. Erleichtert wurde diese Adaption durch die allen Bantu gemeinsame Vorstellung, daß die Ahnen die Besitzer des Bodens sind. Die Grundlage der autochthonen Religion bildet die Ahnenverehrung.

Die *mhondoro*, die Ahnengeister der Gründer des Stammes, sind für dessen Wohlergehen verantwortlich. Von ihnen werden Regen und ertragreiche Ernten erbeten, ferner sucht man ihr Einverständnis vor der Bestimmung eines Häuptlings. Früher widmete jeder Stamm dem *mhondoro* einen Wochentag *(chisi)*, an dem die Feldarbeit ruhen mußte. Seit der Kolonisierung wurde dieser Brauch durch den Sonntag ersetzt. Die *vadzimu* (Einz.: *mudzimu*) sind die Ahnengeister der Familie, die sich in deren unmittelbarer Nähe aufhalten und weiterhin am sozialen Geschehen teilnehmen. Der Geist des verstorbenen Familienoberhauptes benötigt ein Familienmitglied als Medium *(svikiro)*, um sich mitzuteilen. Die Suche nach der geeigneten Person dauert mitunter mehrere Jahre. Die Wahl des Geistes fällt oft auf eine Frau, sie äußert sich durch eine unerklärliche Krankheit der oder des Betroffenen. Um zu genesen, muß der Kranke seine Rolle als Medium akzeptieren. Die erweiterte Großfamilie feiert dann mit der Dorfgemeinschaft ein zeremonielles Fest *(kurova guva)*, wozu ein spezielles Hirsebier gebraut wird. *Vadzimu* und *mhondoro* sind Schutzgeister, durch die das gemeinschaftliche Leben geregelt wird: Sie setzen moralische Normen für die Familie und den Stamm, die das Zusammenleben betreffen.

Der *ngozi* ist der Geist eines Verstorbenen, dem zu Lebzeiten Unrecht zugefügt wurde und der nach Vergeltung trachtet. Eine Aussöhnung ist möglich, indem die Familie der Person, die das Unrecht ausgelöst hat, die Familie des *ngozi* entschädigt. Wiedergutmachung, nicht Strafe ist das Prinzip des Umgangs mit Unrecht.

Während *ngozi* und Schutzgeistern eine wesentliche Funktion in der Wahrung der tradierten Normen zukommt, bietet der *shave* (Mehrz.: *mashave*) eine Erklärung für das abweichende Verhalten eines Familienmitglieds. Der *shave* ist der Geist eines Fremden, der fern von seiner Heimat verschied und daher nicht mit den nötigen Zeremonien begraben werden konnte. Ein *shave* steht oft im Zusammenhang mit herausragenden Eigenschaften wie der des Heilens. Nach dem Eindringen der Weißen gewannen die *shave* als Erklärungsmuster von Fremdem und Unbekanntem zunehmend an Bedeutung.

Muroyi (Mehrz.: *varoyi*) ist das Medium eines bösen Geistes, der anderen mit Absicht Schaden zufügt und allgemein mit Hexerei verbunden wird. Oft sind es Frauen, die durch Kräuter oder andere Mittel Unglück bewirken und sich dadurch als *varoyi* zu erkennen geben. Sie werden entweder geachtet, um sie nicht zu provozieren, oder (seltener) aus der Dorfgemeinschaft vertrieben. Früher diente die Hexenanklage Herrschern als Möglichkeit, politische Gegner auszuschalten. Im Zuge der Kolonisierung wurde bereits 1899 Hexerei durch den ›Witchcraft Suppression Act‹ unter Strafe gestellt.

Neben dieser von einem bedrohlichen Geist besessenen *muroyi* gibt es den *n'anga*, der den Geist des Heilens und Ratgebens beherbergt. Der *n'anga* erhält seine Berufung von einem *shave* oder einem verstorbenen *n'anga* übertragen. Er wird zur Heilung unerklärbarer Krankheiten, zur Lösung unvorhergesehener Probleme und zur Deutung besonderer Ereignisse konsultiert. Der *n'anga* versucht auch herauszufinden, warum jemand den Schutz der Ahnen verloren hat (s. S. 85). Bei den Ndebele sind es *isangoma* und *sanuse*, die neben dem *n'anga* die Funktion des Deutens von Krankheiten haben. Solche Deuter und Heiler wurden von den Missionaren früher bekämpft, da sie in deren Tätigkeit heidnische Bräuche manifestiert sahen, die im Widerspruch zur christlichen Lehre standen.

Obwohl etwa 50% der Bevölkerung Zimbabwes einer christlichen Kirche angehören, prägt bis heute der traditionelle Glaube an die Ahnen den Alltag. Die meisten Afrikaner sehen keinen Widerspruch zwischen traditioneller und christlicher Religion, die zu einer Einheit verschmolzen sind (Synkretismus).

Die Missionierung des Landes begann mit dem Aufbau der Missionen Inyati (1859) und Hope Fountain (1870) durch die Londoner Missionsgesellschaft. Die Jesuiten folgten im Jahr 1879,

1 Ndebele-Heiler, um 1910 ▷
2 Medizinische Beratung durch einen Heiler, 1947 ▷▷

WITCH DOCTOR

4 Die ›Neue Matabele-Frau‹, Fotographie um 1900

◁ 3 Häuptling Sekombo Mguni mit seiner Familie, um 1890

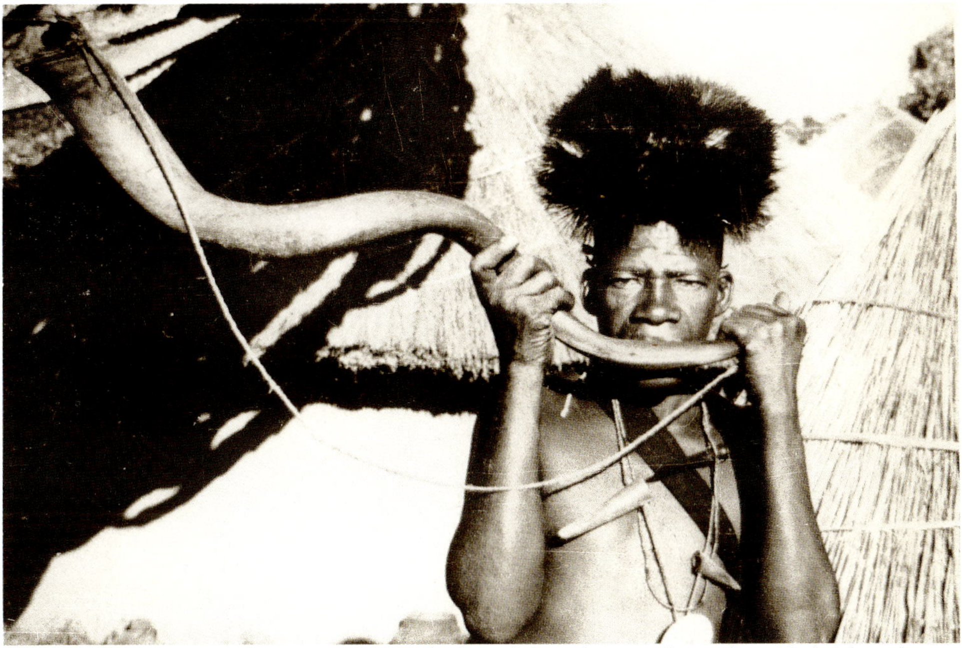

5 Mann mit Hwamanda, einem Kudu-Horn, das bei religiösen Zeremonien und zur Nachrichtenübermittlung benutzt wurde

6 Wasserpfeife rauchende Frau vom Stamm der Tonga

8 Manica-Frauen mit traditionellem Kopfschmuck, um 1910

◁ 7 Männer bei der Eisenerzverarbeitung, um 1890

9 Sechele, ›europäisierter‹ Häuptling, mit Frau, um 1890

10 Laden in Harare, 1959

11 Wagenburg am Fluß Tuli, 1890

12 Siedler-Camp während des Befreiungskampfes von 1896/97 in Bulawayo

13 Goldsucher, 1893

14 Bewaffnete Siedler während des Befreiungskampfes von 1896/97 in Bulawayo

15 Picknick von Siedler-Frauen, um 1900

16 Familie Fairbridge beim Sonntagsausflug, um 1900

17 Dominikanerinnen bei der Krankenpflege, Mission Chishawasha, 1901

18 Anglikanische Sonntagsschule, 1899

19 Traum der weißen Siedler: Eine Eisenbahn von Kapstadt nach Kairo, 1899

Anglikaner und Methodisten 1890. Im Jahre 1900 teilte die British South Africa Company zehn verschiedenen christlichen Kongregationen für den Aufbau von Missionsstationen großzügig Land zu, um die ›Zivilisierung‹ der Afrikaner voranzutreiben. Durch den Bau ländlicher Schulen und Krankenhäuser erhofften sich die Missionare die Durchsetzung des Christentums, was jedoch nur in begrenztem Umfang gelang. Unbestritten ist jedoch der Beitrag der Kirche zur Heranbildung der heutigen politischen Führungskräfte, die fast alle Missionsschulen besuchten. Präsident Robert Mugabe ist beispielsweise ein ehemaliger Jesuitenschüler, der selbst an verschiedenen katholischen Missionsschulen unterrichtete, Vizepräsident Joshua Nkomo war ein Laienprediger der Methodisten.

In den 30er Jahren bildeten sich die ersten christlichen Glaubensgemeinschaften der Unabhängigen Afrikanischen Kirchen, von denen es heute über 140 gibt. Am bedeutendsten ist die 1932 gegründete African Apostolic Church von Johane Maranke. Sie lehnt moderne Gesundheitsversorgung und Schulerziehung ab und steht daher mit der Regierung in Konflikt. Immer mehr Anhänger findet auch die Neue Apostolische Kirche. Für alle diese Glaubensgemeinschaften sind Open Air-Gottesdienste kennzeichnend, die an Wochenenden in Parks und am Stadtrand beobachtet werden können.

Die weißen Siedler

Die rhodesische Kolonisierung wurde durch weiße Siedler, Verwaltungsbeamte der British South Africa Company und Missionare bestimmt. Die Siedler kamen aus Gebieten des britischen Empire und aus Europa. Der Großteil von ihnen stammte aus einem Arbeiter- oder kleinbäuerlichen Milieu und war aus existentiellen Gründen ausgewandert. Von den Verwaltungsbeamten, mehrheitlich Engländer, verfügten nur wenige über eine Ausbildung und über Erfahrungen. Die Missionare, darunter Methodisten, Anglikaner, Katholiken und Reformierte, repräsentierten eine Vielfalt christlicher Lehren.

Siedler, Verwaltungsbeamte und Missionare verfolgten zum Teil unterschiedliche Interessen. Die Siedler strebten nach persönlichem Wohlstand, die Verwaltung nach der Sicherung der englischen Hegemonie und nach wirtschaftlicher Prosperität, und die Missionare wollten möglichst viele Afrikaner zum Christentum bekehren. Alle Europäer waren durch das Denken und die Kultur des Viktorianischen Zeitalters geprägt: Der expansive Handel, die industrielle Revolution und die damit einhergehenden wirtschaftlichen Veränderungen förderten in England ein materialistisches Denken. Materieller Fortschritt und technologische Neuerung galten als alleinige Indikatoren für den Zivilisationsgrad auf einer linear verstandenen Entwicklungsskala. Die Afrikaner nahmen nach dieser Wertung den untersten Platz ein, während sich die Engländer für überlegene Menschen hielten. Cecil Rhodes formulierte sogar einst den Satz: »Wir sind die feinste Rasse der Welt, und je mehr wir davon bewohnen, desto besser ist es für die gesamte Menschheit!«

Die forcierte Rassentrennungspolitik, die die Kolonialregierung seit den 40er Jahren betrieb, führte zu einer Polarisierung der Gesellschaft, die im Befreiungskampf der schwarzen Bevölkerung kumulierte. In dieser Zeit wanderte die Hälfte der Weißen vornehmlich nach Südafrika, Australien und England aus. Die seit der Unabhängigkeit von der schwarzen Regierung verfolgte Politik nationaler Versöhnung trug dazu bei, daß die übrigen Weißen geblieben sind. Zwar mußten sie umdenken und büßten sie ihr politisches Gewicht ein, doch behielten sie ihre dominante Rolle in der Industrie, in der Landwirtschaft und im Bankwesen vorerst bei. Die jahrzehntelange Politik der Rassentrennung wirkt bis heute in einer für jeden Besucher auffälligen Weise nach. Die Weißen sind sozial bessergestellt und leben weitgehend unter sich, so daß von einer gelungenen Integration der Bevölkerungsgruppen nicht gesprochen werden kann.

Bildungswesen

In vorkolonialer Zeit waren Bildung und Erziehung weder die alleinige Aufgabe der Eltern noch von eigens ausgebildeten Lehrern, sondern fielen in die Verantwortung der Gemeinschaft. Das ›Klassenzimmer‹ war die allabendliche Feuerstelle, um die herum Kultur und Geschichte in Erzählungen weitergegeben wurden. Alles Notwendige lernten die Kinder im Alltag, durch die Mitarbeit in der Gemeinschaft. Zentrales Erziehungsziel war die Vermittlung von Respekt, der nach traditionellem Verständnis den Kontakt zwischen den Mitmenschen prägen sollte.

Ein Bildungswesen im eigentlichen Sinne wurde mit Beginn der Kolonialzeit von Missionsschulen eingeführt. Die Ausbildung der Siedlerkinder zielte auf die Integration der verschiedenen Siedlergruppen und auf die Vermeidung eines zu starken Bildungsgefälles zu Südafrika. Ein anderes Konzept lag der Erziehung der Afrikaner zugrunde: Sie sollte deren Missionierung und Eingliederung in den Arbeitsprozeß fördern. 1930 wurde die Schulpflicht für Weiße eingeführt, acht Jahre später für Asiaten und Mischlinge – für Afrikaner erst nach der Unabhängigkeit.

Daten zum Bildungswesen

Alphabetisierung (über 15-Jährige):	74% (Männer 81%, Frauen 67%)
Schulbesuchsquote:	95% der schulpflichtigen Kinder (1980: 45%)
Grundschüler (1988):	2 490 000 (1980: 1 636 000)
Grundschullehrer (1988):	61 000 (1980: 28 400)
davon ohne Lehrerausbildung:	27 500 (1980: 8 050)
Lehrer pro Grundschüler:	1:40 (1980: 1:57)
Öffentliche Ausgaben für Erziehung:	19% des Budgets (1990/91)

Lehrerinnen im Honde Valley

Die Beteiligung des Staates bestand in der Errichtung eigener Grundschulen und in Zuschüssen an Privatschulen. Schulen für Afrikaner wurden nur gefördert, wenn weniger als die halbe Unterrichtszeit auf Allgemeinbildung und mehr als die Hälfte für handwerkliche Ausbildung aufgewendet wurde.

Die Industrialisierung während und nach dem Zweiten Weltkrieg erforderte besser qualifizierte Arbeitskräfte. Daher kam es zur allmählichen Erweiterung des Bildungsangebotes für Afrikaner, die 1948 mit der ersten staatlichen Sekundarschule ihren Anfang nahm. Diese Entwicklung setzte sich bis zur Eröffnung der Universität von Rhodesien im Jahr 1958 fort, der ersten Bildungseinrichtung, die allen Bevölkerungsgruppen offenstand. Zwei Jahre später wurden Afrikaner an den Gewerbeschulen zugelassen. Diese vorsichtige Lockerung der getrennten Ausbildung hatte mit Antritt der Regierung Smith ein Ende, die eine drastische Erhöhung der Schulgebühren für Afrikaner verfügte.

Zu diesem Zeitpunkt bedeutete Schulbildung für die schwarze Bevölkerungsmehrheit nicht nur den Schlüssel zu persönlichem Fortkommen, sondern der Zugang zu Bildung galt als Meilenstein der politischen Befreiung, da das Recht zu wählen gebildeten Afrikanern vorbehalten war. Großer Beliebtheit erfreute sich der Fernunterricht. Eine andere Folge war die Begeisterung für den Befreiungskampf, der die Gleichstellung im Schulwesen zu einem seiner Hauptanliegen erhoben hatte.

Seit der Unabhängigkeit liegt dem Bildungsbereich das Motto ›Bildung für alle‹ zugrunde. Der Besuch der Primarschule ist grundsätzlich kostenlos, für die ältere Generation und für Befreiungskämpfer wurde die Erwachsenenbildung eingeführt. Im Rahmen eines gewaltigen Schulbauprogramms verdoppelte sich in nur zehn Jahren die Zahl der Volksschulen, während sich die der Sekundarschulen verzehnfachte. Der Staat finanzierte das benötigte Material, und Elternvereine oder Schulgemeinden trugen die Arbeitskosten. Das Ergebnis dieser Anstrengungen kann sich sehen lassen: Heute besuchen 95% der schulpflichtigen Kinder eine Lehranstalt. Die Universität, die Höheren Technischen und Landwirtschaftlichen Schulen sowie die Lehrerbildungsanstalten mußten anschwellende Studentenzahlen verkraften. Der Bau einer zweiten Universität ist in Bulawayo vorgesehen.

Die explosionsartige Ausweitung der Schulbildung war mit Qualitätseinbußen verbunden, insbesondere im Bereich der Lehrerausbildung und der Erstellung geeigneten Lehrmaterials. Dieses Manko können auch die zahlreichen Ausländer, die im Rahmen der Entwicklungshilfe in Zimbabwe als Lehrer arbeiten, nur begrenzt wettmachen. Außerdem basiert die Ausbildung noch immer auf dem englischen Schulsystem, das wenig Spielraum läßt, Lehrplan und Prüfungsanforderungen an die Landesverhältnisse anzupassen. Ein erster zaghafter Versuch, den Lehrstoff nützlicher zu gestalten, ist mit dem Programm ›Education with Production‹ angelaufen, wobei praktische Fächer wie Gemüseanbau, Nähen und Werken den Stellenwert eines Hauptfaches erhalten. Eine grundlegende praxisbezogene Reform des Schulwesens ist notwendig, um der wachsenden Zahl von Schulabgängern eine größere Chance auf einen Arbeitsplatz zu geben. Allein im Jahr 1990 beendeten 250 000 Jugendliche die Sekundarschule. Die Schüler und ihre Familien hoffen natürlich, daß der Zeitaufwand und Lerneifer mit einer geregelten Anstellung belohnt werden. Diese Hoffnung geht indes Jahr für Jahr nur für höchstens 10% der Schulabgänger in Erfüllung.

Gesundheitswesen

Das staatliche Gesundheitswesen der Kolonialzeit war – wie andere Sozialeinrichtungen – auf die Bedürfnisse der Europäer zugeschnitten und auf die Behandlung tropischer und Wohlstandserkrankungen sowie auf die Unfallchirurgie spezialisiert. Privat niedergelassene Ärzte entlasteten die staatlichen Einrichtungen. Zu Beginn der Kolonisierung kümmerten sich lediglich einige wenige Missionen um die gesundheitliche Betreuung der afrikanischen Bevölkerungsmehrheit. Die schlechten Arbeitsbedingungen der Afrikaner, insbesondere der Wanderarbeiter in den Minen, ließ deren Sterberate derartig in die Höhe schnellen, daß das Londoner Kolonialamt den Behörden die Verbesserung der Gesundheitsversorgung der afrikanischen Arbeiter auftrug. Um ein Übergreifen von Krankheiten wie Tuberkulose und Lepra auf die Siedlerkolonie zu vermeiden, erhielten Missionskliniken ab 1927 eine finanzielle Unterstützung, und die Regierung errichtete Gemeindekliniken in besonders gefährdeten Gebieten.

Traditionelle Medizin

Das Gesundheitswesen ist heute durch ein Nebeneinander von traditioneller und moderner Medizin gekennzeichnet. Für Afrikaner sind Arzt und Heiler gleichermaßen von Bedeutung. Dem Arzt wird hinsichtlich der Diagnose vertraut. Den Heiler (*n'anga*, s. S. 64) sucht man auf, um eine Antwort darauf zu finden, warum jemand krank geworden ist. Bei bekannten Krankheiten wie Malaria und Keuchhusten oder in akuten Fällen gehen Afrikaner heute zum Arzt, und Frauen entbinden – wenn möglich – in Kliniken. Bei chronischen und ungeklärten Krankheitsbildern wie Epilepsie, Asthma oder Rheumatismus sucht man jedoch die Deutung des Heilers. Zum gleichen Krankheitsfall sowohl einen Heiler als auch einen Arzt zu konsultieren ist durchaus üblich.

Der traditionellen Heilmedizin liegt ein ganzheitliches Gesundheitsverständnis zugrunde, das den seelischen und gesellschaftlichen Ursachen mindestens ebensoviel Bedeutung beimißt wie den Symptomen. Nach afrikanischer Vorstellung genießt ein Mensch, der sich wohlverhält, den Schutz seiner Ahnen. Erkrankt er häufig oder auf eine unerklärbare, untypische Weise, so wird vermutet, daß er diesen Schutz durch asoziales Verhalten wie Geiz, Rache oder Neid oder durch eine Verwünschung (s. *›muroyi‹*, S. 64) verloren hat. Entsprechend spielt bei der Behandlung die Aufarbeitung menschlicher und sozialer Konflikte eine zentrale Rolle. Dazu versetzt sich der Heiler in Trance und nimmt Verbindung mit den Ahnen auf, deren Botschaft er mit Hilfe von Wurfhölzern *(hakata)* interpretiert. Hat er ein Fehlverhalten gedeutet, aufgrund dessen die Ahnen dem Patienten ihren Schutz entzogen haben könnten, schlägt er Form und Höhe der Wiedergutmachung vor. Gegen konkrete Symptome verordnet er eine Kräuterbehandlung, wofür ihm eine Vielzahl pflanzlicher Heilmittel zur Verfügung steht.

Heiler praktizieren aus Berufung. Mehr als die Hälfte sind Frauen. Die berühmtesten Heiler, die von Menschen aus allen Landesteilen konsultiert werden, finden sich unter den Tonga und Shangani, die in entlegenen Randgebieten Zimbabwes leben. Die Tätigkeit der Heiler ist erst nach der Unabhängigkeit legalisiert worden, davor war sie als Hexerei verboten. Der Dachverband, die Zimbabwe National Traditional Healers' Association ZINATHA, hat viel dazu beigetragen, das in der Kolonialzeit entstandene Bild vom Heiler als Hexer und Quacksalber in der Öffentlichkeit zu korrigieren. Die Organisation ist jedoch unter vielen Heilern umstritten, da sie eine Standardisierung der Heilpraktiken forciert und der wissenschaftlich erklärbaren Herbalistik eine weitaus größere Rolle beimißt als der Deutung der Krankheitsursache. 1991 traten etliche Mitglieder aus und gründeten die Zimbabwe Traditional Healers' Association ZITHA.

Die Rassentrennung im Gesundheitswesen wurde ab 1945 schrittweise eingeführt, um die sozialen Einrichtungen der Weißen vor der wachsenden afrikanischen Stadtbevölkerung abzuschirmen. Statistisch gesehen mußte ein Arzt für Afrikaner zur Zeit der Unabhängigkeit 65mal so viele Personen betreuen wie ein für Europäer zuständiger Arzt.

Unter dem Motto ›Gesundheit für alle‹ befürwortete die Regierung nach der Unabhängigkeit den Ausbau der ländlichen Basisgesundheitsvorsorge *(Primary Health Care, PHC)*. Schwerpunkt der PHC sind vorbeugende Maßnahmen wie die Erziehung, die Verbesserung der Ernährung, die Anhebung der Hygiene durch die Versorgung mit Trinkwasser und den Bau von Latrinen, Impfungen gegen tödliche Krankheiten (Masern, Kinderlähmung, Diphtherie, Tuberkulose und Wundstarrkrampf) und das Eindämmen regional vorkommender Krankheiten wie Lepra und Bilharziose. Die Zusammenarbeit mit traditionellen Heilern und Hebammen ist ein wichtiger Bestandteil dieser Politik.

Das ›vorbeugende Gesundheitswesen‹ setzt auf Dorfebene mit den *village community workers* an, meist Frauen, die als halbamtliche Berater in den Dörfern leben und für die Gesundheitserziehung zuständig sind, aber auch andere Gemeinschaftsaufgaben übernehmen. Ihre Beratungstätigkeit wird von Spezialisten in den Fachbereichen Hygiene, Ernährung, Familienplanung und Rehabilitation unterstützt. Sie sind jeweils für mehrere Dörfer zuständig, in denen sie Latrinen bauen helfen, das Gewicht von Kleinkindern kontrollieren und über Verhütungsmethoden aufklären.

Für die Behandlung von Kranken hat man auf dem Land *rural health centers* eingerichtet, in denen eine (Hilfs-)Krankenschwester Patienten ambulant versorgt. Für einen Einzugsbereich mit bis zu 10 000 Einwohnern gibt es *clinics* mit Krankenschwestern, die auch stationäre Fälle

Heilerin auf dem Mbare-Markt in Harare

Daten zum Gesundheitswesen

Lebenserwartung:	63 Jahre (1965: 48 Jahre)
Kindersterblichkeit:	80 von 1000 (1980: 120 von 1000)
Mangelernährung:	15% der Ein- bis Fünfjährigen
Impfschutz:	70% der über Einjährigen (Tetanus, Polio, Diphtherie, Masern, Tuberkulose)
Ärzte:	1420 (davon 90% in Städten)
Arzt pro Einwohner:	1:2000/Stadt (1979: 1:750 für Europäer)
	1:80 000/Land (1979: 1:50 000 für Afrikaner)
Öffentliche Ausgaben für Gesundheit:	7% vom Budget (1990/91)

betreuen können. Die *clinics* unterstehen der ärztlichen Aufsicht eines der insgesamt 52 Distriktspitäler, zu denen Problemfälle weitergeleitet werden. Patienten, die man dort nicht behandeln kann, werden an die neun Provinzspitäler bzw. an die beiden Zentralkrankenhäuser in Harare und Bulawayo überstellt.

Die Umsetzung des ehrgeizigen Programms der ›Gesundheit für alle‹ ist bisher nur in Ansätzen gelungen. Nach wie vor konzentrieren sich die Einrichtungen der Gesundheitsversorgung in den städtischen Zentren. Das Angebot an Privatärzten und Kliniken hat sich hier im Verhältnis sogar verbessert und ist eines der besten in Afrika. Der Anteil der Staatsausgaben für die *Primary Health Care* hat sich zwar vervielfacht, beträgt aber nur 20% des Gesundheitsbudgets, während der klinische Sektor 80% verschlingt. Mangelernährung und chronischer Durchfall bei Kindern sind daher noch immer eine verbreitete Krankheitsursache. Gute Ergebnisse haben die Familienplanung und das Impfprogramm für Kinder erzielt.

Zu AIDS ist eine Aufklärungskampagne angelaufen. Seit 1985 werden Blutkonserven in den städtischen Krankenhäusern getestet. Spekulationen zufolge soll der Grad der Infizierung in der Bevölkerung rund 10%, bei den Streitkräften bis zu 60% betragen. Mangels systematischer Forschung sind diese Zahlen nicht zu überprüfen. Viele Ärzte stellten eine alarmierend hohe Infektionsrate bei Kleinkindern fest.

Staat und Außenpolitik

Zimbabwes Nationalflagge symbolisiert den erreichten Frieden, den Reichtum des Landes und die sozialistische Grundhaltung der Regierung. Der Zimbabwe-Vogel ist Nationalsymbol (s. S. 286).

Das Land ist administrativ in acht Provinzen gegliedert, die in insgesamt 52 Distrikte unterteilt sind. Als Relikt der kolonialen Landteilung unterliegen die ehemaligen Reservate oder *communal areas* noch heute einer anderen Verwaltungsstruktur als das allgemeine *(common)* Land, wie das ehemals weiße Siedlergebiet heißt, für das die Fachministerien zuständig sind, während die *communal areas* dem Ministerium für lokale Verwaltung und den Distriktadministratoren unterstehen.

An der Spitze des Staates steht ein Exekutivpräsident, der zugleich Vorsitzender der Regierungspartei und Oberkommandierender der Streitkräfte ist. Dieses Amt bekleidet Robert Mugabe, der 1990 in direkter Volkswahl für eine sechsjährige Amtsperiode wiedergewählt wurde. Zimbabwe ist ein Mehrparteienstaat, in dem jedoch die Regierungspartei eine beherrschende Stellung einnimmt. Diese vereinte Zimbabwe African National Union-Patriotic Front (ZANU-PF) sieht in ihrem Parteiprogramm die Einrichtung eines Einparteienstaates vor (s. S. 138f.). Das Parlament besteht aus einer Kammer mit 150 Abgeordneten, von denen 120 direkt gewählt und zehn von Stammeshäuptlingen bestimmt werden. Die Gouverneure der acht Provinzen haben von Amts wegen einen Sitz im Parlament. Zwölf Abgeordnete ernennt der Präsident. Die Gewaltenteilung zwischen Parlament und Regierung wird durch die Dominanz der Partei ZANU-PF unterhöhlt. Recht und Rechtsprechung beruhen auf einer Mischung von niederländischen (burischen) Traditionen, dem britischen bürgerlichen Recht und afrikanischem Gewohnheitsrecht. Die Rechtssicherheit hat sich seit der Aufhebung des Ausnahmezustandes Mitte 1990 weiter verbessert.

Die Sicherheitspolitik ist ein wichtiges nationales Anliegen; 18% des Budgets wurden 1989 für Verteidigung ausgegeben, das ist im Vergleich mit den übrigen Staaten des Kontinents der dritthöchste Wert. Neben den Streitkräften von 49 500 Mann (1989) verfügt das Land über 38 000 Polizisten und Milizionäre.

Die Außenpolitik wird naturgemäß von der Lage im südlichen Afrika bestimmt. Zimbabwe gehört zu den Staaten, die eine Front gegen die Politik der Apartheid in Südafrika bilden, und machte sich für härtere internationale Wirtschaftssanktionen gegen Südafrika stark. Diese rigide Haltung lockert sich zunehmend im Zuge der von Südafrika eingeleiteten Reformmaßnahmen.

In Moçambique, das wie kein anderes Land der Region am Erfolg des Unabhängigkeitskampfes in Zimbabwe beteiligt war, hat das Land seit 1983 Truppen stationiert, um die Verbindung zum Meer gegen Angriffe der MNR (Movimento Nacional de Resistencia) zu schützen.

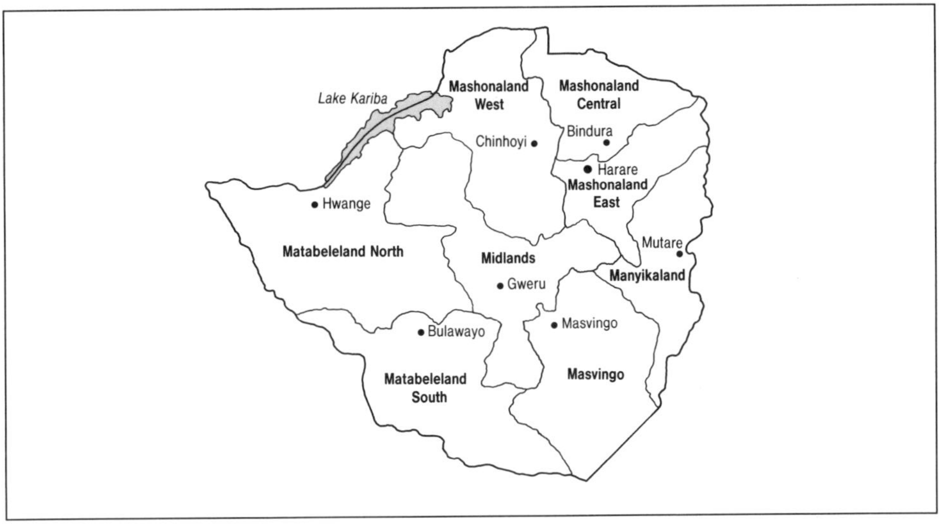

Provinzen und Provinzhauptstädte

Diese Truppe hatte Südafrika vom ehemaligen Rhodesien übernommen und zu einer schlagkräftigen Rebellenorganisation ausgebaut, um die damals marxistisch orientierte Regierung in Moçambique zu schwächen. 1986 war Zimbabwe mit 12 000 Soldaten im Nachbarland präsent, aus dem rund 175 000 Menschen vor dem Bürgerkrieg nach Zimbabwe flohen. Seit 1990 – als Folge von Friedensverhandlungen zwischen der Regierung von Moçambique und der MNR – werden die Truppen schrittweise abgezogen.

Seit der Zeit des Befreiungskampfes fühlt sich Zimbabwe ideologisch eng mit China, Nordkorea und den Ostblockstaaten Rumänien, Bulgarien und Jugoslawien verbunden. Im Finanz- und Handelsbereich dominieren jedoch die Industrieländer des Westens.

Zimbabwe ist aktives Mitglied der Gruppe der Blockfreien Staaten, deren Vorsitz es von 1986 bis 1989 innehatte. Das außenpolitische Gewicht des Landes nahm dadurch zu.

Als regionaler Staatenbund hat die Southern African Development Coordination Conference Bedeutung. Sie entstand zur Zeit der Unabhängigkeit Zimbabwes und umfaßt mittlerweile zehn Staaten des südlichen Afrika, die durch gemeinsame Projekte und wechselseitige politische Unterstützung ihre einseitige wirtschaftliche Abhängigkeit von Südafrika abbauen wollen.

Mit Deutschland, das die Befreiungsbewegung (ZAPU) mit Stipendien unterstützt hatte, wurden unmittelbar nach der Unabhängigkeit diplomatische Beziehungen aufgenommen. Heute fußen die Kontakte einerseits auf dem Handelssektor – Deutschland ist Zimbabwes zweitgrößter Lieferant und drittgrößter Abnehmer von Produkten – und andererseits auf der entwicklungspolitischen Zusammenarbeit, für die seit 1981 ein Rahmenabkommen besteht. Die bedeutendsten deutschen Exportwaren sind Maschinen, Chemikalien, Pharmazeutika, elektrotechnische Erzeugnisse und landwirtschaftliche Geräte. Unter den Importen aus Zimbabwe fallen Tabak, Baumwolle, Ferrochrom, Nichteisenmetalle, Kaffee und Textilgarne ins Gewicht. Trotz des intensiven Handelsaustausches ist das Ausmaß deutscher Direktinvestitionen gering.

Die Leistungen Deutschlands für die Entwicklung Zimbabwes beliefen sich zwischen 1980 und 1990 auf 800 Mio. DM einschließlich der Zuwendungen von privaten Organisationen und Kirchen. Drei Viertel der Summe dienten als Finanzhilfe in Form eines Kredits, und der nicht rückzahlbare Rest war für die technische Zusammenarbeit vorgesehen. Aus Mitteln der Finanzhilfe wurden ein ländliches Straßenbauprogramm, Veterinärzentren und Bewässerungsprogramme gefördert. Unter den Projekten der technischen Zusammenarbeit sind die Unterstützung einer Landwirtschaftsschule und die Durchführung eines Großprojektes für die integrierte Entwicklung des Distriktes Gutu in der Provinz Masvingo hervorzuheben. Zahlreiche Organisationen, die Personal in Entwicklungsländer entsenden, sowie politische Stiftungen sind in Zimbabwe aktiv. Zur Stärkung der kulturellen Zusammenarbeit besteht in Harare eine deutsch-zimbabwische Gesellschaft. Etwa 1500 Bundesdeutsche haben ihren ständigen Wohnsitz in Zimbabwe.

Die Beziehungen zur Schweiz, die seit 1985 auf Botschafterebene in Zimbabwe vertreten ist, liegen vor allem auf wirtschaftlichem Gebiet. Die Schweiz importiert Tabak, Kaffee, Baumwolle und Edelmetalle, während sie nach Zimbabwe Maschinen, Elektrogeräte, Chemikalien und Pharmazeutika exportiert. 1981 wurde ein Finanzhilfeabkommen abgeschlossen, das dem Einkauf projektgebundener Schweizer Produkte dient.

Zimbabwe ist für die Schweiz kein Schwerpunktland der staatlichen Entwicklungshilfe. Die Leistungen (1988: 1,6 Mio. SFR) konzentrieren sich auf die Förderung von Projekten privater und internationaler Organisationen wie Swissaid (Wasserversorgung) und UNESCO (ländliche Printmedien). Darüber hinaus sind (christliche) Hilfswerke und Solidaritätsgruppen im Zimbabwe aktiv, deren Gesamthilfe die staatlichen Leistungen um das Dreifache übersteigt. In Zimbabwe haben 250 Schweizer, Doppelstaatsbürger nicht mitgerechnet, ihren ständigen Wohnsitz. Schweizer Clubs gibt es in Harare und in Bulawayo.

Österreich hat in Zimbabwe 1982 eine Botschaft und eine Außenhandelsstelle eröffnet. Exporten von Maschinen, Papier und chemischen Rohstoffen stehen Importe von Tabak, mineralischen Rohstoffen und Nichteisenmetallen von gleich hohem Wert gegenüber. Einen Teil der österreichischen Waren bezahlt Zimbabwe direkt in Form von Gegengeschäften mit Tabak. Ein Warenimportprogramm für den Einkauf österreichischer Produkte im Umfang von 100 Mio. ÖS wurde 1990 beschlossen.

Der Österreichische Entwicklungsdienst (ÖED) ist in Zimbabwe seit 1982 schwerpunktmäßig mit der Entsendung von Fachkräften für den Ausbildungs- und Gesundheitsbereich aktiv. Die staatliche Entwicklungshilfe fördert die Rehabilitierung und Instandhaltung der Bahnlinien von Zimbabwe nach Moçambique, zu den Häfen Beira und Maputo am Indischen Ozean (Förderung 1987–1990: 80 Mio. ÖS). Ein Projekt zur Unterstützung von Kooperativen, die im Great Dyke Chrom abbauen, ist geplant. Etwa 200 Auslandsösterreicher haben ihren ständigen Wohnsitz in Zimbabwe.

Frauen beim Wäschewaschen im Honde Valley

Frau beim Ziegelformen, Mount Darwin

Die Geschichte Zimbabwes

Von der Frühgeschichte bis zur Kolonisierung

Die San

Auf dem Hochplateau zwischen Zambezi und Limpopo lebten in der Steinzeit (etwa 30 000 v. Chr.) Jäger und Sammler, die als ›Buschmänner‹ bekannt wurden. Dieser despektierliche Name geht auf Holländer zurück, die am Kap siedelten. Inzwischen setzt sich ›San‹, die Eigenbezeichnung der heutigen Buschleute, immer mehr durch. Alle Erkenntnisse über die historischen Buschleute basieren auf Analogien zu den heutigen San im Kalahari-Randgebiet, an der Grenze zwischen Botswana und Namibia. Zwar haben die San überall auf dem Hochplateau beeindruckende Felszeichnungen hinterlassen, doch ist über ihre Lebenswelt wenig Genaues bekannt, nicht zuletzt, weil die Felsmalereien verschiedene Interpretationen zulassen.

Die derzeit gängigen Theorien zeichnen folgendes Bild: Die Gesellschaft der San war nicht hierarchisch, sondern egalitär strukturiert. Auf ihren ausgedehnten Wanderungen lebten sie in kleinen Familienverbänden in Felshöhlen. Sie ernährten sich durch Sammeln und Jagen. Die Wirtschaftsweise der San war durch eine ›ursprüngliche Überflußgesellschaft‹ gekennzeichnet: Man vermutet, daß die zum Beschaffen der Nahrung benötigte Arbeitszeit wegen des reichhaltigen Angebots und wegen der differenzierten Naturkenntnisse der Jäger und Sammler im Vergleich zu der Zeit, die die späteren Ackerbauern für die Nahrungssicherung aufbringen mußten, extrem kurz war.

Die Natur wurde genutzt, ohne ihr Gleichgewicht zu gefährden. Die San verließen ihre Lagerplätze, bevor ihre Lebensweise die Umwelt beeinträchtigen konnte. Zudem schätzten sie Abwechslung in ihrer Nahrung, die je nach der Gegend variierte. Ihre nomadisierende Lebensform gestattete keinen starken Bevölkerungszuwachs: Durch Geburtenkontrolle und auch mittels Kindestötung wurden die Gruppen klein gehalten.

Die San verwendeten Werkzeuge und Waffen aus Knochen und Stein. Sie hinterließen in schätzungsweise mehr als 20 000 eindrucksvollen Felsmalereien Zeugnisse ihrer Kultur; bislang sind lediglich 2000 offiziell registriert. Die Zeichnungen sind häufig an überhängenden Granitfelsen plaziert und erzählen hauptsächlich von Jägern und Tieren (s. S. 142 ff.).

Das Vordringen der Bantu

Zwischen 200 v. Chr. und 300 n. Chr. wandelten sich die auf dem Plateau lebenden Jäger- und Sammlergesellschaften der San allmählich zu seßhaften Bauern. Ausschlaggebend dafür war der

Einfluß der Bantu-sprechenden Völker, die im Zuge der transkontinentalen Völkerwanderung aus dem Norden, wahrscheinlich aus dem Gebiet des heutigen Kamerun, kamen. Ihr Vordringen nach Süden wurde durch das Bevölkerungswachstum zwischen dem Sahel im Norden und dem tropischen Regenwald um den Äquator ausgelöst.

Diese Ur-Bantu verfügten über Kenntnisse in der Eisenverarbeitung und waren in der Lage, Werkzeuge und Waffen (Speerspitzen) aus Eisen herzustellen. Zwar betätigten sich die Bantu weiterhin als Jäger und Sammler, doch gewann der Ackerbau durch die verbesserten Arbeitsgeräte zunehmend an Bedeutung. Verschiedene Hirsesorten wurden im Wanderhackbau angepflanzt; daneben spielte die Aufzucht von Kleinvieh wie Ziegen und Schafen sowie von Rindern eine Rolle. Zur Vorratshaltung stellten die Bantu oft mit Mustern verzierte Töpfe aus Ton her. Die zunehmende Nahrungsproduktion förderte das Seßhaftwerden und steigerte das Bevölkerungswachstum. Ein Teil der nomadisierenden San übernahm die neuen Produktionsweisen, ein anderer Teil zog sich aus dem ursprünglichen Lebensraum in den weniger fruchtbaren Süden zurück, in das Kalahari-Gebiet im heutigen Botswana. Bis gegen Ende des 1. Jt. hatte die Agrargesellschaft der Bantu die Lebensweise der Wildbeuter auf dem Hochplateau verdrängt.

In der Eisenzeit vollzogen sich entscheidende soziale Wandlungen, deren Ursache unterschiedlich interpretiert wird. Einem Erklärungsmuster zufolge gab es um die Jahrtausendwende eine weitere Völkerwanderung von Norden nach Süden. Sie führte auf dem

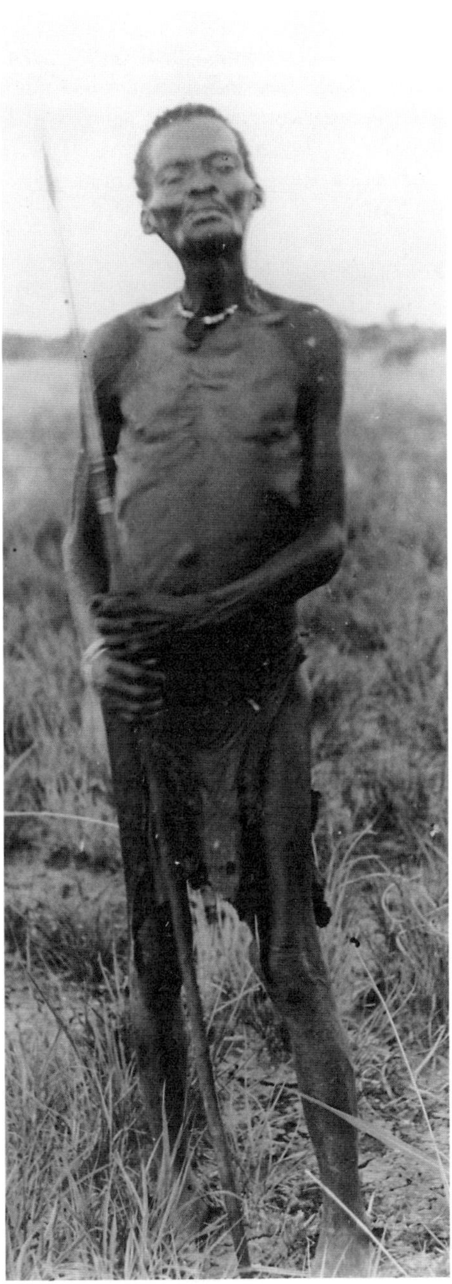

Jäger (›Buschmann‹) westlich des Gwaai River

Hochplateau von Zimbabwe zur Verbreitung der Seßhaftigkeit und landwirtschaftlicher Produktionsformen, die nördlich des Äquators schon im vorchristlichen Jahrtausend bekannt waren. Nach einer anderen Interpretation bewirkten Eisenverarbeitung und Landbestellung den Übergang von einer ursprünglich matrilinearen zu einer patrilinearen Gesellschaft. Hatten die Männer früher Töpfe hergestellt, beschäftigten sie sich nun mit der Metallgewinnung und -verarbeitung, während die Frauen die Töpferarbeiten übernahmen.

Die Großreiche der Shona

Great Zimbabwe: Der Ursprung der heutigen Shona steht im Zusammenhang mit dieser Kultur der Eisenzeit. Der wirtschaftliche Aufschwung begünstigte die Herausbildung von hierarchisch gegliederten Gemeinschaften mit einer straffen politischen Organisation und einer Herrscherdynastie, die weite Gebiete des Landes kontrollierte. Die Zunahme des Goldhandels und der dadurch erwirtschaftete Reichtum förderten die Zentralisierung der Macht, führten aber auch zur befruchtenden Begegnung mit anderen Kulturen. Der älteste Hinweis auf Tauschgeschäfte zwischen Händlern der Küste des heutigen Moçambique und den auf dem Hochplateau lebenden Shona stammt von einem arabischen Chronisten aus dem 10. Jh.

Unter dem ersten Herrscherhaus der Shona erlebte das Reich von Great Zimbabwe zwischen dem 13. und 15. Jh. seinen politischen Höhepunkt. Die eindrucksvollen Ruinen in der Nähe von Masvingo zeugen noch heute von der Glanzzeit dieser Dynastie (s. S. 277ff.). Die Verbreitung der Metallverarbeitung und der Viehzucht ermöglichte Great Zimbabwe eine Ausweitung des Handels. Araber tauschten Gold, Erze und Elfenbein gegen Perlen und Stoffe. Archäologische Funde, darunter Glasperlen aus Indien, Porzellan aus China, glasierte Tonschalen aus dem Iran sowie Kupfer- und Goldarbeiten dienen als Beleg für die weitreichenden Handelsbeziehungen von Great Zimbabwe. Sein Niedergang setzte im 15. Jh. ein. Die Ursachen sind nicht endgültig geklärt: Vermutlich kam es durch Bevölkerungsdruck und Überweidung zu Versorgungsschwierigkeiten, die schließlich zur Auflösung des Reiches führten. Das Machtstreben anderer Königreiche beschleunigte den Verfall.

Die Shona-Reiche

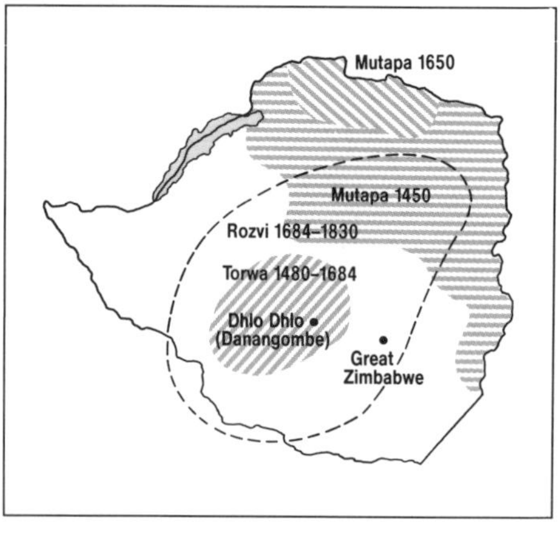

Parallel zur Auflösung des Reiches von Great Zimbabwe kam es zum Aufstieg von zwei anderen Shona-Großreichen: Im Nordosten des Landes gelang es den Mutapa-Herrschern, ihre Macht auszudehnen, und in der Gegend des heutigen Bulawayo herrschte die Torwa-Dynastie, die später im Rozvi-Reich aufging.

Rekonstruktionszeichnung der Anlagen von Kame nach P. Garlake und M. White

Mutapa: Das Mutapa-Reich formierte sich zu Beginn des 15. Jh. und erlebte im 16. Jh. seine Blütezeit. Seine Handelsbeziehungen reichten bis an die Küste des heutigen Moçambique. Im Laufe des 16. Jh. lockten die Goldvorkommen auf dem Hochplateau außer den Arabern auch Portugiesen an, die an der Küste von Moçambique Handel trieben. Letztere versuchten bald, sich der Konkurrenz der Araber zu entledigen und die eigenen Handelsinteressen durch eine politische Vormachtstellung in dem Gebiet abzusichern. Anlaß dazu bot die Hinrichtung des Jesuitenpaters Gonçalo da Silveira im Jahre 1561. Er hatte den Mutapa-Herrscher Negomo Mupanzagutu getauft, wurde jedoch von ihm zum Tode verurteilt, nachdem Araber das Gerücht verbreitet hatten, Silveira sei ein Spion und Hexer. Die Portugiesen reagierten auf den Tod Silveiras mit einer Reihe von Eroberungszügen. Am bekanntesten wurde die Barreto Homem-Expedition von 1570. Die lokalen Herrscher, insbesondere die Mutapa und Rozvi, konnten die Portugiesen zurückschlagen, doch waren diese insofern erfolgreich, als sie die Araber in die Küstenregion von Moçambique abdrängten.

Zu Beginn des 17. Jh. hatten sich portugiesische Missionare am Hofe der Mutapa-Herrscher so weit etabliert, daß ihnen die Erziehung der männlichen Nachkommen übertragen wurde. Einige der Häuptlingssöhne besuchten sogar Priesterseminare in Portugal oder Goa.

Der Einfluß der Missionare blieb jedoch auf die Kindererziehung am königlichen Hof beschränkt. Als sich die Portugiesen 150 Jahre später aus diesem Gebiet zurückzogen, zeigte sich, daß ihre Missionierungsversuche keine Breitenwirkung entfaltet hatten und im Grunde gescheitert waren. Den Niedergang des Mutapa-Reiches leiteten interne Auseinandersetzungen über die Thronfolge ein. Der Machtausdehnung des Rozvi-Staates hatten die Mutapa nichts entgegenzusetzen. Ihr Einflußbereich schrumpfte, bis sie schließlich nur noch das Zambezi-Gebiet kontrollierten. Endgültig besiegelt war ihr Schicksal mit der britischen Kolonisierung: Der letzte König starb 1902.

Torwa und Rozvi: Das Machtzentrum der Torwa-Dynastie lag seit Beginn des 15. Jh. in Kame, in der Nähe der heutigen Stadt Bulawayo. Von hier konnten die Torwa ihren Einfluß über das

Gebiet des im Niedergang begriffenen Reiches von Great Zimbabwe ausweiten. Funde belegen, daß Kontakte zu Portugiesen bestanden. Um 1640 wurde Kame verlassen und durch das neue Zentrum Dhlo Dhlo ersetzt. Die Architektur der Steinbauten von Kame (s. S. 267 f.) erinnert an die von Great Zimbabwe.

Um 1680 brach die Rozvi-Dynastie der Changamire die Herrschaft der Torwa. Die Kultur und das Staatssystem der Torwa wurden jedoch nicht zerstört, sondern adaptiert. Die Rozvi waren bald für ihre mächtige, straff organisierte Armee bekannt und regierten unangefochten bis zum Ende des 18. Jh. Dann führten interne Konflikte und das Eindringen von Nguni-Stämmen aus dem Süden zur Auflösung des Reiches. Um 1860 wurde der letzte Rozvi-Herrscher von den Ndebele gefangengenommen.

Eroberungszüge der Nguni

Im frühen 19. Jh. existierten im heutigen Südafrika mehrere unabhängige Königreiche. Das bekannteste ist das der Zulu, das zwischen 1818 und 1828 unter der Herrschaft König Shakas den Höhepunkt seiner Macht erreichte. Die Zulu gehören zu der im Süden Afrikas verbreiteten Bantu-Sprachgruppe der Nguni, die sich von den Bantu-Sprachen nördlich des Limpopo durch ihre charakteristischen Klick-Laute unterscheidet. Der Zulu-Staat war wegen seiner Expansionsbestrebungen gefürchtet. Einige Nguni-Gemeinschaften rebellierten gegen König Shaka und flohen nach Norden, wobei sie die Stämme unterwarfen, durch deren Territorium sie zogen. Diese Vorstöße der Nguni wurden in der Geschichte unter der Bezeichnung *›mfecane‹* bekannt, was ›Zermalmen‹, ›Vernichten‹, aber auch ›Gedränge‹ bedeutet. Im östlichen Hochland bezwang eine Nguni-Gruppe unter Häuptling Soshangane um 1820 den Shona-Stamm der Manyika. Im Westen besiegte der Nguni-Häuptling Zvangedaba auf seinem Weg nach Zambia, Malawi und Tanzania zehn Jahre später die Changamire des Rozvi-Königreiches. Der Changamire-König Chirasamhuru wurde während dieser Angriffe getötet.

Mzilikazi und die Ndebele

Die letzte Invasion der Nguni erfolgte unter Mzilikazi, der 1840 aus Südafrika in den Südwesten des Landes vordrang. Als sich Mzilikazi und sein Volk im Gebiet um das heutige Bulawayo niederließen, hatten sie eine fast 20jährige Wanderschaft hinter sich, in deren Verlauf sie über 2400 km zurücklegten. In dieser Zeit kam der Name ›Ndebele‹ für das Volk Mzilikazis auf. Es ist nicht eindeutig geklärt, ob diese Bezeichnung ›die Männer mit den langen Schilden‹, ›die Wanderer‹ oder ›die Zerstörer‹ bedeutet.

König Mzilikazi vom Stamm der Khumalo war einer der Oberbefehlshaber in Shakas Armee gewesen. Nachdem er 1821 für Shaka einen Eroberungszug geführt und große Viehherden geraubt hatte, behielt er die meisten Rinder für seinen eigenen Stamm. Wegen dieser Untreue mußte er mit seinem Volk vor der Verfolgung Shakas nach Norden fliehen. Um sich gegen einen

Vergeltungsangriff zu wappnen, verfolgte Mzilikazi eine expansive Politik. Er raubte die Frauen, die jungen Männer und das Vieh der Stämme, durch deren Gebiet er zog. Kleinere Stämme wurden gänzlich inkorporiert. Die Männer teilte Mzilikazi seinen Armeen zu, und die Frauen verheiratete er mit seinen Kriegern. Bald war Mzilikazi als überragender Heerführer einer straff organisierten Armee bekannt. Nachdem er den Fluß Limpopo erreicht hatte, teilte er seine Gefolgschaft in zwei Gruppen, eine militärische und eine zivile, die auf getrennten Wegen nach Norden zogen. Die Gruppe der Alten, Frauen und Kinder wanderte nach Nordosten und ließ sich 1838 in der Nähe des heutigen Bulawayo nieder, während Mzilikazi mit der Kriegertruppe nach Nordwesten ging, wo er den Stamm der Bamangwato im heutigen Botswana unterwarf. Die Ndebele, die um Bulawayo siedelten, vernahmen ein Gerücht über Mzilikazis Tod und bestimmten seinen Sohn Nkulumane zu dessen Nachfolger. Als Mzilikazi mit seiner Armee wieder auf diese Gruppe traf, ließ er seinen Sohn und dessen Ratgeber wegen Hochverrats hinrichten.

Von Bulawayo aus setzte Mzilikazi seine Überfälle auf die dort ansässigen Shona fort. Die Expansion der Ndebele beruhte jedoch nicht nur auf kriegerischen Aktionen, wie es vielfach vereinfachend dargestellt wird. Mzilikazi verschonte diejenigen, die ihn ohne Widerstand als Machthaber anerkannten und Tribut leisteten. Der Assimilierungsprozeß zwischen Ndebele und Shona wurde durch Gemeinsamkeiten in ihrer Kultur erleichtert. In der Religion beider Volksgruppen spielte die Ahnenverehrung eine zentrale Rolle. Durch Heiraten zwischen Angehörigen der Stämme entstanden Verwandtschaftsbeziehungen. Ackerbau und Viehzucht bildeten die Lebensgrundlage beider Volksgruppen, auch wenn bei den Shona die Landbebauung, bei den Ndebele dagegen die Viehzucht im Vordergrund stand.

Mzilikazi traf auf seiner Wanderung in den Norden mehrfach mit Weißen zusammen, zunächst mit Händlern und Elfenbeinjägern, von deren Feuerwaffen er beeindruckt war. 1829 begegnete er zum ersten Mal Robert Moffat (1795–1883), einem evangelischen Missionar der London Missionary Society. Moffat hatte 1824 eine Missionsstation in Kuruman (Südafrika) gegründet, die wegen ihrer hohen landwirtschaftlichen Erträge großes Ansehen bei den Afrikanern genoß. Zwischen den beiden Persönlichkeiten entwickelte sich eine lebenslange Freundschaft, die in unregelmäßigen Zusammenkünften weiter vertieft wurde. Nachdem Moffat den König während einer Erkrankung drei Monate lang gepflegt hatte, akzeptierte Mzilikazi sogar den Aufbau einer Missionsstation in seinem Gebiet, die von Moffats Sohn John Smith geleitet werden sollte. Doch die Beziehung zu dem Missionar hatte für den König auch eine politische Bedeutung. Wegen der kriegerischen Auseinandersetzungen zwischen Engländern und Buren im Süden Afrikas betrachtete es Mzilikazi als nützlich, in Moffat einen Verbündeten zu haben, der ihm bei der Herstellung von Kontakten zur Kap-Regierung und bei eventuellen Verhandlungen helfen konnte.

Im Jahre 1859 gründeten Moffat Junior, William Sykes und Thomas Morgan Thomas in Inyati, in der Nähe von Mzilikazis Hof, die erste Station der Londoner Missionsgesellschaft. Robert Moffat begleitete die jungen Missionare zu Mzilikazi und begegnete ihm ein letztes Mal.

Dieser erste Missionierungsversuch scheiterte indessen trotz der anfänglichen Toleranz des Königs. Die autochthone Religion hatte im Ahnenkult ihre feste Basis, die Herrschaft Mzilikazis und die auf den König ausgerichtete Gesellschaftsordnung waren unumstritten. Die Predigten der Missionare gegen seine autokratische Herrschaft beschworen Mzilikazis Mißtrauen und Widerstand herauf. Da sich der König nicht taufen ließ, konvertierten auch seine Untertanen nicht. Mzilikazi, der den negativen Einfluß auf seine Gefolgschaft befürchtete, behinderte die Tätigkeit der Missionare zunehmend. Weil sie nicht bereit waren, die traditionellen Regeln einzuhalten, und beispielsweise an den Feiertagen arbeiteten, die dem König gewidmet waren, stießen sie auch im Volk auf Ablehnung. Als William Sykes nach 27 Jahren Missionstätigkeit in Inyati starb, war kein einziger Ndebele zum Christentum übergetreten.

Lobengula und die britische Expansion

Nach dem Tod Mzilikazis im September 1868 kam es zu Auseinandersetzungen um die Thronfolge, die zugunsten seines Sohnes Lobengula entschieden wurden. Dieser errichtete seinen königlichen Kraal im folgenden Jahr unweit des heutigen Bulawayo und nannte ihn ›Gubulawayo‹. Es gelang ihm bald, allgemein als Herrscher akzeptiert zu werden und seine politische Macht auszubauen. Den Buren – Nachkommen der seit Mitte des 17. Jh. in Südafrika siedelnden Holländer – und Engländern gegenüber zeigte er sich diplomatisch. Lobengula hatte die wach-

Lobengulas königlicher Kraal

senden Spannungen zwischen den beiden Gruppen erkannt und konnte den sich anbahnenden Konflikt zunächst erfolgreich zum Schutze seines Volkes nutzen.

Bis ins 19. Jh. bestanden nur vereinzelte Kontakte zwischen den Bewohnern des heutigen Zimbabwe und europäischen Abenteurern, Goldsuchern, Elfenbeinjägern und Missionaren. Der Missionar und Abenteurer David Livingstone (1813–1873) entdeckte 1855 die eindrucksvollen Wasserfälle des Zambezi, die er zu Ehren der englischen Königin Victoria Falls nannte. Der Maler Thomas Baines (1820–1875), der Livingstone auf seiner Forschungsreise begleitete, malte 1863 von den Viktoria-Fällen die ersten Bilder, die heute im Nationalarchiv in Harare ausgestellt sind. Baines leitete 1869 auch eine Expedition von Goldsuchern in das Reich der Shona. Der Deutsche Karl Gottlieb Mauch (1837–1875) führte zwischen 1865 und 1872 sieben Forschungsreisen im südlichen Afrika durch. Als erster Europäer berichtete er 1871 über die Ruinen von Great Zimbabwe. Seine phantastischen Theorien über deren Entstehung regten die Untersuchungen europäischer Forschungsgesellschaften an (s. S. 297ff.).

Ndebele-König Lobengula

In zunehmendem Maße begann das Eroberungsstreben der Europäer die Beziehungen zu Shona und Ndebele zu bestimmen, insbesondere seitdem große Goldvorkommen im Gebiet dieser Stämme vermutet wurden. Die Tatsache, daß man 1867 bei Kimberley Diamanten und 1895 um Witwatersrand Gold entdeckt hatte, was in der Kapkolonie ein wahres Diamantenfieber und einen Goldrausch auslöste, nährte Spekulationen über Bodenschätze in der Region nördlich des Limpopo. Buren, Engländer und Deutsche bemühten sich, von Lobengula Schürfrechte zu erhalten, Regierungsvertreter und Vertragsjäger bedrängten den König, ihnen Konzessionen zu übertragen.

Im Zuge dieser Verhandlungen gewannen Missionare als Übersetzer zunehmend an Bedeutung – nicht nur die der Londoner Missionsgesellschaft, sondern auch Jesuiten, die sich seit 1879 an Lobengulas Hof aufhielten. Die Missionare hatten sich von Lobengula ein aufgeschlosseneres Verhalten gegenüber ihren Christianisierungsbemühungen versprochen, als es sein Vater gezeigt hatte. Doch Lobengula war weniger am Christentum als am akademischen und technischen Wissen der Männer interessiert, als er die Eröffnung von Missionsschulen genehmigte. Der König ahnte, daß die wachsende Zuwanderung von Europäern nicht ohne Folgen für sein Herrschaftsgebiet bleiben konnte.

Moffat Treaty und Rudd Concession

Ein Mann namens Cecil Rhodes sollte zum Architekten der Kolonisierung Rhodesiens für England werden und das Schicksal der schwarzen Bevölkerung entscheidend beeinflussen.

Cecil Rhodes hatte den Missionar John Smith Moffat angeworben, um mit Lobengula über den Freundschaftsvertrag neu zu verhandeln, den dessen Vater Mzilikazi 1836 mit den Engländern geschlossen hatte. Dank des guten Rufes seines Vaters Robert Moffat am Ndebele-Hof kam es am 11. Februar 1888 zum Abschluß des sogenannten ›Moffat Treaty‹. Diesem Abkommen zufolge durfte Lobengula nur mit Einverständnis der britischen Regierung weitere Verträge abschließen. Man hatte Lobengula durch eine falsche Übersetzung dieser Passage im Glauben gelassen, weiterhin freie Hand zu haben.

Cecil Rhodes

Robert Moffat

Charles Rudd

Durch den ›Moffat Treaty‹ sah Rhodes seine Ansprüche auf das Gebiet der Ndebele gesichert. Er entsandte seine Vertrauten Charles Rudd, Rochfort Maguire und Francis Thompson zu Lobengula, um eine Vereinbarung über Bodennutzungsrechte abzuschließen. Zum gleichen Zweck hielten sich zu dieser Zeit 30 weitere europäische Vertragsunterhändler am königlichen Hof auf. Charles Daniel Helm, ein Mitglied der Londoner Missionsgesellschaft, übersetzte für die Unterhändler von Rhodes. Bei erfolgreichem Vertragsabschluß sollte Helm ein stattliches Entgelt erhalten. Am 30. Oktober 1880 unterzeichnete Lobengula die ›Rudd Concession‹. Durch dieses Abkommen trat der Herrscher für 100 Pfund monatlich sowie für ein Kanonenboot, das auf dem Zambezi stationiert werden sollte, allerdings niemals geliefert wurde, für 1000 Gewehre und 100 000 Schuß Munition die Schürf- und Marktrechte auf seinem Herrschaftsgebiet an Cecil Rhodes ab. Außerdem garantierte der Vertrag, daß die Suche nach Bodenschätzen keine Besiedlung durch Europäer zur Folge haben würde.

Die Gesandtschaft Lobengulas bei Queen Victoria (Karikatur von 1889)

Charles Daniel Helm hatte den König in Vorspiegelung falscher Tatsachen zur Unterzeichnung bewegen können. Die mündliche Interpretation des Missionars deckte sich nicht mit dem Vertragstext. Helm erklärte Lobengula, es gehe nur um einen Teil seines Gebietes, auf dem eine begrenzte Zahl von Goldsuchern tätig werden solle. Als Lobengula zu spät erkannte, daß der Vertrag den Engländern unbegrenzte Schürfrechte einräumte, sandte er zwei seiner Ratgeber zur englischen Königin, damit sie ihm seine Souveränität zusichere. Die Königin bestätigte zwar seinen Herrschaftsanspruch, verwies ihn aber zwecks Verhandlungen über konkrete Anliegen an die Kolonialverwaltung in Kapstadt.

Nach Abschluß der ›Rudd Concession‹ gründete Rhodes im März 1889 eine private Handelsgesellschaft, die British South Africa Company (BSAC). Die britische Königin verlieh der BSAC noch im selben Jahr die ›Royal Charter‹, die ihr für 25 Jahre die Verwaltungshoheit über das Gebiet übertrug. Dafür verpflichtete sich die Gesellschaft, die Infrastruktur des Landes zu entwickeln und den freien Handel zu fördern. Das traditionelle afrikanische Recht und der Glaube der autochthonen Bevölkerung sollten respektiert werden.

Die ersten Siedler

Im Juni 1890 zog die ›Pionierkolonne‹ von Südafrika nach Norden. Sie bestand aus 212 weißen Siedlern aus Südafrika, die von 500 bewaffneten Soldaten, 200 schwarzen Söldnern und einigen bekannten Großwildjägern, wie Frederick Courteney Selous, begleitet wurden. Entlang ihrer Route errichteten sie die ersten weißen Siedlungen: Fort Tuli, Fort Victoria (Masvingo) und

Fort Charter. Am 12. September 1890 beendeten die Siedler ihren Vorstoß nach Norden und begannen mit dem Bau von Fort Salisbury, das später Hauptstadt von Rhodesien wurde.

Die Shona leisteten gegen die Ansiedlung der Weißen keinen Widerstand, da sie an einen vorübergehenden Aufenthalt der Europäer glaubten. Bereitwillig verkauften sie ihnen Lebensmittel, ohne die sie kaum hätten bleiben können. Für die BSAC stand von Anfang an fest, daß nicht nur das Territorium der Shona, sondern auch das Ndebele-Reich besetzt werden sollte, da man auf dessen Gebiet Bodenschätze vermutete. Ein Diebstahl von Shona-Viehherden durch Ndebele wurde zum Vorwand genommen, um die Ndebele anzugreifen. Gegen die militärische Überlegenheit der BSAC-Armee waren die Ndebele-Krieger machtlos. Dennoch gewannen sie einzelne Schlachten, etwa gegen die ›Shangani Patrol‹ (s. S. 272). Als die Niederlage besiegelt war, floh Lobengula im Dezember 1893 mit einer kleinen Gruppe von Ratgebern aus Bulawayo, das er niedergebrannt hatte. An der Stelle seiner Residenz errichtete die BSAC demonstrativ das neue Regierungsgebäude. Der Ndebele-Herrscher starb im Februar 1894 unter ungeklärten Umständen. Es ist nicht ausgeschlossen, daß er Selbstmord beging.

Mit der Person Lobengulas und vor allem mit seiner despotischen Herrschaft beschäftigen sich zahlreiche Veröffentlichungen. Nur selten wird erwähnt, daß ihn seine europäischen Gegenüber wegen seiner Weisheit achteten. Marshall Hole, einer der ersten Verwaltungsbeamten der BSAC, verglich das würdige Auftreten des Königs sogar mit dem von Zar Alexander.

Die Pionierkolonne hißt die britische Flagge in Fort Salisbury (1890)

Siedler-Camp in Fort Mangwe (1896)

Trotz seiner außergewöhnlichen Persönlichkeit war Lobengula den Verhandlungstaktiken der Europäer, der Vielzüngigkeit ihrer Politik und ihrer militärischen Macht unterlegen. Er war sich der fatalen Situation bewußt, daß er weder sich noch sein Volk vor der Machtübernahme durch die Weißen bewahren konnte. Den Missionar Helm fragte Lobengula, ob er jemals beobachtet habe, wie das Chamäleon eine Fliege fängt: »Das Chamäleon schleicht sich hinter die Fliege und lauert, ohne eine Regung zu zeigen. Dann nähert es sich der Fliege ruhig und sanft, ganz langsam, einen Fuß vor den anderen setzend. Schließlich, wenn es sich in der richtigen Reichweite befindet, zielt das Chamäleon mit seiner Zunge und die Fliege verschwindet. England ist das Chamäleon, und die Fliege bin ich.«

Mit dem Tod Lobengulas war die Inbesitznahme Rhodesiens durch die Weißen besiegelt. Im Zuge der Kolonisierung dehnten sie ihren Machtbereich auf Kosten der schwarzen Bevölkerung aus: Der Landnahme durch die Siedler mußten die Afrikaner schrittweise weichen. Ein Großteil ihres Viehs wurde konfisziert, sie wurden mit Steuern belastet, wie ab 1893 mit der Hüttensteuer, und zur Zwangsarbeit verpflichtet. Da die Steuern in Form von Geld zu bezahlen waren, sahen sich immer mehr Afrikaner gezwungen, einer Lohnarbeit nachzugehen und die eigene Feldbestellung zu vernachlässigen. Naturkatastrophen, wie langanhaltende Dürren und eine Heuschreckenplage, taten ein Zusätzliches, um den Afrikanern ihre traditionelle wirtschaftliche Basis zu entziehen. Die Viehherden, die ihnen geblieben waren, dezimierten sich drastisch, als 1896 auch noch aus Südafrika die Rinderpest eingeschleppt wurde.

Erster Chimurenga: Der Befreiungskampf von 1896/97

Die mit der Kolonisierung einhergehende Verelendung trieb die Ndebele im März 1896 zu einem bewaffneten Aufstand, dem sich im Juni die Shona anschlossen. Diese Revolte war der erste gemeinsame Befreiungskampf *(chimurenga)* von Ndebele und Shona, dem für die spätere Herausbildung der nationalen Befreiungsbewegung große Bedeutung zukommen sollte.

Für die Siedler erfolgte die Rebellion überraschend. Nach einem Aufstand der Ndebele im Jahr 1893 hatten sie die Afrikaner entwaffnet und glaubten, sie unter Kontrolle zu haben. Zu Beginn des *Chimurenga* befand sich nur ein geringer Teil der berittenen BSAC-Polizei in Rhodesien; die Mehrheit, über 400 Mann, war unterdessen damit beschäftigt, gegen die burische Regierung im Transvaal zu putschen (›Jameson Raid‹).

Nachdem sich Cecil Rhodes im August 1896 mit den Häuptlingen zu Friedensverhandlungen in Matobo getroffen hatte, endeten die Kämpfe im Gebiet der Ndebele. Die Shona kämpften jedoch weiter. Die *svikiro*, die Medien der Ahnen, hatten sie inspiriert, die existentiell bedrohlichen Veränderungen durch die Kolonisation und die Rinderpest als Zeichen des Zornes der Ahnengeister über die Besetzung des Landes durch die Weißen zu deuten. Nach Überzeugung der Shona konnten die Ahnengeister nur durch die Vertreibung der Weißen ihre Schutzfunktion wiedererlangen.

Die Krieger der Shona waren den Engländern militärisch absolut unterlegen. Gegen deren Gewehre und Dynamit konnten sie nichts ausrichten. Im Oktober waren fast alle Anführer entweder gefangengenommen oder tot. Da der BSAC die Schlüsselfunktion der Medien der Ahnengeister deutlich geworden war, ließ sie die einflußreichsten *svikiro* der Rebellion, eine Frau

Soldaten haben Kaguvi wegen seiner Rolle als spirituelles Medium im Befreiungskampf gefangengenommen

namens Nehanda und einen Mann namens Kaguvi, nach dem Sieg zum Tode verurteilen und im April 1898 in Fort Salisbury hängen.

Nach der Niederschlagung des Aufstandes mußten sich die Afrikaner mit der Besetzung ihres Landes durch die Weißen vorerst abfinden. Die BSAC siedelte viele Einheimische zwangsweise in die neugeschaffenen Reservate mit vorwiegend unfruchtbaren Böden um. Die Hüttensteuer wurde 1904 verdoppelt, und andere Abgaben kamen hinzu. Allein die Hundesteuer brachte der Verwaltung 1918 rund 17 000 Pfund ein, während sie für die Schulerziehung der Afrikaner im selben Jahr 8000 Pfund ausgab. Man setzte loyale Häuptlinge ein, die für die Bereitstellung von Arbeitskräften und das Eintreiben der Steuern verantwortlich waren.

Immer mehr Europäer kamen ins Land. Ihr zentrales Anliegen bestand in der Sicherung und Ausbeutung von Bodenschätzen. Rhodesien wurde mit Eisenbahnen erschlossen, um den Abtransport der Rohstoffe zu gewährleisten. Der Reichtum des Landes war jedoch bei weitem überschätzt worden, und die Hoffnung, ebenso große Vorkommen wie in Südafrika ausbeuten zu können, zerschlug sich. Als Genaueres über deren Umfang bekannt wurde, fielen 1903 an der Londoner Börse mit einem Schlag die BSAC-Aktien. Damit sich die Investitionen in die Infrastruktur rentierten, warb die BSAC ab 1908 gezielt Farmer an. Jeder Neuankömmling erhielt Schürfrechte für 15 *gold claims*, rund 1200 ha Farmland und Vieh, das von den Afrikanern konfisziert worden war. Der große Bedarf an billigen Arbeitskräften konnte trotz der Steuerpolitik, die die schwarze Landbevölkerung stark belastete, und trotz Zwangsarbeit nicht nur durch Einheimische gedeckt werden. Denn viele Shona und Ndebele gingen als Wanderarbeiter in die Kapkolonie, wo sie bessere Löhne erhielten. Daher warb man ab 1903 gezielt Wanderarbeiter aus Nordrhodesien (Zambia) und Nyasaland (Malawi) an. Noch heute leben in Zimbabwe zahlreiche Farm- und Minenarbeiter sowie Hausangestellte, die aus diesen Gebieten stammen. Für die Ausbeutung der Arbeitskräfte wurde 1901 mit der ›Master and Servant Ordinance‹ eine gesetzliche Grundlage geschaffen. Sie untersagte die Bildung von Gewerkschaften und Kündigungen seitens der Arbeitnehmer, die mit Geld- oder Gefängnisstrafen geahndet werden konnten. Billige Arbeitskräfte und großzügige Landverteilung bildeten die Basis für die Entwicklung Rhodesiens zu einer Siedlerkolonie.

Von der Kolonie Südrhodesien zum unabhängigen Zimbabwe

Südrhodesien von 1923 bis 1965

Die Siedler meldeten erstmals 1917 mit der Gründung der Responsible Government Movement unter Charles Coghlan ihren Wunsch auf eine eigene Verwaltung an. Diese Bewegung setzte sich für den Status einer selbstverwalteten britischen Kolonie ein und verwahrte sich gegen einen Anschluß an Südafrika, wie ihn die Unity Movement forderte. In einem Referendum sprachen sich 1922 zwei Drittel der knapp 20 000 stimmberechtigten Südrhodesier für

Weiße Siedler und schwarze Arbeiter vor einer Mine, Anfang des 20. Jh.

eine eigenständige britische Kolonie aus. Von den 900000 Afrikanern durften sich gerade 60 – überwiegend wohlhabende Einwanderer aus Südafrika – an der Abstimmung beteiligen. Das Ergebnis war eine erste Manifestation des Nationalgefühls der weißen Rhodesier.

Südrhodesien, das heutige Zimbabwe, erhielt 1923 seine erste Verfassung, während Nordrhodesien, das heutige Zambia, als britisches Protektorat vom Londoner Kolonialamt verwaltet wurde. Die südrhodesische Verfassung räumte der Siedlergesellschaft eine weitgehende Autonomie ein. Als Vertreter der Krone wurde ein britischer Gouverneur eingesetzt. Großbritannien behielt sich lediglich ein Mitspracherecht in Belangen der Außenpolitik und in allen Fragen vor, die die ›Eingeborenen‹ *(natives)* betrafen, wie Afrikaner bis 1961 offiziell genannt wurden. Die Rhodesian Party unter Premierminister Coghlan bildete die erste Regierung.

Wenig später begann das afrikanische Nationalbewußtsein aufzukeimen. Ein Schlüsselereignis bildete in diesem Zusammenhang die Gründung des Bantu Congress durch Aaron Jacha im Jahr 1934, eines Vorläufers des African Congress ANC.

In der Zeit nach der Niederschlagung des Ersten *Chimurenga* im Jahr 1896/97 (s. S. 104f.) hatten sich nur sporadisch lokale afrikanische Interessengruppen gegründet, vor allem im Matabeleland. Dazu gehörten die Rhodesian Bantu Voters Association (1922), die für das Wahlrecht der Afrikaner eintrat, und die Industrial and Commercial Union IUC (1927), die sich für die Verbesserung der Situation des städtischen Proletariats einsetzte. In den ländlichen Gebieten opponierten seit Beginn des 20. Jh. die unabhängigen afrikanischen Kirchen gegen die weiße Vorherrschaft. An die Spitze dieser Bewegung setzte sich bald nach ihrer Gründung im Jahr 1932 die African Apostolic Church von Johane Maranke. Im Matabeleland agierte ab 1929 die Matabeleland Home Society, die für eine Restauration der Ndebele-Monarchie eintrat.

Der afrikanische Nationalismus entzündete sich insbesondere an der Landfrage, den Arbeitsbedingungen und der Benachteiligung im Bildungs- und Gesundheitswesen. In afrikanischen Zeitungen wie ›Bantu Mirror‹, ›African Weekly‹ und ›Daily News‹ artikulierte sich der wachsende Unmut über die Kolonialregierung. Der zunächst geäußerte Wunsch der Afrikaner, besser regiert zu werden, kulminierte ab 1960 – mit zunehmender Diskriminierung – in der Forderung, selbst zu regieren.

Parallel zum Bantu Congress formierte sich die Labour Party als einzige mehrheitlich weiße Partei, die sich deutlich gegen die Benachteiligung der Afrikaner aussprach. Die Übernahme der Rassentrennungspolitik bewirkte jedoch später das Ende der Partei: Sie löste sich nach dem Ausschluß ihrer schwarzen Mitglieder im Jahr 1946 auf.

In der Zeit nach dem Zweiten Weltkrieg durchlebte die Siedlergesellschaft eine Phase wirtschaftlicher und politischer Stabilität, für die zwei Faktoren ausschlaggebend waren: Der erhöhte Rohstoffbedarf während des Krieges und in der Zeit des Wiederaufbaus in Europa beschleunigte das Wirtschaftswachstum, und eine beachtliche Einwanderungswelle stärkte die Gruppe der Weißen. Lebten 1946 est 82 000 Siedler in Südrhodesien, so erhöhte sich deren Zahl bis 1950 auf 135 000, bis 1960 auf 223 000. Erst ab 1975, als diese Entwicklung mit 275 000 Siedlern ihren Höhepunkt erreicht hatte, setzte vor dem Hintergrund des Befreiungskrieges eine Rückwanderung ein.

Im Gefolge des Zweiten Weltkrieges verstärkte sich jedoch auch der afrikanische Widerstand. Die schwarzen Kriegsveteranen, die Seite an Seite mit den Engländern gegen Hitler-Deutschland gekämpft hatten, sahen nach ihrer Heimkehr die Rassendiskriminierung in Südrhodesien mit geschärftem Blick. In dieser Zeit profilierte sich die Reformed Industrial and Commercial Union (RICU) zur ersten oppositionellen Massenbewegung. 1948 organisierte sie gemeinsam mit der von Benjamin Burombo geführten British African Voice Association (BANVU) den ersten erfolgreichen Generalstreik.

Die Gründung des Zentralafrikanischen Bundes, die von 1953 bis 1963 bestand und Südrhodesien sowie die britischen Protektorate Nordrhodesien und Nyasaland umfaßte, bewirkte eine weitere Polarisierung der politischen Kräfte. Der Zusammenschluß stärkte einerseits das Selbstbewußtsein der südrhodesischen Siedler – waren sie doch der politisch und wirtschaftlich stärkste Partner der Föderation und zugleich ihr Hauptnutznießer. Andererseits profitierte die südrhodesische schwarze Opposition von der engeren Zusammenarbeit mit ihren Verbündeten in Nordrhodesien und Nyasaland, wo die britische Kolonialverwaltung der politischen Emanzipation der Afrikaner offener gegenüberstand. Große Empörung rief die mangelnde Repräsentation der Afrikaner im föderativen Parlament hervor: Von 35 Abgeordneten stellten sie lediglich sechs, die wiederum von nur 453 Stimmberechtigten gewählt worden waren.

Durch die Verschmelzung des von Joshua Nkomo geleiteten African National Congress (ANC) mit der City Youth League, die James Chikerema 1955 in Bulawayo gegründet hatte, existierte ab 1957 eine landesweit agierende nationale Massenpartei. Im selben Jahr erreichte Ghana als erster schwarzafrikanischer Staat der jüngeren Geschichte seine Unabhängigkeit. Präsident Nkrumahs ausgeprägter Afrikanismus blieb nicht ohne Einfluß auf Robert Mugabe, den heutigen Staatspräsidenten Zimbabwes, der damals in Ghana als Lehrer tätig war.

Beginn der Dekolonisierung und Gründung der OAU

Der britische Premierminister Harold Macmillan formulierte 1960 in seiner berühmten Rede über die »Winds of Change« (Winde des Wandels) die Rahmenbedingungen für eine Dekolonisierung Afrikas: Großbritannien werde all jene Kolonien in die Unabhängigkeit entlassen, die bereit seien, die Prinzipien des allgemeinen Wahlrechtes und einer demokratisch gewählten Regierung zu übernehmen. Während der ersten Dekolonisierungswelle von 1960 bis 1962 erhielten 22 afrikanische Staaten ihre Unabhängigkeit, bis 1980 folgten weitere 16. Vor dem Hintergrund dieser Entwicklung gründete sich im Mai 1963 die Organisation für Afrikanische Einheit (OAU). Ihre Charta verpflichtete die Mitgliedsstaaten, für die Unabhängigkeit aller afrikanischen Länder einzutreten. Die OAU spielte daher für die Legitimierung der afrikanischen Befreiungsbewegungen eine wichtige Rolle.

Das südrhodesische Parlament zwang Premierminister Garfield Todd 1958 zum Rücktritt und ersetzte ihn durch Edgar Whitehead. Todd, ein ehemaliger Missionar, hatte sich unter dem Schlagwort »Partnerschaft der Rassen« für bessere Lebensbedingungen der afrikanischen Bevölkerung eingesetzt und war dadurch in Mißkredit geraten. Der ANC, der mittlerweile an Popularität gewonnen hatte, wurde im Februar 1959 verboten; knapp 500 Mitglieder nahm man in Haft. Es dauerte fast ein Jahr, bis sich die Führung um die Jahreswende 1959/1960 in der National Democratic Party (NDP) neu formieren konnte. Sie wählte Joshua Nkomo zu ihrem Präsidenten, während Robert Mugabe, der seinen Lehrervertrag in Ghana gekündigt hatte, die Öffentlichkeitsarbeit leitete. Im August des Jahres zählte die Partei bereits 20 000 Mitglieder. Das politische Ziel wurde klar formuliert: »Wir verlangen nicht mehr, besser regiert zu werden, sondern uns selbst zu regieren.«

Premierminister Edgar Whitehead reagierte auf die Erfolge der NDP mit einer Verschärfung der Ordnungsgesetze. Diese »eklatante Erosion afrikanischer Freiheit« veranlaßte sogar den obersten Richter, Sir Robert Tredgold, zurückzutreten. Andererseits versuchte die Regierung, die Zustimmung der NDP zu einer neuen Verfassung zu gewinnen. Diese sah neben der Einschränkung des britischen Hoheitsrechts die Verankerung eines Grundrechtskatalogs und die Aufnahme von Afrikanern in das Parlament vor, die 15 von 65 Sitzen erhielten. Grundsätzlich wurde auch der spätere Übergang zu Regierungen angestrebt, die sich aufgrund einer mehrheitlichen Wählerentscheidung bilden sollten. Wegen der Bindung des Wahlrechts an Schulbildung und Einkommen hätte dies allerdings nur eine Scheindemokratie bedeuten können. Daher lehnte die NDP – nach heftigen internen Auseinandersetzungen – den Entwurf ab. Die Verfassung trat 1961 dennoch in Kraft, nachdem man die Zustimmung von 21 Stammesführern eingeholt hatte, die mit einer Verbesserung der Landrechte in den Reservaten geködert worden waren. Die NDP führte unter ihren Anhängern ein Referendum durch, in dem der Verfassungsentwurf mit 370 000 zu 500 Stimmen abgelehnt wurde. Die Regierung ignorierte dieses Ergebnis zwar, doch bezeugte es die Größe des vorhandenen Protestpotentials. Die NDP erfreute sich nicht zuletzt deswegen eines so regen Zulaufs, weil sie eine Befreiungskultur förderte, die das Nationalgefühl der Afrikaner und deren Widerstand stärkte: In Lyrik und Gesang, Musik und Tanz, Bekleidung und Sprache drückte sich die Sehnsucht nach Freiheit und Gleichberechtigung aus.

Die NDP wurde wenige Monate später aus Anlaß einer Frauendemonstration verboten. Kurz danach, am 17. Dezember 1961, gründete ihre Führung die Zimbabwe African People's Union (ZAPU), deren Vorsitz wiederum Joshua Nkomo übernahm. Die ZAPU sprach erstmals von der Notwendigkeit, Maßnahmen des Widerstands zu ergreifen, die außerhalb des gesetzlichen Rahmens lagen; denn ANC und NDP war es nicht gelungen, ihre Forderungen auf legalem Wege durchzusetzen. Das vordringliche Anliegen der ZAPU bestand nun darin, der drohenden Unabhängigkeit Südrhodesiens unter einer weißen Minderheitsregierung entgegenzuwirken. Daher wurde der diplomatischen Arbeit im Ausland, insbesondere in London, mehr Bedeutung beigemessen. Die Weißen hingegen scharten sich um die Rhodesian Front (RF). Sie war im März 1962 mit dem Ziel gegründet worden, mit allen Mitteln einen Machtwechsel zu verhindern. Als die ZAPU zu einem Boykott der bevorstehenden Parlamentswahlen aufrief, wurde sie im September 1962 – wie ihre Vorgängerparteien – verboten. Die Führung ging teils in den Untergrund, teils ins Exil nach Tanzania, das gerade unter Präsident Nyerere unabhängig geworden war. Die Rhodesian Front gewann im Dezember 1962 die Wahlen und löste die seit 1934 regierende United Federal Party ab, die im Wahlkampf unter Premierminister Edgar Whitehead für eine Lockerung der kolonialen Landteilung eingetreten war. Neuer Premierminister wurde Winston Field.

Der Wahlsieg der Rhodesian Front beschleunigte den Zerfall des Zentralafrikanischen Bundes. Da der Widerstand der in diesem Staatenbund vertretenen Afrikaner gegen die Dominanz Rhodesiens, das wegen seiner Rassenpolitik ins Kreuzfeuer der Kritik geriet, nicht zu übersehen war, hatte eine britische Kommission bereits 1960 die Auflösung der Organisation empfohlen. Nachdem der antiliberale Field 1963 die Regierung übernommen hatte, wurden Nordrhodesien und Nyasaland 1964 in die Unabhängigkeit entlassen. In diesen neuen afrikanischen Staaten Zambia und Malawi bestimmten schwarze Mehrheitsregierungen die Politik. Südrhodesien – fortan Rhodesien genannt – blieb britische Kolonie. Großbritannien verwehrte dem Land wegen der Rassendiskriminierung und des ungemein restriktiven Wahlrechts die Unabhängigkeit.

Diskussionen über die künftige Strategie des Widerstandes lösten in der ZAPU eine Führungskrise aus. Während Nkomo forderte, in erster Linie im Ausland die internationale Solidarität zu mobilisieren, plädierten andere Parteikader für den bewaffneten Befreiungskampf. Im August 1963 spaltete sich der militante Flügel von der ZAPU ab und gründete unter Ndabandingi Sithole die Zimbabwe African National Union (ZANU), deren Generalsekretär Robert Mugabe wurde. Beide Parteien vertraten marxistische Positionen, wobei sich die ZAPU eher an Moskau, die ZANU stärker an China orientierte. Doch trotz dieser Spaltung konnten die beiden Organisationen ein so hohes Maß an Einheitlichkeit entwickeln, wie es in keinem anderen afrikanischen Land gelang.

Die Regierung wollte dagegen die Unabhängigkeit unter Beibehalt der weißen Vorherrschaft erlangen. Premierminister Field, der gegen eine Konfrontation mit Großbritannien Bedenken hatte, wurde zum Rücktritt gezwungen. Das Amt des Regierungschefs übernahm im April 1964 Ian Smith, ein Großfarmer, der im Zweiten Weltkrieg als Kampfpilot der britischen Luftwaffe gedient und einen Einsatz gegen Italien überlebt hatte, bei dem seine Maschine abgeschossen wurde. Seit 1948 Abgeordneter, seit 1962 Stellvertreter Fields', war Smith nun der erste in Rhodesien geborene Regierungschef. Er trat sein Amt mit dem erklärten Ziel an: »Es wird zu meinen Lebzeiten keine schwarze Regierung in Rhodesien geben.«

Die ZANU zog daraus die Konsequenz, im Mai 1964 den bewaffneten Befreiungskampf in ihr Parteiprogramm aufzunehmen. Die ersten Guerilla-Gruppen formierten sich. Ein Abgeordneter der Rhodesian Front war der erste Weiße, der seit dem Volksaufstand von 1896/97 einem politisch motivierten Anschlag zum Opfer fiel. Daraufhin verbot die Regierung Smith im August 1964 die Parteien ZANU und ZAPU. Für deren Führer, darunter Mugabe und Nkomo, begann ein Jahrzehnt der Haft. Smith konnte die afrikanische Opposition auf diese Weise vorübergehend lähmen. Im Oktober 1964 bestellte er 622 Häuptlinge und Dorfvorsteher zu sich, um ihre Zustimmung zur Loslösung von Großbritannien und zur Errichtung eines unabhängigen Staates auf der Basis der diskriminierenden Verfassung von 1961 einzuholen. Da alle Teilnehmer von der Regierung entlohnt wurden bzw. von ihr eingesetzt worden waren, handelte es sich bei diesem Treffen, das Smith *indaba* (traditioneller Weisenrat) nannte, um eine Farce, nicht um eine repräsentative Willenskundgebung der afrikanischen Bevölkerung. Am 5. November 1964 stimmten die weißen Siedler in einem Referendum mit überwältigender Mehrheit für die Unabhängigkeit von Großbritannien.

Großbritannien versuchte, die drohende Sezession abzuwenden, indem es fünf Prinzipien zur Bedingung für die Unabhängigkeit machte: die prinzipielle Anerkennung des Anspruchs auf eine Mehrheitsregierung; das Verbot rassendiskriminierender Verfassungsänderungen; die sofortige Verbesserung der politischen Mitspracherechte der afrikanischen Bevölkerungsmehrheit; den sukzessiven Abbau der rassistischen Gesetzgebung und die Annahme einer eigenen Verfassung durch die Mehrheit der Bevölkerung.

Die Regierung Smith reklamierte für sich die welthistorische Rolle, den Vormarsch des Kommunismus in Afrika stoppen und die westliche Zivilisation retten zu müssen. Der rhodesische Hochkommissar in London, Brigadier Andrew Skeen, verglich den Widerstand gegen marxistische Strömungen in Afrika sogar mit dem historischen Kampf gegen die Expansion des Osmanischen Reiches nach Europa.

Bei den Wahlen vom 7. Mai 1965 gewann die Rhodesian Front unter Ian Smith alle 50 Parlamentssitze, die der weißen Minderheit vorbehalten waren – ein Ergebnis, das sie bis 1979 halten konnte. Ein Weißer, Dr. Ahrn Palley, gelangte als unabhängiger Kandidat der afrikanischen Liste zusammen mit 14 Schwarzen ins Parlament. Der Wahlsieg bestärkte Smith in seiner kompromißlosen Haltung gegenüber Großbritannien. Harold Wilson, der britische Premierminister, kommentierte das Scheitern der Gespräche folgendermaßen: »Ich habe hier mit Leuten zu tun, die annehmen, ihre Töchter würden am Tag nach der Machtübergabe an die schwarze Mehrheit von Horden plündernder Afrikaner vergewaltigt werden.«

Die rhodesische Unabhängigkeitserklärung von 1965

Am 11. November 1965 erklärte Rhodesien ohne Zustimmung der Kolonialmacht Großbritannien in einem völkerrechtswidrigen Akt seine Unabhängigkeit (Unilateral Declaration of Independence, UDI). Smith schloß seine Rede an die Nation mit den Worten: »Wir haben uns bisher für die Bewahrung von Gerechtigkeit, Zivilisation und Christentum eingesetzt. In Verteidigung dieser Werte haben wir heute unsere volle Souveränität erlangt. Gott segne Euch!«

Zum erstenmal seit der amerikanischen Unabhängigkeitserklärung von 1776 brach eine Kolonie des britischen Imperiums mit dem Mutterland. Die Regierung Smith betonte jedoch ihre Loyalität gegenüber der Krone, um die Wogen nicht zu hoch schlagen zu lassen, und die britische Königin blieb bis 1970 formal Staatsoberhaupt. Doch die Rebellion war perfekt.

Die UDI-Verfassung fand keine internationale Anerkennung. Mit den Mitteln des Notstandsrechts, der Zensur und der Verwahrungshaft gelang es zunächst erfolgreich, die afrikanische Opposition zu unterdrücken. Einige Weiße mißbilligten diese Politik, einige Beamte demissionierten, der protestierende Abgeordnete Palley wurde vom Parlament ausgeschlossen. Die Mitglieder der rhodesischen Bischofskonferenz verließen die Schlußsynode des Zweiten Vatikanischen Konzils und verfaßten den kritischen Hirtenbrief »A Plea für Peace« (»Appell für

Ian Smith bei der Unterzeichnung der Unabhängigkeitserklärung von 1965

Frieden«). Doch die Mehrheit der weißen Rhodesier stand geschlossen hinter ihrem Premierminister Ian Smith, der die weiße Vorherrschaft über die schwarze Mehrheit »für die nächsten tausend Jahre« zu festigen beabsichtigte.

Die Unabhängigkeitserklärung von Rhodesien rückte einen bis dahin weitgehend unbekannten Staat im südlichen Afrika ins Licht der Weltöffentlichkeit. Das Land hatte den Bruch mit der internationalen Staatengemeinschaft gewagt, um die weiße Vorherrschaft gegenüber der schwarzen Mehrheit behaupten zu können.

Weder Smith noch Wilson hatten damals die Tragweite dieser Rebellion vorausgesehen: Smith unterschrieb die Unabhängigkeitserklärung an einem Freitag, damit sich die Aufregung übers Wochenende legen könnte. Wilson war überzeugt, daß die Rebellion in einigen Monaten, wenn nicht Wochen, scheitern werde. Tatsächlich aber folgte ein 15 Jahre andauernder Krieg, der 27 000 Tote forderte und den die rhodesische Regierung in zunehmender Isolation und Verbissenheit sowie in Täuschung ihrer Wähler über den tatsächlichen Verlauf der Kämpfe führte. Erst die Geburt des afrikanischen Staates Zimbabwe im April 1980 beendete 90 Jahre weißer Herrschaft.

Die verzögerte Dekolonisierung hatte jedoch neben all dem Schrecken, Leid und der Zerstörung auch positive Seiten: Die Jahre des Widerstands förderten das politische Bewußtsein unter der schwarzen Bevölkerung und erleichterten damit die Schaffung eines geeinten, unabhängigen Staates; die Jahre internationaler Sanktionen gegen das illegale Regime förderten die Diversifizierung der Wirtschaft, die Kriegsanforderungen beschleunigten den Ausbau der Infrastruktur. Das Beispiel anderer, früher unabhängig gewordener Staaten ließ Zimbabwe eine Politik nationaler Versöhnung einschlagen, die einen Exodus der weißen Bevölkerung verhinderte.

Die Anfänge des bewaffneten Befreiungskampfes (1965–1972)

Bereits 1964 hatten die ersten Befreiungskämpfer, die 1963 zur Ausbildung nach China und Tanzania entsandt worden waren, in kleinen Gruppen die rhodesische Grenze von Norden überquert. Ein solcher Trupp von sieben Kämpfern der Zimbabwe African National Liberation Army (ZANLA), dem militärischen Arm der ZANU, wurde bei *Chinhoyi* überrascht und am 28. April 1966 nach erbittertem Kampf aufgerieben. Dieser Vorfall gilt heute als Auslöser des Zweiten *Chimurenga*, des zweiten bewaffneten Aufstandes gegen die Kolonialherrschaft. 1966 begann die ZAPU, Angehörige ihres militärischen Flügels, der Zimbabwe People's Revolutionary Army (ZIPRA), in den Nordwesten des Landes einzuschleusen, wo sie bald eine verlustreiche Niederlage erlitten.

Die ersten Befreiungskämpfer operierten isoliert, ohne systematische Zusammenarbeit mit der Bevölkerung und ohne sicheren Nachschub. Daher war es den rhodesischen Sicherheits-

19 Botanischer Garten von Ewanrigg ▷
20 Victoria Falls Craft Village: Frauen beim Körbeflechten ▷▷

21 Mount Darwin: Mattenflechter

22 Männer beim Hüttenbau in Nordost-Zimbabwe

23 Ochsengespann vor einer Maismühle

24 Frauen beim Holzholen in Cheputu

25 Shona-Kinder in einem Dorf bei Mvurwi

26 Kinder im südlichen Matabeleland

27 Shona-Familie

28 Flechtarbeiten einer Frauenkooperative bei Chimanimani ▷

CITY OF BULAWAYO
NOTICE
IN ACCORDANCE WITH THE BULAWAYO HAWKERS AND STREET VENDORS BY-LAWS 1955 AS AMENDED STREET VENDORS MAY EXERCISE THE TRADE OF SELLING NEEDLE WORK CURIOS BASKETWARE AND ART PICTURES IN THIS AREA FROM 7A.M. TO 4P.M. MONDAYS TO FRIDAYS AND 7A.M. TO 1P.M. ON SATURDAYS ONLY
THE SALE OF GOODS OTHER THAN NEEDLE WORK CURIOS BASKETWARE AND ART PICTURES IS PROHIBITED.
BY ORDER.
TOWN CLERK

30 Harare: Blumenmarkt auf dem African Unity Square

◁ 29 Bulawayo: Frauen verkaufen ihre Häkelarbeiten

31 Harare: Mbare-Markt

32 Birchenough Bridge: Busstation

34 Harare: Frauen im Regen ▷

33 Harare: Busbahnhof

35 Harare: African Unity Square

36 Harare: Am Julius Nyerere Way

37, 38 Straßenszenen in Bulawayo

39 Landschaft an der Straße von Birchenough Bridge nach Masvingo ▷

kräften anfangs ein leichtes, die sogenannten Terroristen mit Hilfe von Spitzeln zu verfolgen und auszuschalten.

An der politischen Front kam es im Dezember 1966 zwischen den Premierministern Smith und Wilson zu den ›Tiger-Talks‹, benannt nach dem Schiff, auf dem die Gespräche zwischen Großbritannien und Rhodesien vor Gibraltar stattfanden. Das Verhandlungsergebnis – eine verstärkte afrikanische Repräsentation im Parlament und mehr Rechte für die Stammesführer, aber kein festgeschriebener Zeitpunkt für den Übergang zu einer Mehrheitsregierung – wurde von der rhodesischen Regierung abgelehnt. Rhodesien verwehrte sich gegen die Auflage, in der Übergangsphase wieder britische Kolonie zu werden. Daraufhin erklärte Großbritannien, daß über die Entlassung in die Unabhängigkeit erst weiterverhandelt werde, wenn Rhodesien eine afrikanische Mehrheitsregierung akzeptiere. Diese Vorgabe wurde als NIBMAR bekannt: »no independence before majority rule« (keine Unabhängigkeit ohne Mehrheitsregierung). Ähnlich erfolglos wie die ›Tiger Talks‹ verlief eine neue britisch-rhodesische Verhandlungsrunde an Bord des Schiffes ›Fearless‹ im Oktober 1968.

Im gleichen Jahr verhängten die Vereinten Nationen umfassende Wirtschaftssanktionen gegen Rhodesien, die jedoch auf die Dauer des Befreiungskampfes keinen entscheidenden Einfluß hatten. Vielmehr erhöhten sie die Bedeutung Südafrikas für den Verlauf des Konfliktes, da Rhodesien in stärkere wirtschaftliche und militärische Abhängigkeit von seinem südlichen Nachbarn getrieben wurde.

Nach den Parlamentswahlen im März 1970, bei denen die Rhodesian Front erneut von insgesamt 65 alle 50 ›weißen‹ Sitze gewinnen konnte, wurde Rhodesien zur Republik erklärt, wodurch auch formal die Bindung an die britische Krone aufgehoben war. In Großbritannien kam Edward Heath an die Macht; die konservative Regierung nahm die Verhandlungen mit Smith wieder auf und unterbreitete, ausgehend von einer abgeschwächten Version der 1965 formulierten fünf britischen Prinzipien als Voraussetzung für eine Unabhängigkeit (s. S. 110), einen Kompromißvorschlag. Noch bevor die Regelung in Kraft trat, beauftragte Großbritannien Lord Pearce, eine Art Volksbefragung über den Verfassungsentwurf durchzuführen. Die verbotenen Parteien ZANU und ZAPU bildeten daraufhin unter Vorsitz des Methodistenbischofs Abel Muzorewa den African National Council (ANC). Dem ANC, der bewußt die gleiche Abkürzung wie der ehemalige, nunmehr verbotene African National Congress führte, gelang es, eine überwältigende Mehrheit der Afrikaner (97% der Befragten) gegen den Vorschlag zu mobilisieren. Die Pearce-Kommission mußte sich daher im Mai 1972 gegen den Verfassungsentwurf aussprechen.

Die strategische Lage der Regierung verschlechterte sich durch Erfolge der moçambiquanischen Befreiungsbewegung FRELIMO, die seit 1962 gegen die portugiesische Kolonialherrschaft kämpfte. Im Jahre 1968 gelang es ihr, in Tete südlich des Zambezi eine Front zu eröffnen und damit unmittelbar an der rhodesischen Ostgrenze zu operieren. Bald errichtete die ZANU in diesem Gebiet Stützpunkte für Angriffe auf Rhodesien. Zudem übernahm die ZANU von der FRELIMO die erfolgreiche Strategie des Volkskrieges nach chinesischem Vorbild, in dem Militäraktionen nur nach gelungener Mobilisierung der lokalen Bevölkerung und mit deren Unterstützung durchgeführt wurden.

Die Kooperation zwischen ZANLA- und FRELIMO-Truppen in Moçambique war 1971 so weit gediehen, daß im Dezember die ersten Gruppen in den Nordosten Rhodesiens eindringen konnten und sichere Nachschubbasen in Moçambique besaßen. Zunächst beschränkten sie sich darauf, die Bevölkerung auf den Befreiungskampf vorzubereiten. In nächtlichen Festen, den *pungwe,* bestärkten die Kämpfer und die Landbevölkerung ihr Bekenntnis zum Befreiungskampf (s. S. 185 f.). Wesentlicher Bestandteil der neuen Strategie war die Schaffung eines dichten Netzes von *mujibas* – ein südafrikanischer Ausdruck für arbeitslose, ›streunende‹ Heranwachsende. Da sie als Jugendliche weniger verdächtig waren, wurden die *mujibas,* die eine unverfängliche Geheimsprache und Warnsignale entwickelten, als Informanten, Wachtposten und Botenträger eingesetzt. Bis 1980 wuchs ihre Zahl auf über 50 000 an. Entscheidenden Anteil am Aufbau der Logistik hatten auch die afrikanischen Frauen, die nicht nur die tägliche Arbeit ihrer kämpfenden Männer und Söhne übernahmen, sondern daneben für Verpflegung, Nachschub, Unterricht in den Lagern und für Erste Hilfe sorgten.

Eskalation des bewaffneten Kampfes (1972–1980)

Am 21. Dezember 1972 griffen Befreiungskämpfer die Farm Altena in der Gegend von Centenary, 150 km nördlich von Harare und etwa 65 km südlich der Grenze von Moçambique, an. Die dort lebende Familie eines großen Tabakfarmers kam mit dem Schrecken davon. Nach diesem Überfall verschärfte sich jedoch der Befreiungskampf, dessen Angriffsziel der Lebensraum der Weißen war. Eine Rundfunkansprache von Ian Smith wenige Wochen später verdeutlichte die profunde Unkenntnis über die Situation in den kommunalen Landgebieten: Er gab zu, daß es den ›Terroristen‹ gelungen sei, in den vergangenen Monaten unbemerkt den Nordosten des Landes zu infiltrieren. Die Unterstützung der Bevölkerung erklärte er einerseits mit Einschüchterung, andererseits mit dem Einfluß einiger Zauberer auf die Menschen. Er fuhr in seiner Rede mit dem Hinweis fort, »wie einfach diese einfältigen, leichtgläubigen Leute manipuliert werden können, die noch immer an Hexerei und Knochenwurf glauben.«

Smith, der von sich gern behauptete, er kenne ›seine Bantu‹, irrte in zwei entscheidenden Punkten: Zum einen übersah er, daß es bei zunehmender Diskriminierung und Verschlechterung der Lebensverhältnisse in den ländlichen Gebieten keiner besonderen Überredungskraft bedurfte, um die Bevölkerung gegen die Regierung aufzubringen. Zum anderen beurteilte er die Rolle der ›Zauberer‹ völlig falsch, da den hochangesehenen spirituellen Medien *(mhondoro)* in der Bantu-Gesellschaft eine zentrale Rolle der Inspiration und Ratgebung zufällt (s. S. 63). Mbuya Nehanda war 1898 als Anstifterin des Ersten *Chimurenga* gehängt worden. Im Zweiten *Chimurenga* verkörperte eine damals über 80jährige Frau dieses Medium. Die Befreiungskämpfer hatten sie in ihr Basislager in Moçambique gebracht, ihre Anwesenheit legitimierte das Vorgehen der Männer und erleichterte die Rekrutierung weiterer Truppen.

In einer Fehleinschätzung der Lage sperrte Smith 1973 die Grenze zu Zambia, obwohl die militärische Bedrohung damals fast ausschließlich von Moçambique ausging. Als er auf Druck der Südafrikaner die Sperrung aufheben wollte, hielt Zambia bis 1978 daran fest.

Schwarze werden in Schutzdörfern zusammengepfercht – angeblich zum Schutz vor den Befreiungskämpfern

Im Jahre 1973, als die rhodesische Konjunktur deutlich abflaute, wurde das Verteidigungsbudget verdoppelt und fortan jährlich angehoben. Im selben Jahr formierte sich die berühmt-berüchtigte Eliteeinheit der Selous Scouts, die bei Kriegsende etwa 1800 Mann zählte. Die Selous Scouts waren nach Frederick Courtney Selous benannt, der 1890 die ›Pionierkolonne‹ begleitet hatte (s. S. 101). Mit allen erdenklichen Mitteln, inklusive Folter, Terror gegenüber der Zivilbevölkerung, Korruption und Attentaten, kundschaftete der versteckt operierende militärische Verband ›Widerstandsnester‹ aus, um diese entweder selbst oder mit Hilfe regulärer Einheiten zu ›eliminieren‹. Gutdotierte Afrikaner bauten ein Spitzelwesen auf. Für jeden getöteten Befreiungskämpfer gab es ein hohes Kopfgeld. Um die Befreiungskämpfer zu diskreditieren, schreckten die Scouts nicht einmal davor zurück, in deren Uniformen verkleidet, Massaker in Schulen und Missionsstationen auszuführen. So mancher der heutigen Safari-Führer ›verdankt‹ seine profunde Buschkenntnis dem Einsatz als Selous Scout.

Rhodesien gab 1974 endgültig die Hoffnung auf, mit Hilfe loyaler Stammesführer den Rückhalt der Befreiungskämpfer in der Bevölkerung brechen zu können. Die Aktionen der Regierung wurden daher immer aggressiver und willkürlicher, wenn nur der leiseste Verdacht auf Unterstützung des Befreiungskampfes bestand. Kollektive Bestrafung, Verbrennung der Ernten und öffentliche Exekutionen von vermeintlichen Mittelsmännern waren an der Tagesordnung. Durch die Umsiedlung der Bevölkerung in sogenannte *protected villages* (Schutzdörfer) versuchte man, den Befreiungskämpfern die Existenzgrundlage zu entziehen. Offiziell galt diese Maßnahme dem Schutz der Bevölkerung vor Angriffen, tatsächlich sollte sie jedoch die Kommunikation und Verpflegung der Guerilla unterbinden. Bis 1977 wurden etwa 580 000 Afrikaner in 200 solcher Schutzdörfer zwangsumgesiedelt, wo sie unter dürftigen hygienischen Bedingungen zusammengepfercht wohnten. Obwohl bis zu 7000 Mann diese Dörfer bewachten, hatten die Einrichtungen einen eher unerwünschten Effekt: Sie brachten eine friedfertige Bevölkerung noch mehr gegen das repressive Regime auf und nahmen sie mehr als zuvor für den Befreiungskampf ein. Auch ein etwa 400 km langer eingezäunter Minengürtel entlang der Grenze zu Moçambique, der den Nachschub stoppen sollte, erwies sich als teurer Fehlschlag – vor allem das Wild fiel dem Minenstreifen zum Opfer.

Da die Rhodesian Front bei den Wahlen im Juli 1974 erneut alle ›weißen‹ Sitze erlangte, konnte sie ihre unangefochtene innenpolitische Position im weißen Lager bestätigen. Rhodesiens außenpolitische Stellung hingegen verschlechterte sich durch den Sturz des Diktators Caetano in Portugal, der nach fast 500 Jahren portugiesischer Kolonialherrschaft am 25. Juni 1975 zur Unabhängigkeit von Moçambique führte. Mit der Kolonialmacht Portugal hatte Rhodesien einen wertvollen Verbündeten verloren. Die FRELIMO übernahm unter Führung von Präsident Samora Machel die Regierung, wodurch die Befreiungskämpfer entlang der gesamten, über 1000 km langen Grenze von Moçambique angreifen konnten. Zur gleichen Zeit änderte Südafrika, das zunehmend an einer Zusammenarbeit mit den afrikanischen Nachbarn interessiert war, seine Haltung. Hier wollte man die Entstehung radikaler Gruppen und Kultfiguren, die nicht zuletzt aufgrund der kompromißlosen rhodesischen Haltung eine große Popularität erreichten, vermeiden. Smith wurde daher immer weniger als Stütze denn als Hindernis für das geopolitische Kalkül der Südafrikaner betrachtet.

Auf Vermittlung Zambias und unter dem Vorsitz des ANC-Repräsentanten Muzorewa verabschiedeten die Widerstandsparteien ZANU und ZAPU sowie die nur kurzfristig bedeutende Splittergruppe FROLIZI (Front for the Liberation of Zimbabwe) am 8. Dezember 1974 in Lusaka eine gemeinsame Erklärung, um ihre Position für Verhandlungen zu stärken. Da nun auch Südafrika an Gesprächen zwischen den Konfliktparteien interessiert war, intervenierte es erfolgreich für die Freilassung der inhaftierten Parteiführer, darunter Nkomo und Mugabe.

Der Freilassung der ZANU-Führer folgten turbulente Zeiten für die Partei. 1974 wurde Sithole, der nach seiner Verhaftung und Verurteilung im Jahr 1969 dem bewaffneten Kampf abgeschworen und damit seine ›revolutionäre Glaubwürdigkeit‹ verloren hatte, gegen seinen Willen als Präsident der ZANU abgelöst. Von 1972 bis 1974 war die Zahl der Befreiungskämpfer von 300 auf über 5000 angewachsen, womit der enge Kontakt zu den Kommandierenden abriß. Ende 1974 rebellierten die Basistruppen, die ihrer Führung vorhielten, sich mehr in den Hauptstädten mit Politik als im Busch mit dem Befreiungskampf zu beschäftigen. Die Rebellion wurde nur mit Mühe unterdrückt. Im März 1975 fiel der Vorsitzende der ZANU, Herbert Chitepo, in Lusaka einem Bombenattentat zum Opfer, für welches die ZANU die Rhodesian Front verantwortlich machte. Zambia hingegen verdächtigte einige ZANU- und ZANLA-

ZANLA-Befreiungskämpfer im Busch, 1978

Führer, die etwa ein Jahr lang inhaftiert wurden. Der Befreiungskampf, durch diese Verhaftungen gebremst, gewann erst wieder an Momentum, nachdem Robert Mugabe 1976 den Vorsitz übernommen hatte.

Im Anschluß an die Lusaka-Erklärung kam es auf Vermittlung Südafrikas und Zambias im August 1975 zu Gesprächen der Konfliktparteien bei Victoria Falls, die jedoch abgebrochen wurden, da man sich nicht auf eine parlamentarische Mehrheit der Schwarzen einigen konnte. Nach dem Scheitern dieser Konferenz brach die fragile Allianz der schwarzen Oppositionsparteien unter dem ANC endgültig auseinander.

Der Befreiungskrieg nahm an Heftigkeit zu, ebenso die grausame Kriegsführung der Truppen aller Parteien. Der Verkehr zwischen Rhodesiens Städten war nur noch im Konvoi sicher. Nach rhodesischen Angriffen auf Ausbildungs- und Flüchtlingslager verschärfte sich der Grenzkrieg mit Moçambique. Zur Bekämpfung der Befreiungstruppen in Moçambique schuf Rhodesien eine Einheit, die 1980 etwa 500 aktive Kämpfer umfaßte. Im März 1976 erklärte Moçambique Rhodesien den Krieg und sperrte seine Grenzen, wodurch Rhodesien vollends von Südafrika abhängig wurde.

Für Rhodesien verschlechterte sich die geopolitische Lage 1976 noch weiter, nachdem in Angola eine marxistisch orientierte Partei die Regierung übernommen hatte. Der blutig niedergeschlagene Schüleraufstand in Soweto bei Johannesburg setzte Südafrika verstärkt internationalem Druck aus. So lag es im gemeinsamen Interesse der USA und Südafrikas, den rhodesischen Konflikt nicht weiter eskalieren zu lassen. US-Außenminister Kissinger und Präsident Vorster von Südafrika stellten Smith ein Ultimatum: Durch ein Bekenntnis zu einer schwarzen Mehrheitsregierung müsse er den Weg für eine friedliche Lösung ebnen. In seiner ›Surrender Speech‹ (24. September 1976) kündigte Smith eine Mehrheitsregierung innerhalb von zwei Jahren an, behielt sich allerdings für diese Zeit die Kontrolle des Sicherheitsapparats vor. Das wiederum war für die Befreiungskämpfer unannehmbar. Im Dezember 1976 wurde auf einer weiteren Konferenz, diesmal in Genf, unter britischem Vorsitz ein Kompromiß gesucht. Die beiden Parteien ZANU und ZAPU bildeten für diese Gespräche eine eigene politische Plattform, die Patriotic Front (PF). Unnachgiebigkeit von Smith, Uneinigkeit zwischen der PF und dem ANC von Muzorewa, aber auch das absehbare Ende der Amtszeit von Kissinger nach der Wahlniederlage Fords gegen Carter im amerikanischen Präsidentenwahlkampf brachten auch diese Konferenz zum Scheitern.

Das halbherzige politische Bündnis der schwarzen Opposition zerfiel, als sich die verschiedenen Fraktionen auf ein großes Finale einstellten. Mugabes Führungsposition wurde durch seine Aufwertung vom Vorsitzenden zum Präsidenten der ZANU und zum Oberkommandierenden der Truppen (ZANLA) gefestigt. Auch Nkomo, Vorsitzender der ZAPU, erkannte, daß militärische Erfolge seine Position stärken würden, und intensivierte den Kampf seiner ZIPRA-Truppen. ZANLA und ZIPRA operierten isoliert, wenn auch einander ergänzend, in verschiedenen Landesteilen wie im Wettlauf gegen die Regierungstruppen. Bischof Muzorewa hingegen, der als Vorsitzender des ANC keine Truppen kommandierte, versuchte in Verhandlungen mit Smith zum Zuge zu kommen. Seine Partei benannte er in United African National Council (UANC) um.

Die internationalen Bemühungen um eine Konfliktlösung gingen in anglo-amerikanischen Initiativen 1977/78 erfolglos weiter. Bei Wahlen im August 1977 gewann die Rhodesian Front wiederum alle ›weißen‹ Sitze, die sie vor allem gegen die neu gegründete ultra-rechte Rhodesian Action Party hatte verteidigen müssen. Dieser Wahlsieg bestärkte Smith, mit Muzorewas UANC nach einer politischen Lösung ohne Beteiligung der PF zu suchen. Der Premier bezog in die Verhandlungen auch die Zimbabwe United People's Organization (ZUPO) ein, die Chief Jeremiah Chirau Anfang 1977 als Forum verhandlungswilliger Stammeshäuptlinge gegründet hatte. Im März 1978 einigten sich Smith, Muzorewa, Chirau und Sithole, der ehemalige Vorsitzende der ZANU, auf die Bildung einer Mehrheitsregierung.

Diese interne Lösung sah ein Parlament mit 72 schwarzen Abgeordneten und 28 Sitzen für die Weißen vor, die sich damit eine Sperrminorität gegen Verfassungsänderungen vorbehielten. Die Unterzeichner des Abkommens übernahmen als Exekutivrat die provisorische Regierung. Nachdem die Weißen in einem Referendum zugestimmt hatten, fanden im April 1979 allgemeine Wahlen statt, allerdings unter Boykott von ZANU und ZAPU, deren Truppen bereits drei Viertel des Landes besetzt hatten. Bei nur geringer Wahlbeteiligung gingen der UANC als Sieger der schwarzen und die RF als Sieger der weißen Liste hervor. Bischof Muzorewa wurde Premierminister, Smith Minister ohne Geschäftsbereich. Rhodesien hieß nun Zimbabwe-

Rhodesien. Da die Patriotic Front der ZANU und ZAPU die ›Marionettenregierung‹ ablehnte, blieb der neuen Regierung die internationale Anerkennung verwehrt – die interne Lösung erwies sich als eine Totgeburt.

Dieser Mißerfolg für die Regierung von Muzorewa und Smith sowie die Gefahr eines totalen Bürgerkriegs ebneten im August 1979 den Weg für eine Verfassungskonferenz. Unter Vorsitz des britischen Außenministers Lord Carrington trafen sich die Regierung und die Patriotic Front am Verhandlungstisch.

Nach mehrtägigen heftigen Debatten im Londoner Lancaster House und durch massiven Druck von Großbritannien, Südafrika und Moçambique kam es zur Einigung: Die Regierung Zimbabwe-Rhodesiens, vertreten durch Muzorewa und Smith, und die Patriotic Front, vertreten durch Nkomo und Mugabe, stimmten der Lancaster House-Verfassung zu, deren Annahme am 31. Dezember 1979 ein Waffenstillstand folgte. Die Verfassung garantierte den Weißen durch getrennte Wahllisten sieben Jahre lang 20 von 100 Parlamentssitzen, womit sie über eine Sperrminorität bei Verfassungsänderungen verfügten. Ein Grundrechtekatalog verankerte für mindestens zehn Jahre den Schutz vor Nationalisierung und Enteignung des Bodens.

In der Übergangsphase von drei Monaten wurde Rhodesien unter Gouverneur Lord Arthur Soames wieder britische Kolonie. Der Commonwealth entsandte ein starkes Beobachter- und

Nkomo (Mitte) und Mugabe (rechts) unterzeichnen als Vertreter der Patriotic Front die Verfassung von Lancaster House

Polizeikontingent. Die 17000 bewaffneten Befreiungskämpfer, die sich zu jener Zeit innerhalb des Landes befanden – weitere 20000 waren im Ausland stationiert, noch einmal 16000 wurden ausgebildet –, legten in beachtlicher Disziplin ihre Waffen nieder. In einem getrennten Wahlgang gewann die Rhodesian Front alle 20 weißen Sitze. Zu den vom 27. bis 29. Februar 1980 abgehaltenen Parlamentswahlen für die 80 frei vergebenen Sitze traten neun Parteien an. Bei einer Beteiligung von 93% brachten die Wahlen einen überwältigenden und unerwartet hohen Sieg – 57 Sitze – für die ZANU(PF) unter Robert Mugabe; die ZAPU(PF) unter Joshua Nkomo erlangte 20 Sitze. Großer Verlierer war Bischof Muzorewa: Seine Partei UANC erhielt trotz massiver internationaler und rhodesischer Wahlhilfe nur drei Sitze. Die anderen Parteien gingen leer aus.

Das unabhängige Zimbabwe

Am 18. April 1980, dem Unabhängigkeitstag, wurde in Anwesenheit von Prinz Charles die Republik Zimbabwe ausgerufen, Robert Mugabe übernahm das Amt des Premierministers. Das Parlament wählte den Theologen und ehemaligen Vizepräsidenten des ANC, Canaan Banana, zum Staatsoberhaupt. Smith durfte von der Oppositionsbank die schwarze Mehrheitsregierung kritisieren, über die er bei seinem Amtsantritt als Regierungschef noch gesagt hatte, daß sie zu seinen Lebzeiten nicht zustande kommen werde.

Über 30 Jahre lang war Joshua Nkomo, ein Ndebele, als Vorsitzender der ZAPU sowie ihrer Vorläufer die führende Persönlichkeit im Freiheitskampf der Afrikaner gewesen. Hingegen hatte Robert Mugabe, ein Shona, erst in der Endphase mit dem Vorsitz der ZANU eine entscheidende Rolle erhalten. Seine Partei konnte jedoch auf den größeren militärischen Beitrag im Unabhängigkeitskampf verweisen. Daraus haben sowohl Nkomo wie Mugabe im Wahlkampf einen Führungsanspruch in Zimbabwe angemeldet. Die Wähler entschieden 1980 den Machtkampf eindeutig zugunsten von Robert Mugabe und der ZANU(PF), wobei ethnische Loyalitäten eine größere Rolle als erwartet spielten.

Robert Mugabe, von den rhodesischen Medien noch als ›marxistisches Monster‹ dargestellt, zeigte sich als moderater Staatsmann und nahm in sein Regierungsteam Mitglieder der ZAPU, darunter Joshua Nkomo als Innenminister, und zwei Weiße auf. In seiner Antrittsrede sprach er, zur großen Überraschung und Erleichterung der weißen Bevölkerung, von einer Politik nationaler Versöhnung *(national reconciliation)* und von der Notwendigkeit, unter die Fehden der Vergangenheit einen Schlußstrich zu ziehen.

Der junge Staat stand vor einer Fülle schwieriger Aufgaben, weshalb auch der Ausnahmezustand, den die Smith-Regierung 1965 verhängt hatte, nicht aufgehoben wurde. Eine erste große Herausforderung stellte die Wiedereingliederung von 150000 ins Ausland geflüchteten und 600000 im Inland vertriebenen Menschen dar. Ein weiteres heikles Problem bestand in der Zusammenlegung der drei jeweils 20000 Mann starken Armeen des Befreiungskampfes – der rhodesischen Armee, der ZANLA-Truppen der ZANU sowie der ZIPRA-Truppen der

Die ersten allgemeinen Wahlen im Februar 1980

ZAPU – zu einem Heer. Weniger prekär, aber kostspielig waren der nach fast 15 Kriegsjahren notwendige Wiederaufbau des Landes sowie die Umsetzung einer neuen Verteilungspolitik. Die Regierung betrachtete es als zweckmäßig, die Dominanz des ›weißen‹ Wirtschaftssektors vorübergehend in Kauf zu nehmen. Mit der Finanzierung des ersten provisorischen Entwicklungsplans, insbesondere für Umsiedlung und ländliche Entwicklung, beschäftigte sich im März 1981 eine Konferenz, die Zimbabwe Conference on Reconstruction and Development (ZIMCORD).

Die Politik der Versöhnung konnte weder das Mißtrauen der ZAPU-Mitglieder noch vieler Weißer gegen die dominante Rolle der ZANU ausräumen. 1982 kam es zum Bruch zwischen Mugabe und Nkomo, nachdem die Regierung auf ZAPU-Mitgliedern gehörenden Farmen im Matabeleland Waffenlager gefunden hatte und Nkomo der Vorbereitung eines Putsches verdächtigt wurde. Die Regierungsbeteiligung der ZAPU blieb zwar formal aufrechterhalten, doch wurden Nkomo und vier Minister aus der Regierung entlassen. Im März 1983 ging Nkomo für ein Jahr nach London ins Exil. Die Regierung entsandte eine von Nordkoreanern ausgebildete und von Shona dominierte Brigade in das Matabeleland, um die bewaffneten ZAPU-Sympathisanten zu bekämpfen. Durch das brutale Vorgehen der Brigade, das allein unter der Zivilbevölkerung mindestens 500 Opfer forderte, drohte der Konflikt zwischen Shona und Ndebele zu eskalieren. Einige hundert ehemalige Befreiungskämpfer griffen erneut zu den Waffen und überfielen weiße Farmer, Staatseinrichtungen und Touristen. Dies führte nicht nur zur allgemeinen Einschüchterung und Verunsicherung der Bevölkerung, sondern auch zum Abbruch vieler Entwicklungsprojekte. Obwohl die Brigade nach massiven Protesten der Kirche und des Auslandes abgezogen wurde, schwelte der Konflikt latent weiter. Eine Lösung in Form der Vereinigung beider Parteien war vorläufig gescheitert.

Das Ergebnis der Wahlen von 1985 spiegelte deutlich die Frontenstellung wider. Mugabe erhielt landesweit zwar 76% der Stimmen und 64 Sitze, verlor aber im Matabeleland alle 15 Parlamentssitze an die ZAPU. Da die Koalitionsverhandlungen nach den Wahlen erfolglos verliefen, setzten die Dissidenten ihre Aktionen im Matabeleland fort.

Die Verfassungsänderung von 1987 schaffte die Vorrechte der Weißen im Parlament ab und führte das Amt des Exekutivpräsidenten ein, das dem afrikanischen Verhältnis zur Macht – ein Sprichwort lautet: »Jede Weide verträgt nur einen Bullen« – eher entgegenkam als das Westminster-Parlamentssystem. Ian Smith wurde aus dem Parlament ausgeschlossen, nachdem er im Ausland eine Serie öffentlicher Attacken gegen die junge Nation und ihre Regierung verlautbart hatte.

Die ZAPU wurde von der Regierung unter Druck gesetzt und Anfang 1987 de facto verboten: In Ausschöpfung des durch den Ausnahmezustand gegebenen rechtlichen Spielraumes nahm man zahlreiche Funktionäre in Haft und schloß Parteilokale, so daß die Organisation unter allgemeiner Auszehrung litt, als Mugabe und Nkomo im Dezember 1987 einen Fusionspakt unterzeichneten. Er sah die Integration der ZAPU in die ZANU innerhalb von zwei Jahren vor und schuf die Voraussetzungen für eine umfassende Amnestie. So gelang es, die Ausweitung des Konfliktes zu bürgerkriegsähnlichen Zuständen zu verhindern.

Am 1. Januar 1988 wurde Mugabe zum ersten Exekutivpräsidenten gewählt. Zugleich Erster Sekretär und Vorsitzender der Partei sowie oberster Armeechef, vereinte er eine nicht unproblematische Machtfülle in seiner Person. Die Vereinigung von ZANU und ZAPU befriedete das Land. Aber die langsame Verkrustung der politischen Kultur und Korruptionsskandale lösten Studentenunruhen aus. Aufgrund der belastenden Ergebnisse einer Untersuchungskommission wurden 1989 fünf Minister entlassen, einer von ihnen beging Selbstmord.

Die Einigkeit erlitt im Mai 1989 einen Einbruch, als man den Parlamentsabgeordneten Edgar Tekere wegen fortgesetzter ›unangemessener‹ Kritik an der Partei entließ. Tekere, ein ehemaliger Kampfgefährte von Mugabe und in den ersten Jahren nach der Unabhängigkeit Generalsekretär der ZANU, gründete 1989 die Oppositionspartei Zimbabwe Unity Movement, die eine Beschleunigung der Landverteilung, eine marktgerechtere Wirtschaft und ein Ende der Korruption forderte.

Der erste Nationalkongreß der vereinten ZANU trat im Dezember 1989 zusammen. Das Programm der alten ZANU wurde weitgehend übernommen, insbesondere das Bekenntnis zum Sozialismus auf der Grundlage marxistisch-leninistischer Prinzipien und die verfassungsrechtliche Verankerung des Einparteienstaates. Die wirtschaftspolitische Umsetzung dieser Ziele beschränkte sich bisher faktisch auf Sozialreformen, und 1991 setzte die Regierung ein

Mugabe und Nkomo nach der Fusion von ZANU und ZAPU

marktwirtschaftlich orientiertes Strukturanpassungsprogramm in Gang, das eine weitere Abkehr von der sozialistischen Grundhaltung der ZANU impliziert. Die Forderung, einen Einparteienstaat einzuführen, hat innerhalb der Regierung und der städtischen Bevölkerung mehr Gegner als Befürworter.

Erstmalig in der Geschichte des Landes gab es bei den Parlaments- und Präsidentenwahlen im März 1990 ein einheitliches, nicht nach rassistischen Gesichtspunkten getrenntes Wahlregister. Die Beteiligung war mit 54% gering und spiegelt eine gewisse Politikverdrossenheit wider. Die Präsidentenwahl gewann Mugabe gegen Tekere mit 83% zu 17%, und die ZANU errang 117 von 120 Sitzen im erweiterten Einkammerparlament. Die Opposition erreichte mit 20% der Stimmen einen beachtlichen Erfolg, der sich wegen des Mehrheitswahlrechts in den Wahlkreisen nicht in Mandaten niederschlug. Die nächsten Parlamentswahlen sind für 1995, die nächsten Präsidentenwahlen für 1996 vorgesehen.

Die politische Stabilität im Lande und die Entspannung der Situation in Südafrika haben die Regierung im Juli 1990 veranlaßt, den Ausnahmezustand aufzuheben. Die Gastgeberrolle bei der Commonwealth-Gipfelkonferenz im Oktober 1991 bedeutete für das Land eine internationale politische Aufwertung.

Die Geschichte Zimbabwes im Überblick

ab 30 000 v. Chr.	Verbreitung der Jäger- und Sammlergesellschaft
10 000 v. Chr.	Erste Felsmalereien
ab 200 v. Chr.	Die aus dem Norden eindringenden Bantu führen die Eisenverarbeitung und die Landwirtschaft ein.
um 1 000 n. Chr.	Die auf dem Hochplateau lebenden Ackerbauern und Viehzüchter gelten als Vorfahren der heutigen Shona. Unter mehreren Dynastien erreicht ihre Kultur einen hohen Stand.
1220–1450	Hochblüte des Reiches von Great Zimbabwe
seit 1505	Handelskontakte mit Portugiesen
1420–1700	Ausbreitung des Mutapa-Reiches im Nordosten
1500–1680	Die Torwa-Dynastie im Südwesten löst die Vorherrschaft von Great Zimbabwe ab.
1680–1850	Die Changamire-Dynastie der Rozvi folgt den Torwa.
1840	Die Ndebele dringen unter Mzilikazi aus dem Süden ein.
1859	Gründung der ersten Mission (Londoner Missionsgesellschaft)
1870	Lobengula übernimmt die Thronfolge von Mzilikazi.
1888	Ein Vertrag der Ndebele mit den Engländern (Rudd Concession) hat die Landbesitznahme der Weißen zur Folge.
1889	Cecil Rhodes gründet die British South Africa Company (BSAC), der Großbritannien die Hoheitsverwaltung überträgt (Royal Charter).
1890	Die Pionierkolonne (Siedlertreck) zieht aus Südafrika in das Gebiet der Shona.
1893	Aufstand der Ndebele
1894	Tod Lobengulas
1895	Das Gebiet des heutigen Zimbabwe und Zambias erhält den Namen Rhodesien.
1896/97	Erster Befreiungskampf der Shona und Ndebele gegen die weißen Besatzer
1922	Die Siedler entscheiden sich gegen den Anschluß Rhodesiens an Südafrika und für den Fortbestand als britische Kolonie.
1923	Südrhodesien wird britische Kolonie mit Selbstverwaltung.
1930	Die Landteilung in den Weißen vorbehaltene Gebiete und den Afrikanern zugewiesene Lebensräume wird gesetzlich verankert (Land Apportionment Act).
1934	Der afrikanische Nationalismus lebt mit der Gründung des Bantu Congress auf.
1951	Weitere Einschränkung der Landrechte der Afrikaner (Native Land Husbandry Act)
1953	Gründung des Zentralafrikanischen Bundes zwischen Südrhodesien (Zimbabwe), Nordrhodesien (Zambia) und Nyasaland (Malawi)

1957	Der African National Congress (ANC) unter Joshua Nkomo entsteht als erste landesweite Organisation der schwarzen Opposition.
1959	Verbot des ANC
1960	Gründung der National Democratic Party (NDP)
1961	Verbot der NDP und Gründung der Zimbabwe African People's Union (ZAPU) unter Leitung von Joshua Nkomo
1962	Wahlsieg der Partei Rhodesian Front (RF), die für die Beibehaltung der Rassentrennung eintritt. Verbot der ZAPU
1963	Abspaltung der Zimbabwe African National Union (ZANU) von der ZAPU. Auflösung des Zentralafrikanischen Bundes.
1964	Ian Smith (Rhodesian Front) wird Premierminister. Die weiße Bevölkerung stimmt für die Loslösung von Großbritannien. Zambia und Malawi werden unabhängig, Südrhodesien wird in Rhodesien umbenannt.
1965	Am 11. November erklärt Rhodesien einseitig seine Unabhängigkeit von der Kolonialmacht Großbritannien, ein Akt, den die internationale Staatengemeinschaft verurteilt.
1966	28. April: Beginn des Zweiten *Chimurenga* (Befreiungskrieg)
1968	Die Vereinten Nationen verhängen umfassende Wirtschaftssanktionen gegen Rhodesien.
1969	Aufbau von Stützpunkten der Befreiungskämpfer in Moçambique und Strategiewechsel zum Volkskrieg
1971	Smith akzeptiert den Konfliktlösungsvorschlag der Briten, gegen den der neu gebildete African National Council (ANC) unter Bischof Muzorewa die Mehrheit der Bevölkerung mobilisieren kann.
1972	Intensivierung des Befreiungskampfes
1975	Unabhängigkeit von Moçambique nach dem Sturz der Diktatur in Portugal. Führungskrise innerhalb der ZANU und Ermordung ihres Vorsitzenden Herbert Chitepo, dessen Position Robert Mugabe übernimmt.
1976	Smith erklärt seine Bereitschaft, eine schwarze Mehrheitsregierung zu akzeptieren. ZANU und ZAPU gründen die Patriotic Front (PF) als gemeinsame Plattform für Verhandlungen. Scheitern der Genfer Konferenz
1978	Smith und Muzorewa bilden gemeinsam eine Interimsregierung.
1979	Nach den von der PF boykottierten Wahlen wird Muzorewa Premierminister. Die Regierung findet keine internationale Anerkennung. Konferenz aller Parteien in London (Lancaster House, September bis Dezember). Einigung auf eine neue Verfassung und Wahlen. Ab dem 31. Dezember herrscht ein Waffenstillstand.
1980	Die ZANU (PF) unter Robert Mugabe gewinnt im Februar mit großer Mehrheit die Wahlen. 18. April: Rhodesien erhält unter dem Namen Zimbabwe seine international anerkannte Unabhängigkeit.
1991	Gipfelkonferenz der Commonwealth-Länder in Harare

Kunst und Kultur in Zimbabwe

Felsmalereien

Zu den beeindruckendsten Zeugnissen der Kunst und Kultur der Afrikaner gehören die zahlreichen Felsmalereien. Über ihre Entstehung und Bedeutung können nur Vermutungen angestellt werden. Bestimmungen des Alters, etwa durch die Radiokarbonmethode, haben bis heute keine verläßlichen Ergebnisse erbracht, da die Farben zumeist aus mineralischen Substanzen gemischt sind. Die bisher umfangreichste Forschung betrieb Peter Garlake, ein angesehener Archäologe aus Zimbabwe.

Das Alter der Malereien wird auf 1000 bis über 10 000 Jahre geschätzt. Ergebnisse der Radiokarbonmessung datieren verschiedene Felszeichnungen in die Zeit zwischen 8500 und 2000 vor unserer Zeitrechnung. Viele sind sehr gut erhalten, einige wurden jedoch durch Graffiti aus der Neuzeit beschädigt.

Vor Garlake hatten andere Wissenschaftler versucht, das Alter der Felszeichnungen anhand der unterschiedlichen Malstile zu bestimmen, die man sechs Perioden zuordnete. Diesen Ansatz vertritt auch Cooke, dessen Buch ›A Guide to the Rock Art of Rhodesia‹ 1974 im damaligen Salisbury erschien. Die Forscher gingen von der These einer kontinuierlichen Weiterentwicklung der Darstellungstechniken aus, die von frühen schemenhaften Abbildungen bis zu jüngeren realistischen und Bewegung ausdrückenden Bildern reiche, die mehrfarbig gestaltet sind. Die entsprechende Periodisierung konnte jedoch durch Radiokarbonmessungen nicht bestätigt werden, ein Beweis dafür, daß die individuellen Fähigkeiten der Künstler, die kulturellen, religiösen und erzieherischen Zusammenhänge und regionale Unterschiede nicht berücksichtigt worden waren.

Die Zeichnungen wurden meistens so hoch an die Felswände angebracht, daß sie vom Boden, der damals um einiges tiefer lag als heute, nicht erreicht werden konnten. Vermutlich nutzten die Künstler Baumstämme als Leitern, um ihre Kunstwerke plazieren zu können.

Die Farben – Ocker- oder Erdtöne und Schattierungen in Gelb, Rot, Braun und Schwarz – wurden aus Eisenoxyden oder Mineralien wie Haematit und Limonit gewonnen. Puderquarz, Silizium oder Kaolin, ein Bestandteil der Tonerde, dienten als Grundstoff zur Herstellung von Weiß, das für Umrandungen oder Darstellungen von Details, etwa von Ornamenten und Körperschmuck oder den Fellzeichnungen von Giraffen und Zebras, benutzt wurde. Die Künstler zerkleinerten die farbhaltigen Substanzen und zermahlten sie zu einem feinen Pulver, dem sie ein Bindemittel beimischten. Wahrscheinlich wurde dazu Tierfett verwendet, das keine Farbveränderung verursachte und gut auf dem Felsen haftete. Dünne Linien zogen die Künstler

Felszeichnungen auf der Elladale Farm, nahe Harare

mit feinen Haarpinseln, für das Auftragen von Farben auf größeren Flächen benutzten sie die Finger, in einigen Fällen auch einen Spachtel aus Knochen oder Holz. Nicht immer sind die Flächen vollständig ausgemalt, größere Tiere wie Elefanten oder Nashörner erscheinen oft nur als Umrißzeichnungen.

Bei allen Motiven spielt der Umriß eine entscheidende Rolle: Anhand der Silhouette läßt sich der abgebildete Gegenstand erkennen. Die detailgetreue, lebendige Wiedergabe von Tieren zeugt von genauer Naturbeobachtung. Typisch für die figürlichen Darstellungen ist der Wechsel der Perspektiven: Während Kopf und Körper von Tieren als Seitenansicht erscheinen, sind die Hörner en face angesetzt; bei Menschen sind Kopf und Torso oft von vorne gesehen dargestellt, Beine und Füße jedoch von der Seite betrachtet, sozusagen in ›ägyptischer‹ Perspektive. Auch Geschlechtsteile sind meist aus der Seitenperspektive gemalt, wobei weibliche Brüste häufig übereinander liegen und das männliche Glied erigiert ist.

Einige Darstellungen wurden später übermalt oder durch neu hinzugefügte Figuren ergänzt, was die Interpretation zusätzlich erschwert. Möglicherweise handelten die Künstler in der Absicht, das Vorgefundene zu aktualisieren. Die Motive sind vielfältig: Tiere, vorwiegend im Zusammenhang mit Jagdszenen, sowie Menschen, wobei die Männer als Jäger und die Frauen als Sammlerinnen zu identifizieren sind, aber auch Alltagssituationen im Haushalt und in der Familie, Menschen beim Tanz und in Trance. Daneben gibt es abstrakte Gemälde.

Über die Bedeutung der Felsmalereien wurden zahlreiche Spekulationen angestellt. Der deutsche Ethnograph Leo Frobenius (1873–1938) betrieb als erster genauere Forschungen. Ihm zufolge sind die Bilder nicht nur als naturalistisches Abbild von Vorgefundenem zu deuten. Die Künstler seien bei der Wahl des Objekts und seiner Darstellung möglicherweise strikten Regeln gefolgt, die Bilder besäßen im kulturellen Konzept der Künstler einen besonderen Symbolgehalt. Allerdings gelang Frobenius weder die Entschlüsselung dieser Symbole noch die Rekonstruktion des kulturellen Konzepts.

Vielfach werden die schwer deutbaren Zeichnungen als Bestandteil magischer Szenen interpretiert, obwohl über die geistige Welt der Maler keinerlei gesicherte Erkenntnisse vorliegen. Die Beziehung der San zur Natur und insbesondere zur Tierwelt spiegelt sich in der Wahl von Tiersymbolen. Da Tiere in einem engen Zusammenhang mit der menschlichen Kultur standen, schmückten die Künstler sie häufig mit Gelenkreifen und Halsverzierungen.

Die Steinbauten der Shona

Mit dem Aufstieg der Shona-Dynastien (s. S. 94ff.) entstanden zwischen dem 12. und 16. Jh. Herrscherresidenzen und Siedlungskomplexe, deren Ruinen zu den bedeutendsten kulturhistorischen Monumenten Zimbabwes zählen. Herausragend ist die Anlage von Great Zimbabwe nahe Masvingo. Zu ihr gehören ein elliptisches Bauwerk mit 89 m Durchmesser und 11 m Höhe, das größte frühzeitliche Steinmonument südlich der Sahara, sowie ein imposanter konischer Turm (s. S. 277ff.). Die Bauweise späterer Herrscherzentren zeigt deutlich den Einfluß von Great Zimbabwe: Auf die Torwa-Dynastie gehen die heutigen Ruinen von Kame und Dhlo Dhlo bei Bulawayo zurück, auf die Rozvi die des nahen Naletale (s. S. 267ff.). Jüngeren Datums sind die Anlagen von Nyanga (s. S. 301f.). Zwischen dem 12. und 19. Jh. errichtete die autochthone Bevölkerung im heutigen Zimbabwe zahlreiche solcher Steinbauten – außer den genannten auch in der Nähe von Mutoko, Buhera und Hwange –, die als Schutzburgen, als Heilig-

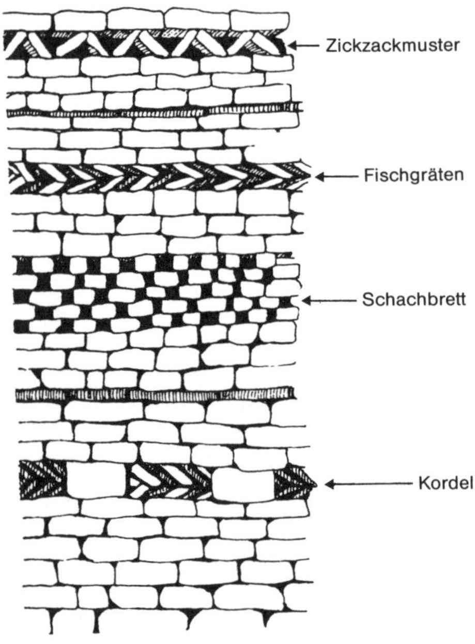

Aufnahme von Great Zimbabwe, Anfang des 20. Jh. ▷

Verschiedene Steinmuster der Anlagen von Kame

tümer oder als repräsentative Herrscherresidenzen dienten. Man nannte sie *dzimba dza mabwe* (›Häuser aus Stein‹), wovon sich der heutige Name des Landes ableitet.

Das massive Mauerwerk dieser Anlagen besteht aus aufgeschichteten Steinen, die nicht durch Mörtel verbunden sind. Auf dem Höhepunkt der Baukunst der Shona wurden die Mauern mit Friesen verziert, indem die Steine zu Schachbrett-, Zickzack- oder Fischgrätmustern gefügt wurden. Zum Teil setzte man auch verschiedenfarbige Natursteine zur Ornamentierung ein.

Als Beispiele der Skulpturenkunst unter den frühen Shona-Dynastien fanden sich in Great Zimbabwe mehrere in Stein gehauene Vögel, deren Symbolgehalt nicht endgültig interpretiert werden konnte. Der Vogel von Great Zimbabwe bildet heute einen Bestandteil der Fahne des Landes.

Traditionelles Kunsthandwerk

Die Volkskunst Zimbabwes ist international weniger bekannt als die Ost- und Westafrikas. Aber die moderne Kunst hat auch hier ihre Wurzeln in den kunsthandwerklichen Traditionen des Landes.

Frau bei der Töpferarbeit, Mitte des 20. Jh.

Traditionell geschmückte Frau, Mitte des 20. Jh. (Südrhodesien)

Schon im 16. Jh. beschrieben Portugiesen die Goldgewinnung der Shona auf dem Hochplateau und den Goldschmuck der Frauen. Gold war damals ein beliebtes Tauschobjekt, es wurde zu Zierat und Schmuck verarbeitet, der als Symbol von Reichtum und Ansehen galt. Außerdem stellten die Shona aus importiertem Kupfer und Messing Amulette, Ohrringe sowie Fuß- und Armreifen her. Elfenbein und Nilpferdzähne waren ebenfalls ein beliebtes Material. Kleine helle Schneckenhäuser, kombiniert mit dunklen Holzperlen aus Ebenholz, und die durch den Tauschhandel in die Region gelangten Ton- und Glasperlen wurden in Ketten und Stirnbänder eingearbeitet. Exponate in den Museen des Landes belegen die große Vielfalt des Schmucks und die Kunstfertigkeit seiner Hersteller. Zu Beginn der Kolonisierung wurden jedoch zahlreiche Schätze eingeschmolzen, um das Gold zu verkaufen.

Bis heute werden in ländlichen Gebieten vielerlei, oft mit Verzierungen versehene Gebrauchsgegenstände aus Holz hergestellt. Verbreitete Schnitzarbeiten sind niedrige Hocker, die ausschließlich von Männern benutzt werden, sowie hölzerne Kopfstützen zum Schlafen, die es auch als Paar – mit einer Kette oder einem Stab verbunden und aus einem Stück Holz geschnitten – gibt. Sie werden von Generation zu Generation vom Vater an den ältesten Sohn weitergegeben. Die Nationalgalerie wählte eine stilisierte Kopfstütze (Shona: *mutsago,* Ndebele: *umthiva*) zu ihrem Emblem. Die Malerin Alice Balfour notierte 1894 in ihr Reisetagebuch: »Fast alle der Boys tragen Kopfkissen mit sich – kleine hölzerne Kopfgestelle. Ich selbst würde eher mit dem Kopf auf dem Boden liegen, als ihn auf eines der Gestelle zu legen, aber die Geschmäcker

Holzgeschnitzter Hocker

sind verschieden ...« Theodor Bent, ein anderer europäischer Reisender, beobachtete um 1890: »Die Afrikaner haben nicht die geringste Ahnung von Bequemlichkeit. Sie schlafen auf Grasmatten auf dem harten Boden und legen dabei ihren Nacken auf eigenartig geschnitzte Holzkissen, um ihre phantasievoll aufgesteckten, mit Perlen geschmückten Frisuren nicht zu zerstören.«

Aus Holz stellt man außerdem Spazierstöcke mit kunstvoll geschnitztem Knauf her. Bisweilen sind herausziehbare Messer eingearbeitet. Die Spazierstöcke (Shona: *tsvimbo,* Ndebele: *intonga*) werden auch bei Ritualen benutzt, etwa bei der Häuptlingswahl. Bei Zeremonien verwendete Waffen, wie Äxte und Messer, besitzen oft einen mit Perlen und Draht geschmückten Griff und Klingen mit eingravierten Mustern.

Verbreitet sind Schnupftabakdosen aus Holz oder Horn, mit geometrischen Mustern oder mit Perlen und Drähten verziert. Neuerdings findet man auch umgearbeitete Patronenhülsen als Behältnisse für Schnupftabak. Die lokalen Märkte sind für Sammler derartiger Gegenstände wahre Fundgruben.

Körbe und Matten werden aus Pflanzenfasern geflochten, vorwiegend aus Sisal und Bambus, Palmblättern und Baumrinden (Brachystegia boehmii und Combretum zeheri), aber auch aus Gräsern. Mit Hilfe eingefärbter Stränge entstehen Muster. Die Form der Körbe variiert je nach ihrer Funktion, und jeder Stamm hat eigene Stilmerkmale. Das Handwerk des Mattenwebens ist heute besonders in den Eastern Highlands verbreitet.

Auf dem Land stellen die Frauen traditionell Tontöpfe her. Sie sind mit Zickzackmustern und vertikalen Linien aus schwarzem Graphit und rotem Haematit verziert. Die Dekoration variiert jedoch je nach Region.

Ausgehöhlte Kürbisse (Kalebassen) dienen ebenfalls als Gefäße und als Schöpfkellen, aber auch als Musikinstrumente (Rasseln). Die Tonga-Frauen benutzen spezielle Kalebassen mit aufgesetztem Tonkopf als Wasserpfeifen, die oft mit Perlen verziert sind.

Jüngeren Ursprungs ist die Idee, aus Plastik- und Blechabfällen Spielzeug herzustellen. Aus alten Plastiktüten werden Bälle geformt, aus Ölbüchsen und Draht Autos zurechtgebogen, da industriell gefertigte Produkte für die meisten Zimbabwer unerschwinglich sind. Der Einfallsreichtum der jugendlichen Bastler scheint grenzenlos. Durch sie angeregt, bieten heute etliche Afrikaner den Besuchern des Landes solches Spielzeug an.

Sakrale Kunst

Im Zusammenhang mit der Missionierung des Landes kam auch eine von europäischen Traditionen beeinflußte sakrale Kunst auf. In Zimbabwe hatten daran drei Missionsstationen entscheidenden Anteil: die Cyrene Mission in der Nähe von Bulawayo, die St. Faith's Mission bei Rusape und die Serima Mission bei Mvuma, zwischen Harare und Masvingo.

Der Anglikaner Canon Edward Paterson (1895–1974) gründete 1939 für afrikanische Jungen die Cyrene-Missionsschule. Paterson war nicht nur Priester und Lehrer, sondern auch Kunsthandwerker. Er hatte bereits mehrere Kirchen in Südafrika ausgestaltet, bevor er nach Zimbabwe kam. Zu einer Zeit, als dies absolut unüblich war, integrierte er das Fach Kunst in den Lehrplan der Schule, die er bis 1953 leitete. Talentierte Schüler schmückten die Kirche von Cyrene mit farbenprächtigen Wandmalereien, die bis heute einzigartig sind. Paterson ermutigte seine Zöglinge, biblische Szenen nach eigenen Vorstellungen zu malen, und verzichtete darauf, ihre Kreativität durch stilistische Vorgaben zu reglementieren. Trotzdem entwickelte sich ein von ihm geprägter ›Cyrene-Stil‹: Charakteristisch sind die Betonung von Details, das Fehlen perspektivischer Darstellungen und die vollständige Ausmalung der Flächen (s. s. 207). Mehrere

Kunstvolle Holzschnitzereien in der Serima Mission

Cyrene-Schüler machten als Künstler Karriere, darunter Sam Sango und Joseph Ndlovu. In den 40er Jahren wurden Arbeiten der Missionsschüler – unter dem Etikett ›Primitive Kunst‹ – in mehreren europäischen Ausstellungen gezeigt.

Etwa parallel zu Patersons Tätigkeit in Cyrene begann Schwester Pauline in der St. Faith's Mission bei Rusape die künstlerischen Fähigkeiten ihrer Schüler zu fördern. Anders als in Cyrene richteten die Schüler von St. Faith ihr Augenmerk auf die Darstellung von Gesichtern. Der bekannteste Zögling Schwester Paulines ist Job Kekana, der nach ihrem Tod (1954) ihre Bemühungen in der Kunsterziehung fortsetzte. Kekana, ein international bekannter Holzschnitzer, fertigte unter anderem das große Kruzifix an, das in der anglikanischen Kirche in Harare hängt.

Die Missionsschule von Serima, 1948 von Pater Hans Gröber, einem Mitglied der Schweizerischen Missionsgesellschaft Bethlehem, gegründet, übte einen entscheidenden Einfluß auf die Entwicklung der sakralen Kunst in Zimbabwe aus. Pater Gröber maß der Kunsterziehung eine hohe Bedeutung zu. Er inspirierte seine Schüler, Masken herzustellen: Sie zeichneten Gesichter, modellierten sie dann aus Lehm und schnitzten sie schließlich in Holz. Bald trauten sie sich sogar an die Darstellung aufwendigerer Szenen aus der Bibel. Die besten Schnitzer und Maler wurden in kleinen Gruppen über mehrere Jahre gefördert. Allmählich statteten sie die Kirche von Serima mit Kunstwerken aus (s. S. 292).

Pater Gröber wechselte 1957 in die benachbarte Missionsstation Driefontein, wo er sich bis zu seinem Tode (1972) der künstlerischen Ausbildung seiner Schüler widmete. Einige von ihnen wurden international bekannt, so Gabriel Hatugari, Ernest Bhere und Cornelio Manguma, der nach Gröbers Tod die Leitung der Schnitzereischule in Driefontein übernahm, oder Nicholas Mukomberanwa, der zum Material Stein wechselte und sich zu einem bekannten Bildhauer entwickelte. Auf Bestellung werden in Driefontein bis heute Holzfiguren nach biblischen Motiven gefertigt.

Zeitgenössische Bildhauerkunst

Charakteristisch für die Kunst des Holzschnitzers Zephania Tshuma, geboren 1932, sind eine eigenwillig-ironische Bearbeitung biblischer Motive und grotesk-komische Tier-Mensch-Gestalten. Tshuma besuchte eine Missionsschule im Distrikt Filabusi, südwestlich von Bulawayo, wo er Unterricht im Mauern, Zimmern und in der Landwirtschaft erhielt. Er arbeitete als Zimmermann, bevor er sich völlig auf die Schnitzerei konzentrierte, bei der ihm heute seine Frauen helfen. Als er 1983 zum erstenmal an einer Kleinstadtausstellung teilnahm, gewann er mit einer Kruzifixdarstellung den ersten Preis. Es folgten Ausstellungen in den Nationalgalerien von Harare und Bulawayo, in anderen afrikanischen Ländern und dann 1989 in Bonn.

Als Material benutzt Tshuma das weiche Holz des Iminyela-Baumes, und er bemalt seine Skulpturen meistens mit Pottasche. Seine Kompositionen erzählen Geschichten, meist mit

Die Entstehung der modernen Skulpturenkunst

Als 1957 im damaligen Salisbury die Nationalgalerie eröffnet wurde, übernahm Frank McEwen ihre Leitung. Er hatte an der Sorbonne in Paris Kunstgeschichte studiert und war mit Picasso befreundet gewesen. McEwen hatte sich mit der langen Tradition der sogenannten ›Primitiven Kunst‹ Afrikas und mit ihrem Einfluß auf die westliche Kunst des 20. Jh., nicht zuletzt auf Picasso und Henry Moore, beschäftigt. Als Direktor der Nationalgalerie stellte er sich einerseits die Aufgabe, das nationale Kulturerbe des Landes zu wahren, andererseits aber auch Anstöße für die Entwicklung einer modernen afrikanischen Kunst zu geben.

Durch Zufall begegnete er Joram Mariga (geb. 1927), einem Angestellten des landwirtschaftlichen Beratungsdienstes, der in seiner Freizeit Figuren aus Holz und Stein herstellte. Mariga, der heute als Vater der zimbabwischen Bildhauerkunst gilt, begann bereits im Alter von neun Jahren mit der Schnitzerei. Zunächst bearbeitete er nur Holz, später Stein. Zu seinen Schülern gehörten Freunde und Familienmitglieder, darunter sein Neffe John Takawira, der zu einem der bekanntesten Skulpteure des Landes wurde.

Mariga regte McEwen dazu an, sich für die gestalterische Begabung der Afrikaner zu interessieren. Da es außer den Missionsschulen keine Ausbildungsmöglichkeiten für schwarze Künstler gab, gründete McEwen in der Nationalgalerie eine Workshop School. Er stellte seinen Galeriemitarbeitern Materialien zum Malen zur Verfügung und ermunterte sie zur kreativen Arbeit, zur Originalität im Ausdruck. Der Workshop entwickelte sich zu einer losen Vereinigung von Künstlern, die mit verschiedenen Materialien experimentierten. Die Bildhauerei stand bald im Vordergrund.

Zwischen 1962 und 1972 organisierte McEwen Ausstellungen in Paris, London und New York und stellte die Skulpturen erstmals einem internationalen Publikum vor. In seinen Publikationen betonte er den spirituellen Ursprung der Plastiken und erläuterte ihre anthropologische Bedeutung. Die Neugierde der internationalen Kunstszene war geweckt.

Wenige Jahre nach Gründung der Workshop School in der Nationalgalerie entstanden weitere Zentren, die lokale Künstler förderten: In Nyanga auf der Farm von Pat Pearce, in Vukutu (bei Nyanga) sowie in Tengenenge auf der Farm von Tom Blomefield. Letztere besteht noch heute (s. S. 205 ff.).

einer Spur Ironie. Unter den biblischen Motiven bevorzugt Tshuma die Darstellung dramatischer Szenen wie der Kreuzigung oder der Geschichten von Samson und dem Löwen, Jonas und dem Wal und dem verlorenen Sohn. Andere Arbeiten thematisieren die Begegnung von traditionellem und modernem Leben.

Tshumas Figuren sind oft eine Verschmelzung von Mensch- und Tiergestalten. Ein Beispiel ist die Skulptur ›Der schlechte Missionar‹, ein Männerkörper in langen Hosen und Jackett, auf dem anstelle des Kopfes eine Schlange sitzt. Über seine Vorliebe für Tiergestalten sagt Tshuma: »Ich schnitze gerne Tiere, Affen, Schildkröten, Frösche und andere. Sie tun so, als würden sie

›Der gute Hirte‹ von Henry Munyaradzi

reden und machen das, was auch Menschen machen. Ich habe eine Abneigung, Menschen zu schnitzen, denn ich glaube, daß ich sie dabei verletze.«

Andere bekannte Holzschnitzer sind Morgan Musorowembudzi, Stanford Derere sowie Barnabas Ndudzo. Steinskulpturen aus Zimbabwe sind heute international als die große moderne Kunst Afrikas, als beachtenswerte zeitgenössische Kunstbewegung anerkannt: »... es ist außergewöhnlich, daß von den zehn führenden Steinskulpteuren der Welt vielleicht fünf zu einem einzigen afrikanischen Stamm (Shona) gehören«, schrieb der Sunday Telegraph (London 1983).

Obwohl die Plastiken Motive aus der afrikanischen Mythenwelt aufgreifen, scheinen sie dem westlichen Kunstgeschmack entgegenzukommen und werden mittlerweile auf dem internationalen Kunstmarkt gehandelt. Vor der Unabhängigkeit des Landes waren sie als ›Shona-Skulpturen‹ bekannt, ein unkorrekter Begriff, da zwar die meisten Künstler zum Stamm der Shona gehören, aber auch Ndebele, Chewa, Yao aus Malawi sowie Mbunda aus Angola und Moçambiquaner, die in den 60er Jahren als Wanderarbeiter nach Zimbabwe kamen, vertreten sind. Die Kunstbewegung, für die sich allmählich die ebenfalls nicht völlig zutreffende Bezeichnung ›Zimbabwe Stone Sculpture‹ durchsetzt, hat eine multikulturelle Dimension.

Der Befreiungskampf und das Fehlen finanzieller Mittel führten zu einer existentiellen Bedrohung der Künstlergemeinschaft. Seit 1980 konnte sich in Tengenenge wieder eine künstlerische Dynamik entfalten, und heute leistet es einen wichtigen Beitrag zur Entwicklung der zimbabwischen Steinskulpturen-Kunst. Auch im Ausland fanden zahlreiche Ausstellungen statt. In den letzten Jahren besuchten Bildhauer aus Deutschland, Holland, Australien, der Schweiz und den Vereinigten Staaten die Künstlergemeinschaft, um dort eine Zeitlang zu arbeiten. Die Begegnungen wirkten auf die Gäste wie auf die lokalen Künstler stimulierend.

Sie stammen alle aus ländlichen Gebieten, haben meist eine geringe formale Schulbildung und sind mit den traditionellen Bräuchen und Sitten ihres Volkes verwachsen. In ihrem sozialen Umfeld wird künstlerische Arbeit weder romantisiert noch als etwas Besonderes betrachtet, sondern als Tätigkeit, die der Sicherung des Lebensunterhaltes dient. Doch selbst jene, die den Sprung zum Berufskünstler schafften, die berühmt wurden und in die Städte zogen, gaben den landwirtschaftlichen Nebenerwerb nicht auf. Die zahlreichen Künstler, die in Chitungwiza wohnen, dem schwarzen Vorort von Harare, besitzen in ihren Heimatdörfern Felder, die von Familienmitgliedern mitbewirtschaftet werden.

Die bekanntesten Bildhauer der ersten Generation, die den eigenständigen Stil der zimbabwischen Steinskulpturen maßgeblich prägten, sind Henry Munyaradzi, Nicholas Mukomberanwa, John Takawira († 1988), Bernard Takawira, Bernard Matamera und Akuda Fanizani. Zur zweiten Generation, die hinsichtlich der Motive und der Ausdrucksformen neue Impulse setzte, gehören Norbert Shamuyarira, Albert Mamvura, Damian Manuhwa, Lazarus Takawira, Joseph Ndandarika († 1991), Boira und Richard Mteki, Thomas Mukarobgwa, Edward und Moses Masaya, Ephraim Chaurika, Sylvester Mubayi, Francis und Luke Mugavazi, Richard Rosani, Brighton Sango sowie die Frauen Agnes Nyanhongo und Locadia Ndandarika.

Alle Künstler bearbeiten den in ihrer Landschaft vorgefundenen Stein. Dazu gehören Serpentin, Verdit, Kalkstein und Seifenstein, seltener auch weißer und grauweißer Marmor. Viele bevorzugen schwarzen Serpentin, vor allem den außerordentlich harten Speckstein (Springstone) aus dem Steinbruch von Tengenenge. Ein orange-gelber Serpentin (Sipolilo Stone) wird in der Gegend von Guruve abgebaut. Der Leopardenstein ist ein sehr harter, heller Serpentin mit schwarzen und gelben Einschließungen. Daneben gibt es relativ weiche, daher gut zu bearbeitende Serpentine mit roten, braunen und malvenfarbigen Schattierungen.

›Der schlechte Missionar‹ von Tshuma

Frauenkopf von Bernard Matamera

Verdit ist ein seltener, sehr harter grüner Halbedelstein. Der Rubin-Verdit, der Korund enthält, zeigt verschiedene rötliche Farbschattierungen, während der Golden-Verdit eine satte goldbraune Farbe besitzt und weicher als Verdit ist. In der Nähe Harares kommt grauer Kalkstein vor. Seifenstein (Steatit) in roten, grünen, braunen und rosa Schattierungen wird in Tengenenge abgebaut. Er ist weicher als Serpentin.

Viele Motive stehen im Zusammenhang mit dem traditionellen Gefüge der Gesellschaft. Alte Weisheiten, die in Mythen und Legenden, in moralisierenden Erzählungen, Sprichwörtern und Liedern überliefert sind, werden auch in zahlreichen Skulpturen zum Ausdruck gebracht.

Die Schildkröte, in Tengenenge ein häufig dargestelltes Tier, ist für die Shona ein Symbol der Gerechtigkeit, der Klugheit und des Durchsetzungsvermögens. Ihre Langsamkeit steht für das Motto: »Erst nachdenken, dann handeln.« In Fabeln spielt die Schildkröte häufig die Rolle eines Vermittlers. Der Pavian verkörpert Dummheit und Weisheit zugleich. Geistig ist ihm der Mensch weit überlegen, aber der Pavian scheint Gefahren früher als er zu erkennen. Es heißt: »Spielt und kreischt eine Affenhorde, ist sicher kein Leopard in der Nähe, verhält sie sich dagegen ruhig, nimm dich in acht!« Auch Vögel sind als Motive beliebt. Während die Eule als Nachttier dem Bedrohlichen zugeordnet wird, gilt der Adler als Bote guter Neuigkeiten. Er ist schnell, warnt Menschen und Tiere vor Gefahren und verdient als eine Art Schutzgeist Respekt. Die größte Galerie Harares heißt nach dem Shona-Namen für Adler ›Chapungu‹. Aber nicht jedes Tiermotiv hat einen Bezug zu volkstümlichen Vorstellungen oder religiösen Bedeutungen. Tiere sind ein fester Bestandteil der Natur und des ländlichen Alltags.

Anders als in der sogenannten Airport-Art, speziell für Touristen produzierte ›Kunst‹, erscheinen Menschen als abstrakte Figuren mit stilisierten Köpfen oder auch als Mensch-Tier-Gestalten. Wenn Bernard Matamera Füße und Hände mit nur zwei oder drei Zehen bzw. Fingern darstellt, greift er auf einen Mythos zurück, demzufolge Kinder mit zwei Zehen geboren wurden, wenn die Mütter während der Schwangerschaft ein bestimmtes Essenstabu nicht eingehalten hatten.

Weitere Motive von Plastiken entstammen der spirituellen Welt, etwa die Geister des Wassers, des Feuers, des Steins, der Pflanzen oder der Tiere, und einige Künstler bearbeiten abstrakte Themen. Die Themenwahl wird durchaus vom starken Interesse europäischer Käufer am ›exotischen‹ Hintergrund der afrikanischen Kunst beeinflußt. Denn die mit einer Skulptur assoziierte Volkserzählung oder ein spiritueller Zusammenhang beeindrucken viele Interessenten stärker als die bildhauerische Qualität.

Soziale und politische Themen wurden in der Skulpturenkunst nur selten aufgegriffen. Eine Ausnahme bildet diesbezüglich Albert Mamvura, der zur zweiten Generation der jungen Kunstbewegung in Zimbabwe gehört. Doch im großen und ganzen war Politik für die Künstler selbst während des Befreiungskrieges kein Thema, mit dem sie sich in ihren Plastiken auseinandersetzen wollten. Lediglich John und Bernard Takawira beschäftigten sich Ende der 70er Jahre in einigen Werken mit dem Problem von Leid und Widerstand.

Die meisten Künstler kennen die Arbeiten ihrer Kollegen, und – einmal abgesehen von den Airport Art-Produzenten – befolgen sie die unausgesprochene Regel, einander nicht zu kopieren. Bevor der Bildhauer mit seiner eigentlichen Arbeit beginnt, bereitet er den Stein vor, untersucht ihn auf Risse und Schwachstellen und schlägt diese heraus. Häufig finden die Künstler ihre Themen intuitiv, indem sie sich von der Beschaffenheit des unbehauenen Steins leiten lassen. Nicholas Mukomberanwa beschreibt: »Manchmal habe ich ein genaues Bild vor Augen, ein Thema, das ich ausdrücken möchte. Dann suche ich mir unter den rohen Steinen einen, der zu meinem Thema paßt, und beginne mit der Arbeit. Oder aber ich verstärke den Ausdruck, den der unbehauene Stein bereits hat. Einige Steine sind schon Skulpturen, wenn sie vom Berg oder Steinbruch kommen. Es passiert aber auch, daß mir während der Arbeit eine innere Stimme sagt, wie ich den Stein bearbeiten soll.«

Moderne zimbabwische Steinskulptur

Die profilierteren Bildhauer haben einen ausgeprägten eigenen Stil entwickelt. Charakteristisch für Henry Munyaradzi sind seine mit sparsamen Zügen dargestellten Gesichter, vereinfachte, fast schematische Porträts und Körper, die dennoch einen individuellen Ausdruck besitzen; John Takawira arbeitet mit monumentalen Formen. Typisch für Nicholas Mukomberanwa ist eine geometrische Linienführung (Abb. 49), während Bernard Matamera üppige Formen, ›klassische afrikanische‹ Proportionen bevorzugt. Akuda Fanizani ist an seinen runden, spielerischen Formen und seinem Figurenreichtum zu erkennen, und Brighton Sango gestaltet abstrakte Plastiken (Abb. 51, 52).

In den letzten Jahren setzten Künstler, die Stein, Holz und Metall in einer Skulptur verarbeiten, neue Akzente. Tapfuma Gutsa, Christiane Stolhofer und Richard Jack sind die bekanntesten. Seit einigen Jahren stellt die Nationalgalerie auch Metallplastiken aus. Arthur Azevedo, Adam Madebe und David Ndlovu, ein Schüler von Madabe, arbeiten mit diesem Material. Azevedo beteiligte sich mit seinen stilisierten Tierdarstellungen bereits an internationalen Ausstellungen. Madebe, ein Kunsterzieher des Mzilikazi Art and Craft Centre in Bulawayo, begann Anfang der 80er Jahre mit der Arbeit an Metallplastiken. Eine seiner umstrittensten Skulpturen ist ›Blick in die Zukunft‹, ein nackter Mann, dessen Blick in die Ferne zu schweifen scheint. Nach öffentlichen Protesten wurde sie auf ministerielle Anordnung von ihrem Ausstellungsort entfernt. Seitdem bekleidet Madebe seine Figuren mit metallenem Lendenschurz. David Ndlovus Meisterstück ist ein 600 kg schweres Spitzmaulnashorn in Originalgröße, das er für die Kampagne »Rettet das Nashorn« anfertigte und 1989 zur Jahresausstellung der Nationalgalerie einreichte. Vielleicht wird diese Skulptur das letzte Nashorn überleben.

Malerei

Von den ersten Europäern, die das Land im späten 19. Jh. erforschten, hielten einige ihre Eindrücke in Gemälden fest. Thomas Baines (1820–1875), der Livingstone auf seinen Erkundungsreisen begleitete (s. S. 250), wurde durch seine zahlreichen Landschaftsbilder berühmt. Einige sind im Nationalarchiv in Harare ausgestellt.

Alice Balfour (1830–1936) reiste gegen Ende des letzten Jahrhunderts durch das Gebiet der Shona und Ndebele. Sie beschrieb ihre Erlebnisse in dem Buch »Twelfe Hundred Miles in a Wagon« (1970 wiederaufgelegt), das sie mit Aquarellen, romantischen Landschaftsdarstellungen, illustrierte. Von ihr sind ebenfalls Bilder im Nationalarchiv zu sehen.

Bis Mitte der 20er Jahre war das Interesse der weißen Siedler an der Malerei gering. Später gründeten sich kleine Malzirkel, die in Hotels regelmäßig ihre Werke ausstellten. Bevor die Missionsschulen Kunstunterricht erteilten, gab es ausschließlich weiße Maler. Zu den bedeutenderen Landschaftsmalern gehörten Robert Paul, Robert Hunter-Craig und Tom Maybank, deren Bilder zum Teil in die Sammlung der Nationalgalerie aufgenommen wurden. Helen Lieros und Henry Thompson gelten als Wegbereiter der abstrakten Malerei.

Jagdszene (Bleistiftentwurf) von Thomas Baines, 19. Jh.

Nach ihrer Gründung im Jahre 1957 wurden in den Workshops der Nationalgalerie vor allem Afrikaner gefördert. Aus ihnen gingen die Maler Kingsley Sambo, der den afrikanischen Stadtalltag zum Thema machte, Thomas Mukarobgwa, der Kindheitserinnerungen an das Landleben expressionistisch darstellte, sowie Joseph Ndandarika, John Hlatywayo und Charles Fernando hervor. Wie bei den Bildhauern war der Befreiungskrieg weder für weiße noch für schwarze Maler ein Thema.

Nach der Unabhängigkeit griffen weiße Künstler, darunter die herausragende Malerin Berry Bickle, soziale Themen auf. Durch die Rückkehr von Künstlern, die während des Befreiungskampfes das Land verlassen hatten, und die Zuwanderung von Ausländern belebte sich die Kunstszene: Aus Indien kam Thakor Patel, aus Südafrika Daryl Nero. Letzterer wurde nicht nur durch seine Landschaftsaquarelle bekannt, sondern auch durch seine großflächigen Ölbilder, auf denen er afrikanische Tiere darstellt. Einige dieser Werke hängen im Sheraton Hotel in Harare. Ausstellungen sind regelmäßig in Harare in der Nationalgalerie, aber auch in privat geführten Galerien zu sehen.

Die Nationalgalerie eröffnete 1981 einen von Sponsoren geförderten Workshop, um junge Begabte im Malen und Bildhauen auszubilden. Einige der Teilnehmer gewannen bereits bei Kunstwettbewerben Auszeichnungen, so Never Kawoya, Enisia Nyazore, Victor Madzima und Fidgi Ngombe. Seit Jahren erfreuen sich die Arbeiten der Frauenkooperative Weya wachsender Beliebtheit. Auf Bildern und bemalten Wandbehängen erzählen die Frauen Szenen aus ihrer Kultur und Umwelt.

Literatur

Die afrikanische Tradition des Geschichtenerzählens ist in Zimbabwe bis heute lebendig geblieben. Aus dem großen Schatz von Volkserzählungen, die von Generation zu Generation weitergegeben wurden, hat man bisher jedoch nur wenig publiziert. Eine Schriftsprache für die einheimischen Idiome führten Missionare Ende des letzten Jahrhunderts ein, so daß Bibel- und andere christliche Texte in die Stammessprachen übersetzt werden konnten.

Bis Ende der 50er Jahre bestimmten Europäer die Literaturszene. In der Kolonialzeit entstanden neben Reisebeschreibungen historische Romane. Eine reichhaltige Auswahl davon legte die Rhodesian Reprint Library in Bulawayo neu auf. Typische Siedlerromane, in denen das Pionierleben und der afrikanische Kontinent romantisch verklärt werden, verfaßten Wilbur Smith und Robin Browne, während Kingsley Fairbridge Gedichte schuf. Nur wenige Autoren – hervorzuheben unter ihnen sind Arthur Shirley Cripps (1869–1952) und Doris Lessing (*1919) – verbreiteten diese Klischees nicht.

Cripps, ein ›aufmüpfiger‹ Missionar, der zu Beginn dieses Jahrhunderts nach Rhodesien kam und bald gegen die Unterdrückung der Afrikaner eintrat, veröffentlichte zahlreiche Gedichte, Kurzgeschichten und Pamphlete. Doris Lessing, im Iran geboren, verbrachte ihre Jugendjahre

Die Schriftstellerin Doris Lessing

auf einer Farm im damaligen Rhodesien. Die Schriftstellerin, die Mitglied der rhodesischen Labour Party wurde, emigrierte 1949 nach England. In ihren Romanen und Kurzgeschichten reflektiert sie die sozialen Verhältnisse im Land und die Situation weißer Frauen in einer von Männern bestimmten Siedlergesellschaft. Die Trostlosigkeit des Lebens auf der Farm und seine psychischen Auswirkungen werden von ihr spannend und einfühlsam beschrieben. Doris Lessings erstes Buch »Afrikanische Tragödie« erschien 1950; es folgte der fünfbändige Romanzyklus »Kinder der Gewalt« (1952–69).

Gefördert durch die Missionserziehung, begannen allmählich auch schwarze Autoren zu schreiben. Zu den ersten gehörten Herbert Chitepo, Bernard Chidzero und Solomon Mutswairo. Chitepos Epos »Soko Risina Musoro« (1958) wurde 1965 als subversive Literatur verboten. Das 1954 gegründete Southern Rhodesia African Literature Bureau unterstützte diese Schriftsteller – außer den genannten auch Ndabaningi Sithole, Isaac Mpofu und Patrick Chakaipa –, war aber gleichzeitig ein Instrument ihrer politischen Kontrolle. So entstanden vorwiegend moralisierende Werke, die Probleme wie die Konfrontation der arbeitsuchenden Landbevölkerung mit dem städtischen Leben oder das Aufbrechen der Traditionen aufgriffen. Die meisten Autoren publizierten in ihrer Stammessprache. Als erster englischer Roman erschien 1966 von Stanlake Samkange »On Trial for My Country«, der den Aufstand der Ndebele im Jahre 1893 aufarbeitet. In »Year of Uprising« (1978) und »The Mourned One« (1975) behandelt Samkange ebenso historische Themen wie Mutswairo in seinem Roman »Mapondera: A Soldier of Zimbabwe« (1978), der die Geschichte eines 1904 in Gefangenschaft gestorbenen Befreiungskämpfers erzählt.

Seit den 70er Jahren spiegelte sich in der Literatur junger schwarzer Schriftsteller immer häufiger die Auseinandersetzung mit politischer Unterdrückung, mit sozialen Problemen sowie die Enttäuschung über die neue schwarze Elite. Zu dieser Autorengeneration gehören Stanley Nyamfukudza, Charles Mungoshi, Musaemura Zimunya und Dambudzo Marechera. Marechera verdeutlicht in »Haus des Hungers« (1978), 1979 mit dem Londoner Guardian Fiction-Preis ausgezeichnet, aber auch in »Black Sunlight« (1981) und »Mindblast« (1984), in Deutschland unter dem Titel »Haut der Zeit« erschienen, den Pessimismus und die Verzweiflung der jungen Intellektuellen des Landes. Zunehmend mehr Autoren beschäftigen sich mit der postkolonialen Gesellschaft. Shimmer Chinodya und Chenjerai Hove wurden Anfang der 80er Jahre bekannt. Hove's Werk »Bones« (1988) wurde 1989 mit dem Literaturpreis ›Noma Award for Publishing in Africa‹ ausgezeichnet. Chinodya erhielt 1990 für seinen Roman »Harvest of Thornes« den Commonwealth Writers-Preis für die Region Afrika. Kristina Rungano, deren

Anthologie »The Storm is Brewing« 1984 erschien, sowie Tsitsi Dangarembgwa, die für ihren ersten Roman »Nervous Conditions« 1989 den Commonwealth Writers-Preis für die Region Afrika bekam, gehören zu den wenigen schwarzen Frauen, die sich als Schriftstellerinnen betätigen. Erst 1989/90 gründeten sich Frauen-Literatur-Workshops und die ›Zimbabwe Women Writers‹-Vereinigung.

Theater

In der Kolonialzeit entwickelte sich die Theaterkultur der Weißen und der Schwarzen nach Hautfarben getrennt. Für die Weißen gehörte Theater schon früh zum Unterhaltungsangebot in den Städten, denn die Pflege der kulturellen Bindungen an die Heimat war den Siedlern ein wichtiges Anliegen. 1904 existierten bereits in allen größeren Orten Theatergesellschaften. Bis in die 20er Jahre traten vor allem Gastspielgruppen aus England und Südafrika auf, die den Anstoß zur Bildung lokaler Schauspielgruppen gaben. Das noch heute bestehende REPS-Theater in Harare wurde 1931 durch die Salisbury Repertory Players gegründet. 1957 wurde eine nationale Theatervereinigung ins Leben gerufen, und seit 1958 finden regelmäßig Theaterfestivals statt. Die Auswahl der Stücke orientierte sich an Broadway-Erfolgen. Zeitgeschichtliche Themen oder Reflexionen der Lebenssituation in der Kolonie waren in den Theatern der Europäer nicht gefragt. Solche Inhalte wurden eher von Afrikanern in den schwarzen *townships* aufgeführt.

Eine wichtige Unterstützung erfuhr das afrikanische Theater in den 60er Jahren durch die Gründung der Eucumenical Arts Association. Ihre jährlichen Workshops machten zahlreiche schwarze Drehbuchschreiber, Schauspieler und Musiker bekannt. Kirchliche Jugendorganisationen sowie das African Arts Festival spielten ebenfalls für die Entwicklung des ›schwarzen‹ Theaters eine Rolle. Das Southern Rhodesia African Literature Bureau veröffentlichte Stücke, die im Unterricht an den Schulen eingesetzt werden konnten. Parallel zur Herausbildung eines Nationalbewußtseins der Schwarzen erlebte das Arbeitertheater in den 60er Jahren einen Aufschwung: Schwarze Arbeiter schrieben Stücke und trugen sie ihren Kollegen vor. Im Kampf gegen Kolonialismus und Siedlerherrschaft entwickelte sich das politische Theater zu einem wichtigen Ausdrucksmittel.

Die Unabhängigkeit bewirkte kaum Veränderungen in der Theaterszene der Weißen. Nach wie vor werden westliche Produktionen vor einem vorwiegend weißen Publikum auf die Bühnen gebracht. Unter den afrikanischen Theatergruppen, die gesellschaftskritische Stücke aufführen, ragt das Amakhosi Theatre aus Bulawayo hervor. Die nationale Theaterorganisation veranstaltet regelmäßig Workshops, um landeseigene Produktionen zu fördern, und 1984 wurde an der Universität ein Drama-Kurs geschaffen. Die Stücke sind oft unterhaltsam, reflektieren aber zugleich das Leben in Zimbabwe und die allgemeine Situation der Menschen in Afrika.

Musik

Die autochthone Bevölkerung Zimbabwes blickt auf eine lange Musiktradition zurück. Ein speziell mit Afrika assoziiertes Instrument ist die Trommel, die in der afrikanischen Musik nicht nur als Rhythmusgeber, sondern vielmehr als Melodieinstrument dient. In der Regel werden drei, im Idealfall fünf Trommeln eingesetzt, deren Tonlagen von Baß bis Sopran variieren. Mit Hilfe verschiedener Schlagtechniken läßt sich ein breites Spektrum an Klangfarben erzeugen. Außer dem melodischen Reichtum ist der Polyrhythmus für die afrikanische Volksmusik charakteristisch: Im Gegensatz zum klaren Takt als Strukturmerkmal europäischer Musik werden hier unterschiedliche Rhythmen ›übereinandergelegt‹. Dadurch entstehen phasenverschobene Klangkaskaden, die den eigentümlichen Zauber afrikanischer Trommelmusik ausmachen.

Die Anfertigung dieses Instruments verlangt eine sorgsame Materialauswahl und -verarbeitung. Die zimbabwische Trommel *(ngoma)* wird aus Mutiti-Holz (Erythrina abyssinica) hergestellt und mit Rinderfell (früher Zebrafell) überzogen. Die Tonga verwenden als Membran vorzugsweise Elefantenhaut. Außer bei den Tonga sind die Trommeln nur sparsam verziert. Am gebräuchlichsten ist ein unten offener Zylinder, der je nach Größe auf den Boden gestellt oder zwischen die Knie geklemmt wird. Für Marschmusik benutzt man beidseitig bespannte Shangani-Trommeln, die umgehängt werden können. Relativ selten kommen Tamburine *(gandira)* zum Einsatz. Sie bestehen aus einem bespannten Ring des biegsamen Mashamba-Holzes (Lannea discolor); mit Hilfe einer an der Rückseite angebrachten Leiste kann die Spannung reguliert und die Tonhöhe verändert werden.

Die *mbira*, das ›Daumenklavier‹, ist unter den traditionellen Musikinstrumenten am ehesten typisch für Zimbabwe. Es ist umstritten, ob die *mbira* hier erfunden oder im Zuge der Wanderbewegung der Bantu-Stämme eingeführt wurde. Sie ist zwar im gesamten südlichen Afrika seit etwa 1000 Jahren verbreitet, doch nur in Zimbabwe reifte das *mbira*-Spiel zu einer eigenen Kunst heran. Ephat Mujuru, Stella Chiweshe und Hakurutwe Mude sind die bekanntesten zeitgenössischen *mbira*-Interpreten. Das *mbira*-Spiel wurde seit jeher bei religiösen Festen *(bira)* der Ahnenverehrung gepflegt. Im Befreiungskampf entwickelte es sich zum Symbol des afrikanischen Selbstwertgefühls und wurde daher von der rhodesischen Regierung verboten – was seine Rolle im Widerstand freilich nur stärkte.

Die *mbira* besteht aus einem hölzernen Resonanzkörper und einer Klaviatur aus verkeilten Stahllamellen unterschiedlicher Länge und Stärke. Um den Klang, der an den einer Zither erinnert, zu verstärken, wird die *mbira* oft in einem hohlen Kürbis gespielt. Am Instrument selbst sowie an der Außenseite des Kürbis befestigte Kronenkorken (früher Schneckengehäuse) bewirken ein schnarrendes Geräusch. Carl Mauch schrieb 1872 in seinen »Betrachtungen zu den Sit-

1 Victoria-Fälle ▷

3 Impalas auf der Insel Fothergill

◁ 2 Blick auf die Victoria-Fälle und die Brücke über den Zambezi

4 Zebras, Büffel und Elefanten auf der Insel Fothergill

6 Elefanten im Mana Pools National Park ▷

5 Büffel am Zambezi

7 Baobab im Mana Pools National Park

8 Felslandschaft bei Domboshawa, nahe Harare

9 Lake Kariba

11 Blick vom World's View in Nyanga, Eastern Highlands ▷

10 Balancing Rocks von Epworth, Harare

12 Felszeichnungen in Matobo

13 Felszeichnungen (Kudus) in Matobo

14 Great Zimbabwe: Blick von der Berg- auf die Talruine ▷

15 Steinskulptur von Bernard Matamera

16 Steinskulptur von Henry Munyaradzi

17 Künstlerdorf Tengenenge

18 Cyrene Mission nahe Bulawayo

20 Chimanimani Mountains, Eastern Highlands ▷

19 Töpferwaren an der Straße von Masvingo nach Chiredzi

21 Hüttensiedlung im Honde Valley

23 Shona-Frau an ihrer Kochstelle ▷

22 Dorfszene bei Mount Darwin

24 Matabele-Frauen

25 Frauen beim Spiel

26 Matabele-Frau beim Ziegenmelken

28 Blühende Jakaranda-Bäume in Harare ▷

27 Straßenverkäuferinnen an einer Bushaltestelle bei Mazowe

ten der Makalaka«, eines Shona-Volksstammes: »... diese Mbira ist das einzige musikalische Instrument, dessen ich nicht so bald müde werde; wird es gut gespielt und sind die Töne rein gestimmt, so wird man an heimatliche, dem Ohr nicht zu entfremdete Klänge erinnert, dazu ist der Ton ziemlich weich, und nur im Rhythmus finden sich eigentümliche Unterschiede.«

Heute existieren sechs verschiedene *mbira*-Formen, die sich durch die Anzahl der Tasten (zwischen acht und 56), deren Stärke, Anordnung und Tonlage unterscheiden. Die *mbira dzavadzimu* mit 22 diatonisch gestimmten Tasten, die links doppelreihig und rechts einreihig angeordnet sind, ist der Verehrung der Ahnengeister vorbehalten und stellt das wichtigste Instrument spiritueller Zeremonien dar, für die etwa 100 verschiedene Liedformen entwickelt wurden.

Die Marimba erlebte in den letzten Jahren ebenso wie die *mbira* eine Renaissance. Dieses Holzxylophon gilt als eines der alten afrikanischen Instrumente, wenngleich einige Forscher die These vertreten, es sei asiatischen Ursprungs und durch indonesische Seefahrer zu Beginn unserer Zeitrechnung an die Küste von Moçambique gelangt. Die Marimba besteht aus zehn bis 22 Klanghölzern verschiedener Größe und Tonlage, die auf einem Rahmen aus Holz oder gespannten Seilen ruhen. Unter jedem Klangholz ist ein Resonator befestigt, traditionell Kürbisse, in moderneren Ausführungen Kunststoffkörper. Das Instrument wird vor allem im Ensemble – mit Sopran, Tenor, Bariton und Baß – gespielt.

Wichtigste Begleitinstrumente sind Rasseln *(hosha)*, die meist paarweise eingesetzt werden. Als Klangkörper dienen Flaschenkürbisse oder getrocknete Wildorangen (Strychnos spinosa), die man mit Samen oder kleinen Steinen füllt. Mehrere Wildorangen können durch Stäbe zu Handrasseln, durch Barkenseile zu Fußrasseln verbunden werden. Frauen tragen beim Tanz Nackenrasseln *(chikitsi)* um den Hals, die aus Doppelreihen gefüllter Bambusrohre bestehen.

Als Blasinstrument ist lediglich die aus einem Kudu-Horn hergestellte *hamwanda*-Trompete weit verbreitet (Abb. 5), mit der tiefe Naturtöne produziert werden. Im Befreiungskrieg spielte sie als Signalhorn eine wichtige Rolle. Hirten basteln sich verschiedene Flöten wie *chigufe* und *ombgwe* aus Kürbissen. Sakrale Bedeutung hat nur die Panflöte *(ngororombe)* erlangt, die man bei Begräbnisfeiern benutzt.

Saiteninstrumente, einst häufig gespielt, haben nur in entlegenen Landesteilen der Verdrängung durch Banjo und Gitarre standhalten können und sind heute am ehesten in Museen zu finden. Dazu gehören die Strickmaultrommel *(chipendane)* und die *venda*-Erdleier. Letztere besteht aus einem Stück Blech, das an einem Drahtseil über einem Erdloch hängt. Dieses an einem biegsamen Stab oder Strauch befestigte Seil wird durch Gewichte auf dem Blech gespannt und gezupft. Straßenmusiker spielen auf der First Street in Harare und auf Märkten gelegentlich selbstgebaute Saiteninstrumente.

Während der Kolonialzeit verdrängte moderne Unterhaltungsmusik in den Arbeitersiedlungen die traditionelle afrikanische Volksmusik. Wegbereiter für die Entwicklung einer populären Unterhaltungsmusik war die Verbreitung neuer Instrumente. Zwischen 1930 und 1940 brachten Minenarbeiter die Zither, das Banjo, die Harmonika und das Akkordeon aus Südafrika

◁ 29 Landschaft in den Eastern Highlands

mit. Durch die Einführung der Gitarre, des Saxophons und des Pianino konnte sich ab 1940 ein konzertanter Big Band-Sound mit Elementen des Jazz und der *tsava tsava*-Musik der städtischen Hinterhöfe herausbilden, wie sie Luis Armstrong in seinem Hit ›Happy Africa‹ übernahm. In der Zeit der zentralafrikanischen Föderation (1953–1963) drängten Popgruppen aus Zaire mit ihren Rumba- und Cha Cha-Rhythmen die lokale Szene an den Rand, die erst Ende der 60er Jahre wiederauflebte, als die *mbaqanga*-Musik aus Südafrika neue Akzente setzte. Entscheidende Impulse für die Herausbildung eines eigenen Genre kamen im Befreiungskampf, als die traditionelle afrikanische Volksmusik – von der Kolonialregierung zum primitiven Ausdruck einer rückständigen Landbevölkerung abgestempelt – als wesentlicher Bestandteil der Volkskultur wiederauflebte. In nächtlichen Veranstaltungen und Feiern *(pungwe)* auf dem Land artikulierte man die Anliegen des Widerstands, und zwar zu Melodien alter Volksweisen und von traditionellen Instrumenten begleitet. Städtische Musiker wie Thomas Mapfumo und Oliver Mutukudzi griffen dann diese Musik der *pungwe* auf und verbanden moderne und afrikanische Elemente zur überaus erfolgreichen *Chimurenga Music,* der Musik des Befreiungskampfes.

Die Mischung aus moderner Unterhaltungsmusik und traditioneller Volksmusik ist heute in Zimbabwe so etwas wie eine kulturelle Brücke zwischen den Angehörigen verschiedener Klassen und Rassen. Denn der ›Zimbabwe Beat‹, eine Verschmelzung der lokalen *mbira*-Musik mit dem Rumba aus Zaire, der *mbaqanga* aus Südafrika und dem Reggae aus Jamaika trifft den Geschmack der unterschiedlichen Gesellschaftsgruppen.

Nach der Unabhängigkeit entwickelte sie sich zur *Jit Music* weiter, die Rhythmen traditioneller Freudentänze wie *jiti, jikinya* und *mbakumba* aufgreift. Interpreten wie die Harare Mambos,

Mbira (Daumenklavier) in einer Kalebasse als Klangkörper

Afrikanische Musiker mit Trommeln und Blasinstrumenten (Stich)

die Bhundu Boys, die Rusike Brothers, John Chibadura, Lovemore Majaivana, Ilanga, The Frontline Kids oder The Storms wurden über die Grenzen Zimbabwes hinaus bekannt.

Obwohl sie immer von der weißen Siedlergesellschaft gefördert wurde, hat die klassische europäische Musik in Zimbabwe nur eine geringe Bedeutung. Konzerte der Stadtorchester von Harare und Bulawayo sowie ausländischer Musiker werden fast ausschließlich von Weißen besucht. Der europäischen Kirchenmusik gelang es hingegen, sich einer großen Akzeptanz zu erfreuen. Dazu trug vor allem der Chorgesang bei, der bei der afrikanischen Bevölkerung sehr beliebt ist. Den Versuch einer Verbindung von klassischer und traditioneller Musik wagte der lokale Komponist Paul Renan mit einem Konzert für *mbira*, Klavier, Streichinstrumente, Perkussion und Chor. Zur Zehnjahresfeier von Zimbabwe wurde es 1990 mit großem Erfolg in den USA uraufgeführt.

Szene auf der Straße von Bulawayo nach Kariba ▷

Städte, Stätten und Landschaften in Zimbabwe

Harare und Umgebung

Harare

Wer eine typisch afrikanische Stadt vorzufinden erwartet, wird von Harare enttäuscht sein. Die Hauptstadt Zimbabwes präsentiert sich als gepflegte, verschlafene ›englische‹ Kleinstadt. Das gilt vor allem für die nördlichen Vororte, in denen sich die weiße Bevölkerung konzentriert. Nach dem (frühen) Einbruch der Dunkelheit spielt sich das gesellschaftliche Leben hinter den hohen Bougainvilleahecken der weitläufigen Gärten ab. Die meisten Afrikaner leben freilich nicht in so grünen und großzügig angelegten Vierteln, sondern in dichtbewohnten, baumlosen Vorstadtsiedlungen, den *townships.*

Harare liegt in 1470 m Höhe im Nordwesten des Landes, in der Provinz Mashonaland Ost. Die Stadt ist das administrative und wirtschaftliche Zentrum und der wichtigste Verkehrsknotenpunkt Zimbabwes. Im Jahr 1990 schätzte man die Einwohnerzahl auf 1,1 Mio. Rechnet man die 600 000 Bewohner der nahen afrikanischen Stadt Chitungwiza hinzu, so leben im Großraum Harare 17% der Gesamtbevölkerung des Landes.

Vor allem die strikte Rassentrennung der Kolonialzeit, die in der Praxis trotz offizieller Gleichstellung der schwarzen und weißen Bevölkerungsgruppen vor dem Gesetz nicht aufgehoben ist, und funktionale Gesichtspunkte prägten die städtebauliche Entwicklung Harares: So entstanden ein modernes Geschäfts- und Regierungsviertel; je ein Viertel für Leicht- und Schwerindustrie, dünn besiedelte städtische Villenviertel und Villenvororte wie Highlands, Borrowdale und Avondale – die Anzahl privater Schwimmbäder in diesen Siedlungen wird im internationalen Vergleich nur in Kalifornien übertroffen – sowie dicht besiedelte *townships* wie Highfields, Tafara und Dsivaresekwa.

Mit offiziell 300 000, faktisch jedoch mindestens 600 000 Einwohnern ist Chitungwiza die drittgrößte Stadt des Landes. Sie liegt 30 km südlich des Zentrums von Harare und wurde von der Kolonialverwaltung als Reservoir für billige Arbeitskräfte und als Auffangbecken für arbeitsuchende Afrikaner angelegt. Den Planungen zufolge sollten in den 30 000 gemeindeeigenen Wohneinheiten höchstens 150 000 Menschen Platz finden. Die tatsächliche Bevölkerungszahl ist heute viermal so hoch, obwohl kaum zusätzlicher Wohnraum geschaffen wurde.

Die Arbeitslosenrate liegt in Chitungwiza weit über 50%. Diejenigen, die in Harare eine Anstellung haben, müssen wegen der extrem schlechten Busverbindungen täglich mehrere Stunden Wegzeit in Kauf nehmen. Eine Besserung dieser Situation sollen in Zukunft der Bau einer Eisenbahnverbindung und die Förderung von Betriebsansiedlungen in Chitungwiza bewirken.

Geschichtliche Entwicklung

Als Zeichen der Inbesitznahme des Mashonalandes hißte die Pionierkolonne der British South Africa Company am 12. September 1890 die britische Flagge an der Stelle, wo heute die anglikanische Kathedrale von Harare steht. Ein Karanga-Häuptling namens Mbari, an den der afrikanische Stadtteil Mbare erinnert, bewohnte damals mit seinen Untertanen das Gebiet. Südlich davon, entlang des Makubusi-Flusses, lebten Angehörige des Karanga-Stammes der Seki, deren Häuptling Neharawa hieß. Auf ihn und sein Volk gehen die Namen der Stadt Harare und des *communal area* Seke zurück. Den 12. September, der bis 1961 als ›Besatzungstag‹, dann bis zur Unabhängigkeit als weniger militant klingender ›Pionierstag‹ gefeiert worden war, hat man 1980 vom Feiertagskalender gestrichen.

Die britischen Pioniere, die sich während der Trockenperiode für den Standort Harare entschieden hatten, sollten bald feststellen, daß die Regenzeit das Gelände in eine sumpfige Marsch *(vlei)* verwandelte. Ihre Trockenlegung bedurfte jahrelanger großer Anstrengungen und ist bis heute nicht gänzlich geglückt. Die Siedler errichteten zunächst ein Fort, das sie nach dem britischen Premierminister Lord Salisbury benannten. Er hatte mit Cecil Rhodes die Royal Charter

Blick vom Kopje auf Harare

ausgehandelt. Die ersten Wohnhäuser standen am Fuße des Berges Kopje, doch wegen des sumpfigen Geländes setzte man den Siedlungsbau am Causeway fort, dem heutigen Regierungsviertel. Bereits neun Monate nach der Ankunft der britischen Pioniere erschien die Zeitung ›Mashonaland Herald and Zambesia Times‹, der Vorläufer des heutigen ›Herald‹. Es folgten die Eröffnung einer Filiale der südafrikanischen Standard Bank und die Errichtung eines Krankenhauses, das Dominikanerinnen leiteten. Den Widerstand der Afrikaner gegen die Kolonisierung bekamen die Siedler im Befreiungskampf des Jahres 1896 deutlich zu spüren, als das Fort Salisbury sechs Wochen lang belagert wurde (s. S. 104).

Salisbury erhielt 1897 Stadtrechte. Zum ersten Bürgermeister wurde der populäre Zeitungsherausgeber Fairbridge gewählt. Zwei Jahre später war die Bahnlinie nach Umtali (Mutare) fertiggestellt, die Salisbury eine Zugverbindung zum Hafen von Beira in Moçambique eröffnete. Damit hatte die Stadt hinsichtlich der Infrastruktur mit Bulawayo gleichgezogen, mit dem es heftig um die Vorrangstellung konkurrierte. Rhodes gratulierte der Stadtverwaltung telegraphisch: »Der zukünftige Reichtum von Mashonaland hängt jetzt wie der vom Matabeleland einzig und alleine von der Energie seiner Siedler ab.« Der Anschluß über Bulawayo an das südafrikanische Schienennetz erfolgte 1902. Damit waren die Voraussetzungen gegeben, aus dem entlegenen militärischen Vorposten eine zentrale Verwaltungsstadt zu bauen: Noch im selben Jahr wurde Salisbury zur Hauptstadt Rhodesiens aufgewertet.

Die Einwohnerzahl ging jedoch in den nächsten Jahren zurück. Als Folge des südafrikanischen Burenkrieges, der Abwanderung nach Bulawayo und der Wehrpflicht während des Ersten Weltkrieges sank sie von 4000 zur Jahrhundertwende auf 2300 im Jahr 1920. Erst die Umwandlung Rhodesiens von einem britischen Protektorat in eine Kolonie mit Selbstverwaltung im Jahr 1923 gab Salisbury neuen Auftrieb. In den frühen 30er Jahren wurde der Luftverkehr aufgenommen. Die zu diesem Zweck errichtete Funkanlage ermöglichte erstmals, ein Radioprogramm auszustrahlen. Der Zweite Weltkrieg brachte einen Wirtschaftsaufschwung, der sich dem höheren Rohstoffbedarf und einem beachtlichen Siedlerzustrom verdankte. Und zwischen 1953 und 1963 folgte ein weiterer Entwicklungsschub, als Salisbury auch die Hauptstadt des Zentralafrikanischen Bundes zwischen Südrhodesien (Zimbabwe), Nordrhodesien (Zambia) und Nyasaland (Malawi) war. In dieser Zeit nahm Salisbury Bulawayo den Rang als bedeutendste Wirtschaftsmetropole des Landes ab.

Während des Befreiungskampfes erlahmte der Ausbau der Stadt. Ab 1980 setzte jedoch wieder eine rege Bautätigkeit ein. Die Ablösung der weißen durch eine schwarze Stadtverwaltung ist bisher nur an der Änderung des Namens von Salisbury in Harare und an der Umbenennung jener Plätze und Straßen sichtbar geworden, die an Persönlichkeiten der Kolonialzeit erinnerten: Sie tragen heute Namen afrikanischer Politiker und Nationalhelden.

Architektur und Sehenswürdigkeiten im Zentrum

Auf dem **African Unity Square** hißte die Pionierkolonne 1890 den Union Jack und zeigte dadurch an, daß das Mashonaland für das britische Königreich in Besitz genommen worden war. An diesen Akt erinnert heute eine Bronzestatue. Fort Salisbury, das man an dieser Stelle errichtet hatte, wurde 1902 abgerissen und in einen Stadtpark umgewandelt, der nach Robert Cecil, wie Premierminister Lord Salisbury mit bürgerlichem Namen hieß, Cecil Square genannt wurde. Seinen jetzigen Namen erhielt der Park 1988 aus Anlaß des 25. Gründungstages der Organisation für Afrikanische Einheit. Diese gepflegte Anlage zwischen Parlament und Meikles Hotel, deren Mitte ein Springbrunnen ziert, ist von Jakaranda-Bäumen umgeben, die im September in schillerndem Lila blühen (Farbabb. 28). An der zur Jason Moyo Avenue gelegenen Parkseite werden täglich frische Schnittblumen verkauft. Daneben befindet sich die Informationsstelle der Harare Publicity Association (Touristeninformation).

Blick auf die anglikanische Kathedrale

Das **Parlamentsgebäude** gegenüber dem African Unity Square (an der Baker Avenue) läßt sich architektonisch schwer zuordnen. Bei seiner Grundsteinlegung im Jahr 1895 war es als Hotel konzipiert, doch wurde es vier Jahre später zum Gerichtshof umfunktioniert, und seit 1923 tagen dort die Volksvertreter. Die Fassade stammt aus dem Jahr 1938, weitere Anbauten erfolgten 1953 für das föderative Parlament und 1970 für den Senat. In entsprechender Kleidung (Krawatte, Kleid) können Sitzungen von der Strangers' Gallery aus mitverfolgt werden.

Die **anglikanische Kathedrale** an der Baker Avenue ist die größte Kirche der Stadt. Mit ihrem Bau wurde 1913 an jener Stelle begonnen, an der 1890 die erste Kapelle errichtet worden war. In der St. Georgs-Kapelle ist aus dieser Zeit ein Altarkreuz erhalten, das man aus Zigarettenschachteln gefertigt hatte. Die Kathedrale, die der Gottesmutter und allen Heiligen geweiht ist, wurde nach dem Zweiten Weltkrieg um einen Kreuzgang erweitert, und 1961 erbaute man den Glockenturm.

The Mall, die First Street, wurde Mitte der 70er Jahre gegen den Widerstand vieler Anrainer zur Fußgängerzone umgestaltet und ist heute der Stolz der Stadt. Wenngleich Straßencafés fehlen, ist hier dennoch die Verbindung von eleganten Geschäften und freien Plätzen gelungen (Achtung vor Taschendieben!). Zwei bronzene Rappenantilopen, das Wappentier von Harare, zieren einen Brunnen an der Kreuzung mit der Union Avenue. Um einen Schnellimbiß einzunehmen, bietet sich Whimpy beim Brunnen an der George Silundika Avenue an. Hungrige mit Appetit auf frischen Fruchtsaft, Salat und eine Lasagne, Palatschinken oder andere Delikatessen kehren besser in das Restaurant Two Flights Up ein (Ecke First Street/Speke Avenue).

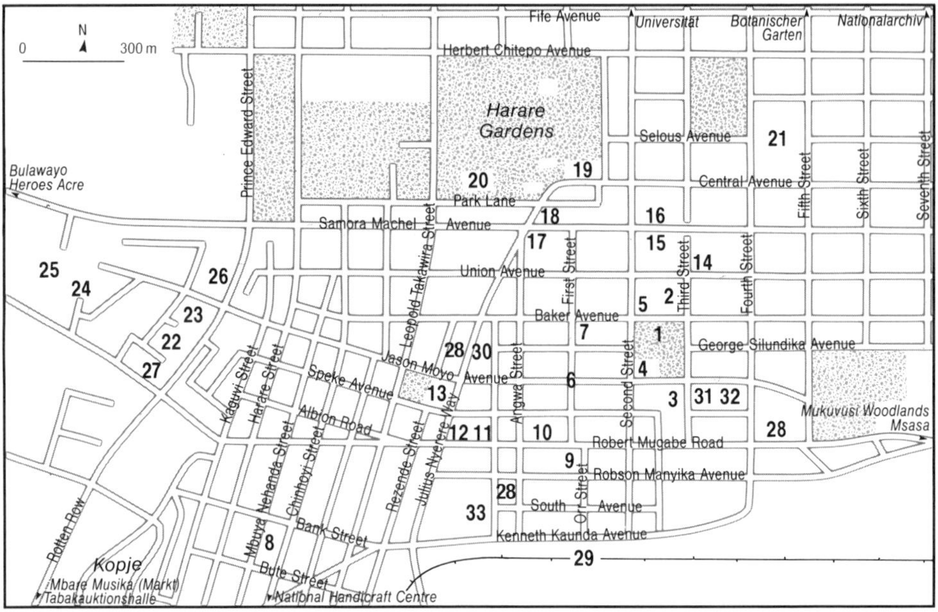

Harare 1 African Unity Square 2 Parlament 3 Meikles Hotel 4 Touristeninformation 5 Anglikanische Kathedrale 6 The Mall 7 Versicherung N.E.M. 8 Alte Markthalle 9 Standard Chartered Bank 10 Faraday's Building 11 Store Brothers 12 Arnold Building 13 Rathaus 14 Oberster Gerichtshof 15 Munhumutapa Building 16 Mapondera Building 17 Karigamombe Shopping Centre 18 Charter House 19 Nationalgalerie 20 Les Brown Swimmingpool 21 Geologiemuseum 22 Nationalmuseum 23 Bücherei 24 Sheraton 25 Konferenzgebäude 26 Parteihauptquartier der ZANU 27 Courtould 28 Busbahnhof 29 Bahnhof 30 Post 31 Travel Centre, Air Zimbabwe 32 Nationalparkbüro 33 Polizei

Das **Gebäude der Versicherung NEM** an der Straßenecke Baker Avenue/First Street entstand übrigens 1930 als erstes Hochhaus der Stadt mit Lift.

Von den frühen Kolonialgebäuden sind heute nur noch wenige erhalten. Das älteste Haus ist die **Markthalle** von 1894, bei deren Bau noch ausschließlich einheimische Materialien verwendet wurden. Sie wurde nach der Unabhängigkeit renoviert und dient heute als Gemüsemarkt. Seit der Jahrhundertwende, als Harare an das Eisenbahnnetz angeschlossen wurde, verbesserten sich die Importmöglichkeiten von Baumaterial, und wer es sich leisten konnte, bestellte per Katalog bei Versandhäusern in Schottland und Südafrika Veranda- und Balkongitter aus Schmiedeeisen. Sie dienten der Verzierung einfacher neoklassizistischer Fassaden, die vereinzelt Jugendstilelemente aufweisen. Erinnerungen an diese spätviktorianische Epoche finden sich noch in der Robert Mugabe (Manica) Road. Besonders typische Beispiele sind das Geschäft der Faraday and Sons, das Gebäude der Store Brothers und das Arnold Building.

Harare: First Street ▷

udc
Panadol

Im Gegensatz zu diesen englisch beeinflußten Bauten zeigt der holländische Kapstil barocke Elemente. Ein Vertreter dieses Typs ist das Gebäude der **Standard Chartered Bank** aus dem Jahr 1911 in der Robert Mugabe Road (am Ende der First Street). Ein für den Kapstil charakteristisches Giebeldach ziert das 1910 errichtete **State House** an der Chancellor Avenue (kein öffentlicher Zugang) und das **Hotel Brontë** an der Fourth Street.

Nach 1923, als Salisbury die Hauptstadt einer selbstverwalteten Kolonie wurde, suchten die Stadtplaner für die öffentlichen Gebäude nach einem eigenen, das heißt weder britischen noch südafrikanischen Stil. So entstanden mediterran anmutende Bauten mit wuchtigen, hellen Fassaden und Ziegeldächern, wie das Gebäude des **Obersten Gerichtshofes** aus dem Jahr 1927 und die Regierungsgebäude **Munhumutapa** (1932) und **Mapondera** (1938) in der Samora Machel Avenue. Ein schönes Beispiel ist ferner das **Rathaus** (Townhouse) aus dem Jahr 1933, dessen zwei Innenhöfe an römische Atrien erinnern.

Die Zeit des Zentralafrikanischen Bundes löste zwischen 1953 und 1963 eine Bauwelle aus. So entstanden protzige Bürogebäude mit vielen Fensterreihen, die den Eindruck besonderer Geschäftigkeit in den dahinter liegenden Räumen erwecken sollen. Das Gebäude der **Notenbank** (1958) und das **Charter House** (1959), beide an der Samora Machel Avenue unweit der First Street gelegen, spiegeln diesen Gedanken deutlich wider. Das 20 Jahre später fertiggestellte **Karigamombe Shopping Centre** an der Ecke Julius Nyerere Way/Samora Machel Avenue ist ebenso wie das neue 25stöckige Gebäude der Notenbank an der Samora Machel Avenue/Ende First Street ein Beispiel für das Prestigedenken der Banken. Die öffentlichen Bauten der Periode der Zentralafrikanischen Konföderation drücken das gehobene Ansehen der Stadt durch einen betont modernen, internationalen Stil aus. Beispiele dafür sind die Nationalgalerie (1957), das Nationalarchiv (1960) und die städtische Bücherei (1963).

Die **Nationalgalerie** an der Südseite der Harare Gardens hat seit den 60er Jahren wesentlich zur Entdeckung und zum Erfolg der von zimbabwischen Künstlern hergestellten Steinskulpturen beigetragen (s. S. 150 ff.) und besitzt eine der besten und umfangreichsten Sammlungen. Die Werke sind im Erdgeschoß und im Garten ausgestellt. Der erste Stock ist überwiegend afrikanischer Malerei und Schnitzerei aus West- und Zentralafrika gewidmet. Zahlreiche Sonderausstellungen ergänzen das Programm. Im angeschlossenen Verkaufsraum können Kunstwerke und Souvenirs erworben werden.

Die **Harare Gardens** zwischen der Herbert Chitepo Avenue und der Park Lane nördlich des Monomatapa Hotels sind eine weitläufige Parkanlage mit verschiedenen Baumarten, die namentlich gekennzeichnet sind, mit gepflegten Blumenbeeten und einem schattig gelegenen Imbißrestaurant. An der Westseite befindet sich der Les Brown Swimmingpool, eines der städtischen Schwimmbäder. Am Sonntag werden regelmäßig Freiluftkonzerte aufgeführt und Strickwaren, T-Shirts, Holzschnitzereien und andere Souvenirs verkauft. Ein kleiner Kinderspielplatz ist ebenfalls vorhanden. Nicht weit entfernt ist das **Geologiemuseum.** Hier stellt das Bergbauministerium Gesteine und Mineralien aus Zimbabwe aus.

Das **Nationalmuseum** im Civic Centre, in der Nähe des Sheraton Hotel, widmet sich insbesondere der evolutionsgeschichtlichen Entwicklung von Mensch und Tier. Das Museum stellt archäologische und paläontologische Objekte und Beispiele von Felsmalereien aus. Außerdem vermittelt es einen Eindruck von der Geschichte der Pioniere im Mashonaland und – in der *habitat exhibition* – von den verschiedenen natürlichen Lebensräumen in Zimbabwe. Wer nach Bulawayo weiterreist, kann sich diesen Museumsbesuch allerdings sparen, denn das dortige Museum ist weitaus besser konzipiert.

Vom sichtlichen Bemühen der Stadtplaner, auch nach der Unabhängigkeit den europäischen Charakter der Stadt weiter auszubauen, zeugen das **Sheraton Hotel** und das angrenzende **Konferenzgebäude,** das 4000 Teilnehmer faßt. Sie wurden von einer jugoslawischen Firma noch rechtzeitig vor der Gipfelkonferenz der Blockfreien Staaten im Jahr 1986 fertiggestellt. Dieselbe Firma errichtete das neue, 14 Stockwerke hohe **Parteihauptquartier der ZANU-PF** an der Kreuzung Samora Machel Avenue/Rotten Row, das anläßlich der Zehnjahresfeier Zimbabwes eröffnet wurde und ›Chibuku-Haus‹ genannt wird, da seine Form an die Verpackung des beliebten Maisbieres erinnert.

Weitere Sehenswürdigkeiten und Unterhaltungsangebote

Mbare Musika, der größte afrikanische Markt (Shona: *musika*) des Landes, ist schon wegen des Kontrastes zur Innenstadt sehenswert. Er liegt an der Ardbennie Road im Süden der Stadt im *township* Mbare und umfaßt einen Gemüsemarkt, Stände für verschiedenste Gebrauchsartikel und Heilkräuter, eine Verkaufshalle für Handwerksgegenstände wie Korbwaren, Schnitzereien und Musikinstrumente, einen Biergarten sowie eine Volksküche mit preiswerten afrikanischen Gerichten. Das reiche, günstige Angebot nutzen Großhändler ebenso wie Einzelpersonen. Auf dem Markt herrscht täglich von Sonnenaufgang bis Sonnenuntergang Betrieb.

Mbare Musika-Markt

Kunstgewerbe in Msasa: In diesem Vorort im Osten der Stadt, an der Ausfahrtstraße nach Mutare, haben sich in Doon Estate einige der besten Kunstläden der Stadt angesiedelt. Das **Chapungu Village** ist zugleich Verkaufsgalerie und ständige Ausstellung von Steinskulpturen mit Werken früher und zeitgenössischer, bekannter und aufstrebender Künstler. Ein afrikanischer Kraal, in dem ein traditioneller Heiler Ratschläge erteilt, und Aufführungen afrikanischer Tänze ergänzen das Angebot für Besucher (Abb. 53, 54).

Im selben Areal gibt es zwei weitere empfehlenswerte Geschäfte: das Keramikgeschäft von Ros Byrne, in dem neben stilvollen Töpferwaren auch schöne handbedruckte Stoffe erstanden werden können, und die Msasa Jewellery, die lokale Edelsteine und Halbedelsteine in der eigenen Werkstatt zu modernem Schmuck verarbeitet. Einige Kilometer stadtauswärts befindet sich die Textil- und Tischlereischule Danhiko.

Das **Nationalarchiv** in Borrowdale ist eines der ältesten und besten in Afrika, eine wahre Fundgrube für Historiker. Der Zugriff auf Archivmaterial setzt allerdings eine Forschungsgenehmigung voraus. Doch selbst der öffentlich zugängliche Teil lohnt einen Besuch. In der Galerie im ersten Stock wird die Geschichte des Landes anhand von Dokumenten, Gemälden (darunter Originale von Thomas Baines) und Zeitungsreportagen veranschaulicht. Ein Stockwerk darüber befindet sich eine historische Briefmarkensammlung. Im Lesesaal kann die umfangreiche Bibliothek benutzt werden. Historische Maschinen inmitten einer schönen Gartenanlage mit Aloen vermitteln einen Hauch von Nostalgie.

Die **Universität** von Zimbabwe umfaßt neun Fakultäten, die auf dem 180 ha großen Campus an der Churchill Avenue in Mount Pleasant untergebracht sind. Besucher betreut die Informationsstelle nach vorheriger Anmeldung (✆ 30 32 11).

Der **Botanische Garten** liegt 4 km nördlich des Stadtzentrums an der Verlängerung der Fifth Street. Auf dem über 60 ha großen, teils naturbelassenen Gelände sind die 750 einheimischen Baumarten fast vollständig vertreten, daneben viele andere afrikanische, europäische und südamerikanische Pflanzen. Im Herbarium ist eine Musterkollektion von über 250 000 Pflanzen untergebracht (täglich außer Montag von 9–17 Uhr geöffnet).

Der **Kopje** ist ein Hügel am Südwestrand der Innenstadt, auf den der kurvige Skipper Hoste Drive führt, der von der Kaguvi Street oder der Rotten Row aus erreicht werden kann. Ein Besuch ist schon wegen des Ausblicks auf Harare lohnend. Mit Hilfe von Orientierungstafeln aus Bronze lassen sich Richtung und Entfernung markanter Blickpunkte bestimmen. Auf diesem Hügel faßte die Führung der Pionierkolonne im September 1890 den Entschluß, den Vorstoß in das Mashonaland zu beenden und in der vor ihr liegenden Ebene ihren nördlichsten Stützpunkt zu errichten. Die Reste eines nie fertiggestellten Forts bilden heute die Terrassen einer kleinen Parkanlage mit Aloen. Die Fackel wurde anläßlich der Unabhängigkeit von Zimbabwe am 18. April 1980 entzündet. Es gibt vage Pläne, am Fuß des Kopje ein neues Parlamentsgebäude zu errichten.

Das **National Handicraft Centre** an der Chinhoyi Street im Südteil der Innenstadt (unweit des Kopje) bietet eine breite Palette lokaler Handwerksprodukte, wie Körbe, Keramik, Holz- und Steinskulpturen, Schmuck, Lederwaren, Teppiche, Stoffe und Stoffdrucke. Die Eröffnung eines Restaurants mit afrikanischer Küche ist geplant.

Der **Heroes Acre,** der 57 ha große Heldenfriedhof des jungen Zimbabwe, liegt 7 km außerhalb des Stadtzentrums an der Straße nach Bulawayo. Hier befinden sich die Statue und das Grab des Unbekannten Soldaten, ein 40 m hoher Turm mit dem ewigen Licht der Freiheit und die Grabmäler der Nationalhelden. Das Denkmal wird von zwei Bronzefriesen flankiert. Das eine erinnert an die koloniale Unterdrückung: Angehörige der British South African Police, wie die rhodesische Polizei bis zur Unabhängigkeit hieß, schlagen auf Jugendliche und eine Mutter mit Kind ein. Die aufgebrachte Menge beginnt sich zu organisieren, Jugendliche werden über die Grenze in Trainingslager für den Widerstand geschickt. Der andere Fries zeigt Szenen des bewaffneten Kampfes und schließlich Robert Mugabe in Siegerpose. Das Denkmal wurde von nordkoreanischen Künstlern entworfen, deren Personendarstellungen nachträglich afrikanisiert worden sein sollen. Die Einrichtung eines Revolutionsmuseums ist vorgesehen. Für eine Besichtigung des Heroes Acre ist die Genehmigung des Ministry of Information erforderlich, die jedoch problemlos und kostenlos erteilt wird (Linquenda House, Baker Avenue, 58). Soldaten stehen für Führungen bereit.

Die **Epworth Balancing Rocks** sind imposante ›Wackelsteine‹ 12 km außerhalb des Stadtzentrums (Farbabb. 10). Man erreicht sie über die Widdecombe Road. Jugendliche führen Besucher gern gegen ein geringes Trinkgeld zu den Felsmalereien.

Epworth Balancing Rocks

Die **Mukuvusi Woodlands** nehmen ein Areal von über 270 ha zwischen der Mutare Road und dem Mukuvusi River ein (Einfahrt von der Glenara South Avenue). Eine Hälfte dient als Tierpark, die andere als Wald- und Vogelschutzgebiet, zu dem ein Schulungszentrum mit Krokodilpool und Picknickplatz gehört. Ein Ausflug in dieses Naturschutzgebiet in unmittelbarer Stadtnähe ist insbesondere mit Kindern sehr zu empfehlen. Am Wochenende finden geführte, zweistündige Wanderungen durch den Tierpark statt, bei dem Antilopen, Warzenschweine, Zebras und junge Elefanten beobachtet werden können. Auf dem Gelände bietet die Ornithologische Gesellschaft einmal monatlich Beobachtungstouren an. Die Zimbabwe Wildlife Society baut es zu Erholungs- und Erziehungszwecken aus (täglich von 6–18 Uhr geöffnet; Wanderungen durch den Tierpark finden regelmäßig mittwochs, samstags und sonntags sowie feiertags ab 14 Uhr statt, sonntags auch ab 8 Uhr oder nach Vereinbarung; ✆ 73 15 96).

Die **Tabakauktionshalle** an der Gleneagles Road im Industrieviertel Willowvale zeugt vom hohen Standard der Agroindustrie Zimbabwes. In einer der modernsten Anlagen der Welt wurden 1989 130 000 t Tabak im Wert von 330 Mio. US$ umgesetzt. Versteigerungen finden von April bis Oktober jeden Vormittag statt. Nach einer schwer ergründbaren Regel zieht der Auktionator murmelnd mit einer Schar nickender Käufer in erstaunlichem Tempo an Tausenden von Tabakballen vorbei. Besucher sind willkommen (✆ 76 04 81).

Harare, Tabakauktionshalle

Das aktuelle Unterhaltungsprogramm läßt sich den Tageszeitungen und der Monatsbroschüre ›This Month in Harare‹ entnehmen. Das Theater- und Konzertangebot ist bescheiden. Das Repertoire des REPS Theatre umfaßt vor allem klassische Werke englischer Autoren, die vor fast ausschließlich weißem Publikum aufgeführt werden. Gelegentlich versucht sich das Theater auch in experimentellen afrikanischen Stücken. Ähnlich eurozentriert gibt sich das College of Music, das im **Courtould Theatre** vorwiegend klassische Konzerte bringt.

Wesentlich belebter ist die Tanzmusik-Szene. *Zimbabwe Rock* wird in vielen Lokalen am Wochenende – nach den Zahltagen am Monatsende auch wochentags – live geboten. Ein ›sicherer‹ Tip sind Liveauftritte bekannter Lokalgrößen, wie Thomas Mapfumo und Oliver Mutukudzi, die am Samstagnachmittag im Queens Garden stattfinden. Das Skyline Motel ist die Stammkneipe der Real Sounds. Die Rusike Brothers, Ilanga und Cde. Chinx sind abwechselnd im Playboy Night Club zu hören. Lovemore Majaivana ist regelmäßiger Gast im Kambuzuma Hotel im gleichnamigen *township.* Im Job's Nite Spot spielen außer der Job's Combination Gastgruppen wie die Bhundu Boys oder Andy Brown and the Storms. Talking Drums rocken an vielen Wochenenden im Hunyani Hills Hotel am Lake Chivero.

Das Wetten bei Pferderennen ist ein beliebter Volkssport, der von jung und alt, Schwarz und Weiß mit großer Leidenschaft betrieben wird. Am **Borrowdale Race Course** finden an 40 Samstagen im Jahr Rennen statt. An einem Nachmittag starten in der Regel in neun Runden durchschnittlich 100 Pferde. Die statistische Wahrscheinlichkeit, einen Wettsieg davonzutragen, ist gering. Aber das bunte Treiben lohnt den Besuch (Borrowdale Road, Gunhill, ✆ 72 87 71).

Ausflüge in die Umgebung von Harare

Lake Chivero (McIlwaine)

Der Lake Chivero und der angrenzende Tierpark sind ein beliebtes Naherholungsgebiet, nur 30 km südwestlich der Stadt gelegen. Der See entstand 1952, als man den Hunyani-Fluß aufstaute. Am Nordufer kann gefischt werden, ein Segel- und ein Motorbootclub bieten Mitgliedern Wassersportmöglichkeiten. Das Südufer bildet die Grenze zum 1600 ha großen Tierpark mit Antilopen, Warzenschweinen, Straußen, einer Breitmaulnashorn-Familie und Giraffen. Zu den Attraktionen des Parks gehören auch Felszeichnungen, darunter die schönen, gut zugänglichen Malereien am **Bushman's Point.** Das Nationalpark-Camp ist pittoresk mitten im Tierpark gelegen und bietet einen Tennisplatz, ein Schwimmbad und Ponys zum Reiten. Die Lodges und Chalets sind an vielen Wochenenden und während der Schulferien auf Monate im voraus ausgebucht. Am Nordufer unterhält die Nationalparkverwaltung den Msasa-Campingplatz und in der Nähe des Hunyani Hills Hotel (✆ Harare 7 62 54 15) einen Caravanplatz. Der Park eignet sich auch gut für einen Tagesausflug.

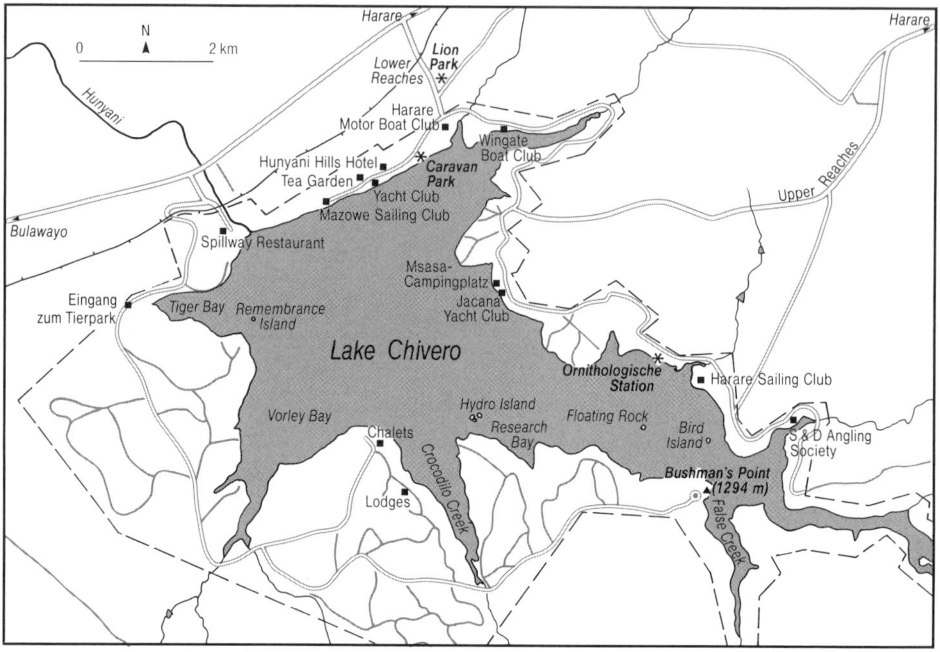

Lake Chivero

Das gesamte Gebiet ist ein Vogelparadies, in dem Kenner an einem einzigen Tag über 200 Arten erspäht haben wollen. Mitarbeiter der ornithologischen Forschungsstation am Nordufer sind in der Regel bereit, Interessierte durch das am Ufer gelegene, abgegrenzte Vogelschutzgebiet zu führen.

Das Nordufer ist von der Nationalstraße nach Bulawayo (A 5) über zwei Abfahrten (Upper Reaches bei km 17 und Lower Reaches bei km 29) zu erreichen. Die Zufahrt zum Tierpark zweigt unmittelbar hinter der Brücke über den Hunyani ab (bei km 32). Von dort sind es noch 13 km bis zum Nationalpark-Camp.

Der Ausflug läßt sich gut mit einem Besuch des **Schlangenparks** (an der Straße nach Bulawayo bei km 16, ✆ 27411) und des **Larvon Bird Garden** an der Seezufahrtstraße Upper Reaches verbinden. 400 einheimische exotische Vogelarten leben hier in einer weitläufigen, teilweise vergitterten Anlage, zu der ein Teehaus und ein Kinderspielplatz gehören (täglich außer Donnerstag geöffnet, ✆ 277496). Im **Lion Park** nahe der Seezufahrtstraße Lower Reaches können wie daheim im Zoo hinter Gittern Raubkatzen, Hyänen, Krokodile und eine Riesenschildkröte beobachtet werden. Das Freiraum-Löwengehege darf mit geschlossenem PKW durchfahren werden (täglich von 8.30–17 Uhr geöffnet).

Pamuzinda Lodge

Bei km 82 der Nationalstraße A 5 Harare–Bulawayo zweigt kurz hinter der Ortschaft Selous eine 6 km lange Zufahrt nach links zur exklusiven Safari-Lodge ab, die der Cresta-Hotelkette angehört. Pamuzinda bietet bis zu 26 Gästen in eleganten Hütten mit Folklore-Dekoration und eigenem Schwimmbad Platz. Auf dem relativ kleinen Gelände leben Antilopen, Leoparden, Löwen, Büffel und Nashörner, die sich zur Dämmerung gern rund um den künstlichen See in Sichtweite der Terrasse aufhalten.

Chinhoyi Caves

Die Kalksteinhöhlen von Chinhoyi liegen 8 km westlich der gleichnamigen Stadt, die man nach 119 km auf der A 1 von Harare nach Kariba/Chirundu erreicht. Eine der Höhlen ist von zwei Stellen aus gut zugänglich. In ihr befindet sich 50 m unter der Erdoberfläche ein kleiner, aber 90 m tiefer glasklarer See, der das durch eine Öffnung einfallende Licht in dunklem Blau widerspiegelt. Wegen seiner konstanten Wassertemperatur von 22 °C vermutet man, daß der See mit anderen unterirdischen Gewässern verbunden ist. Um 1890, zu Beginn der Kolonisierung des Landes durch die Europäer, verschanzten sich Häuptling Chinhoyi und seine Gefolgsleute in der Höhle, um sich vor Übergriffen der Ndebele zu schützen. Auf dem Gelände bestehen Übernachtungsmöglichkeiten im Caves Hotel und auf einem Campingplatz.

Umgebungsplan von Harare

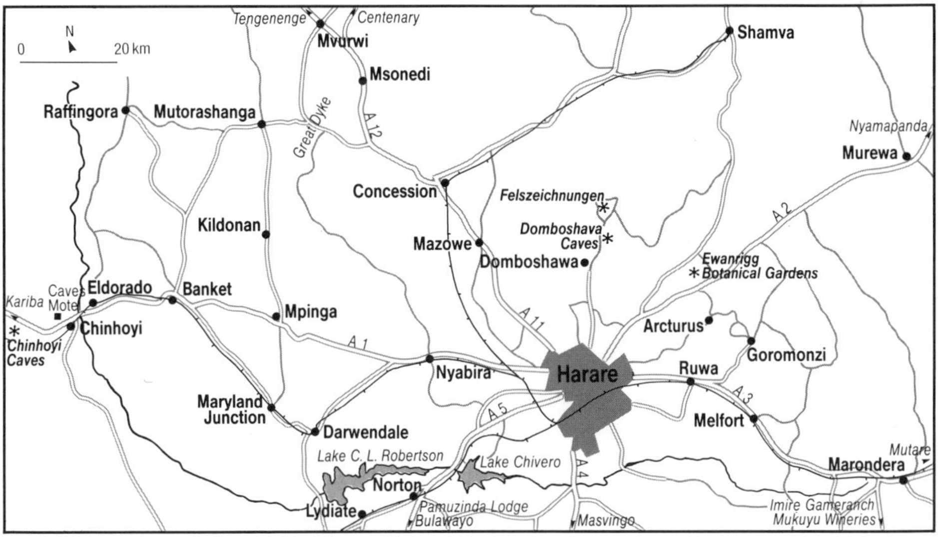

Eine Fahrt zum Great Dyke

Eine schöne Rundfahrt für geologisch Interessierte beginnt an der Straße nach Banket (A 1, Ausfahrtsstraße Lomagundi Road), die nach 60 km in langgezogenen Serpentinen über den Great Dyke führt. Kurz danach biegt bei **Mpinga** eine schmale Asphaltstraße Richtung Norden (rechts) nach Mutorashanga ab, die über eine Strecke von 45 km entlang der Westseite des Great Dyke verläuft. Von **Mutorashanga** zweigt nach Osten eine gut befahrbare Asphaltstraße ab, die zwischen Chrombergwerken und freiliegenden Flözen den Great Dyke überquert. Der geolo-

Der Great Dyke

Der Great Dyke ist ein 540 km langer und nur wenige km breiter Gesteinsstrang (Lopolith) magmatischen Ursprungs, der das Land von Mberengwa im Süden bis nach Guruve im Norden durchzieht. Die höchste Erhebung überragt das Granitplateau um 350 m. Bis zu 15 km tief reicht der Lopolith in die Erde hinein. Der Great Dyke ist weltweit die längste und gleichmäßigste Formation dieser Art und erweckte schon vor 100 Jahren das Interesse des deutschen Forschers Karl Mauch. Unter einer Schicht von Gabbro-Gestein enthält er Flöze mit reichen Vorkommen an Chrom, Platin, Magnesit und Asbest. Die Zersetzung des Basalts an der Erdoberfläche führte zur Bildung von Serpentingestein, einem wichtigen Rohmaterial der Bildhauer von Zimbabwe (s. S. 153f.).

1 Gabbro
2 Pyroxenite
3 Serpentin
4 Chromit
5 Dunite

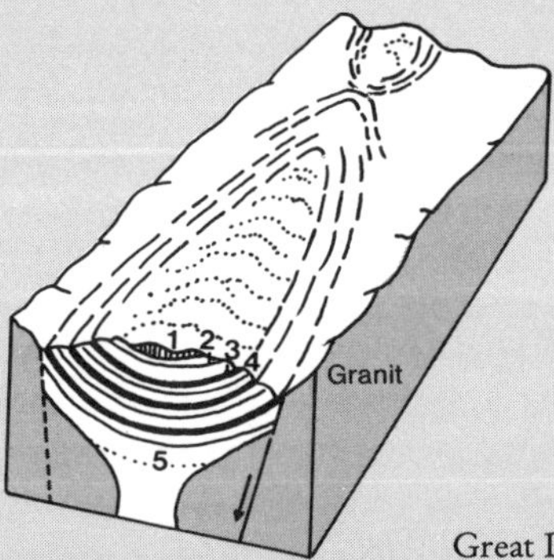

Great Dyke – Gesteinsformationen

Die scharfe Trennlinie zwischen Gabbro und Serpentin läßt sich am Wechsel der Flora ablesen. Weil der Boden über dem Serpentingestein viel Nickel und Magnesium enthält, ist der Bewuchs spärlich, aber einzigartig: Die Erdzusammensetzung hat 20 eigene Spezies entstehen lassen, darunter eine Aloe-Art (Aloe ortholopha) und zwei Arten des Kandelaberbaumes (Euphorbia memoralis und Euphorbia wildii). Über dem Gabbro-Gestein gedeiht hingegen der für das restliche Hochland typische Wald (s. S. 19).

Der Great Dyke bei Mpinga

gisch bedingte Wechsel der Flora läßt sich auf dieser Strecke besonders gut beobachten. Nach 46 km erreicht man die Bergwerkstadt **Concession.** Von dort sind es auf der Nationalstraße A 11 – an den Zitrusplantagen bei **Mazowe** und am gleichnamigen Stausee vorbei – noch 51 km bis zur Einfahrtstraße Golden Stairs Road nach Harare.

Tengenenge

Das Künstlerdorf Tengenenge ist eine große Freilicht-Galerie. Seine Bewohner leben mit ihren Kunstwerken: Überall stehen hier Skulpturen, kleine und große, schätzungsweise mehr als 2000 Stück (Farbabb. 17, Abb. 50). Jeder Künstler hat seinen eigenen Ausstellungsplatz, seine Werke stehen auf Baumstämmen und Steinen oder in lose gezimmerten Regalen, sie liegen im Gras oder sind vor den Wohnhütten ausgestellt. Die Bildhauer von Tengenenge – nicht nur Männer, sondern auch Frauen und Kinder – behauen ihre Steine im Schatten der Bäume. Es gibt keinen festen Arbeitsrhythmus, die Künstler arbeiten, wenn sie Muße dazu haben. Besucher sind hier willkommen, und die Bewohner von Tengenenge nehmen sich die Zeit, über ihre Produkte zu sprechen. Einer internen Richtlinie zufolge darf nicht kopiert werden. Jeder soll nach individuellen Ausdrucksformen suchen.

Tengenenge Sculpture Community

Gründer und Mentor der Tengenenge Sculpture Community ist Tom Blomefield, ein ehemaliger Tabakfarmer. Die Wirtschaftskrise Mitte der 60er Jahre ließ ihn zum Künstler und Mäzen werden. Nach der Verhängung von Wirtschaftssanktionen gegen Rhodesien im Jahre 1965 stand seine Farm kurz vor dem Ruin, so daß Blomefield nach Alternativen suchen mußte. Da sein Land unweit des Great Dyke liegt, bot sich eine Verwertung der reichhaltigen Vorkommen von Serpentingestein an. Der Workshop der Nationalgalerie in Harare, dessen Bildhauer unter Leitung von Frank McEwen erste Erfolge vorweisen konnten, inspirierte Blomefield, gemeinsam mit seinen Arbeitern Skulpturen herzustellen. Die ersten Werke dieser ehemaligen Wanderarbeiter fanden bei der Nationalgalerie Anerkennung.

Der Bildhauer Bernard Matamera in Tengenenge

Die künstlerische Arbeit mit Stein, einem für alle neuen Medium, brachte das unterschiedliche kulturelle Erbe der Wanderarbeiter hervor. Der Erfolg der Künstlergruppe von Tengenenge ist zweifellos auf die fruchtbare Symbiose der verschiedenen Kulturkreise, denen die Mitglieder zugehören, zurückzuführen. Die Shona waren durch Henry Munyaradzi, Bernard Matamera, Ephraim Chaurika, Edward Chiwawa und Sylvester Mubayi vertreten; Josia Manzi kam aus Malawi, Saidi aus Moçambique und Akuda Fanizani aus Zambia.

Tom Blomefield schätzt die Zahl derer, die in Tengenenge gearbeitet haben, auf über 500. Heute leben 17 Bildhauer mit ihren Familien auf der Farm und weitere 100 in der näheren Umgebung. Die meisten können sich nicht ausschließlich ihrer Kunst widmen, sondern arbeiten während der Erntezeit auf benachbarten Farmen, um den Lebensunterhalt zu sichern. Bis auf Matamera und Manzi haben die Erfolgreichen die Bildhauergruppe verlassen und einen eigenen Weg eingeschlagen. Bernard Matamera, der Ausstellungen in Paris (1970), London (1981), New York (1986) und Belgrad (1988) hatte, bewahrte trotz seiner internationalen Erfolge seinen ursprünglichen Lebensstil und seine Verbindung zu Tengenenge.

Tengenenge liegt 150 km von Harare entfernt am Fuße der nördlichen Ausläufer des Great Dyke. Über die Stadtausfahrt Golden Stairs Road gelangt man auf der A 11 bis Mazowe, von dort auf der A 12 weiter Richtung Centenary bis zur Abzweigung nach Mvurwi. Von Mvurwi fährt man nach Norden Richtung Guruve, bis bei Kilometerstein 34,5 eine Schotterpiste nach Osten (rechts) abzweigt, über die nach 18 km Tengenenge erreicht wird. Die Zufahrt ist vom Beginn der Schotterstraße an behelfsmäßig ausgeschildert (Anschrift: Tengenenge Sculptors, Guruve; P.O. Box 169, Mvurwi).

Domboshava: Felsmalereien und Granitdome

Nur wenige Kilometer nördlich von Harare existiert eine Landschaft mit imposanten, bizarr geformten Granitdomen. An die frühgeschichtlichen Bewohner, die San, erinnern schöne Felsmalereien.

Am leichtesten zugänglich sind die Felszeichnungen von Domboshava. Dieser Ort liegt 27 km nördlich des Stadtzentrums von Harare. Man erreicht ihn über die Verlängerung der Borrowdale Road. 2 km hinter dem Ortsschild von Domboshava führt eine beschilderte Abzweigung nach rechts zum bewachten Parkplatz der **Domboshava Caves.** Die Felsbilder befinden sich jenseits des kahlen Hügelrückens hinter einem Felsüberhang und sind in 15 Minuten bequem zu Fuß zu erreichen. Der Weg ist mit Richtungspfeilen am Felsen markiert, doch gegen ein Trinkgeld begleiten Jugendliche Besucher gern dorthin. Die Zeichnungen lassen deutlich die verschiedenen Stilrichtungen erkennen, die sich über die Jahrhunderte herausgebildet haben. Von der Kuppe bietet sich eine Panoramaaussicht über die entfernte Stadt, die umliegenden Felder und die zerklüfteten Felsformationen.

Weitere Felsmalereien liegen nur wenige Kilometer nördlich von Domboshava inmitten einer von Granitdomen dominierten Landschaft. Besonders einladend für Wanderer ist die **Ngomakurira-Felsengruppe:** Von der Verlängerung der Straße nach Domboshava zweigt nach etwa 15 km (6 km nach Beginn der Staubstraße) die Sasa Road nach Osten (rechts) ab. Ein markanter Baum linker Hand (nach 1 km) bietet Schatten für den abgestellten PKW. Von dort führt ein ausgetretener Weg nach Norden (links) auf einen Hügelrücken hinauf, hinter dem sich ein weitläufiges, unbewohntes Gelände verbirgt. Glatte, flechtenüberzogene Felswände ragen aus den weiten Hügelrücken und den dichtbewachsenen Talsenken heraus. Für diese erosionsbedingte geologische Besonderheit des Landes bietet sich hier zweifellos eines der schönsten Beispiele. Die vorhandenen Felszeichnungen lassen sich nur in Begleitung lokaler Führer finden, deren es jedoch genügend gibt.

Ewanrigg Botanical Gardens

Dieser weitläufige, besondes für seine Aloen und Baumfarne bekannte botanische Garten liegt 41 km nordöstlich von Harare an der Straße nach Shamva, auf die man über die Stadtausfahrt

Enterprise Road gelangt. Die Anfahrt ist ebenfalls über die Straße nach Murewa möglich. Von den insgesamt 286 ha sind 40 kultiviert. Durch den naturbelassenen Teil der Anlage führen Waldlehrpfade. Auf dem Gelände befinden sich schöne Picknickplätze, auf denen für Trinkwasser gesorgt ist (Abb. 19).

In der Umgebung von Marondera

Die Gegend rund um Marondera, eine Kleinstadt 74 km südöstlich von Harare, bietet eine Reihe attraktiver Ziele für Tagesausflüge: Auf der privaten Imire Gameranch besteht die Möglichkeit, an geführten Fußsafaris teilzunehmen, zu jagen und Buschfahrten auf einem alten Ochsenkarren zu unternehmen. Außerdem befinden sich hier die von deutschen Winzern betreute Winzerei Mukuyu, das altkoloniale Malwatte Farmhouse Restaurant (mit angeschlossenem Verkaufsladen für Handwerksprodukte aus der Umgebung) und die von einer Frauenkooperative betriebene Teppichweberei Larkhill.

Auf der **Imire Gameranch** betreut das Ehepaar Normann und Gill Travers vorangemeldete Kleingruppen persönlich: Es sorgt für die Verpflegung, erklärt Aspekte der Wildtierhaltung und führt Besucher entweder zu Pferd, zu Fuß oder auf einem kolonialen Ochsenwagen durch den Busch. Während der Schulferien finden auf Imire fünftägige Kinderferienlager statt. In der Sable Lodge können acht Personen übernachten. Um hierher zu gelangen, nimmt man von Harare die A 3 Richtung Mutare. 3 km vor dem Ortsschild von Marondera zweigt man nach rechts und nach weiteren 2,5 km nach links ab (Bridge Road). Auf der Bridge Road erreicht man nach 35 km Imire (Buchung: P.O. Box 3750, Marondera, ✆ Wedza 1 22/22 40, 22 32; oder bei Safari Interlink, Harare. Insbesondere für Wochenenden und während der Zeit der Schulferien ist eine frühzeitige Buchung erforderlich).

Die **Mukuyu Wineries** sind die größte und modernste Winzerei des Landes. Seit der Unabhängigkeit hat der Weinbau, der in den Jahren der Wirtschaftssanktionen gegen Rhodesien eingeführt wurde, ständig an Bedeutung gewonnen (s. S. 209 f.). Die Winzer erklären den Besuchern gern, welche Herausforderung die Produktion guten Weines in Zimbabwe bedeutet, sie stellen die verschiedenen Rebsorten vor und erläutern den Herstellungsprozeß. Zum Abschluß können die Weine gekostet werden. Besuchszeiten sind Montag bis Freitag 10–12 Uhr. Von Harare nimmt man denselben Weg wie zur Imire Gameranch. Von der Bridge Road zweigt nach 16 km die Carruthersville Road nach links ab, die direkt zur Winzerei führt (Anschrift: P.O. Box 1813, Harare; ✆ Marondera 179/45 01 oder Harare 677 41).

Das **Malwatte Farmhouse Restaurant,** eine schöne altkoloniale Anlage mit einem großen Rosengarten, ist an Wochenenden ein beliebter Ausflugsort von alteingesessenen Weißen und von Touristen. In einer reizvollen Landschaft gelegen, bietet es eine gute Küche und die Möglichkeit, handgewebte Teppiche, Mohairpullover und andere Handarbeiten sowie Keramikartikel und ausgewähltes Kunsthandwerk zu kaufen, außerdem den ausgezeichneten Schafskäse aus der eigenen Käserei. Das Malwatte Farmhouse liegt östlich von Marondera, am Kilometerstein 82 der Hauptstraße von Harare nach Mutare (von Harare kommend links; täglich von

8–17 Uhr geöffnet, freitags und samstags werden von 19–21.30 Uhr auch Abendessen serviert; ✆ 179/32 39).

Die **Weberei Larkhill Barn** produziert und verkauft handgewebte Stoffe, Teppiche, Pullover und andere kleinere Handarbeiten. Besucher können sich mit einem kleinen Imbiß stärken. Zur Übernachtung werden Ferienhäuser vermietet. Von Harare nimmt man die Hauptstraße nach Mutare und biegt beim Kilometerstein 60 nach Süden (rechts) in die Finches/Wedza Road ein, auf der es noch 6 km bis zur Weberei sind (✆ 179/34 13 29).

Geschichte des Weinbaus im Zimbabwe

Die Weinproduktion in Zimbabwe begann, nachdem das damalige Rhodesien 1965 einseitig seine Unabhängigkeit von Großbritannien erklärt hatte und ein internationales Handelsembargo verfügt worden war, das auch die Weinliebhaber zu spüren bekamen. Nun fehlten Devisen, um Wein und andere Spirituosen zu importieren. In der Not ergriffen einige Farmer die Initiative und pflanzten Reben an. Die Weine der ersten Jahrgänge waren zwar kaum genießbar, doch die Weinbaupioniere ließen sich nicht entmutigen, obwohl das subtropische Klima Zimbabwes keine so günstigen Voraussetzungen bietet wie das mediterrane Klima mit trockenen Sommern. Durch die Sommerregen im Januar/Februar bleiben der Zucker- und damit der Alkoholgehalt niedrig, und es kommt zu einem höheren Schädlingsbefall.

Weinetikett der Mukuyu Wineries

Seit der Unabhängigkeit im Jahr 1980 wurde die Modernisierung der Weinindustrie vehement vorangetrieben. Die beiden großen Weinproduzenten des Landes, Monis Wineries Ltd. und African Distillers (Afdis), investierten in den letzten zehn Jahren umgerechnet mehr als 9 Mio. DM in Forschung und Entwicklung.

In Mazowe nördlich von Harare, in Odzi, Wedza und Marondera südöstlich der Hauptstadt, aber auch in Esigodini im Südwesten des Matabelelandes und in Gweru in der Provinz

Midlands werden Reben gezogen, so daß selbst im Falle eines schlechten Ernteergebnisses in einer der Regionen die Gesamternte nicht gefährdet ist. Da die größeren Weinbauern ihre Felder künstlich bewässern, sind für sie auch längere Trockenperioden kein Problem. Sie können sogar einen höheren Zuckergehalt bewirken und die Güte des Weins verbessern.

Die Reben wurden aus verschiedenen Ländern importiert. Gute Erfahrungen machte man mit französischem Gewürztraminer, Chardonnay, Sauvignon Blanc und Merlot Noir, aber auch mit weißem Riesling und der deutschen Buckeltraube. Neben Rot-, Weiß- oder Roséweinen stellt man Sekt, Portwein, Sherry und sogar Brandy her. Neuerdings versuchen die Winzer von Mukuyu (Monis Wineries), Champagner in Flaschengärung zu produzieren.

In Mukuyu arbeiten seit 1982 deutsche Winzer, die durch ihr Wissen und ihre Erfahrung zur Qualitätsverbesserung der Erzeugnisse beitrugen. Die Weine von Mukuyo sowie anderer lokaler Produzenten wurden bei internationalen Wettbewerben bereits mit Medaillen ausgezeichnet. Die jährliche Weinproduktion beläuft sich auf rund 5 Mio. Flaschen. Davon werden 10% exportiert. Hauptabnehmer sind Tanzania, Kenya und Zambia, ein geringerer Teil geht nach England, Holland und Deutschland. Die Nachfrage übersteigt derzeit noch das Angebot, besonders der edlen Sorten. Seit 1987 schreibt Mukuyu in Zusammenarbeit mit der Nationalgalerie Wettbewerbe für bildende Künstler aus, die werbewirksame Flaschenetiketten entwerfen (s. Abb. S. 209).

Frau bei der Babywäsche

Kariba-See und Zambezi-Tal

Der Mittellauf des Zambezi bildet im Nordwesten Zimbabwes eine natürliche Grenze zu Zambia. Die Stadt Kariba ist Ausgangspunkt für Reiseziele am gleichnamigen Stausee und für Kanusafaris auf dem Zambezi bis nach Kanyemba an der Grenze zu Moçambique, wo der Fluß in den Cabora-Bassa-Stausee übergeht. Unter den vielen Naturschutzgebieten dieser Region ist der Mana Pools National Park der interessanteste. Die UNESCO erklärte ihn wegen seiner einzigartigen Flora und Fauna zum Welterbe.

Das Zambezi-Tal ist durch den Bau des Kariba-Dammes in den 50er Jahren erschlossen worden. Opfer dieser Entwicklung war der Stamm der Tonga, der zwangsweise umgesiedelt wurde, um Platz für den damals größten Stausee der Welt zu schaffen. Freuen können sich zweifellos Wildliebhaber, Urlauber und Fischer, die heute entlang des Zambezi und des Kariba-Sees ein unvergleichlich schönes Naturparadies vorfinden. Wildtiere auch vom Wasser aus beobachten zu können, zeichnet diese Gegend vor vielen anderen afrikanischen Safarigebieten aus.

Die frühesten Zeugnisse menschlicher Besiedlung stammen von San-Völkern (Buschmenschen), die sich hier seit dem ersten vorchristlichen Jahrtausend niederließen. Die San-Kultur wich um 1000 n. Chr. der Kultur der Bantu, die im Zuge der großen kontinentalen Völkerwanderung von Nordosten durch die Ebene in den Süden zogen (s. S. 92 f.). Die Grabstätte Ingombe Ilede bei Chirundu gilt als Beleg dafür, daß bis ins 6. Jh. Kontakte zu arabischen Stämmen bestanden. Intensive Handelsbeziehungen mit Arabern entwickelten sich aber erst seit dem 11. Jh. Eine dauerhafte Besiedlung der Zambezi-Ebene begann im 15. Jh. mit dem Shona-Stamm der Korekore (›Heuschreckenschwarm‹), der sich im salzreichen Gebiet um die heutige Stadt Kanyemba niederließ. Vom 16. Jh. an gewann das Zambezi-Tal als Handelsroute der Portugiesen an Bedeutung. Sie hatten 1505 die Flußmündung am Indischen Ozean besetzt und tauschten zunächst Gold und Kupfer ein, später vor allem Elfenbein.

Zur gleichen Zeit drang in das Zambezi-Tal der Bantu-Stamm der Tonga vor, die aus der Gegend des Malawi-Sees nach Süden wanderten. Im 17. Jh. wurde ein Teil der Tonga an der Zambezi-Mündung in Moçambique ansässig; ein anderer Teil zog in das Gwembe-Tal, in die Gegend am Zambezi, die heute den Kariba-See bildet. Diese Gruppe, auch Mazambesi, ›Leute vom Zambezi‹ genannt, zählte etwa 60 000 Menschen. Lange Zeit konnten die Tonga ungestört ihre traditionelle Lebensweise beibehalten, die erst durch die Umsiedlungsaktion (sowohl in Zimbabwe als auch in Zambia) zerstört wurde.

Die Tonga

Bis zum Bau des Kariba-Staudammes lebten die Tonga völlig isoliert im unwirtlichen, heißen und schwer zugänglichen Zambezi-Tal. Sie ernährten sich vom Fischfang und der Jagd. Die Rinderschlafkrankheit (Trypanosomiase), die in dieser Gegend bis heute von der Tsetse-Fliege übertragen wird, ließ keine Viehzucht zu, und der karge, erosionsanfällige Boden beschränkte die Möglichkeiten des Ackerbaus.

Eine Besonderheit der Tonga ist die matrilineare Stammesstruktur: Die Kinder übernehmen das mütterliche Totem, und die Söhne erben das Land der Brüder ihrer Mütter. Noch heute sieht man bei den Tonga Frauen, die genüßlich selbstangebautes Marihuana *(dagga)* aus Pfeifen rauchen, die sie aus Flaschenkürbissen hergestellt haben. Fehlende Vorderzähne gelten bei ihnen nach wie vor als Schönheitssymbol.

Die Tonga mußten sich ohne nennenswerte behördliche Unterstützung mühsam auf Ackerbau und Viehzucht umstellen. Während die Mehrheit der Bevölkerung Zimbabwes den Volksstamm nach wie vor für primitiv und rückständig hält, werden seine Tänze, die schönen Korbwaren und die klangvollen Trommeln den Touristen als reiches afrikanisches Kulturerbe Zimbabwes präsentiert. Ein krasses Beispiel für die staatliche Benachteiligung dieses Stammes ist die Tatsache, daß Binga als Verwaltungszentrum und Distrikthauptstadt der Tonga-Gebiete als eine der letzten Städte Zimbabwes an das Stromnetz angeschlossen wurde, obwohl die Tonga von der Errichtung des Kraftwerkes am schlimmsten betroffen waren.

Im 17. Jh. wanderten die Mbara aus dem heutigen Zambia in das Chewore-Gebiet, während die Soli unter Häuptling Chimombe in das Gebiet des Flusses Sapi zogen. Zahlreiche Sagen und Legenden berichten von den Konflikten, die sich dadurch mit den hier ansässigen Bantu-Stämmen ergaben.

Besucher erfreuen sich in der Zambezi-Ebene und am Kariba-See vor allem am Tierreichtum und an der Schönheit des Gewässers, in dem sich die afrikanische Sonne mit vielfältigen Lichteffekten spiegelt. Der Reichtum der Pflanzenwelt wird zu Unrecht oft übersehen.

Vorherrschend sind Mopane-Wälder, Akazien und die markanten Baobabs. Charakteristisch ist auch die Farbenpracht des Brennenden Dornbuschs (Flame Bush, Combretum paniculatum). Er wächst als Schlingpflanze bis in die Kronen der Akazien und Mopane-Bäume hinauf und blüht im September in schillerndem Rot.

An den Ufern von See und Fluß ist eine artenreiche Vegetation zu beobachten. Dicht gedrängt stehen hier zwischen Akazien der Natal und der Cape-Mahagoni (Trichilia emetica und T. dregeana), Tamarisken (Tamarindus indica) sowie verschiedene Feigenbäume, darunter die Würgefeige (Ficus natalensis und F. sansibarica) und die afrikanischen Felsfeigen (Ficus glumosa und F. ingens). Vereinzelt finden sich auch Palmen (Hyphaene ventricosa), die wegen ihrer elfenbeinfarbigen Frucht im Volksmund *vegetable ivory* heißen.

Blick auf den Kariba-See

Der Leberwurstbaum (Sausage Tree, Kigelia africana) ist an seinen wurstförmigen Früchten leicht zu erkennen; sie bilden ein wichtiges Ingrediens der traditionellen Medizin. Der Stamm eignet sich ebenso wie das Holz der Akazie zur Herstellung einbäumiger Fischerboote. Ein anderer zu medizinischen Zwecken genutzter Baum ist der Long Tail Cassia (Cassia abbreviata), dessen Samen gegen Malaria und dessen Wurzeln als schmerzstillendes Mittel Verwendung finden. Von September bis November treibt er dunkelgelbe Blüten. Seinen Namen verdankt er den langen, goldbraunen Früchten. Der Marula-Baum (Sclerocarya birrea) trägt im Juni zitrusartige Früchte, aus denen die Tonga ein Getränk brauen, das sie während des ›Festes der ersten Früchte‹ an den Gräbern verstorbener Häuptlinge als Trankopfer darbringen. Ein Marula-Trunk wird auch von Tieren nicht verachtet. Elefanten verzehren die Früchte in großen Mengen und lassen sie in ihrem Magen mit Wasser gären, woraufhin sie regelrecht betrunken werden: Torkelnde Elefanten – ein komisches, am Zambezi aber nicht ungewöhnliches Ereignis.

Das Zambezi-Tal ist für den letzten großen Bestand an Spitzmaulnashörnern berühmt, die im übrigen Afrika weitgehend ausgerottet wurden, aber leider auch hier wegen des begehrten Horns von den Wilderern gnadenlos dezimiert werden (s. S. 45f.). Weniger bedroht sind die großen, oft über tausend Tiere zählenden Büffelherden, die das ganze Jahr über an den mit saftigem Gras bewachsenen Ufern des Kariba-Sees weiden. Die Anwesenheit von Elefanten ist saisonabhängig: In der Regenzeit halten sie sich vorwiegend in den höher gelegenen Wäldern auf, während sie sich in der Trockenzeit von den Früchten der Akazien am Flußufer ernähren. Am Ufer des Kariba-Sees und im Zambezi fühlen sich die Nilpferde sichtlich wohl; das Schnauben und Gebrüll der zahlreichen Flußpferde gehört zu den ganz typischen Klängen dieser Gegend. Lautlos, aber nicht minder zahlreich sind die Krokodile, deren Vorfahren bereits vor 100 Mio. Jahren – gemeinsam mit Dinosauriern – im Zambezi-Tal lebten. Ähnlich weit reicht auch die Geschichte der Schildkrötenfamilie zurück, die heute in dieser Gegend vertretenen Spezies sind auf dem Land die Leoparden-Schildkröte (Geochelone pardalis) und im Wasser die Gezackte Terrapin (Pelomedusa subrufa). Das Interesse an den Krokodilen nimmt vielen den Blick für die geschmeidigen Leguane, die sich gern am sandigen Ufer sonnen, sofern sie nicht vom Paddelschlag eines Kanus aufgescheucht werden, und die ebenso rasch und lautlos wie Krokodile ins Wasser gleiten.

Das Zambezi-Tal bietet nicht nur Großwild einen üppigen Lebensraum, es ist auch Heimat für viele Arten von Niederwild. Zahlenmäßig stechen die Antilopen hervor, darunter die seltenen, zottigen Nyalas. Der Reichtum an Niederwild lockt natürlich viele Raubkatzen an, insbe-

Vorratshütten am Zambezi

sondere Löwen und Leoparden. Des Nachts sind gelegentlich Geparden und Zibetkatzen zu sehen. Eine verbreitete, allerdings selten zu Gesicht zu bekommende Schlangenart ist die afrikanische Python, die als Verkörperung des Flußgeistes Nyaminyami gilt. Häufigste Giftschlange ist die scheue, 2 m bis 3 m lange Schwarze Mamba. Am ehesten wird der Besucher die ungiftige, knapp 1 m lange Buschschlange vorbeihuschen sehen.

Mehrere hundert Vogelarten finden im Zambezi-Tal einen geeigneten Lebensraum. Ausschließlich hier kommt der Zambezi-Sperlingspapagei vor (Zambezi lovebird, Agapornis lilianae), eine bedrohte Spezies, die wegen ihrer Vorliebe für Hirsekörner von den Bauern der Umgebung bekämpft wird. Die Karminroten Bienenfresser (Merops nubicoides) nisten im August scharenweise in tiefen Höhlen in den Sandbänken; im November schlüpfen die Jungvögel. Ein Großteil der Bienenfresser begibt sich im April auf den Weg nach Ostafrika. Fischadler (Halietus vocifer) überwachen paarweise von hohen Baumkronen aus das Revier.

Der Zambezi ist neben dem Nil und dem Kongo das fischreichste Flußsystem Afrikas. Am bekanntesten ist der bis zu 15 kg schwere Tigerfisch, der mit seinem messerscharfen Reihengebiß Fische bis zur Hälfte seines eigenen Gewichtes verzehrt. In Charara an der Ostseite des Kariba-Sees findet jedes Jahr Anfang Oktober ein internationales Tigerfisch-Wettangeln statt.

Die wohlschmeckende Kariba-Brasse darf auf den Speisekarten guter Restaurants nicht fehlen. Der größte Fisch des Zambezi ist der bis zu 50 kg schwere Vundu, ein Aasfresser, der von Speerfischern ebenso gejagt wird wie der seltene Nkupe oder die Cornish Jack genannte Hechtart. Als besondere Anglertrophäe gilt des weiteren der Chessa. In großer Zahl kommen die von Anglern geringgeschätzten Barben vor (Barbel; Barbus fasciolatus, B. paludinosus und B. poechii). Der wirtschaftlich bedeutendste Fisch ist der Kapenta, eine im Kariba-See ausgesetzte Sardinenart aus dem Tanganyika-See (s. S. 219).

Kariba-Stadt

Der Reiz von Kariba besteht in seiner pittoresken Lage am See und der unmittelbar angrenzenden Wildnis. In kaum einer anderen Stadt wird man so oft wie hier auf dem Campingplatz oder auf dem Weg zum Einkaufen Elefanten und Affen begegnen. Die Stadt Kariba wurde 1956 im Zusammenhang mit dem Staudamm-Bau errichtet. Sie gliedert sich in die *heights,* das sind sieben bis zu 400 m hohe Hügel, die *shoreline* mit den Hafenanlagen, dem Mahombekombe Township und den am See gelegenen Hotels sowie dem Nyamhunga Township aus den 70er Jahren. Kariba zählt 15 000 Einwohner (1990), wächst aber als regionales Zentrum rasch. Die bedeutendsten Erwerbsquellen sind der Tourismus und die Fischindustrie, beides im Aufbau befindliche Branchen.

Vom Flughafen führt der 14 km lange Lake Drive durch die Stadt bis zur Staumauer, die die Grenze zu Zambia bildet. Vom Lake Drive zweigen die Zufahrten zu den Hotels, den Häfen und den *heights* ab, so daß die Orientierung in Kariba einfach ist.

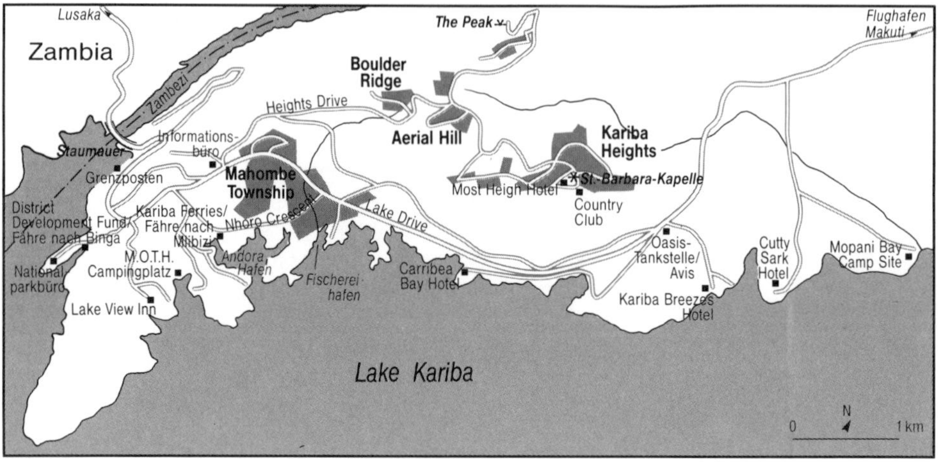

Kariba

Der Name Kariba leitet sich vom Shona-Wort *kariwa* ab, was ›kleine Falle‹ bedeutet und die enge Kariba-Schlucht treffend beschreibt: Die gewaltigen Wassermassen des Zambezi, die sich auf eine Flußbreite von 650 m verteilen, müssen sich hier auf knapp 100 m zwischen steilen Abhängen hindurchzwängen. Als erster Europäer erwähnte der Portugiese Manuel Barreto die Kariba-Schlucht im 17. Jh. Zwei Jahrhunderte später (1860) wurde sie von David Livingstone durchfahren, als er die Schiffbarkeit des Zambezi erkundete.

Von 1912 stammt der erste Vorschlag, diese natürliche Gegebenheit kommerziell zu nutzen. Der britische Distriktgouverneur wollte am Eingang der Schlucht einen Staudamm zu Bewässerungszwecken bauen lassen. Nach anfänglicher Begeisterung wurde die Idee jedoch nicht weiter verfolgt. 1941 gab man eine Studie über den besten Standort für ein Wasserkraftwerk in Auftrag. Die Debatte endete erst 1951 mit der Entscheidung, es in der Kariba-Schlucht zu errichten. Die Gründung des Zentralafrikanischen Bundes (1953) beschleunigte die Durchführung des Vorhabens. Drei Jahre später, 1956, erhielt eine britische Firma den Auftrag, die Stadt Kariba aus dem Boden zu stampfen, während eine italienische das Stauwerk bauen sollte. Insgesamt waren 8000 afrikanische und 2000 europäische Arbeiter vier Jahre lang mit diesem Projekt beschäftigt.

Die **Staumauer** wurde im Dezember 1958 fertiggestellt und zwei Jahre später weihte die britische Königin Elizabeth das Bauwerk feierlich ein. Nach weiteren zwei Jahren stand auch das Kraftwerk an der Südseite, dessen Konstruktion seinen Ingenieuren alle Ehre macht: Die Turbinen wurden 150 m tief im Berg versenkt. 1976 ging auf der zambischen Seite ein Kraftwerk gleicher Bauart in Betrieb. Die Überlaufschleusen wurden zuletzt 1981 geöffnet, denn seitdem ist der Wasserstand wegen der Dürreperioden der 80er Jahre stets unter der Höchstmarke geblieben. Die Staumauer kann sowohl von der Aussichtswarte (Observation Building), bei der sich

Blick auf die Staumauer, im Vordergrund eine Darstellung des Flußgeistes Nyaminyami

Der Flußgeist Nyaminyami

Die Kariba-Schlucht ist das Zuhause des legendären Tonga-Flußgeistes Nyaminyami, der oft in Gestalt einer Pythonschlange dargestellt wird. Nyaminyami ist der Ahnen-Geist von Heilern aus einer Tonga-Volksgruppe, die in der Kariba-Schlucht wohnte, aber dem Stausee weichen mußte. Der Geist hatte sich immer wohlwollend verhalten, bis der Bau des Dammes seinen Zorn erweckte. Die Tonga prophezeiten, daß Nyaminyami das Bauwerk zerstören werde, und sie sollten beinahe recht behalten: Zwei außergewöhnliche Hochwasser richteten immense Schäden an. Im Juli 1957 schwemmte ein ›Jahrhundert‹-Hochwasser Teile des Fangdammes weg, und im folgenden Jahr riß der Zambezi die Straßenbrücke und den hoch an einem Seilzug befestigten Arbeitssteg mit. Die Einheimischen deuteten diese Katastrophen als Drohgebärden von Nyaminyami. Für die Tonga sind auch die beim Bau ums Leben gekommenen Handwerker eine Tributforderung ihres Flußgeistes. Von den 87 Menschen, die bei Arbeitsunfällen starben, wurden 22 lebend in der Dammauer begraben, weil sie von einem Gerüst in die noch flüssige Zementmasse stürzten.

ein Informationsbüro mit Souvenirverkauf befindet, als auch von der Dammkrone aus bewundert werden. Dorthin führt der Lake Drive. Der zimbabwische Grenzposten liegt 1 km vor der Staumauer, die Durchfahrt wird gegen Hinterlegung eines Lichtbildausweises gewährt. Am Parkplatz auf der Dammkrone ist eine schematische Übersicht mit technischen Angaben zum Kraftwerk angebracht.

Vom **Peak,** dem höchsten der Kariba-Hügel, bietet sich ein schöner Ausblick auf die Schlucht. Zu ihm führt der Heights Drive in Serpentinen hinauf. Auf halbem Weg zweigt nach rechts eine steil ansteigende Straße zu den Kariba-Heights mit dem reizvoll gelegenen europäischen Kern der Stadt ab. Die weite Aussicht über den See lohnt die Auffahrt. Die **St. Barbara-Kapelle** wurde als Gedenkstätte für die Toten errichtet, die der Bau der Staumauer gefordert hatte. Sie ist der Schutzpatronin der Ingenieure, der heiligen St. Barbara, geweiht. Eine Statue des heiligen Josef zeigt den Schutzpatron der Handwerker. Mit ihrer runden Form soll die Kapelle an den Grundriß eines Fangdammes erinnern.

Gegenüber dem **Most Heigh Hotel** würdigt ein Gedenkstein die Operation Noah (s. S. 220). Seiner schönen Lage wegen kann ein Imbiß im **Country Club** empfohlen werden. Das angrenzende Freilichtkino ist seit der Errichtung einer Fernsehempfangsstation nur noch an manchen Wochenenden in Betrieb.

Das **Mahombe Township,** das afrikanische Gegenstück zu den europäischen *heights,* ist beidseitig des Nhoro Crescent angelegt. Dieser lebendige Stadtteil kontrastiert mit der Ruhe der internationalen Hotels abseits der Siedlungen. Der Markt bietet außer Lokalkolorit eine preisgünstige Einkaufsmöglichkeit für Lebensmittel und Handwerksgegenstände. An das Mahombe Township grenzen der Fischerei- und der Andora-Hafen. Im **Fischereihafen** kann man den Fischern bei ihrer Arbeit zusehen. Im **Andora-Hafen** legt die Fähre von Kariba noch Mlibizi ab.

Lake Kariba

Der Kariba-See erstreckt sich über eine Länge von 280 km von der Stadt Kariba im Osten bis zur Batoka-Schlucht im Westen. Wegen des Wild-, Vogel- und Fischreichtums wurden der Stausee und die auf zimbabwischer Seite gelegene Uferzone unter Naturschutz gestellt. Der Tourismus- und Fischereiindustrie hat man begrenzte Nutzungsmöglichkeiten eingeräumt. Für Naturliebhaber zählt der Lake Kariba zu den schönsten Reisezielen im Land.

Eine dichtere Besiedlung gibt es auf zimbabwischer Seite nur zwischen Binga und Mlibizi. Die Stadt Kariba gehört zum Charara-Safarigebiet am Ostufer. An das Südufer grenzen der Matusadona-Nationalpark, das Chete-Safarigelände und das Sijarira-Waldschutzgebiet. Die Uferzonen zwischen diesen Naturschutzgebieten werden vor allem von der Fischereiindustrie genutzt. Seit der Zurückdrängung der Tsetsefliege können hier jedoch auch Kühe und Schafe gehalten werden. Der Chizarira-Nationalpark südlich des Chete-Safarigebietes liegt auf einem Sandsteinhochplateau, das zur Zambezi-Ebene hin steil abfällt. Vom See aus sind an klaren

Fischfang im Lake Kariba

Kapenta ist die lokale Bezeichnung für Sardinen (Limnothrissa mioda), die 1967 versuchsweise vom Lake Tanganyika, dem Grenzsee zwischen Tanzania und Zaire, importiert wurden. Explosionsartig vermehrten sie sich im planktonreichen See. Die kommerzielle Fischerei begann Mitte der 70er Jahre. Heute existieren rund 30 Unternehmen, darunter

zehn Kooperativen, die in 40 Camps etwa 1000 Fischer beschäftigen. Ebenso viele Menschen verdingen sich in Charara, Kariba, Bumi, Chalala, Binga und Mlibizi mit der Weiterverarbeitung (Trocknung, Verpackung, Versand), die saisonal benötigten Arbeitskräfte nicht eingerechnet. Alljährlich werden dem Kariba-See 10 000 t Fisch entnommen; das sind 93% der kommerziellen Fangerträge Zimbabwes.

Gefischt wird mit Pontonbooten und ovalen, an Rahmen befestigten Netzen, die man mit einem kleinen Kranarm bis zu 20 m tief ins Wasser läßt. Als Hilfsmittel dienen Lichter, die an den Netzen angebracht sind und die Fischschwärme anlocken. Auf diese Weise werden bis zu einer Tonne Sardinen pro Fischerboot und Nacht gefangen.

Tagen die rötlichen, bis 400 m hohen Sandsteinwände und die höchste Erhebung, der Tundazi, gut zu sehen. Dieser Nationalpark ist einer der entlegensten und am wenigsten frequentierten von Zimbabwe.

Der Kariba-See ist bis zu 120 m tief, der Wasserspiegel schwankt sich je nach Intensität der Regenfälle und des Verdunstungsgrades sowie abhängig vom Wasserbedarf des Kraftwerkes um

Ökologische Folgen des Staudamm-Baus

Nachdem sich der Kariba-See bis 1962 mit Wasser gefüllt hatte, war er der größte künstliche See der Erde. Er mußte diesen Spitzenplatz Anfang der 70er Jahre an den doppelt so langen Nasser-See in Ägypten abgeben, der durch den Neubau des Assuan-Staudamms entstand und die Bewässerung des Niltals sicherstellen sollte. Wegen der negativen Auswirkungen für die Landwirtschaft unterhalb des Stausees (Bodenversalzung, Ausbleiben des fruchtbaren Nilschlammes) sorgte er immer wieder für Schlagzeilen in der Weltpresse. Auch die Anlage des Kariba-Sees stellte ein kühnes ökologisches Experiment dar, dessen Ausgang niemand vorhersehen konnte. Die Tonga verloren ihren angestammten Lebensraum, und in der Entstehungsphase schloß das steigende Wasser zahllose Wildtiere auf Inseln ein, bevor sie dann zu Tausenden ertranken. Viele konnten im Zuge der ›Operation Noah‹ unter Leitung des rhodesischen Naturschützers Rupert Fothergill gerettet werden: Mit großem Aufwand und Einfallsreichtum gelang es ihm, knapp 5000 Säugetiere verschiedener Gattungen, darunter 44 Nashörner, sowie 1000 Reptilien und Jungvögel auf das Festland zu bringen.

Operation Noah: Rettung von Tieren nach Anlage des Kariba-Sees

Bald nach Entstehung des Sees begann sich die Wasserpflanze Kariba Weed (Salvinia auriculata) so rasch auszubreiten, daß sie 1962 bereits ein Viertel der Wasseroberfläche, weit über 1000 km², bedeckte. Während man auf der verzweifelten Suche nach einem wirksamen Gegenmittel Experimente mit Heuschrecken durchführte und überlegte, das Pflanzengift DDT großflächig zu versprühen, griff die Natur selbst regulierend ein: Die Wasserpflanzen starben plötzlich ab. Für diesen glücklichen Umstand macht man heute Veränderungen der Nährstoffzusammensetzung im See verantwortlich. Die dicke Pflanzendecke reduzierte die Sonneneinstrahlung; die Photosynthese und die Produktion von Phytoplankton, insbesondere von Algen, nahmen ab. Heute bedeckt das Kariba Weed nur noch 1% der Seeoberfläche.

Als der Wasserspiegel im Dürrejahr 1964 um 7 m fiel, bedeckte das abgestorbene Kariba Weed die weiten Uferflächen. Sie bildeten offensichtlich einen ausgezeichneten Nährboden für Torpedogras (Panicum repens), und so entstanden Weideflächen für Wildtiere. Das Gras kann längere Zeit unter dem Hochwasser der Regenzeit bis zur Trockenperiode überleben, in der es dem Wild nach Absinken des Wasserspiegels Nahrung bietet.

Vor seiner Regulierung durch den Staudamm überflutete der Zambezi zweimal jährlich die Ebene. Für den Verlust ihres Auen-Charakters, insbesondere für die Dezimierung der großen Albida-Akazien, machen heute viele die ausbleibenden Überschwemmungen verantwortlich. Tatsächlich dürften dazu ebenso die äsenden Wildtiere beitragen, deren Zahl sich vervielfacht hat, seit auf zimbabwischer Seite große Gebiete unter Naturschutz gestellt wurden. Ein Indiz für die Richtigkeit dieser Annahme ist der unterschiedliche Pflanzenwuchs am zambischen und zimbabwischen Flußufer.

bis zu 6 m. Bei der Anlage des Stausees wurden weite Waldgebiete überschwemmt, die vorher nur teilweise gerodet waren. Wider Erwarten hat insbesondere bei den Mopane-Bäumen eine Verkalkung der Stämme eingesetzt, so daß noch heute viele kahle Baumkronen in Ufernähe aus dem Wasser ragen. Sie sind ein ideales Rast- und Brutrevier für Vögel, zugleich aber auch ein Hindernis für die Schiffahrt.

Reiseziele am Lake Kariba

Der Kariba-See gliedert sich in fünf Becken und deren Zuflüsse. An das größte, das Eastern Basin, schließen sich in westlicher Richtung die Becken Sengwa, Chete, Binga und Mlibizi an.

Touristisch gut erschlossen ist das Eastern Basin zwischen Kariba und der gegenüber liegenden Sanyati-Schlucht. Im östlichen Teil des Beckens liegen die Inseln **Long Island, Rhino** und **Sampakaruma,** die ebenso wie die **Antilopen-** und **Zebrainsel** beliebte Tagesausflugsziele sind. Mit Genehmigung des Kariba Town Council kann man hier auch über Nacht campen. Auf **Fothergill Island,** benannt nach dem Initiator der ›Operation Noah‹, und auf **Spurwing Island** befinden sich die bedeutendsten Safari-Camps. Die spürbare Nähe der Inseln zum wildreichen

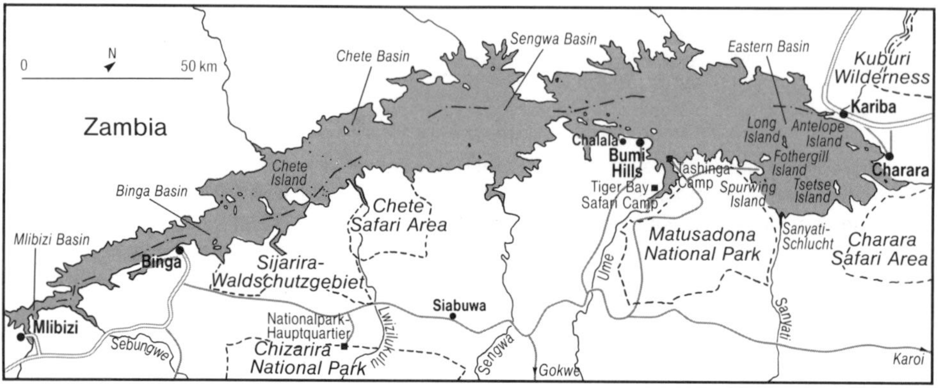

Lake Kariba

Matusadona-Nationalpark läßt ihre Natur zum Erlebnis werden. Entlang des Nationalpark-Ufers liegen Hausboote, die sich wachsender Beliebtheit erfreuen, da man auf ihnen relativ komfortabel und mit Blick auf die Wildnis wohnt (Motorboot-Zubringerdienst zu den Inseln ab Kariba; von Fothergill und Spurwing werden Ausflüge in den Matusadona-Nationalpark angeboten; Adressen s. S. 329 f.).

Die **Sanyati-Schlucht** reicht vom See fjordartig in den Zambezi *Escarpment* hinein, der bis zu 600 m über den Wasserspiegel aufragt und einen reizvollen Kontrast zum weiten See bildet. Die Mündung des Sanyati gilt als eines der besten Anglerreviere für den Tigerfisch. Dort liegt auch das Sanyati Safari Camp.

An der Mündung des Ume befinden sich weitere Safari-Camps: die luxuriöse Bumi Hills Lodge, die vor allem von größeren Reisegruppen gebucht wird, das mondäne Tiger Bay Safari Camp, ein beliebter Ferienort der Freizeitangler, und – unweit davon – Tashinga, das Matusadona Nationalpark-Camp. Westlich von Bumi Hills, in der Sibilobilo-Lagune, liegt malerisch das Fischerdorf **Chalala,** ein wichtiger Stützpunkt der Kapenta-Industrie.

Im flachen Sengwa Basin ist schon so mancher Fischer und Segler wegen hoher Wellen und böiger Winde in Seenot geraten. Im Binga Basin wird der Lake Kariba merklich schmaler. Am Ende des Beckens liegt die kleine, verschlafene Distrikthauptstadt Binga. Touristen verschlägt es an diesen entlegenen Ort meist nur zur An- oder Abreise nach und von Kariba mit dem Fischerfährboot. Entsprechend bescheiden ist die Raststätte mit angeschlossenem Campingplatz. Ein Thermalbad in den heißen Chibwatatata-Schwefelquellen mag den Besucher für so manche Unbequemlichkeit entschädigen.

An der Sebungwe-Enge, dem Übergang zum Mlibizi-Becken, beträgt die Entfernung zwischen dem zambischen und zimbabwischen Festland nur 200 m. **Mlibizi** ist ein kleines Fischer- und Hafendorf, in dem die Autofähre nach Kariba ablegt. Es verfügt über ein gutes Hotel und eine Tankstelle.

Das Zambezi-Tal zwischen Kariba und der Grenze zu Moçambique

Von Kariba fließt der Zambezi nach Norden durch die Kariba-Schlucht, einen tiefen Einschnitt in das Hochplateau. Bizarre Basaltformationen und Gneisabbrüche machen aus diesem Flußabschnitt ein geologisches Bilderbuch. Hinter dem *Escarpment* (Schichtstufe) legen die Wasser des Zambezi noch 200 km bis zur Grenze von Moçambique zurück, vorbei an Chirundu, einem Grenzübergang zu Zambia, und dann in östlicher Richtung durch das weite Tal, entlang des Mana Pools National Park und der angrenzenden Jagdgebiete. Bevor der Fluß bei Kanyemba in den Cabora Bassa-Stausee (Moçambique) übergeht, passiert er die von rötlich schimmernden, stellenweise 600 m hohen Sandsteinwänden begrenzten Schluchten Mupata und Mkaliva.

Mana Pools National Park

Der Mana Pools National Park gehört zu den beliebtesten Reisezielen von Naturliebhabern. Er erstreckt sich über eine Länge von 50 km entlang des Zambezi und über mehr als 60 km in das

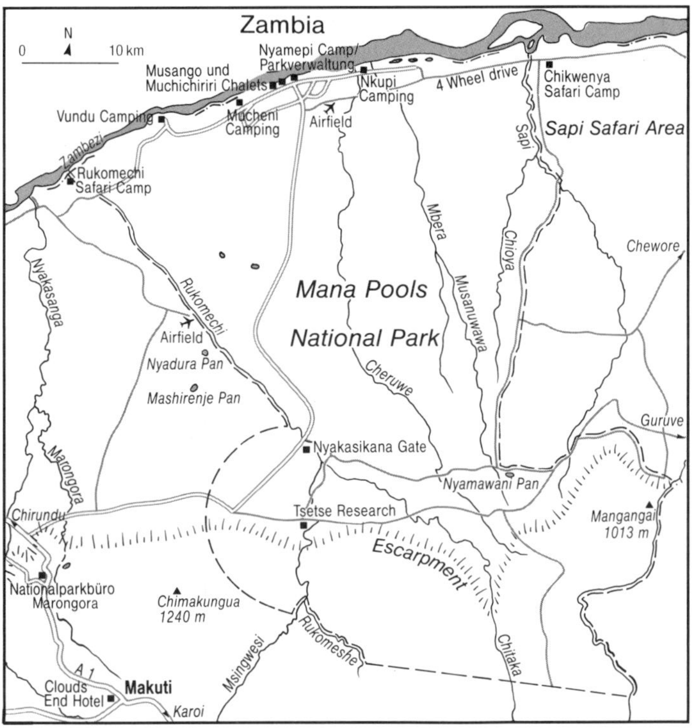

Mana Pools
National Park

Landesinnere, bis auf die Höhe des *Escarpment.* Insbesondere in der Trockenzeit sind hier viele Wildtiere zu beobachten: Elefanten, Büffel und Antilopen, darunter das seltene Nyala, finden entlang des Flusses und rund um die vier länglichen Seen, die Mana Pools, auch dann noch Nahrung und Wasser, wenn das Hinterland ausgetrocknet ist. Dieses Naturschutzgebiet gehörte zu den bevorzugten Lebensräumen der Spitzmaulnashörner. Doch Wilderer aus Zambia dezimierten deren Bestand so stark, daß sich die Parkverwaltung gezwungen sah, möglichst viele der verbliebenen Tiere in Gebiete im Landesinnern zu bringen (s. S. 45f.).

Die Mana Pools – *mana* ist das Shona-Wort für die Zahl Vier – sind im Grunde tote Seitenarme des Zambezi, dessen Flußbett ursprünglich weiter südlich lag als heute. Die Pflanzenwelt am Ufer ist durch die für diese Gegend typische Wasser-Vegetation geprägt (s. S. 212f.), während auf den sandigen Savannenböden das charakteristische Jessebusch-Dickicht dominiert. Besonders auffallend ist die von Dezember bis März gelb blühende Buschweide (Combretum celastroides). Einige hundert Meter landeinwärts bestimmen spärlich bewachsene Terrassen mit alten Albida-Akazien das Landschaftsbild.

Mana Pools ist zur Zeit der einzige Nationalpark, in dem es Besuchern versuchsweise gestattet wird, ohne Begleitung eines Führers zu wandern. Als Ziel eignen sich dazu besonders die Pools, wo man im Schutze eines Termitenhügels und im Schatten einer Akazie in andächtiger Spannung das Leben rund um das Wasser beobachten kann. Auf dieses Abenteuer sollten sich allerdings nur diejenigen einlassen, denen das Verhalten wilder Tiere vertraut ist.

Im Mana Pools National Park

Gefahren für das Paradies am Zambezi

Mana Pools und die angrenzenden Safariparks Sapi und Chewore wurden von der UNESCO wegen ihrer einzigartigen Flora und Fauna zum ›World Heritage Site‹ erklärt. Es ist zu hoffen, daß diese Auszeichnung die naturbelassene Zambezi-Ebene auch zukünftig schützen wird.

Wie lange dieses Paradies noch unbehelligt bleibt, hängt davon ab, ob ein Interessenausgleich zwischen Wirtschaft und Naturschutz gelingt. Der Mineralölkonzern Mobil erhielt 1989 die Genehmigung, eine seismische Studie über Erdölvorkommen zwischen Chirundu und Kanyemba durchzuführen. Um 1995 könnten Probebohrungen vorgenommen werden, wobei ökologische Auflagen ein ›schonendes‹ Verfahren garantieren sollen. Was jedoch geschehen wird, falls man auf ertragreiche Erdölquellen stößt, läßt sich nicht absehen. Den Plan, den Zambezi in der Mupata-Schlucht östlich von Mana Pools zur Elektrizitätsgewinnung aufzustauen, hat man aus Gründen des Naturschutzes vorläufig zurückgestellt. In Kanyemba stieß die deutsche Firma Interuran auf größere Vorkommen von Uran und Vanadium, deren Abbau bei der derzeitigen Weltmarktlage nicht rentabel erscheint.

Für eine gemeinsame umweltverträgliche Nutzung des Zambezi, der eine Gesamtlänge von 2700 km und ein Wassereinzugsgebiet von 1,3 Mio. km^2 besitzt, erstellte die UNEP, eine Umweltbehörde der Vereinten Nationen, mit den Anrainerstaaten Angola, Botswana, Malawi, Moçambique, Tanzania, Zambia und Zimbabwe einen überregionalen Zambezi-Aktionsplan (ZACPLAN), der Aspekte des Naturschutzes, der Wirtschaft und der Sozioökonomie zu verbinden sucht. In Zimbabwe selbst sind es vor allem private Naturschutzvereine wie die Zimbabwe Wildlife Society und die Zambezi Society, die sich gegen eine kommerzielle Nutzung des Zambezi, auch durch den Tourismus, einsetzen.

Übernachtungsmöglichkeiten bestehen im Nyamepi Camp, dem Hauptquartier der Parkverwaltung. Hier gibt es einen größeren Campingplatz mit akzeptablen sanitären Anlagen, der von Mai bis November geöffnet ist. Das Nyamepi Camp dient ganzjährig als Ausgangspunkt für Kanusafaris. Safariunternehmen benützen es als Stützpunkt, von dem aus kleinere Reisegruppen zu Fuß, in Kanus oder mit Landrovern durch die Wildnis geführt werden. Während der Trockenzeit bieten die Nationalparkbehörden einmal monatlich, meist zu Vollmond, eine geführte mehrtägige Wanderung für Selbstversorger an. Möglichkeiten, in völliger Abgeschiedenheit zu zelten, bestehen auf den Plätzen Vundu, Mcheni und Nkupi, für die man sich langfristig im Nationalpark-Zentralbüro anmelden muß. Nur das Vundu Camp verfügt über eine Schutzhütte und sanitäre Anlagen. Sehr beliebt und lange im voraus ausgebucht sind die beiden Chalets Musango und Muchichiriri.

Das Rukomechi Safari Camp liegt malerisch an der Mündung des gleichnamigen Flusses, der den Mana Pools National Park im Westen begrenzt. Dieses kleine, gut geführte Privatcamp bietet seinen Gästen ganzjährig ein intensives Naturerlebnis. Das Chikwenya Camp an der Mündung des Sapi (an der Ostseite von Mana Pools) ist nur von April bis November geöffnet, aber ebenso empfehlenswert wie das Rukomechi Camp. Von Kariba erreicht man Mana Pools über Makuti (Übernachtungsmöglichkeit) und Marongora (insgesamt rund 170 km). In begrenztem Umfang werden nicht vorangemeldete Tagesbesucher in den Nationalpark eingelassen, doch ist eine langfristige Buchung zu empfehlen (s. S. 331).

Eine Kanufahrt auf dem Zambezi

Die beste Art, die Schönheit des Zambezi zu genießen, ist zweifellos eine Kanusafari. Die abwechslungsreiche Uferlandschaft, die üppige Flußvegetation und der Artenreichtum der Tierwelt entlang des Ufers machen die Fahrt zu einem eindrucksvollen Ferienerlebnis. In bequemen Tagesetappen zwischen gut gewählten Rastplätzen, von der Strömung getrieben oder gelegentlich vom Gegenwind gebremst, paddelt die Gruppe mit ihrem Führer an unzähligen Vögeln, schnaubenden Flußpferden und grasenden Wildtieren vorbei. Besondere Sportlichkeit und Bootskenntnisse sind für eine solche Expedition nicht erforderlich, doch erhöht eine halbwegs gute Kondition das Vergnügen ebenso wie gute Nerven, die von den vielen Flußpferden strapaziert werden können. Bei allen Kanusafaris sorgen die Veranstalter für gute Verpflegung und angemessene Campingausrüstung. Einen Feldstecher, eine wassergeschützte Fotoausrüstung, genügend Sonnen- und Insektenschutzmittel sollte jeder Teilnehmer selbst mitbringen (Buchung von Kanusafaris, s. S. 329).

Kanusafari auf dem Zambezi

Victoria Falls und Hwange National Park

Seit der begeisterten Schilderung von David Livingstone aus dem Jahr 1855 gelten die Victoria-Fälle als eine Hauptattraktion des afrikanischen Kontinents. Der gewaltige Sturz des Zambezi ergibt ein einzigartiges Naturschauspiel, das von den ortsansässigen Kalolo seit Jahrhunderten als *mosi oa tunya* (›der donnernde Rauch‹) verehrt wird.

Das Reiseziel Victoria Falls läßt sich gut mit einer Safari verbinden, für die neben Hwange, dem größten Tierpark des Landes, auch zahlreiche Camps entlang der wildreichen Grenze zu Botswana und am weiten Zambezi-Oberlauf als verlockende Möglichkeiten zur Wahl stehen.

Victoria Falls-Stadt

Victoria Falls ist ein kleines Städtchen im äußersten Nordwesten des Landes. Es liegt am Zambezi in 880 m Höhe ü. M. und in unmittelbarer Nähe der gleichnamigen, weltberühmten Wasserfälle, Zimbabwes Touristenziel Nummer eins. Der Ausbau der Infrastruktur kann mit dem wachsenden Besucherstrom kaum mithalten. In der Hauptreisezeit sind die Unterkünfte in Victoria Falls vollkommen ausgebucht. Der geplante Neubau zweier großer Hotels soll Abhilfe schaffen.

Die Stadt hat ferner als Grenzübergang zu Zambia Bedeutung. Der gesamte Eisenbahnverkehr zwischen den beiden Ländern rollt über die Victoria Falls Bridge. Hinzu kommen die vielen Touristen, die zu Fuß oder mit dem Fahrrad die Brücke überqueren und die Staatsgrenze passieren, um die Fälle von beiden Seiten zu bewundern. Und zahlreiche Kleinhändler aus Zambia versorgen sich aus dem weitaus größeren Warenangebot in Zimbabwe.

Einen deutlichen Kontrast zum gut erhaltenen Zentrum von Victoria Falls bildet das Chinotimba Township am Südrand der Stadt. Mindestens 15 000 Einwohner leben hier gedrängt in Häusern, die nur teilweise an das Elektrizitätsnetz und an die öffentliche Kanalisation angeschlossen sind.

Die Geschichte der Stadt begann 1901 mit einer Arbeitersiedlung, die für den Bau der Eisenbahnlinie von Bulawayo Richtung Norden entstand. Nach Vorstellung von Cecil Rhodes sollte eine Zugverbindung vom südafrikanischen Kapstadt bis Kairo geschaffen werden. Die Über-

brückung des Zambezi bei den Victoria-Fällen war ein wichtiger Meilenstein in der Verwirklichung dieses Ziels, auch wenn die Trasse schließlich nur bis Zaire, dem früheren Kongo, fertiggestellt wurde. Bei der Standortwahl für die Brücke spielten ökologische Überlegungen keine Rolle. Cecil Rhodes machte den Bauingenieuren lediglich zur Auflage, die Schienen so nahe bei den Fällen zu verlegen, daß die Waggons von der Gischt besprüht würden. Einer der ersten Züge, der drei Jahre später von Bulawayo bis zum Zambezi dampfte, brachte eine 2000 t schwere Fertigteilbrücke aus England, die man ohne größere Pannen in nur neun Monaten montierte. Die Einweihung der Brücke im September 1905, einer gewagten, 150 m langen Schwebekonstruktion, bildete einen der großen Momente in der afrikanischen Eisenbahngeschichte. Im selben Jahr eröffnete die Eisenbahnverwaltung eine Herberge an der Stelle des heutigen Victoria Falls Hotel.

Cecil Rhodes, der die Fälle selbst nie besichtigt hatte, zeigte ein weiteres Mal wenig Interesse am Schutz dieses Naturdenkmals. Auf seine Anweisung hin verkaufte die British South Africa Company im Jahr 1901 einer Elektrizitätsgesellschaft die Nutzungsrechte über die Victoria Falls. Sie wollte die Wasserkraft zur Stromerzeugung nutzen, ein Projekt, das zum Glück am Widerstand des Bürgermeisters von Salisbury (Harare) scheiterte. Er empörte sich darüber, daß der Strom vor allem Südafrika und nicht seiner Stadt zugute kommen sollte. Schließlich entstand nur ein Kleinkraftwerk zur Deckung des lokalen Strombedarfs.

Victoria-Fälle und Brücke über den Zambezi

Dank der Eisenbahnverbindung stieg die Anzahl der Besucher rasch. Dieser Entwicklung sollte der Aufbau einer entsprechenden Infrastruktur Rechnung tragen. Das Geschäft Soper's Curios, das seit 1911 Andenken und Jagdtrophäen verkauft, ist ein frühes Beispiel der Tourismusindustrie. Organisierte Reisegruppen, die fünfmal jährlich von Kapstadt aus starteten, führten zwei Jahre später zum Bau des Victoria Falls Hotel. In den folgenden Jahrzehnten profitierte jedoch hauptsächlich die Stadt Livingstone, ein in Nordrhodesien (Zambia) am Nordufer des Zambezi gelegener Bahnknotenpunkt, vom Touristenboom. Während Livingstone kräftig expandierte, blieb Victoria Falls ein kleiner Vorposten. Daran änderten auch die Erweiterung der Brücke um eine Straßentrasse, die im Jahr 1930 angelegt wurde, und der internationale Flugverkehr, der 1948 mit der Landung eines britischen Wasserflugzeuges auf dem Zambezi einsetzte, wenig.

Der Aufstieg des Ortes vom Dorf zur Kleinstadt begann nach dem Scheitern des Zentralafrikanischen Bundes im Jahr 1963, dessen Auflösung während einer Konferenz im Victoria Falls Hotel ausgehandelt wurde. Vor allem aber war Rhodesien durch die Verschlechterung der Beziehungen zu Zambia nach der einseitigen Unabhängigkeitserklärung der Smith-Regierung (1965) gezwungen, eine eigene touristische Infrastruktur aufzubauen. Kurze Zeit später hatte man ein zweites Hotel und den internationalen Flughafen fertiggestellt. Ein Besuch der Victoria-Fälle ließ sich nun bequem mit Reisezielen in Südafrika oder Abstechern nach Hwange und Kariba verbinden.

Das Städtchen Victoria Falls machte 1975 Schlagzeilen, als dort in einem auf der Brücke stationierten Zug Friedensgespräche zwischen Smith und den Führern der Befreiungsbewegungen stattfanden (s. S. 133), die jedoch scheiterten. An den Befreiungskrieg erinnert heute noch ein ungeräumtes, abgezäuntes Minenfeld an der Zufahrt zum Zambezi National Park.

Die Eisenbahn hat ihre touristische Bedeutung von einst verloren: Über 95% der Besucher benutzen heute das Flugzeug. Wer Muße hat, kann jedoch nach wie vor mit einem dampfgetriebenen Personenzug reisen, der zwischen Bulawayo und Victoria Falls verkehrt. Rail Safaris bietet Nostalgikern eine mehrtägige Luxusreise in einem authentisch renovierten rhodesischen Salonwagen der Jahrhundertwende an.

Sehenswürdigkeiten

Das **Craft Village,** eine der besten volkskundlichen Ausstellungen des Landes, sollte in jedes Besuchsprogramm aufgenommen werden. Es zeigt die unterschiedliche Lehmbauweise und verschiedene Handwerkstechniken von sechs Volksstämmen des Landes, und traditionelle Heiler geben Einblick in ihre Methoden der Weissagung. Die täglichen folkloristischen Vorstellungen, die abends im Victoria Falls Hotel wiederholt werden, vermitteln einen interessanten Querschnitt der Musik und Tänze Zimbabwes (täglich geöffnet, Mittagspause, ✆ 43 09).

Ein Tierpräparator (Zambezi Taxidermy) hat am Adam Stander Drive einen kleinen **Snake Park** (Schlangenpark) angelegt, in dem Giftschlangen, wie Puffotter, Kobra, Mamba oder die Boomslang, beobachtet werden können (9–12.30 und 14–17 Uhr geöffnet, ✆ 42 36/42 83).

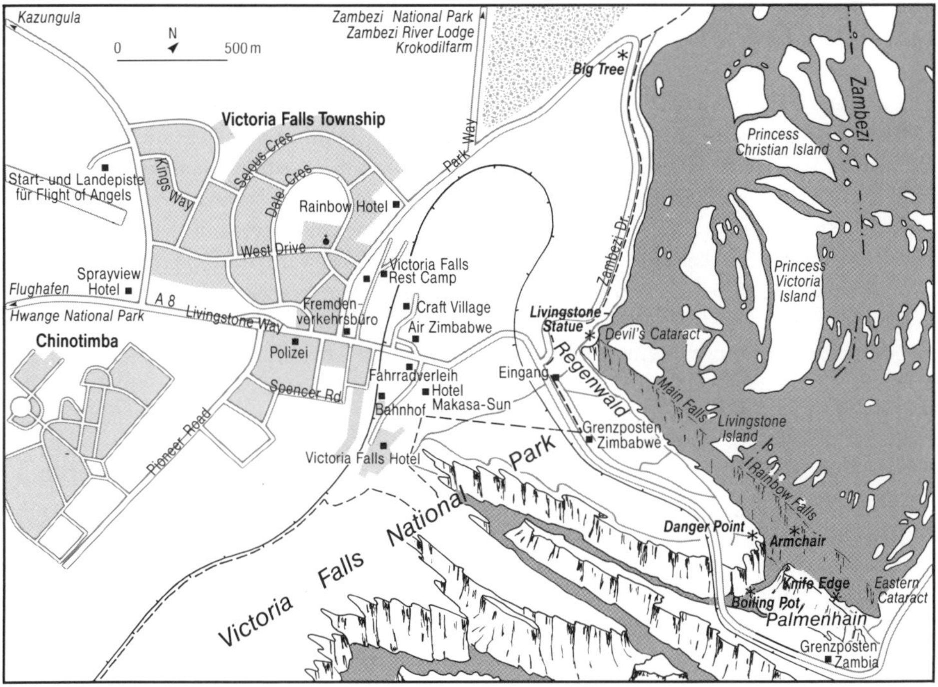

Victoria Falls

Die Zucht der 5 km oberhalb der Fälle gelegenen **Spencers Creek Crocodile Farm** umfaßt 4000 Krokodile aller Größen und Altersstufen. Die Farm bietet zusätzlich einen Streichelzoo für Kinder, ein Gehege mit Tieren des Chipangali Wildlife Trust, zu denen die nachtaktiven Raubtiere Serval, Leopard und Ginsterkatze gehören, und einen liebevoll angelegten Garten mit einheimischen und exotischen Pflanzen. Die Fütterung erfolgt am Nachmittag ohne feste Zeiten, um eine zu große Konzentration von Besuchern zu bestimmten Fixpunkten zu vermeiden. Gegen 15 Uhr hält der Touristenbus der United Touring Company (UTC) an der Farm, so daß es sich für Einzelbesucher eher empfiehlt, früher oder später zu kommen, um den Park in Ruhe genießen zu können. Ein Erfrischungsstand und ein Andenkenladen sind vorhanden (täglich von 8–12.30 Uhr und 14–16.30 Uhr geöffnet, Eintrittsgebühr; Anmeldung für Sonderführungen ✆ 45 67).

Auf halbem Wege zur Krokodilfarm steht der sogenannte **Big Tree,** ein prächtiges Exemplar eines Baobab oder Affenbrotbaumes (s. S. 21). Mit seiner Höhe von 20 m und einem Umfang von 16 m hält er zwar nicht den Größenrekord, doch gehört er zu den dicksten Bäumen Zimbabwes. Sein Alter wird auf weit über 1000 Jahre geschätzt.

Die Victoria-Fälle

Die Victoria-Fälle bieten ein einzigartiges Naturerlebnis. 550 000 m³ Wasser, die im Durchschnitt pro Minute auf einer Breite von 1700 m bis zu 108 m in die Tiefe stürzen, ergeben flächenmäßig den größten Wasservorhang der Erde. Doch das macht nicht allein den Reiz der Fälle aus: Der ruhige, beinahe 2 km breite Zambezi wälzt sich tosend über den Abbruch und wird danach in die stellenweise nur 60 m breite brodelnde Schlucht gesogen, deren schwarz-lila Basalt den Eindruck roher Kraft verstärkt. Zu wissen, daß es in Venezuela einen 1000 m hohen, in Laos einen 10 km breiten und in Brasilien einen fünfzigmal so wasserreichen Fall gibt, wird bei diesem Anblick bedeutungslos (Farbabb. 1, 2).

Eine Statue von David Livingstone soll Besucher an die Entdeckung der Fälle im Jahr 1855 erinnern. Die ortsansässigen Kalolo, die seit Jahrhunderten den *mosi oa tunya,* den ›Rauch, der donnert‹ in Ehren hielten, hatten Livingstone damals den Weg gewiesen. Die Besiedlung der Gegend um die Victoria-Fälle ist seit der Frühsteinzeit nachgewiesen. Damals existierten sie noch gar nicht an dieser Stelle, sondern der Zambezi stürzte 100 km flußabwärts in das Flußbett des Matetsi. Anhand zahlreicher Werkzeugfunde und Grabstätten läßt sich bilderbuchartig die Entwicklung vom Homo habilis bis zum Homo sapiens verfolgen. Entlang des Zambezi wurde die Wildbeuter-Gesellschaft der San (Buschleute, s. S. 92) um die Jahrtausendwende von zugewanderten, seßhaften Tonga verdrängt. Sie bilden seither die stärkste lokale Bevölkerungsgruppe. Die Tonga (s. S. 212) wurden weder vom Großreich der Shona noch der Ndebele unterworfen, unterlagen aber bis zur Kolonisierung abwechselnd dem politischen Einfluß des Lozi-Reiches (Zambia) und der Kalolo, eines Sotho-Volkes aus Südafrika, das vor Übergriffen des Zulu-Königs Shaka geflohen war und sich flußaufwärts der Fälle niedergelassen hatte. Der Kalolo-Häuptling Sekuletu hatte Livingstone im Jahr 1851 so detaillierte Angaben über die Wasserfälle gemacht, daß sie schon drei Jahre vor ihrer ›Entdeckung‹ durch den Engländer auf einer englischen Landkarte eingezeichnet werden konnten.

Die ersten Touristen aus Südafrika gelangten über den Pandamatenga Trail, eine Ochsenkarrenverbindung durch Botswana, nach Victoria Falls. Der geschäftstüchtige Händler, der diesen Weg eingerichtet hatte, brachte die Besucher oberhalb der Fälle in einem Camp unter, das sich an einer Furt befand. Reste dieser Anlage, die nach Gründung der Siedlung Livingstone um die Jahrhundertwende verlassen wurde, sind noch heute entlang des zambischen Ufers zu erkennen. Der Ochsenkarrenweg, über den einige hundert Europäer an den Zambezi gelangten, verlor nach dem Bau der Eisenbahn an Bedeutung.

40 Great Zimbabwe: konischer Turm ▷
41 Great Zimbabwe: Blick auf das elliptische Bauwerk ▷▷

42 Great Zimbabwe: verziertes Mauerwerk

43 Ruinen von Great Zimbabwe

44, 45 Ruinen von Great Zimbabwe

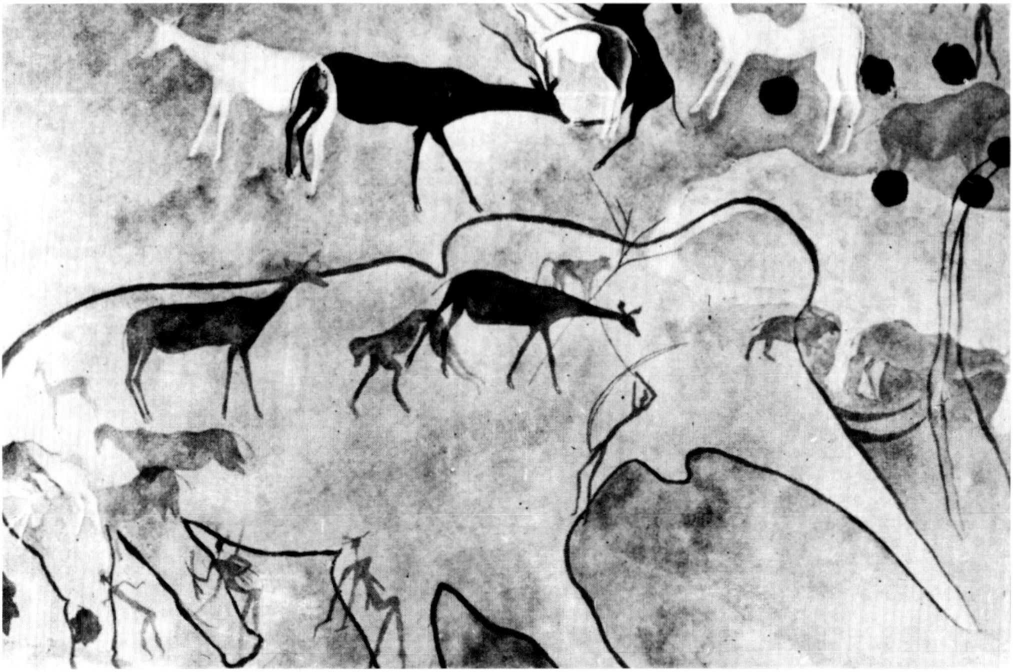

46 Felszeichnungen bei Makumbe

48 Frühzeitliche Höhlenmalerei in Nordost-Zimbabwe ▷

47 Felszeichnungen bei Mutoko

49 Skulptur von Mukomberanwa

50 Skulptur im Künstlerdorf Tengenenge

53 Bildhauer in Chupungu Village ▷

51, 52 ›Die Eule‹ (links) und ›Der Boxer‹ (rechts) von Brighton Sango

55 Nyanga: Nyangwe (Mare) Dam

◁ 54 Folkloredarbietung in Chupungu Village

56 Nyanga: Mount Inyangani

57 Wasserfall in Nyanga ▷

David Livingstone und die Entdeckung der Victoria-Fälle

Dr. David Livingstone gehörte zu jenen Afrikaforschern, deren Expeditionen vom Drang geleitet waren, Ursprung und Verlauf der großen Flüsse zu bestimmen, um den Kontinent zu erschließen. Livingstone, der nur mit Mühe sein Studium der Theologie und Medizin finanzieren konnte, trat 1838 im Alter von 25 Jahren der Londoner Missionsgesellschaft bei. Diese entsandte ihn zwei Jahre später als Missionar nach Südafrika, um Robert Moffat in Kuruman zu unterstützen (s. S. 100). Nachdem er Robert Moffats Tochter Mary geheiratet hatte, verließ er 1844 Kuruman, um im unerforschten Norden einen geeigneten Standort für die Gründung einer eigenen Mission zu finden. Dabei gelangte er nahe der Flußmündung des Chobe erstmals an den Zambezi, der ihn für den Rest seines Lebens fesselte. Die Vorstellung, die Zivilisation durch Erschließung einer Handelsroute entlang des Zambezi in das Innere Afrikas bringen zu können, ließ ihn nicht mehr los. Bei seiner ersten großen Expedition, die er mit Unterstützung der Royal Geographical Society unternahm, durchquerte er in den Jahren 1853 bis 1856 das südliche Afrika von Luanda am Atlantischen Ozean bis Quelimane am Indischen Ozean. Dabei folgte er über weite Strecken dem Nordufer des Zambezi, den er in Unkenntnis der Hindernisse für die Schiffahrt als »Gottes Schnellstraße zum Indischen Ozean« bezeichnete. Auch nachdem er 1855 die Victoria-Fälle erreicht hatte, blieb er davon überzeugt, daß der Zambezi bis dorthin schiffbar sei. Fünf Jahre später startete er wiederum im Auftrag der Royal Geographic Society an der Zambezi-Mündung am Indischen Ozean eine aufwendige Erkundungsfahrt per Schiff, die er nach endlosen Mühen vor der Cabora Bassa-Schlucht, 400 km stromaufwärts, abbrechen mußte. Er setzte seine Reise mit seinem Bruder Charles zu Fuß bis zu den Victoria-Fällen fort. Seine Begleiter konnten ihn nicht davon abbringen, die reißenden Stromschnellen bei Kariba mit einem Kanu zu befahren, was ihm wider alle Erwartungen gelang.

Nachdem er die Unschiffbarkeit des Zambezi erkannt hatte und seine Frau an diesem Fluß an Gelbfieber verstorben war, konzentrierte sich Livingstone auf die Erforschung der Quellen des Nils. Drei Jahre zog er in Zentralafrika umher, ohne der um ihn besorgten Außenwelt eine Nachricht zu übermitteln. Der amerikanische Journalist Henry Morton Stanley, der ihn im Auftrag einer Zeitung suchte, machte ihn schließlich in der Nähe des Lake Tanganyika in Burundi ausfindig und begrüßte ihn mit den als Beispiel für angelsächsische Zurückhaltung berühmt gewordenen Worten: »Dr. Livingstone, I presume.«

David Livingstone erreichte die Victoria-Fälle im November 1855 im Rahmen seiner dreijährigen Expedition quer durch das südliche Afrika. Nachdem er schon 60 km flußaufwärts die Gischtwolke gesehen hatte, näherte er sich den Fällen im Kanu und landete auf der heute nach ihm benannten Insel unweit des Abgrundes. Das Panorama der Wassermassen und des gegenüberliegenden Regenwaldes beschrieb er mit dem vielzitierten, für ihn untypisch bildreichen Satz, dieser Anblick müsse selbst Engel in ihrem Flug erstaunen. Zum Zeichen seines besonderen Respektes vor der britischen Krone benannte er dieses Naturwunder nach der regierenden Königin Victoria.

◁◁ 58 Landschaft bei Marondera
◁ 59 Mutare: Aloe Garden

Livingstone-Denkmal
an den Victoria-Fällen

Bei seiner neuerlichen Expedition zu den Fällen im Jahr 1860 erforschte er auch die zimbabwische Seite und notierte in sein Tagebuch: »Nach diesem zweiten Besuch halte ich dieses Schauspiel für das eindrucksvollste der Welt, das niemand anderer als ein begabter Maler auch nur annähernd wiedergeben kann.« Zwei Jahre später fertigte Thomas Baines seine berühmt gewordene Bilderserie der Victoria-Fälle an, die in Europa eine Welle der Begeisterung und den Beginn des Besucherstroms auslösten.

Livingstone, der in all den Jahren nur zweimal kurz nach England zurückgekehrt war, starb 1873 im Alter von 60 Jahren in Zambia, nachdem er 40 000 km kreuz und quer durch Afrika marschiert war. Seine treuen Diener trugen den einbalsamierten Leichnam bis zum Hafen von Dar es Salaam. Er wurde in der Westminster Abbey in London beigesetzt. Die Inschrift auf der Statue bei den Victoria-Fällen gibt treffend seinen Lebensinhalt wieder: ›David Livingstone – Missionary, Adventurer, Explorer‹.

Die Entstehungsgeschichte des Zambezi und der Victoria-Fälle

David Livingstone hatte den Ursprung der Fälle mit einer gewaltigen Lavaeruption erklärt, die die Erdkruste aufgerissen habe. Der deutsche Forscher Eduard Mohr, der 1870 die Fälle erkundete, stellte die These auf, sie bildeten den südlichen Ausläufer des großen afrikanischen Grabensystems (Great Rift Valley). Heute weiß man, daß die Victoria-Fälle durch die Erosionskraft des Zambezi entstanden, der sich über Jahrmillionen durch eine dicke Basaltdecke in die Tiefe gegraben hat.

Der Zambezi bestand ursprünglich aus zwei verschiedenen Flußsystemen: Der heutige Oberlauf floß einst durch Botswana nach Süden in den Limpopo, und der Mittel- und Unterlauf, dessen Quellfluß der Matetsi war, entwässerte das Gebiet um Hwange. Die beiden Flußsysteme trennte – vereinfacht gesprochen – eine dicke Basaltdecke, die sich im Erdmittelalter, vor 130 Mio. Jahren, durch eine Serie von Lavaeruptionen gebildet hatte und bis zu 300 m dick war. Die beim Erkalten entstandenen Risse füllten sich mit Sedimentgestein, und das gesamte Massiv wurde mit Sandsteinablagerungen überzogen.

Der Mittellauf des Zambezi, das Zambezi Valley, entstand im Zuge der Kontinentalverschiebung (s. S. 16), als die Erdkruste am Nordrand des zimbabwischen Hochlandes bis zu 3000 m tief aufgerissen wurde. Im Erdmittelalter (Trias) füllte sich dieser Graben mit Ablagerungen von Buntsandstein und im Jura zusätzlich mit Lavamassen. Aus dieser 150 bis 130 Mio. Jahre zurückliegenden Zeit stammen die ersten fossilierten Funde von Dinosauriern, die damals wie die Vorfahren des Krokodils und der Schildkröte die mit Zykadazeen bewachsenen Wildparks am Zambezi bevölkerten. Im Bereich seines Unterlaufes verursachte die Loslösung Madagaskars vom afrikanischen Kontinent vor 100 Mio. Jahren ein Absacken der Küstenregion, so daß sich der Fluß ungehindert seinen heutigen Weg zum Ozean bahnen konnte.

Anhebungen der Erdkruste unterbanden die Verbindung des Zambezi-Oberlaufes zum Limpopo und führten zur Entstehung eines riesigen Sees, der weite Teile Botswanas bedeckte. Das Okavango-Delta im Norden des Landes ist ein bescheidener Rest dieses Binnengewässers. Das Überlaufen des Sees und weitere Erdverschiebungen bewirkten in der Folgezeit, daß die Wassermassen über das Sandsteinplateau nach Osten abflossen, wo sie 100 km flußabwärts der heutigen Fälle 250 m tief in die Ebene des Matetsi stürzten und durch das Zambezi Valley abflossen. Das war

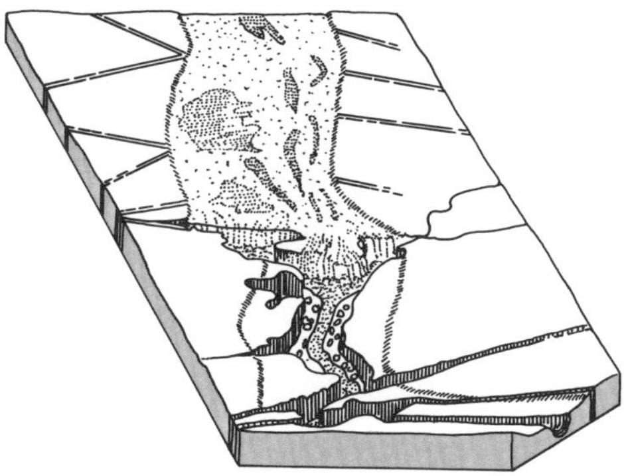

Schematische Darstellung der Entstehung der Victoria-Fälle: Jahr für Jahr schiebt die Kraft des Wassers die Abbruchkante flußaufwärts

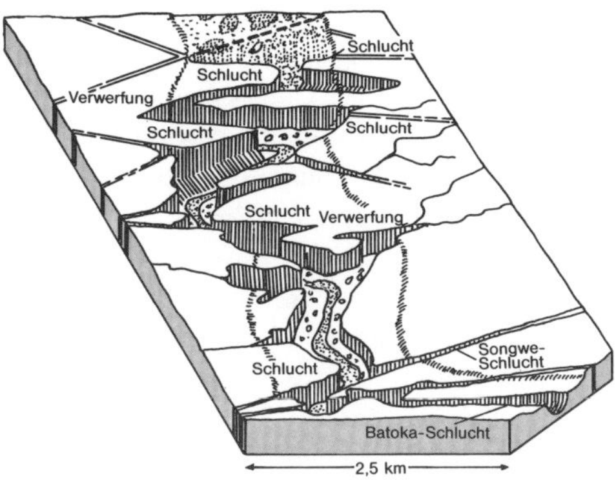

vor 3 Mio. Jahren. Seither verschiebt die Kraft des Wassers die Abbruchkante flußaufwärts. Zunächst höhlte der Zambezi in 2,5 Mio. Jahren die 80 km lange Batoka-Schlucht aus dem dicken Basalt. An ihrem Westende erreichte er vor 500 000 Jahren eine Schwachstelle, die das Basaltfundament im Zick-Zack durchzieht. Sie gab und gibt die weitere Erosion vor. In diesem Prozeß stellen die Victoria-Fälle die achte Abbruchkante dar. Die neunte Wasserfallinie, über die der Zambezi in einigen tausend Jahren stürzen wird, ist bereits beim Devil's Cataract erkennbar.

Besichtigung

Die Victoria-Fälle bieten zu den verschiedenen Jahreszeiten ein ganz unterschiedliches Bild. Während des Hochwassers im April sind sie zweifellos am spektakulärsten, doch die gewaltige Gischt verstellt dann den Blick auf die Fälle und die Schlucht. Im November hingegen hat sich der Wasservorhang stellenweise auf ein enttäuschend kümmerliches Rinnsal reduziert; dafür werden die geologischen Gegebenheiten in allen beeindruckenden Einzelheiten erkennbar. Die beste Zeit für Fotografen ist September/Oktober und Februar/März.

Die ersten Besucher waren gezwungen, den einzigartigen Zauber der Wasserfälle in Worten zu schildern, da ihnen das Medium der Fotografie fehlte. Livingstone's Bruder Charles schrieb 1860 an einen Freund: »Nach einem Sturz von einigen Metern kommt auf einmal Leben in die weiße Wasserfront. Urplötzlich entstehen Kometen so groß wie die hellsten Sterne des Firmaments. Drei, acht, ein Dutzend, ganze Scharen springen wie Lebewesen hervor, bis die gesamten Fälle in ein Meer lebendiger Sternschnuppen verwandelt sind, jede auf ihrer eigenen, unverkennbaren Bahn. Alle paar Sekunden katapultiert sich eines dieser kleinen Geschöpfe weit von seinen Gefährten weg, als wolle es dem unvermeidbaren Abgrund entrinnen. Haben die Niagara-Fälle auch ihre lebenden Kometen? Ich jedenfalls habe weder dort noch bei einem anderen Wasserfall etwas Vergleichbares erlebt.« Der Deutsche Eduard Mohr verglich die Fälle 1876 mit »den Wellen der Ewigkeit«, er sah sie als eine »in Schönheit gerahmte Veranschaulichung der für den Menschen unbeschreiblichen Unendlichkeit.«

Eine Besichtigung der Westseite der Victoria Falls sollte man zu Fuß vom Nationalpark aus beginnen. Am Eingang, wo Ausländern eine geringe Eintrittsgebühr abverlangt wird, befinden sich Schautafeln zur Geologie und Naturgeschichte der Fälle und ihrer Umgebung. Von dort führt ein Pfad zum **Denkmal von David Livingstone,** dem Aussichtspunkt I. An dieser Stelle läßt sich besonders gut beobachten, wie der Zambezi quer durch Cataract Island einen neuen Abbruch aushöhlt. Der Chainwalk bringt den Besucher ein Stück die Schlucht hinunter, in unmittelbare Nähe der Wassermassen des **Devil's Cataract,** des niedrigsten und wasserreichsten Teils der Fälle. Von dort geht ein angelegter Pfad am Rande des Regenwaldes vorbei zu Aussichtspunkten auf die Main Falls, die Horseshoe Falls und die Rainbow Falls. Der Aussichtspunkt XI liegt unmittelbar gegenüber jener Stelle, an der Livingstone die Tiefe mit einem Lot vermessen hat. Der nach ihm benannten Insel hatte Livingstone den Namen Garden Island gegeben. Überzeugt von ihrer Fruchtbarkeit, hatte er bei seinem ersten Besuch Kaffeebohnen und Zitrusbäume gesetzt, mußte aber bei seiner Rückkehr nach fünf Jahren feststellen, daß Nilpferde seinen Garten zunichte gemacht hatten.

Die **Rainbow Falls** gegenüber dem Aussichtspunkt XIII erreichen mit 108 m die maximale Fallhöhe. An der Abbruchkante der Rainbow Falls ist der Rest eines kleinen Vulkankegels erkennbar; wegen seiner Form heißt er ›*armchair*‹ (Lehnstuhl). Der Dangerpoint XIV erlaubt einen atemberaubenden Blick in die trichterförmige Schlucht, wo der tosende Fluß seinen Lauf fortsetzt. Der Rückweg, der mit einem Abstecher zu Aussichtspunkt XV in der Nähe der Brücke verbunden werden kann, führt durch den sattgrünen **Regenwald.** Streng wissenschaftlich betrachtet, handelt es sich nicht um Regenwald, sondern um eine für das Ufer des Zambezi typische Vegetation, die hier nur besonders üppig gedeiht. Dennoch, wo sonst wird eine Flußvegetation mit einem jährlichen Niederschlag von 32 m feinstem Nieselregen bewässert? Zum Vergleich: Die jährliche Niederschlagsmenge in Zimbabwe beträgt 840 mm. Neben Mahagonibäumen, Würgefeigen, Ebenholz und Farnen fallen insbesondere zwei Pflanzen auf: die Orchideenranke Flame Lily (Gloriosa superba), die durch ihr helles Rot oder Gelb hervorsticht, und die Pincushion (Haemanthus fififlorus), deren nadelförmige Blütenblätter zwischen Oktober und Dezember rot schillern, bis sie ihre Farbe durch das Heranreifen kleiner grüner Früchte verlieren.

Die **zambische Seite** vermittelt eine spannende, unmittelbare Perspektive der Fälle, die sich kein Besucher im Anschluß an eine Wanderung entlang des zimbabwischen Abschnitts entgehen lassen sollte. Die Zollformalitäten sind in der Regel schnell erledigt. Es empfiehlt sich, ein Fahrrad zu mieten (s. S. 334), um über die Brücke zu gelangen. An den Souvenirständen beim Eastern Cataract kann es abgestellt werden. Eine erste beeindruckende Ansicht der Fälle hat man vom Platz an der äußersten Abbruchkante des Flusses, analog dem Aussichtspunkt I auf der anderen Seite. Eine bei Hochwasser gänzlich in Gischt getauchte Hängebrücke verbindet die ›Messerschneide‹ (Knife Edge) mit einem Felsplateau, auf dessen exponierter Stellung man den Eindruck hat, gänzlich im Mittelpunkt des Naturschauspiels zu stehen.

Der Abstieg zum Boiling Pot führt an Palmenhainen vorbei in die Tiefe der Zambezi-Schlucht, von der sich die Victoria-Fälle ein weiteres Mal in einer ehrfurchtgebietenden Dimension zeigen. Für diesen anstrengenden, aber durchaus zu empfehlenden Abstecher sollten nicht weniger als zwei Stunden veranschlagt werden.

Flight of Angels

Der ›Flight of Angels‹ ist ein viertelstündiger Rundflug in einem sechssitzigen Kleinflugzeug, der – in Anlehnung an Livingstones epischen Ausspruch – eine ›Engelsperspektive‹ der Fälle vermittelt. Auf diese Weise bekommt man einen Gesamteindruck vom Spektakel. Es läßt sich beobachten, wie der breite, majestätisch dahinfließende Zambezi seinen Lauf kurz vor den Fällen beschleunigt, sich plötzlich in eine weiße Wasserwand verwandelt, die in der Tiefe mit Getöse zerschellt und teils als Gischtwolke wieder emporsteigt, teils als schäumende Masse in die enge Schlucht gesogen wird. Die Sicht aus dem Flugzeug hilft auch, die Entstehung der Fälle zu verstehen, da die Positionen der früheren Abbruchkanten und das ursprüngliche Flußbett deutlich zu erkennen sind.

Bei Buchung eines halbstündigen Fluges (Sprayview Air Safari) überfliegt man nach einigen Schleifen über den Fällen den Zambezi-Oberlauf, bei einem dreiviertelstündigen Flug (Zambezi Sky Safaris) zusätzlich den Zambezi-Nationalpark.

Flüge werden täglich je nach Wetter und Andrang von 8.30–11.30 und von 14–15.30 Uhr angeboten, Buchungen nehmen alle örtlichen Reisebüros vor. 1990 kostete der ›Flight of Angels‹ 45 US$ (s. S. 332).

Ausflüge in die Umgebung von Victoria Falls

Bootsausflug auf dem Zambezi

Ein Kontrastprogramm zum Erlebnis Victoria-Fälle stellen Bootsausflüge auf dem ruhigen Oberlauf des Zambezi dar. Eine Reihe von Veranstaltern bietet sie täglich frühmorgens, am Mittag, zum Sonnenuntergang oder auch als ganztägige Tour an, wobei für einen Imbiß und Getränke gesorgt ist. Für größere Gruppen eignet sich besser das Schiff der UTC, kleinere Gruppen und Angler werden es vorziehen, den Zambezi in einem Motorboot ganz ›privat‹ zu erleben.

Wildwasserfahrten in der Zambezi-Schlucht

Unter Wildwasserkennern gilt die Zambezi-Schlucht unterhalb der Fälle als eines der schönsten Reviere der Welt für diesen aufregenden Sport. Der Schwierigkeitsgrad und die Wahl des Streckenabschnitts richten sich nach dem Wasserspiegel und wechseln daher mit der Jahreszeit. Wildwasserfahrten auf Schlauchbooten werden von Unternehmen in Zimbabwe (Shearwater) und in Zambia (Sobek) auf unterschiedlichen Strecken angeboten. Vorkenntnisse sind nicht erforderlich, aber die aktive Mitarbeit bei der ständigen Gewichtsverlagerung beim Passieren der Stromschnellen und beim Ausschöpfen des ins Boot geschwappten Wassers. Die Teilnahme ist auf körperlich rüstige 16- bis 60-Jährige beschränkt.

Der anspruchsvollere obere Streckenabschnitt, dem der Schwierigkeitsgrad fünf innerhalb der sechsteiligen Skala zugeordnet wird, ist nur in den Monaten August bis Dezember befahrbar. Der längere untere Abschnitt mit einem Schwierigkeitsgrad von drei bis vier wird in der Zeit von Januar bis März sowie im Juni und Juli angeboten. Im April und Mai ist der Fluß wegen Hochwassers nicht befahrbar.

Wildwasserpaddeln auf dem Oberlauf

Vom Grenzposten Kazungula bis zu den Victoria-Fällen verläuft der Zambezi teils ruhig, aber teils auch über Stromschnellen hinweg, so daß er auf diesem Abschnitt nur mit Kajaks befahren werden kann. Die abwechslungsreiche Landschaft entlang des Zambezi-Nationalparks und die reiche Flußvegetation versprechen Teilnehmern einer Kajaksafari ein malerisches und zugleich abenteuerliches Naturerlebnis. Die Veranstalter, die für reichliche Verpflegung sorgen, bieten ein- bis dreitägige Fahrten an, allerdings nur in den Monaten April bis Oktober. Vorkenntnisse sind dank der äußerst stabilen Zweier-Kajaks nicht erforderlich, dafür eine gewisse Sportlichkeit und gute Nerven.

Zambezi National Park

Safari-Unternehmen bieten ab Victoria Falls-Stadt Ausflüge mit dem Landrover in den Zambezi-Nationalpark an. In der Trockenzeit läßt sich der Park wegen seines übersichtlichen Wegenetzes und der schönen Picknickplätze ebensogut im Rahmen eines Tagesausflugs auf eigene Faust befahren. Geübte Reiter können einen geführten Ausritt buchen.

Abgesehen von der Schönheit des Zambezi und der Flußvegetation ist der 56 000 ha große Park auch wegen seiner Rappenantilopen berühmt. Darüber hinaus ist er Lebensraum weiterer Antilopenarten sowie von Elefanten, Büffeln, Giraffen, Zebras, Löwen und unzähligen, teils seltenen Vögeln.

Hwange National Park

Der Hwange National Park ist der bei weitem größte Nationalpark des Landes und einer der bedeutendsten des Kontinents. Sein Name geht auf Häuptling Hwange zurück, der über die Gegend herrschte, als man hier um die Jahrhundertwende bedeutende Kohlevorkommen entdeckte. Das Land wurde enteignet, seine Erschließung begann mit der Gründung der Minenstadt Wankie (Hwange), die bis heute ein wichtiges Bergbauzentrum ist.

Auf einem Gebiet von 14 000 km^2 leben 20 000 Elefanten, 13 000 Büffel, große Herden von Rappenantilopen und Gnus, zahlreiche Giraffen, mehrere hundert Breit- und Spitzmaulnashörner, ein wachsender Bestand der weltweit vom Aussterben bedrohten Wildhunde und eine bedeutende Zahl an Raubkatzen. Ornithologen können über 400 Vogelarten studieren, Botaniker kommen dank der Teakholzwälder auf ihre Rechnung, und Geologen wird der sandige Kalahari-Boden interessieren.

Der heutige Wildreichtum des Parks geht auf künstliche Eingriffe zurück. Im 19. Jh. diente dieser unfruchtbare Landstrich als Jagdrevier der Ndebele-Könige, das die weißen Siedler übernahmen. Sie dezimierten den Wildbestand rigoros. Als die Zahl der verbliebenen Elefanten auf unter 1000 gesunken war, stellte die Kolonialverwaltung das Gebiet im Jahr 1929 unter Naturschutz und begann, Stauseen und Tränken anzulegen. Diesen heute über 60 künstlichen Wasserstellen, die in der Trockenzeit vom ausreichend vorhandenen Grundwasser gespeist werden, ist zu verdanken, daß sich der Tierbestand wieder vergrößert hat. Die Elefanten vermehrten sich sogar so rasch, daß sie eine ernsthafte Bedrohung der Flora darstellten. Seit einigen Jahren existiert ein Abschußprogramm mit dem Ziel, ihre Zahl mittelfristig auf 13 000 Tiere zu begrenzen (s. S. 45).

Hwange ist ein so großer Park, daß es in ihm noch viele entlegene und unberührte Plätze gibt. Bei aller Vorliebe des Wildbeobachters, möglichst fern aller Straßen und Mitmenschen die Natur zu erleben, konzentrieren sich die Tiere hier jedoch beinahe ganzjährig zwischen dem Main Camp (in der Nähe des Parkeingangs bzw. des Flughafens) und der nur einige Kilometer entfernten Nyamandhlovo-Tränke. Dieser Umstand macht Hwange zu einem beliebten Zwischenstopp für Flüge zu den Victoria-Fällen. Aufgrund des guten Straßennetzes im Nordteil des Parks bietet sich in der Trockenzeit aber auch eine Rundfahrt von Victoria Falls über das Main Camp und Robins Camp nach Matetsi bzw. über das Sinamatella Camp nach Hwange an.

Zum Übernachten und zur Besichtigung des Hwange-Parks stehen verschiedene Möglichkeiten zur Verfügung:

Die Nationalparkverwaltung hat im Main Camp, Sinamatella Camp, Robins Camp, Nantwich Camp und Bumbusi Camp gepflegte, schön gelegene und darüber hinaus preiswerte Ferienhäuser verschiedener Kategorien eingerichtet, die im voraus über die zentralen Buchungsstellen in Harare und Bulawayo reserviert werden müssen. Dem Main Camp und Sinamatella

Hwange National Park

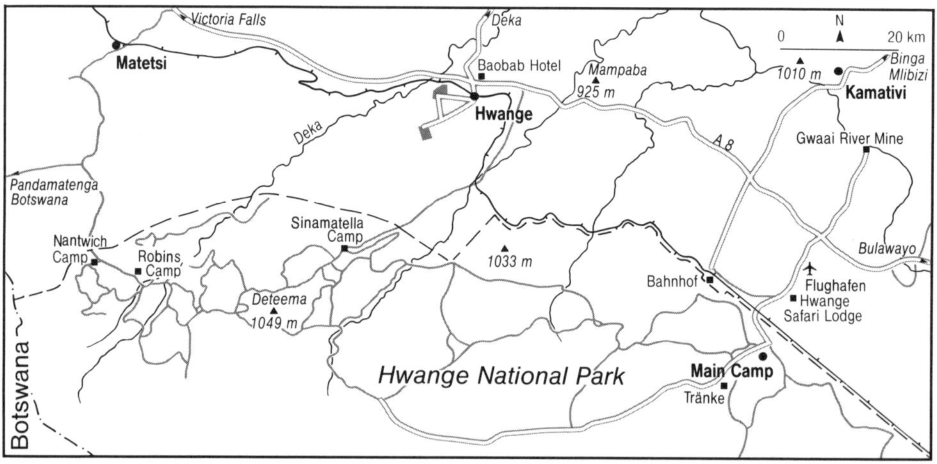

Nashörner im Hwange National Park

Camp sind Campingplätze angeschlossen. Diese Unterbringung setzt eigene Transportmittel voraus.

Touch The Wild Safaris betreibt am Südrand des Parks die privaten Luxuscamps Sikumi Tree Lodge, Sable Valley Lodge und Makalolo, Ausgangsbasen für eine professionell geführte, anspruchsvolle Wildbeobachtung. Allerdings haben die persönliche Betreuung durch die Camp-Leitung, das Schwimmbad mitten im Busch und die gute Verpflegung ihren Preis (1990: 150 US$ pro Person/Tag). Ähnlich sind Konzeption und Preisklasse des Jinja Camp, das 1990 vom Management der Imbabala Lodge (s. S. 334) gegründet wurde.

Die Hwange Safari Lodge, 12 km vom Main Camp entfernt, ist ein Hotel mit 100 Zimmern, das auch Übernachtungen in einem nahen Baumhaus anbietet. Tagsüber werden gemeinsam mit der United Touring Company (UTC) Rundfahrten durch den Park veranstaltet.

Eine originelle, wenn auch kostspielige Art, einen Aufenthalt in Hwange mit einem Besuch der Victoria-Fälle zu verbinden, ist eine Fahrt mit dem Sonderzug von Railsafaris. Von einer alten Garratt-Dampflokomotive gezogen, fährt der Zug zwei- bis dreimal monatlich von Bulawayo über Hwange nach Victoria Falls und retour. Die Gruppe der 24 Mitreisenden ist in dem historischen Salonwagen der rhodesischen Eisenbahnen untergebracht. Der ›Champagne Express‹ ist vier Tage unterwegs, der ›Champagne Special‹ wegen eines längeren Aufenthalts im Hwange-Nationalpark (Makalolo Lodge) sechs Tage. Grundsätzlich besteht die Möglichkeit, nur einen Streckenabschnitt zu buchen. Die Kosten pro Fahrgast betrugen 1990 inklusive Vollverpflegung 300 US$, zuzüglich den Aufenthaltskosten im Hwange-Park. Kinder zahlen die Hälfte.

Safaris entlang der Grenze zu Botswana

Unweit des Grenzpostens Kazungula ermöglicht das rustikale **Luxuscamp Imbabala** einen erholsamen Aufenthalt am Ufer des weiten Zambezi-Oberlaufs. Das Camp ist besonders für Fischer und Vogelliebhaber zu empfehlen, die sich eine gute Betreuung und die Annehmlichkeit eines kleinen Schwimmbads etwas kosten lassen wollen. Nur in der Trockenzeit lassen sich hier viele Tiere beobachten.

Das **Westwood Safari Camp** liegt an der Westgrenze des Zambezi National Park in einem privaten Wildreservat. Dieses luxuriös und exklusiv geführte Camp in der Nähe des Nationalparks bietet viele Möglichkeiten, die Natur auf dem Land und auf dem Wasser zu erleben.

Der **Nationalpark Kazuma Pan** liegt inmitten des Matetsi-Safarigebietes an der Grenze zu Botswana und besteht aus einer von Hügeln umgebenen Niederung (›Pfanne‹), die sich in der Regenzeit in einen Sumpf verwandelt und in der Trockenzeit mehrere Wasserstellen besitzt. Aufgrund der ganzjährig zu beobachtenden Wildtiere eignet sich dieser abgeschiedene kleine Nationalpark hervorragend für mehrtägige, geführte Wanderungen, auf die sich Guyu Safaris spezialisiert haben (s. S. 332).

Victoria Falls ist ein geeigneter Ausgangspunkt, um eine Reise durch Nordwest-Zimbabwe mit einem Abstecher in die wildreichen Naturreservate von Botswana zu verbinden. Der **Chobe National Park** entlang des gleichnamigen Nebenflusses des Zambezi beginnt unweit des Grenzübergangs bei Kazungula. Die örtlichen Reisebüros sind darauf eingerichtet, Touristen beiderseits der Grenze zu betreuen. Während eine Fahrt in den Chobe National Park in der Regel in Landfahrzeugen erfolgt, werden das Okavango-Delta und Savuti mehrmals wöchentlich über Maun angeflogen.

Bulawayo und das südliche Matabeleland

Bulawayo

Bulawayo ist eine großzügig angelegte Stadt mit dem größten Naturkundemuseum des Landes und einem bedeutenden Eisenbahnmuseum. Und von hier lassen sich zahlreiche reizvolle Ausflüge unternehmen: in die faszinierende Landschaft von Matobo, die für ihre Granitformationen und eigentümlichen Wackelsteine, die *balancing rocks*, berühmt ist; zu Felsmalereien, die von den Jägern und Sammlern erzählen, die hier vor vielen tausend Jahren lebten; zu den Ruinen von Kame, die ein eindrucksvolles Zeugnis von der kulturgeschichtlichen Bedeutung des Matabelelandes in vorkolonialer Zeit ablegen.

Bulawayo liegt 1350 m hoch und ist mit 660 000 Einwohnern die zweitgrößte Stadt Zimbabwes. Die Hauptstadt der Provinz Matabeleland Nord ist das Wirtschafts- und Verwaltungszentrum des gesamten Matabelelandes. Bulawayo besitzt Maschinen- und Reifenfabriken, eine diversifizierte Konsumgüterindustrie, metallverarbeitende Betriebe und Firmen der Elektrobranche. Jährlich Ende Mai findet hier die internationale Handels- und Landwirtschaftsmesse statt, die nicht nur Aussteller und Besucher der afrikanischen Nachbarstaaten, sondern aus der ganzen Welt anzieht.

Die Stadt, Hauptsitz der Eisenbahnverwaltung des Landes, ist ein wichtiger Verkehrsknotenpunkt. Züge verbinden Bulawayo nicht nur mit Harare und Victoria Falls, sondern auch mit den Nachbarstaaten Zambia, Botswana und Südafrika. Vom internationalen Flughafen gehen Flüge zu allen inländischen Zielen und nach Südafrika.

In Bulawayo befinden sich wichtige Bildungseinrichtungen, wie das Polytechnikum und die Bergbaufachschule. Mitte der 90er Jahre soll hier die zweite Universität des Landes eröffnet werden und vor allem die Fachbereiche Technik und Naturwissenschaften vertreten.

Geschichte

Bulawayo ist eine geschichtsreiche Gegend: Als Great Zimbabwe im 15. Jh. verlassen wurde, entstand in der Nähe der heutigen Stadt ein neues Herrschaftszentrum unter der Torwa-Dynastie. Im 17. Jh. erreichten die Torwa den Höhepunkt ihrer Macht: Sie errichteten die Steinbauten von Kame, in denen ihre Herrscher residierten, und verfügten über weitverzweigte Handelsbeziehungen. Um 1640 wurde der Regierungssitz Kame aufgegeben, und bei Danangombe,

Straßenszene in Bulawayo

heute bekannt als Dhlo Dhlo, entstand eine neue Hauptstadt, die ein Changamire-Herrscher der Rozvi 40 Jahre später eroberte. Bis zum Vordringen der Ndebele blieb sie das Machtzentrum des Shona-Königreiches der Rozvi.

Nachdem die Ndebele den Limpopo überquert hatten, ließen sie sich um 1840 unter ihrem König Mzilikazi in der Nähe der Ruinen des alten Torwa-Reiches nieder. Bald kontrollierten sie nicht nur dessen ursprünglichen Machtbereich, sondern auch angrenzende Shona-Gebiete (s. S. 96ff.). 1870 übernahm Mzilikazis Sohn Lobengula nach internen Stammesauseinandersetzungen die Herrschaft. Er baute seine Residenz in der Nähe des heutigen Bulawayo auf und nannte sie in Erinnerung an die blutige Niederwerfung eines Aufstandes ›Gubulawayo‹, was ›Ort des Tötens‹ bedeutet.

Als 1890 die ersten Pioniere kamen, lebten in Gubulawayo 20 000 Ndebele. Gemäß dem mit Lobengula geschlossenen Vertrag (s. S. 100f.) siedelten sich die Europäer zwar zunächst nur im Gebiet der Shona an, doch nutzten sie bald die Gelegenheit, gegen Lobengula ins Feld zu ziehen, um sein Herrschaftsgebiet zu besetzen. 1893 kam es zum Krieg zwischen Siedlern und Ndebele. Lobengulas Heer leistete erbitterten Widerstand, konnte den Kampf gegen die besser bewaffneten Europäer aber nicht gewinnen. 15 000 Ndebele fielen. Der König ließ Gubulawayo in Flammen aufgehen und flüchtete in die Berge, wo er wenig später starb.

Die Siedler bauten ihre ersten Zelte auf der Asche von Gubulawayo auf. Demonstrativ errichteten sie den Regierungssitz auf dem Gelände von König Lobengulas Residenz. Bis vor wenigen Jahren konnte die Anlage besichtigt werden, auf der auch das Wohnhaus und Stallungen von Cecil Rhodes stehen. Heute dient der ehemalige Regierungssitz als State House, das der Präsident bei seinen Aufenthalten in der Stadt bewohnt und das für Besucher geschlossen ist.

Im Jahre 1894 wurde der Ort unter dem Namen Bulawayo zur *town* erklärt, deren Einwohnerzahl stetig wuchs. Goldsucher und Händler fanden hier eine sichere Zuflucht. Die Siedlerstadt florierte, obwohl damalige Zeitungsberichte den besorgniserregenden Alkoholkonsum beklagten: Eine Flasche Whisky kostete nur ein Siebtel so viel wie ein Blumenkohl! Die Standard Bank von Südafrika öffnete im Jahre 1894 in einem Zelt ihre Schalter, Hotels mit so eindrucksvollen Namen wie Palace, Imperial und The Queens reihten sich neben Gemischtwarenläden in den breit angelegten Straßen. Es gab bereits eine Bücherei und einen Tierpräparator, der ausgestopfte Vögel und Felle anbot. Ab 1894 erschien ›The Chronicle‹, eine bis heute wichtige Tageszeitung, die sich durch vorsichtige, aber gezielt regierungskritische Berichterstattung von ihrem Schwesterblatt ›The Herald‹ abzugrenzen versucht.

Als die Afrikaner 1896 einen landesweiten Aufstand gegen die Besiedlung Rhodesiens durch Weiße begannen (s. S. 104f.), lebten in Bulawayo 2200 Europäer, darunter 800 Frauen und Kinder. Auf dem Marktplatz, wo heute das Townhouse steht, stellten sie das ›Laager‹ auf, eine aus Leiterwagen errichtete Schutzburg, hinter der sich die Siedler nachts verbarrikadierten (Abb. 12, 14). Cecil Rhodes, der nie persönlichen Kontakt zum Ndebele-König hatte, traf sich nun mit dessen Generälen in den Bergen von Matobo zu Friedensverhandlungen.

Nach dem Waffenstillstand entwickelte sich Bulawayo zum wirtschaftlichen Zentrum des Landes. Seine Bedeutung wuchs, seit 1897 die Eisenbahnverbindung nach Südafrika fertiggestellt war. Cecil Rhodes sah in ihr einen wesentlichen Schritt zur Erfüllung seines Traumes von einem britischen Kolonialreich, das vom Kap bis nach Kairo reichen sollte. Der Verkehrsknotenpunkt des Landes verlagerte sich von Fort Victoria (Masvingo) nach Bulawayo, dem Umschlagplatz des regionalen Handels.

Bulawayo kristallisierte sich schon früh als politisches Zentrum des afrikanischen Widerstandes gegen den Kolonialismus heraus. Auslöser war ein Generalstreik, den die Gewerkschaft weißer Eisenbahner mit Unterstützung ihrer schwarzen Kollegen im Jahr 1919 ausrief. Der Streik wurde beigelegt, indem die Forderungen der Europäer erfüllt, die afrikanischen Kollaborateure bestraft und die Rechte schwarzer Arbeiter beschnitten wurden. Diese eklatante Ungleichbehandlung spaltete die Arbeiterbewegung, stärkte aber gleichzeitig das politische Bewußtsein der Afrikaner.

Die 1943 zur *city* aufgewertete Siedlung verlor nach der Gründung des Zentralafrikanischen Bundes (1953) an Bedeutung, weil sich Harare als administratives Zentrum der Region herausbildete. Als Industriestadt behielt Bulawayo ihre traditionell wichtige Rolle, und 1960 fand hier die erste Zentralafrikanische Handelsmesse statt. Seitdem gewann die einwöchige Industriemesse jährlich an Bedeutung: 1990 besuchten 200 000 Menschen die Ausstellungsstände von 37 Nationen. Die Zimbabwe International Trade Fair dient als Schaufenster der lokalen Produkte und als internationaler Treffpunkt von Geschäftsleuten.

Sehenswürdigkeiten

Bulawayo besitzt einen besonderen Charme: Bäume säumen die breiten Straßen, und eine attraktive Mischung von kolonialer und moderner Architektur bestimmt das Stadtbild.

Im Zentrum verlaufen die Straßen rechtwinklig zueinander. Die Numerierung der 15 *avenues* erleichtert die Orientierung. Quer zu ihnen liegen die *streets*, deren koloniale Namen nach der Unabhängigkeit durch die afrikanischer Persönlichkeiten ersetzt wurden. Der Kolonialismus prägte auch hier die Stadtplanung: Die engen Arbeitersiedlungen für Afrikaner wurden nord-

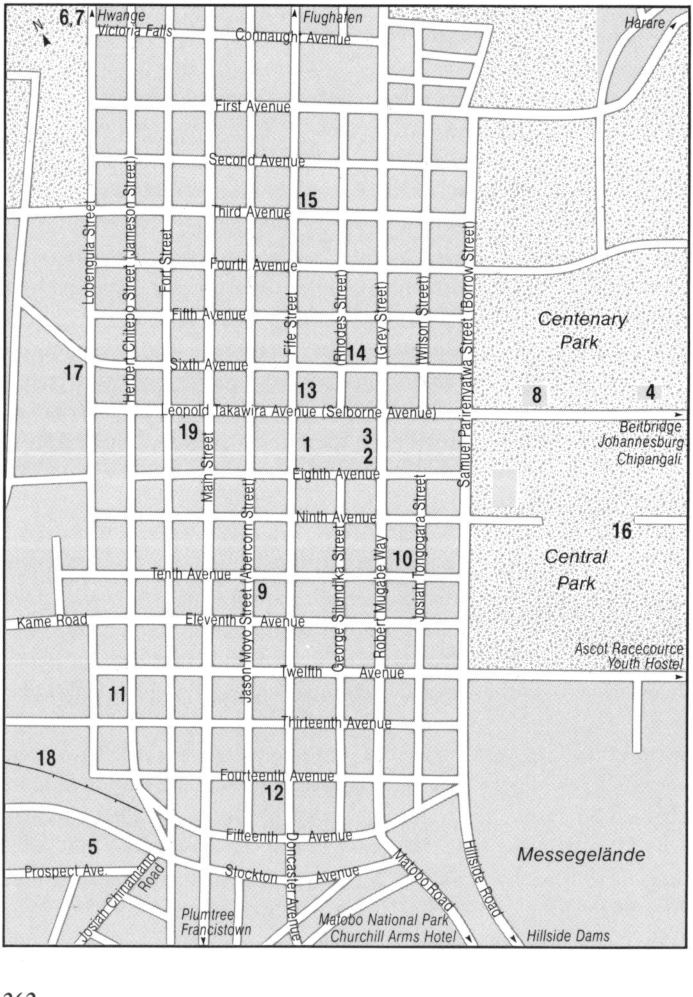

Bulawayo
1 City Hall (Fremdenverkehrsbüro)
2 Kunstgalerie
3 Jairos Jiri Craft Shop
4 Natural History Museum of Zimbabwe
5 Eisenbahnmuseum
6 Mzilikazi Arts and Craft Centre
7 Bulawayo Home Industry Centre
8 Bulawayo Theatre
9 Palace Hotel
10 Bulawayo Sun Hotel
11 New Waverley Hotel
12 Plaza Hotel
13 Selbourne Hotel
14 New Royal Hotel
15 Cecil Hotel
16 Camping- und Caravanplatz
17 Busbahnhof
18 Bahnhof
19 Hauptpost

Das Rathaus von Bulawayo

westlich der Bahnlinie, die vormals rein weißen Wohngebiete rund um weitflächige Parks angelegt.

Ein markantes Gebäude der Innenstadt ist die **City Hall** mit Turmuhr und einem Säulengang an der Frontseite. Es wurde an der Stelle errichtet, wo 1886 das ›Laager‹, die Schutzburg der Siedler, stand. Der Old Well erinnert an die Belagerung der Stadt während des Ersten *Chimurenga* im Jahr 1896, als dieser Brunnen die einzige Wasserquelle der Siedler war. In der City Hall sind das Fremdenverkehrsbüro und – im ersten Stock – eine Ausstellung zur Stadtgeschichte untergebracht. An der Fife Street hinter dem Gebäude befindet sich ein Blumen- und Souvenir-Markt, auf dem Häkelarbeiten, Holzschnitzereien, Steinskulpturen und Bilder feilgeboten werden.

Die **Kunstgalerie** neben der City Hall wurde 1970 eröffnet. Sie zeigt zeitgenössische Gemälde, Stein- und Holzskulpturen sowie Exponate der Volkskunst. Die ständige Ausstellung ergänzen regelmäßige Wanderausstellungen der Nationalgalerie Harares.

An die Kunstgalerie grenzt der **Jairos Jiri Craft Shop,** in dem handgefertigte Korb-, Holz- und Töpferwaren verkauft werden. Die vor 40 Jahren von Jairos Jiri gegründete Einrichtung hat sich zur Aufgabe gemacht, die Rehabilitation von Behinderten zu fördern und ihnen durch die Herstellung und den Verkauf von Kunsthandwerk eine Erwerbsquelle zu erschließen.

In Bulawayo wurde im Jahr 1901 mit einer mineralogischen Sammlung das erste Museum des Landes eröffnet. Das heutige **Natural History Museum of Zimbabwe** befindet sich in einem

1964 errichteten kolosseumartigen Bau. Die Abteilung über Säugetiere ist mit 75 000 Exponaten die größte der südlichen Hemisphäre. Auch die Vogelsammlung, die umfangreichste des Kontinents, lohnt einen Besuch. Zum Museum gehört ferner eine Freilichtausstellung zur Geschichte des Bergbaus, in die eine nachgebaute Goldmine, Handwerkszeuge und Ausrüstungsgegenstände des späten 19. Jh. Einblicke geben. Das Naturkundemuseum liegt stadtauswärts Richtung Beitbridge an der Leopold Takawira Avenue, an die rechts der Central Park und links der Centenary Park mit ihren gepflegten Wegen und schattigen Rasenplätzen unter heimischen Bäumen grenzen. Der **Centenary Park** eignet sich wegen des Tiergeheges, einer Vogelvoliere, einer Miniatureisenbahn und Spielplätzen besonders für einen Besuch mit Kindern. An Wochenenden sind an den Kiosken Erfrischungen erhältlich. Bei einem der Eingänge zum **Central Park** an der Leopold Takawira Road steht der **Anniversary Fountain.** Dieser eindrucksvoll illuminierte Springbrunnen wurde 1968 zum 75. Geburtstag der Stadt errichtet. Im Central Park befinden sich ein großes Schwimmbad und der sicherlich schönste städtische Campingplatz des Landes. Trotz seiner zentralen Lage bleiben Besucher auf der weiträumigen Anlage vom Verkehrslärm verschont.

Das **Eisenbahnmuseum** in der Nähe des Bahnhofs ermöglicht einen nostalgischen Rückblick in das letzte Jahrhundert: 1897 fuhr der erste Zug in Bulawayo ein. Ein nachgebauter Bahnsteig, acht Dampflokomotiven und der Salonwagen von Cecil Rhodes aus dem Jahr 1904 sind die Hauptexponate. Die vornehme Innenausstattung des Salonwagens, in dem Rhodes viele seiner Reisen unternommen hatte und schließlich zu seiner Grabstätte in Matobo überführt wurde, gibt das Flair der Kolonialzeit wieder.

Außerhalb des Stadtzentrums, im Mzilikazi Township, liegt das **Mzilikazi Art and Craft Centre,** eine kunsthandwerkliche Ausbildungsstätte, in der Jugendliche im Töpfern, in der Holzschnitzerei, der Bildhauerei und im Malen unterwiesen werden. Angeschlossen ist ein Verkaufsraum. Gegenüber befindet sich als weiteres Trainingszentrum das **Bulawayo Home Industry Centre,** in dem sich hauptsächlich Frauen im Weben, Stoffärben (Batik) und Korbflechten ausbilden lassen. Auch hier bestehen Einkaufsmöglichkeiten.

Für Freunde klassischer Musik gibt das Bulawayo Philharmonic Orchestra regelmäßig in der City Hall Konzerte, die der weißen Bevölkerung über den Kunstgenuß hinaus Gelegenheit geben, ihre europäische Identität zu pflegen. Die Musikschule Zimbabwe Academy of Music (Hillside Road, in der Nähe des Messegeländes) dient ebenfalls als Aufführungsort von Konzerten. Freunde afrikanischer Musik kommen im Palace Hotel und dem daneben liegenden Las Vegas Nightclub auf ihre Rechnung, wo an Wochenenden einheimische Gruppen auftreten. Größere Konzerte finden entweder im Barbourfield Stadion im Mzilikazi Township oder im Queens Ground an der Kame Road statt. Entsprechende Hinweise sind der Tageszeitung ›Chronicle‹ zu entnehmen. Jazz wird im Erdgeschoß des Bulawayo Sun Hotel oder gegenüber im Silver Fox gespielt. Eine beliebte Diskothek ist der Talk of the Town Nite Club im Monte Carlo Building, Fife Street, Ecke Twelfth Avenue.

Im **Bulawayo Theatre** in der Leopold Takawira Road werden vorwiegend europäische Stücke vor weißem Publikum gezeigt; Aufführungen afrikanischer Theatergruppen sind in der City Hall zu sehen.

Der **Ascot Racecourse** lohnt sonntags nicht nur wegen der Pferderennen und des Wettsports, sondern auch wegen des bunt gemischten Publikums einen Besuch.

Ausflüge in die Umgebung von Bulawayo

Die **Hillside Dams** sind nach 7 km über die Stadtausfahrt Hillside Road im Südosten zu erreichen. Durch den umliegenden Erholungspark führen schön angelegte botanische Lehrpfade an einer Voliere mit farbenprächtigen Vögeln und an einem kleinen Tiergehege vorbei. An einem Kiosk können Erfrischungen und Snacks gekauft werden. Das **Mabukuweni Nature Reserve** liegt 2 km weiter an derselben Straße. Auch dieses 12 ha große Gelände eignet sich wegen der reichhaltigen einheimischen Flora für erholsame Spaziergänge. Auf den beeindruckenden Fels-

Umgebungsplan von Bulawayo

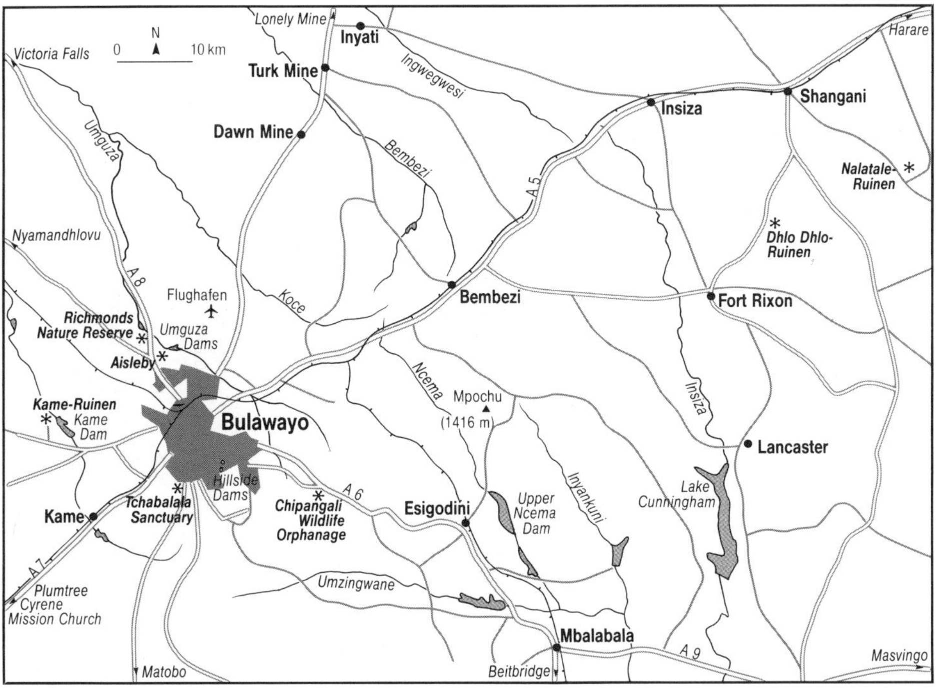

formationen haben die San Felsmalereien hinterlassen. Von einem Aussichtspunkt mit Picknickplätzen bietet sich das Panorama der Stadt Bulawayo.

Nach **Aisleby** fährt man 10 km auf der Victoria Falls Road. Den Vogelreichtum dieses Gebietes nutzt eine ornithologische Gesellschaft für fachkundig geführte Ausflüge, zu denen Besucher willkommen sind (Informationen: Ornitological Society, ✆ 6 57 86 oder 7 68 89). Das **Richmonds Nature Reserve** liegt 2 km hinter Aisleby und umfaßt ein 400 ha großes Naturschutzgebiet an den Umgusa Dams: Tiefe Schluchten, Felsen und die typische Baumsavanne des Middleveld sorgen hier für eine abwechslungsreiche Landschaft. Ein Informationszentrum enthält Lehrtafeln zu Aspekten der Geologie, Flora und Fauna der Region. Ausflüge sind zu Fuß und zu Pferd möglich, und auch Angler kommen hier auf ihre Kosten. Zum Schutz der Wasservögel, vor allem Kormorane und Eisvögel, sind auf dem See nur Kanus und Ruderboote zugelassen. Mit dem Auto ist die Zufahrt zu den Picknick-, Angel- und Bootsplätzen gestattet.

Das **Tchabalala Sanctuary,** ein von der Nationalparkverwaltung geführtes Tiergehege, liegt an der Matobo Road, 9 km von der Stadt entfernt, auf dem ehemaligen Anwesen von Cecil Rhodes. Hier können zahlreiche Tierspezies, darunter Zebras, Giraffen und viele Antilopenarten – sogar die seltene Elenantilope und das Nyala –, beobachtet werden. Gut beschilderte Autowege führen an Aussichtspunkten vorbei durch den Park. Für Flora- und Vogelbegeisterte gibt es Lehrpfade, und Ponyausritte werden ebenfalls angeboten (Buchung von Ponyausritten:

Wandgemälde an der Cyrene Mission

✆ 4 34 11/4 34 14). Im Informationszentrum am Parkeingang erfährt man Wissenswertes über die Tier- und Pflanzenwelt sowie über die Geschichte des Matobo National Park. Schön angelegte Picknickplätze laden zur Rast ein (6–18 Uhr geöffnet).

Das **Chipangali Wildlife Orphanage,** 24 km südöstlich von Bulawayo an der Straße nach Beitbridge, ist ein Asyl für verwaiste und kranke Tiere. Jungtiere werden dort so lange gepflegt und großgezogen, bis sie wieder in die Wildnis ausgesetzt werden können. Die Gründer und Leiter des Tierheimes, die Familie Wilson, erzählen gern von ihrer Arbeit. Chipangali bietet Wildkatzen, Löwen, Leoparden, Geparden und Servale sowie von der Ausrottung bedrohten Spitzmaulnashörnern, mit denen es erfolgreiche Aufzuchtversuche gab, ferner Antilopen, Zebras, Elefanten, Reptilien und seltenen Vogelarten ein sicheres Heim. Die Fütterung findet gegen 15.30 Uhr statt (täglich außer Montag und Weihnachten 10–16.30 Uhr geöffnet).

Die **Cyrene Mission Church,** zu der bei Kilometer 32 auf der Straße nach Plumtree eine beschilderte Abzweigung nach Osten führt, ist eine anglikanische Kirche mit farbenprächtigen Wandmalereien. Ein Abstecher zu dieser Kirche kann all jenen empfohlen werden, die an einer afrikanisierten Darstellung biblischer Geschichten Interesse haben (s. S. 149 f.).

Die Ruinen von Kame

Die Ruinen von Kame, die zweitgrößten historischen Steinbauten des Landes, sind weniger bekannt, aber nicht unbedeutender als jene von Great Zimbabwe. Sie liegen 22 km westlich von Bulawayo in einer landschaftlich reizvollen Gegend in der Nähe des Kame-Stausees und sind über die Verlängerung der Eleventh Avenue nach Westen zu erreichen.

Kame wurde im 15. Jh. unter dem Einfluß von Great Zimbabwe errichtet. Als die Torwa-Dynastie im 16. Jh. die politische Führung von Great Zimbabwe übernommen hatte, entwickelte sich Kame zum Herrschaftszentrum der Region, das die Kultur und die politischen Strukturen von Great Zimbabwe weiterführte. Die Weiterentwicklung der Architektur zeigt sich an den Verzierungen vieler Mauern durch Schachbrettmuster und verschiedenfarbige Steine. Reich dekorierte Fundstücke bezeugen die Verfeinerung der Keramikherstellung. Exponate aus dieser Zeit sowie prähistorische Handwerkszeuge sind in dem kleinen **Museum** am Parkplatz ausgestellt.

Während das Mauerwerk in Great Zimbabwe zur Abgrenzung einzelner Wohnbereiche diente, stützt es in Kame erhöhte Terrassen ab, auf denen die Wohnhütten standen. Der Kernbereich des Ruinenfeldes besteht aus zwölf solcher Terrassen, auf denen die Herrscher mit ihren engsten Vertrauten residierten. Das architektonische Konzept läßt sich besonders gut anhand der **Bergruine** studieren, die aus drei großen terrassierten Plattformen besteht. Die Fundamente einiger Hütten sind ebenso erhalten wie eine schmale Passage, die ursprünglich überdacht war und vermutlich zu den Räumen des Heilers und Weissagers führte. Neben diesem Komplex liegt die sogenannte **Kreuzruine,** die ihren Namen nach einem eingemauerten Malte-

Verziertes Mauerwerk von Dhlo Dhlo

serkreuz erhielt. Wahrscheinlich stammt es von portugiesischen Missionaren, die hier Ende des 16. Jh. lebten. Infolge innenpolitischer Unruhen wurde Kame um 1640 verlassen und durch die nordöstlich gelegene neue Hauptstadt Danangombe (Dhlo Dhlo) ersetzt.

Dhlo Dhlo und Naletale

Die Ruinen von **Dhlo Dhlo,** auch unter dem Namen Danangombe bekannt, liegen in der Nähe des heutigen Fort Rixon, rund 90 km nordöstlich von Bulawayo. Hier ist eine Vielzahl kleiner Wohnbereiche zu sehen, deren Mauerwerk Zickzack- und Schachbrettmuster aufweist. Daß die Bewohner von Dhlo Dhlo Kontakte zu Portugiesen hatten, bezeugen ausgegrabene Silberringe, ein Medaillon und Goldschmuck. Europäische Abenteurer zerstörten bei ihrer Schatzsuche Ende des 19. Jh. viele der Steinbauten und plünderten wertvolle Gegenstände.

Die Bauwerke von **Naletale,** die etwa zur gleichen Zeit wie die von Dhlo Dhlo entstanden, befinden sich rund 20 km von diesen entfernt. Naletale diente als Sommersitz der königlichen Familie. Der Rozvi-Name ›*naretan*‹ bedeutet ›gerade Linie‹ oder ›Mauerreihe‹. Die im Vergleich zu den anderen Steinbauten des Landes kleine Anlage besticht durch Einfallsreichtum und Exaktheit der Mauerwerkverzierungen: Die Steinbauweise der Shona erreichte in Naletale ihren architektonischen Höhepunkt, die für sie typischen Zickzack-, Fischgrät-, Schachbrett- oder Kordelmuster kommen hier sämtlich zum Einsatz. Darüber hinaus nutzte man farblich unterschiedliches Gestein, um kunstvolle Muster zu erzeugen. Naletale liegt auf einem 1440 m hohen Bergrücken, von dem man einen hervorragenden Blick auf das Umland hat.

Matobo

Die Berge des Matobo-Gebirges, zu dem der **Matobo National Park** 30 km südlich von Bulawayo gehört, kennzeichnen nackte Kuppen und bizarre Felsformationen, deren Flechtenbewuchs einen rötlichen, goldenen oder grünen Schimmer auf das Grau des Granits legt. Diese Gegend zählt zweifellos zu den interessantesten des Landes. Der Ndebele-König Mzilikazi verglich die Felsen mit Glatzköpfen; mit etwas Phantasie kann man manche der Steingebilde tatsächlich für Gesichter halten.

Adler, die hier ideale Lebensbedingungen finden, haben ihre Horste an gut versteckten Felsenstellen angelegt. Matobo besitzt weltweit die größte Kolonie des bedrohten Black Eagle. Darüber hinaus lassen sich hier mehr als die Hälfte aller in Zimbabwe vertretenen Vogelarten beobachten. In einem eingezäunten Tierpark leben Breitmaulnashörner, Giraffen, Antilopen fast aller Arten und Zebras. Die Stauseen locken am Wochenende viele Angler aus der Region an.

Die Ferienhäuser des Nationalparks liegen oberhalb des Maleme-Staudammes, auf den sich von den Fisheagle und Blackeagle Lodges die bei weitem schönste Aussicht bietet. An allen Seen gibt es Campingplätze. Ponyausritte unter Führung der Parkverwaltung sind eine angenehme Art, die Landschaft auf sich wirken zu lassen. Von Bulawayo aus läßt sich der Park in Form eines Tagesausflugs besuchen, doch lohnt es sich, mehrere Tage einzuplanen, um die Felszeichnungen zu erkunden, Wanderungen zu unternehmen und in Ruhe die Landschaft zu genießen. Da es im Park weder ein Restaurant noch Einkaufsmöglichkeiten gibt, sind bei längeren Aufenthalten Lebensmittel und Getränke mitzubringen.

Wie die vielen Felsmalereien (Farbabb. 12, 13) bezeugen, war Matobo schon vor Jahrtausenden ein bevorzugter Aufenthaltsort der San, einer Jäger- und Sammlergesellschaft. Das Alter einiger Zeichnungen wird auf 13 000 Jahre geschätzt, die meisten entstanden seit dem 6. Jt. v. Chr. Später zog die eigentümliche Landschaft die Shona in ihren Bann, die in den bizarren Felsformationen eine geeignete Stätte für ihre Regen-Zeremonien sahen. Für die Ndebele, welche die Shona im 19. Jh. aus diesem Gebiet verdrängten, gewann Matobo eine ähnliche sakrale Bedeutung. Cecil Rhodes war von der Landschaft stark fasziniert und veranlaßte noch zu Lebzeiten, auf einem Granitplateau bestattet zu werden, das die gesamte Gegend überragt.

Wenige Kilometer vor dem Parkeingang befindet sich das **Gutshaus von Rhodes,** in dem heute ein landwirtschaftliches Forschungsinstitut und eine Schule untergebracht sind. Ein Hin-

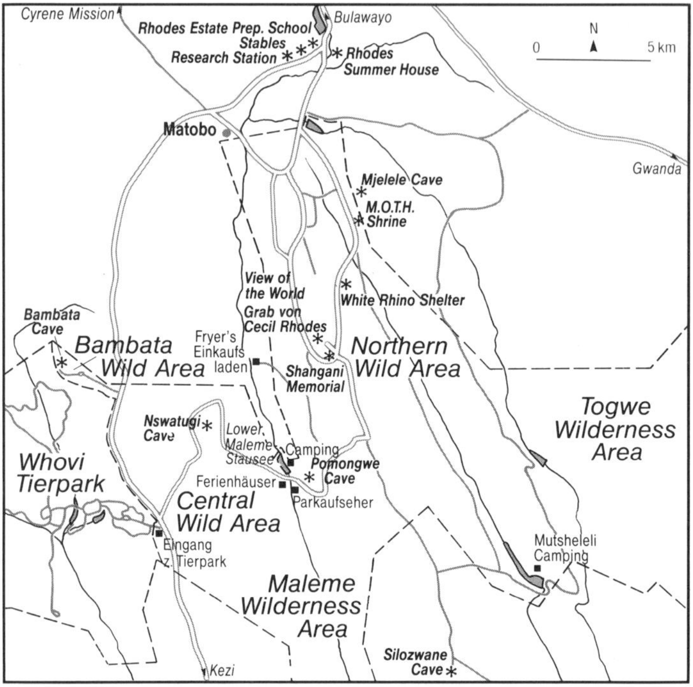

Matobo National Park

weisschild weist von dort den Weg zu seinem **Sommerhaus,** von dem sich eine hervorragende Sicht auf die Berge bietet. Von diesem Haus, in dem Rhodes' Leichnam vor der Beisetzung in Matobo aufgebahrt war, steht nur noch das grasgedeckte Dach auf Stützpfeilern.

Der 43 000 ha große Park setzt sich aus vier verschiedenen Wildnis-Zonen und einem Tierpark zusammen. In der Nähe des Parkeingangs, in der Northern Wild Area, liegt eine Höhle mit den **Mjelele-Felsmalereien.** Besonders auffallend ist eine schlangenartige, rötliche Figur mit zehn gelblichen Höckern. Unterhalb der Höhle hat der Veteranenverband Memorable Order of the Tin Hats (M.O.T.H.) eine Gedenktafel für die Gefallenen des Ersten und Zweiten Weltkrieges angebracht. Wenige Kilometer weiter weist ein Schild den Fußweg zum **White Rhino Shelter.** Ihm folgend, erreicht man nach 250 m einen großen Felsvorsprung, unter dem weitere Zeichnungen zu sehen sind. Bemerkenswerterweise haben hier die prähistorischen Künstler die Unterschiede zwischen Breit- und Spitzmaulnashörnern klar herausgearbeitet. Die Nashörner und das darunter befindliche Gnu sind als Umrißzeichnungen dargestellt. Die mit Pfeilen und Bogen bewaffneten Figuren drängen die Interpretation auf, daß es sich um eine Jagdszene handelt. Folgt man dem Weg weiter nach Süden, so stößt man auf einen Parkplatz mit dem Wegweiser zum **View of the World,** der Grabstätte von Cecil Rhodes. Der beschilderte Pfad führt auf einen breiten Granitrücken, der von den Afrikanern *malindidzimu,* ›Platz der Ahnen‹,

Cecil Rhodes

Cecil John Rhodes (1853–1902) kam wegen seiner schlechten Gesundheit als 17-Jähriger aus England nach Südafrika und arbeitete dort zunächst auf der Farm seines Bruders in Natal. Nach einem Jahr zog es ihn in die Diamantenfelder von Kimberley, wo er einige Zeit erfolgreich schürfte. Bald zog er jedoch dem Schürfen das Spekulieren vor und gewann mit dem Handel von Diamantenkonzessionen binnen kurzem nicht nur ein Vermögen, sondern auch politischen Einfluß. Mit 30 Jahren kontrollierte er bereits als Präsident der De Beers Companie die südafrikanische Diamantenproduktion.

Rhodes hatte nicht nur ein außerordentliches Gespür für einträgliche Geschäfte, er war auch ein politischer Visionär: Er träumte davon, das englische Kolonialreich von Kapstadt bis nach Kairo auszudehnen. Als ersten Schritt überzeugte er die britische Regierung, Bechuanaland (Botswana) zu besetzen (1885), um eine vom Atlantik bis zum Indischen Ozean reichende antibritische Koalition zwischen Deutsch-Südwestafrika (Namibia), den Buren im goldreichen südafrikanischen Transvaal und der portugiesischen Kolonie Moçambique im Osten zu verhindern. In dieses Konzept paßte auch die Unterwerfung des Gebietes nördlich von Limpopo, die Rhodes vehement betrieb, seit dort große Vorkommen an Edelmetallen vermutet wurden. Durch einen betrügerischen Vertrag mit König Lobengula, der ›Rudd Concession‹ von 1888, sicherte er sich die Schürfrechte. Zur Erschließung des Landes gründete er die British South Africa Company (BSAC). Auf seine Initiative drang 1890 eine legendäre Pionierkolonne in das Gebiet nördlich des Limpopo vor, das sie unter Berufung auf die ›Rudd Concession‹ besiedelte. Die Teilnehmer des Unternehmens wurden mit Land und Schürfrechten entlohnt. Im selben Jahr erreichte Rhodes sein Ziel, Premierminister der Kapkolonie zu werden. Das Land unter der Verwaltung der BSAC wurde 1890 nach Cecil Rhodes ›Rhodesien‹ genannt; es umfaßte das heutige Zimbabwe, Zambia und Malawi. Noch 1890 trat er nach dem Debakel des von ihm unterstützten ›Jameson Raid‹, eines gescheiterten Putschversuches gegen die burische Regierung von Transvaal, als Premierminister und Vorsitzender der BSAC zurück. Bereits 1896 wurde er erneut in den Vorstand der BSAC und in das Parlament der Kapregierung gewählt.

Das Grab von Cecil Rhodes in Matobo

Cecil Rhodes starb 1902 in Südafrika. Auf eigenen Wunsch setzte man ihn in Matobo beim View of the World bei. Sein Grabmal wurde zum nationalen Monument erklärt.

genannt wurde. Warum Rhodes ihm den Namen View of the World gab, wird klar, wenn man bei gutem Wetter den Blick über die Berge schweifen läßt. Auch Leander Star Jameson, Rhodes' enger Vertrauter, der als Führer der Rebellion im Transvaal gegen die Südafrikaner bekannt wurde (›Jameson Raid‹), ist hier bestattet. Und mit Sir Charles Coghlan, der Südrhodesien 1923 als Premierminister in die Selbstverwaltung geführt hatte, fand eine weitere Persönlichkeit der rhodesischen Geschichte auf dem Granitfelsen ihre letzte Ruhestätte. Unterhalb dieser Gräber befindet sich eine **Gedenkstätte an die Shangani Patrol.** Sie wurde 1904 von Siedlern zu Ehren der Soldaten errichtet, die während des Ndebele-Aufstandes von 1893 am Fluß Shangani gefallen waren. Unter der Führung von General Allan Wilson waren sie während der Verfolgungsjagd von Ndebele-Kriegern durch den über die Ufer getretenen Shangani-Fluß in eine ausweglose Situation geraten, und alle 34 weißen Soldaten ließen in der Schlacht mit den Ndebele ihr Leben.

Weitere Felsbilder befinden sich in der Central Wild Area in der Nähe des Lower Maleme-Stausees. Der beschilderte Fußweg zur **Pomongwe Cave** zweigt nach Norden von der Hauptstraße ab. Bei einem unsachgemäßen Versuch, die Felsabbildungen zu fixieren, wurden sie in den 70er Jahren fast vollständig zerstört.

Die **Nswatugi Cave** birgt einige der schönsten Felsmalereien der Region. Auf dem Parkplatz geben Lehrtafeln allgemeine Informationen zu den Zeichnungen. Von hier führt ein 200 m langer Pfad zur Höhle, die sich am Ende eines Grabens zwischen zwei Felsen befindet. Als beherrschend treten drei sehr naturalistisch dargestellte Giraffen hervor – eine sogar mit noch deutlich erkennbarer Fellzeichnung. Unterhalb davon sind eine Gruppe von sechs Kudus, ferner eine Rappenantilope und ein Zebra zu sehen, das später hinzugefügt wurde. Mit Speeren bewaffnete Männer scheinen die Kudus zu jagen. Welche Bedeutung die rechteckigen Felder haben, ist nicht endgültig geklärt. Es könne sich jedoch um künstlerische Abbilder der umliegenden Felsenlandschaft handeln. In dieser Höhle horteten Ndebele während des Befreiungskampfes von 1896/97 ihre Vorräte. Nach dem halben Abstieg lohnt es sich, nach rechts zur Bergkuppe hochzusteigen, um den Rundblick über die Gegend zu genießen.

Die **Bambata Cave** nördlich des Whovi-Tierparks ist nicht nur wegen ihrer Malereien, sondern auch wegen der Keramikfunde interessant. Sie zählen zu den ältesten des Landes. Der Name der Höhle leitet sich vom Ndebele-Wort *gubambata* ab, was soviel wie ›mit den Händen berühren‹ bedeutet: Der Ndebele-König Mzilikazi soll beim Abstieg vom Hügel an dieser steilen Stelle seine Hände zu Hilfe genommen haben. Der mit Pfeilen gekennzeichnete 2 km lange Aufstieg dauert eine halbe Stunde und führt über blanke Granitfelsen, von denen sich ein hervorragender Ausblick auf die Matobo-Berge bietet.

Bambata war eine der ersten Höhlen, die erforscht wurden. Der Missionar und Geologe George Neville Jones unternahm hier 1919 zahlreiche Ausgrabungen. Die Malereien der hinter dichtem Gebüsch verborgenen Bambata Cave bestehen aus Gruppen von teilweise sehr realistisch gezeichneten Antilopen, zahlreichen Abbildungen von Jägern und Haushaltsszenen sowie großen Elefanten. Für die Zeichnungen am Kopf eines Elefanten liegen unterschiedliche Interpretationen vor. Die einen entdecken darin ein bootsähnliches Gebilde oder vergleichen sie mit einem fliegenden Körper, und andere sehen eine Bergwerksszene mit Bodenschätzen

Landschaft im Matobo National Park

abtragenden Arbeitern dargestellt. Bezüglich der acht rechteckigen Flächen, die aneinandergrenzen, vermutet man, es handele sich um Abbildungen von Vorratskammern, vielleicht auch von einer Art Stammeswappen.

Eine weitere sehr schön gelegene Höhle ist die **Silozwane Cave.** Sie befindet sich außerhalb des Nationalparks und ist nicht ohne weiteres zu finden, da ihre Lage aus den Karten nur ungenau hervorgeht und der Weg nicht beschildert ist. Vom Aussichtspunkt View of the World fährt man 18 km nach Süden, davon 14 km auf einer Schotterstraße. Durch Buschwald legt man den letzten Kilometer auf einem unbefestigten Weg zurück, der in der Regenzeit kaum passierbar ist, da die Erosion den Boden aufgerissen und tiefe Gräben hinterlassen hat. Am besten fragt man Einheimische nach dem Weg zur Höhle. Der etwa zehn Minuten beanspruchende Fußmarsch ist nicht ganz unbeschwerlich. Ein besserer, nur unwesentlich längerer Pfad zweigt am Fuße des Felsens links ab. Die Höhle ist vergleichsweise groß. Szenen des häuslichen Lebens sind hier realistisch dargestellt. Auffallend ist eine sehr große Giraffe, die der Höhle den Beinamen ›Cave of the Giraffe‹ gab. In den anderen Tierdarstellungen sind Löwen, Antilopen, Nashörner und sogar Fische und Vögel zu erkennen. Hinzu kommen mehrere Jäger mit Pfeil und Bogen. Bemerkenswert ist ein schlangenartiges Gebilde, das einen Giraffenkopf und einen Rücken mit aufgemalten Antilopen besitzt. Weitere kleinere Schlangen sind mit Säugetierköpfen versehen. Der Überlieferung nach ist Silozwane ein geheiligter Ort, an dem die Kalanga

Opferfeste für ihre Ahnen feierten. Wer Zeit hat, sollte unbedingt den 15minütigen Aufstieg zum Rücken des Granitdoms unternehmen, da die Sicht auf die Umgebung von hier besonders reizvoll ist.

Zwischen Bulawayo und Harare

Gweru

Gweru, die Hauptstadt der Provinz Midlands, liegt 164 km von Bulawayo entfernt an der Straße nach Harare. Aus der im Jahr 1894 gegründeten kleinen Siedlung ist eine blühende Stadt geworden, die ihren Aufschwung nicht zuletzt der zentralen und verkehrsgünstigen Lage verdankt. In den zahlreichen Kolonialbauten des Ortes hat sich das Flair des letzten Jahrhunderts erhalten. Wegen seiner Architektur sehenswert ist das älteste Gebäude der Stadt, die **Stock Exchange** von 1898 in der Main Street. Auch das Midlands Museum und der Antelope Game Park sind interessant.

Das **Midlands Museum** in der Lobengula Avenue ist das einzige Militärmuseum des Landes. Zu seinen Exponaten gehören ebenso Stammeswaffen des 16./17. Jh. wie Waffen, Uniformen und Fahrzeuge, die im Befreiungskampf der 70er Jahre benutzt wurden, und Objekte aus der Luftfahrtsgeschichte (täglich 9–17 Uhr geöffnet).

Im **Antelope Game Park,** 9 km vom Stadtzentrum entfernt, können Giraffen, Zebras, verschiedene Antilopenarten, unter anderem die seltene Rappenantilope, beobachtet werden. In Gehegen sind Wildkatzen untergebracht. Die Familie Conolly bietet grasgedeckte Baumhäuser als Unterkunft an, und sie sorgt auch für das leibliche Wohl (✆ 31 25 12/3).

Das Fairmile Motel organisiert Ausflüge und Minenführungen in der benachbarten Bergbaustadt **Shurugwi** (Führungsdauer: 3 Std.). Preiswert ist die Übernachtung im Gästehaus der Stadtverwaltung im Mukoba Township (✆ 5 01 50) oder auf dem städtischen Campingplatz neben dem Schwimmbad auf dem Gelände des Sportclubs an der Bulawayo Road.

Die Gweru Publicity Association im Robert Mugabe Way (✆ 22 26) ist eine hilfreiche Auskunftsstelle für Touristen.

Kwekwe

Diese alte Goldgräberstadt liegt 226 km von Bulawayo entfernt an der Straße nach Harare. Durchreisende sollten auf jeden Fall einen Besuch des **Minenmuseums** auf dem Gelände der Globe & Phoenix Mine einplanen, da es anschaulich über die Goldgewinnung in vorkolonialen Zeiten bis zur Gegenwart erzählt. Eine Besonderheit des Museums ist ohne Zweifel das Haus des ersten Bergbaumanagers der Mine, das aus Pappmaché gebaut worden ist. Es wurde 1895 in Fertigteilen aus England importiert und hat bis heute seinen guten Zustand bewahrt.

Kwekwe: Pappmaché-Haus auf dem Gelände des Minenmuseums

Der Tierpark **Sable Park,** nur 8 km vom Stadtzentrum entfernt am Sebakwe-Fluß gelegen, ist ein beliebter Ausflugsort von Anglern und Picknickliebhabern. Peter und Justin Seymour-Smith von IWABA Wildlife Estate bieten auf ihrer 100 km² großen Farm unter erfahrener Leitung Busch Camps, Fotosafaris, ornithologische Beobachtungen, Fischfang und Jagen an (✆ 155/247723, P.O. Box 5, Kwekwe).

Masvingo, Great Zimbabwe und der Südosten des Landes

Masvingo

Die in 1070 m Höhe gelegene Hauptstadt der Provinz Masvingo ist ein Verwaltungs- und Handelszentrum mit rund 40 000 Einwohnern. Da die bedeutendste kulturhistorische Sehenswürdigkeit des Landes, die Ruinen von Great Zimbabwe, nur wenige Kilometer südlich von Masvingo liegt, entwickelte sich der Tourismus zu einem wichtigen Wirtschaftszweig.

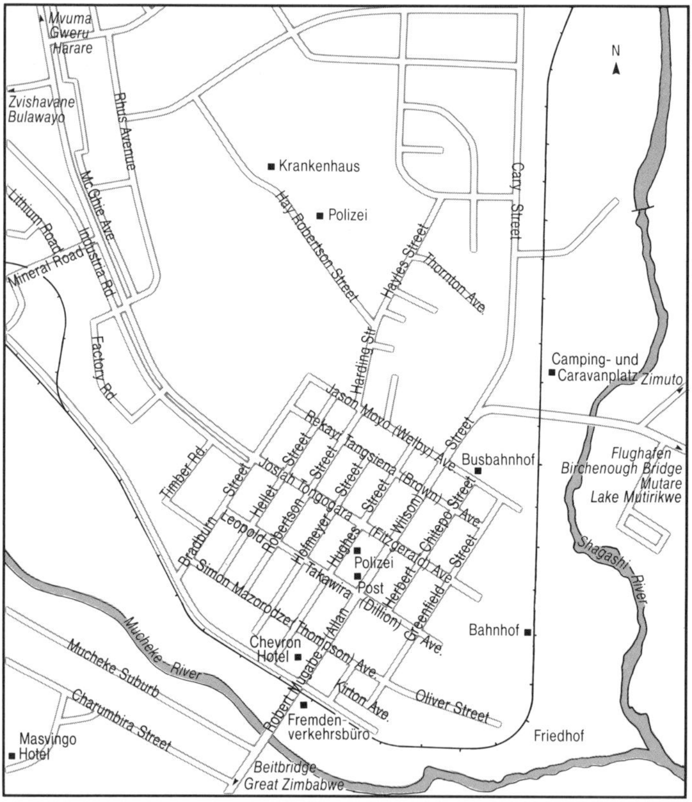

Masvingo

Masvingo ist ein Verkehrsknotenpunkt an den Verbindungswegen zwischen Zimbabwe und Südafrika sowie zwischen Mutare und Bulawayo. Von Masvingo geht eine Eisenbahnlinie nach Gweru, und es besteht eine Flugverbindung nach Harare.

Auf ihrem Weg nach Mashonaland gründete die Pionierkolonne am 17. August 1890 ein Fort, das sie zu Ehren der damaligen britischen Königin Fort Victoria nannte. Wegen Wassermangels zogen die Siedler 1892 wenige Kilometer weiter, wo sie zwischen den Flüssen Shagashe und Mucheke die Grundsteine für das heutige Masvingo legten. Die Überreste des ersten Forts können auf der Clipsham Farm besichtigt werden.

Fort Vic, wie einige weiße Zimbabwer den Ort noch heute nennen, entwickelte sich schnell zu einer aufstrebenden Siedlergemeinde. Die Gebrüder Meikle eröffneten 1891 unter einer Zeltplane – mit Regalen aus ehemaligen Whiskykisten – einen Gemischtwarenladen, der den Anfang einer landesweiten Geschäfts- und Hotelkette bildete. Fort Vic war bis 1893 das Zentrum des Bergbaus der südlichen Region, verlor jedoch an Bedeutung, als sich nach der Niederschlagung des Ndebele-Aufstands immer mehr Siedler in Bulawayo niederließen. Erst als Ende der 20er Jahre an der Grenze zu Südafrika der Ort Beitbridge gegründet wurde, erlebte das damalige Fort Victoria als Zwischenstopp für Reisende einen erneuten Aufstieg. 1904 lebten in der Siedlung erst 314 Weiße, darunter 90 Frauen. 1953 erhielt sie das Stadtrecht.

In Masvingo selbst gibt es nur wenige Sehenswürdigkeiten. Dazu gehören als Reste des zweiten Fort Victoria die **Pionier and Bell Towers** im Zentrum, außerdem ein kleines **Museum zur Stadtgeschichte** und die italienische Kapelle **Chapel of St. Francis of Assisi.** Während des Zweiten Weltkriegs waren in der Stadt und ihrer näheren Umgebung italienische Kriegsgefangene interniert, die diese unweit des Ortes an der Straße zum Nationalpark gelegene katholische Kapelle zwischen 1942 und 1946 dekorierten. Wegen der Freskenmalereien und Mosaiken lockt sie heute viele Besucher an.

Die Ruinen von Great Zimbabwe

Die Ruinen von Great Zimbabwe, die größte und eindrucksvollste Ansammlung von historischen Steinbauten südlich der Sahara, wurden 1986 unter internationalen Denkmalschutz gestellt. Great Zimbabwe ist von einer Aura der Mystik umgeben, die noch heute viele Besucher fesselt.

Über den Ursprung des Namens Zimbabwe sind viele Studien angestellt worden, deren Ergebnisse sich zu zwei Interpretationen verdichteten: Danach leitet sich ›Zimbabwe‹ von den Shona-Worten *dzimba dza mabwe* ab, was soviel wie ›Häuser aus Stein‹ bedeutet, oder von *dzimba woye,* ›ehrwürdige Häuser‹. Die Erbauer der Anlage wählten einen für die Viehwirtschaft günstigen Platz am Rande des Hochplateaus, zwischen einem Baumsavannengürtel im Norden, dessen Akazien in der Trockenzeit zusätzliches Futter abgaben, und einer weiten Grassavanne im Süden, die sich in der Regenzeit in saftige Weiden verwandelt. Der reiche Baumbestand sicherte den Feuerholz- und Baumaterialbedarf.

Great Zimbabwe: Great Enclosure

Die markantesten Punkte der Anlage sind die Bergruine Akropolis, die auf großen Felsblöcken thront, und eine Great Enclosure genannte wuchtige elliptische Einfriedung im Tal mit einem rätselhaften konischen Turm. Das gesamte Ruinengelände mit zahlreichen kleineren Bauten umfaßt ein beträchtliches Areal. Die Mauern bestehen aus Granitsteinen, deren Zahl auf eine Million und deren Gesamtgewicht auf 15 000 t geschätzt wird. Ohne jegliche Mörtelverbindungen aufgeschichtet, erreichen sie stellenweise eine Tiefe von 6 m und eine Höhe von 11 m.

Über die Entstehungsgeschichte und die Bedeutung der Ruinen gab und gibt es zahlreiche Spekulationen. Die Steinbauten wurden mit König Salomo in Zusammenhang gebracht, sie sollten die Paläste der Königin von Saba sein und eine Zufluchtsstätte von Zarathustra-Anhängern, die aus dem Iran geflohen waren; einer anderen Vermutung zufolge nutzten Süd-Inder die elliptische Einfriedung als Sklavenfestung. Die europäischen Kolonialherren schlossen jedenfalls afrikanische Erbauer aus: Ein solches Werk konnte ihres Erachtens nur von einem ›zivilisierten‹ Volk stammen.

Trotz der Bemühungen, einen außerafrikanischen Ursprung nachzuweisen, gilt heute als gesichert, daß die Karanga, ein Stamm der Shona, die Bauten zwischen dem 12. und 15. Jh. errichteten. Zahlreiche Ausgrabungen ergaben, daß Great Zimbabwe ein religiöses Zentrum mit Repräsentationsbauten war, die Königen als Amts- und Wohnsitz dienten.

Das unabhängige Zimbabwe erklärte die Ruinen von Great Zimbabwe zu seinem nationalen Symbol. Der konische Turm ist Bestandteil des Wappens, und auf der Flagge sowie auf allen Münzen ist der Zimbabwe-Vogel abgebildet, der auf einer Reihe von Steinskulpturen in den Ruinen gefunden wurde.

Die Ruinen von Great Zimbabwe sind keine singuläre Erscheinung: Überall im Land, vom nördlichen Mashonaland bis zum Limpopo, vom Rand der Kalahari bis zu den Bergen des östlichen Hochlandes, gibt es weitere Ruinen *(madzimbabwe)*, die jedoch nicht die Monumentalität von Great Zimbabwe erreichen.

Erste Besucher und Forscher in Great Zimbabwe

Die ersten Aufzeichnungen über Great Zimbabwe stammen von Portugiesen, die im Zuge ihrer Bestrebungen, den Goldhandel unter ihre Kontrolle zu bringen, ausgedehnte Reisen von der Küste des Indischen Ozeans in das Landesinnere unternahmen. Bereits 1506 schrieb Diego de Alçacova über Zunbanhy, die Hauptstadt des einflußreichsten Herrschers der Region. Einige Jahre später berichtete Antonio Fernandes von Königshäusern aus Stein, die ohne Mörtel gebaut waren. João de Barros lieferte 1552 die erste ausführlichere Beschreibung von Great Zimbabwe: »Alle diese Bauten heißen bei den Einwohnern Simbaoe, d.h. Hoflager, wie alle königlichen Wohnungen . . . Wann diese Gebäude und von wem erbauet, davon ist bei den Einwohnern, die keine Schrift haben, auch keine Nachricht. Sie sagen nur, daß sie ein Werk des Teufels seyen, weil Menschen es nicht zu Stande bringen könnten.«

Die portugiesischen Chronisten zeigten sich in ihren Schilderungen von den Bauwerken und dem Reichtum der Herrscher von Great Zimbabwe zutiefst beeindruckt. Sie suchten den Ursprung des Palastes in der Bibel, wo im Buch der Könige (1. Kg 9,26–28) vom fernen Land Ophir der Königin von Saba die Rede ist, aus dem der Goldreichtum von Salomo stammte, dem König von Juda und Israel (reg. etwa 965–926 v. Chr.).

Der deutsche Missionar Merensky, der im südafrikanischen Transvaal lebte, bemühte sich 250 Jahre später vergeblich, eine solche Ruine im Gebiet der Karanga ausfindig zu machen. Trotz erfolgloser Suche beeinflußten seine Erzählungen Walmsley, als er den Reiseroman »The Ruined Cities of Zululand« (1869) schrieb. Walmsley liefert darin überraschend genaue Beschreibungen, ohne jemals die Bauten zu Gesicht bekommen zu haben.

Der erste Europäer, der die Ruinen selbst in Augenschein nahm, war Carl Mauch. Er hatte 1871 eine Forschungsreise von Südafrika in den Norden begonnen, deren Ziel er folgendermaßen formulierte: »Im Hinblick auf's einig gewordene, in erster Linie der Nationen dastehende Vaterland und mit dem Vorbild des sieggekrönten Kaisers im Herzen sei der werthvollste und wichtigste, bisher rätselhafteste Theil Afrikas' in Angriff genommen, das alte Monomatapa oder Ophir.«

Mauch war von Merensky über das Gebiet gut informiert worden, und der deutsche Händler Adam Render, der mit der Tochter eines Karanga-Häuptlings zusammenlebte, half ihm

Gemälde von Thomas Baines: Die Königin von Saba in Great Zimbabwe

bei Verhandlungen mit den Afrikanern. Sie waren sehr mißtrauisch und nicht damit einverstanden, daß Weiße die Ruinen besuchten. Nur schwer konnten sie dazu gebracht werden, Mauch am 5. September 1871 zu den Bauten zu führen. In seinem Tagebuch, das später in deutschen Fachzeitschriften veröffentlicht wurde, beschrieb er seine Reise und seine Forschungsergebnisse, die er durch Skizzen und Lagepläne veranschaulichte. Zum erstenmal wurde Great Zimbabwe der europäischen Fachwelt vorgestellt. Wie zuvor die portugiesischen Chronisten führte auch Mauch den Ursprung der Bauten auf die Königin von Saba zurück. Einen Beleg für seine Theorie sah er in einem Türpfosten aus Holz, das er für jenes Zedernholz hielt, aus dem der Bibel zufolge auch der Tempel von König Salomo erbaut worden war. Mauch schrieb am 6. März 1872: »Ich wage heute zu schließen: Königin von Saba der Bibel ist die Königin von Simbaöe. Psalm 72.10. Das erwähnte Saba ist Simbaöe. Math. 2.11 – von den drei Königen war der eine von hier, die anderen von Arabien und Indien. Der erwähnte Topf ist vielleicht eine Bundeslade! Die Ruinen sind Nachbildungen des Tempels und Palastes von Salomon.« Mauchs Berichte inspirierten unter anderem den Maler Thomas Baines, der ein Bild der Ruinen mit der Königin von Saba malte.

Einige Zeit später zweifelte Mauch jedoch selbst an seiner Theorie, wie seine »Vorläufige und vertrauliche Notiz über die Ruinen von Zimbayé« vom 17. Januar 1873 zeigt, die erst nach seinem Tode bekannt wurde: »Seit meinen letzten Nachrichten von Anfang 1871 von Zimbayé aus hat sich meine Meinung über die Ruinen daselbst bedeutend verändern müssen. In der mageren Notiz von damals glaubte ich bei der nur oberflächlichen und eiligen Betrachtung nur eine Art Fortification sehen zu dürfen, bei einigem Nachdenken darüber zeigt sich diese Beurtheilung nicht mehr stichhaltig, und es drängt sich mir eine Ansicht darüber auf, die ich jedoch mich scheue zu veröffentlichen, obwohl ich von der Richtigkeit derselben überzeugt bin.«

Genauere Untersuchungen des Holzstückes ergaben später, daß es sich um einheimisches Hartholz handelte, dessen Alter man auf die Zeit zwischen 1300 und 1350 zurückdatieren konnte.

Auf die europäischen Siedler übten die Ruinen eine große Faszination aus. Von ihrem vermeintlich biblischen Ursprung ausgehend, waren die Kolonisatoren von dem Gedanken besessen, die Goldfunde König Salomos zu wiederholen. Diese Vorstellung fügte sich auch in Cecil Rhodes' Weltbild ein: »Was das große britische Weltreich im 19. Jahrhundert darstellt, das war Phönikien in der Vergangenheit, als in Jerusalem Salomos Tempel erbaut wurde.« Die British South Africa Company (BSAC) beauftragte bereits 1891 den Altertumsforscher J. Theodore Bent mit den Ausgrabungsarbeiten. Bent war zwar kein Archäologe, wurde aber für die Aufgabe herangezogen, da er zuvor im östlichen Mittelmeerraum nach dem Ursprung der Phöniker geforscht hatte. In Great Zimbabwe fand er zahlreiche Gebrauchsgegenstände, deren Ähnlichkeit mit den weiterhin von den in der Umgebung wohnenden Karanga benutzten unverkennbar war. Diese Tatsache berücksichtigte Bent jedoch nicht, da ihn nur Belege für einen phönikischen Ursprung der Ruinen interessierten. Er verglich die Monolithen mit ägyptischen Grabsäulen und die Architektur des konischen Turms mit einer Tempelabbildung auf einer phönikischen Münze. So kam er zu dem Schluß, daß die Baumeister aus Arabien stammen mußten.

Die BSAC gründete kurz darauf die von George Neil geleitete Rhodesia Ancient Ruins-Gesellschaft. Sie sollte in den Ruinen nach Schätzen graben, von denen sich die BSAC 20% vertraglich sicherte. Die Firma plünderte jahrelang nicht nur Great Zimbabwe, sondern über 50 weitere Ruinenstätten im Land. Erst 1901 erließ die BSAC eine Verordnung zum Schutz der Ruinen, nachdem der nicht mehr gutzumachende Schaden ins Bewußtsein der Öffentlichkeit gedrungen war. Die Aufzeichnungen von Neil verarbeitete der Journalist Richard Nicklin Hall in seinem Buch »The ancient Ruins of Rhodesia«, das seinerzeit großen Anklang fand und ihn für den Posten des Kurators von Great Zimbabwe prädestinierte. Während seiner Amtszeit (1902–1904) fanden weitere unqualifizierte Ausgrabungen statt, die den angerichteten Schaden vergrößerten. Hall veröffentlichte ein zweites Buch, in dem er seine These bekräftigte, die Bauten seien um 2000–1000 v. Chr. von »semitischen Kolonisten« errichtet worden.

Mit David Randall-McIver wurde 1905 erstmals ein qualifizierter Archäologe für die Untersuchung der Ruinen angeworben (1905). Er vermutete anhand der gefundenen Gebrauchsgegenstände, daß die Bauten von einheimischen Karanga errichtet worden waren, und datierte ihre Entstehungszeit anhand der Funde von arabischem Glas und persischen Fayencen in das 14. Jh. Seine Ergebnisse fanden jedoch bei der Kolonialbevölkerung keinen Anklang. Erst 24 Jahre später nahm Gertrude Caton-Thompson, deren Qualifikation unumstritten war, die Forschungen in Great Zimbabwe wieder auf. Ihre Flächengrabungen bestätigten die These von Randall-McIver, daß die Bauten von den Bantu stammen. Sie setzte allerdings den Zeitpunkt ihrer Errichtung um ein Jahrhundert früher an als McIver. In den 50er Jahren ergänzten die beiden rhodesischen Archäologen K. R. Robinson und R. Summers die Forschungen mit Hilfe von Radiokarbonmessungen, deren Ergebnisse die These über die Bantu als Urheber der Steinbauten untermauerten.

Die umfassenden Forschungen des renommierten Archäologen Peter Garlake, von 1964–70 Denkmalsbeauftragter, bekräftigten diese Ergebnisse. Da sich Great Zimbabwe zu einem wichtigen Symbol des afrikanischen Nationalismus entwickelte, versuchte die weiße Regierung alle weiteren Untersuchungen der Ruinen zu unterbinden. Nachdem Peter Garlake 1973 sein Buch »Great Zimbabwe« veröffentlicht hatte, das die These von den afrikanischen Bauherren unterstützte, wurde er des Landes verwiesen. Nach der Unabhängigkeit setzte er jedoch seine Forschungen fort.

Geschichte von Great Zimbabwe

Felsmalereien sind ein Beleg dafür, daß vor der Errichtung der Steinbauten Jäger und Sammler in der Region lebten. Zwischen 300 und 1000 n. Chr. entwickelte sich eine neue Kulturstufe: Die Menschen wurden seßhaft, sie begannen Eisen zu verarbeiten, ihr Töpfereistil wandelte sich, und sie nahmen die Landbestellung, die Viehwirtschaft und den Handel auf. Ihre Hütten errichteten sie auf den Bergen zwischen Felsen, um sich vor Angriffen und Stürmen zu schützen.

Die Herausbildung einer hierarchisch gegliederten Gesellschaft fällt in das 12./13. Jh., begleitet von einer Epoche großen Wohlstands. Die Viehherden waren drastisch gewachsen, was eine Fundstätte mit Knochen von mehr als 1300 Tieren belegt. Bei den Shona galten Rinder – damals noch stärker als heute – als Zeichen von Reichtum, ihr Fleisch wurde und wird nur zu besonderen Anlässen gegessen. Für Great Zimbabwe konnte jedoch der Konsum großer Mengen von Rindfleisch nachgewiesen werden, ein Indiz für den außergewöhnlichen Wohlstand der herrschenden Schicht, der wahrscheinlich auf einer extensiven Viehwirtschaft beruhte. Vielfältige Funde von Gold, Elfenbein, Perlen, Porzellan und Stoffen zeugen nicht nur von weitreichenden Handelsbeziehungen, sondern auch von der Herrschaft über ein großes Gebiet mit tributpflichtigen Stämmen.

Auch im Bauwesen zeigten sich im 12./13. Jh. Veränderungen. Die Steine wurden sorgfältiger ausgewählt und zu geradlinigen Mauern zusammengefügt; mit verfeinerten Schichttechniken gestaltete man Muster. Die Arbeiter verzierten Monolithe und meißelten Skulpturen aus Stein.

Die Bevölkerung Great Zimbabwes wuchs rasch; aus dem vormals kleinen Bauerndorf entstand eine Siedlung, die im 14. Jh. zwischen 12 000 und 20 000 Menschen zählte. Im Tal wurden viele dickere Steinmauern als Einfriedungen der Hütten errichtet. Die Herrscher verfügten über genügend Arbeitskräfte, um große Bauwerke errichten zu lassen, deren architektonische Höhepunkte die Außenmauer der elliptischen Anlage und der konische Turm sind. Eine Schutzfunktion kam ihnen wohl nicht zu, denn Schießscharten, Zinnen oder Bastionen fehlen, die Eingänge sind nicht erkennbar gesichert, und die Anlagen befinden sich auf freiem, von den Bergen aus gut überschaubarem Gelände. Die Gebäude erfüllten einen eher repräsentativen Zweck, sie sollten die Macht und den Reichtum der Herrscher demonstrieren, die mit den Steinbauten – in Abgrenzung zu den vergänglichen Lehmbauten ihrer Nachbarn und Untertanen – etwas Bleibendes, Generationen Überdauerndes schafften. Ihre außergewöhnliche Bauweise regt Forscher immer wieder zu der Überlegung an, daß die Herrscher von Great Zimbabwe Anregungen von anderen Kulturen bezogen hätten, mit denen sie in Kontakt standen.

Der stetige Aufstieg Great Zimbabwes bis zu seiner großen Blütezeit im frühen 15. Jh. läßt auf politisch und wirtschaftlich stabile Verhältnisse schließen. Danach gerieten die politischen, wirtschaftlichen und ökologischen Bedingungen aus dem Gleichgewicht, eine Entwicklung, die schließlich zum Untergang das Reiches von Great Zimbabwe führte. Mitte des 15. Jh. kam es durch die hohe Bevölkerungszahl und die damit verbundene Ausbeutung der natürlichen Ressourcen zu einer ökologischen Katastrophe: Das Feuerholz war knapp geworden, der Boden durch Überweidung ausgelaugt, und die Salzvorkommen waren ausgebeutet. Es gab nicht mehr genügend Nahrungsmittel. Vor diesem Hintergrund brach das ökonomische System zusammen, und auch der Außenhandel konnte nicht aufrechterhalten werden. Denn die Suche nach Holz und Nahrungsmitteln nahm alle Kräfte in Anspruch. Die Elefantenjagd oder das Schürfen nach Gold wurden vernachlässigt. Innenpolitische Konflikte oder eine Trockenzeit könnten den Untergang des Reiches endgültig besiegelt haben. Die Bevölkerung verließ gegen Ende des 15. Jh. die Region und integrierte sich in das aufstrebende Mutapa-Reich im Nordosten.

Architektur und Bedeutung der Monumente

Das in Great Zimbabwe verwendete Baumaterial besteht aus flachen Steinen erodierten Granits. Die hohen Mauern wurden ohne Zuhilfenahme von Gerüsten errichtet. Man schichtete die Steine in Stufenbauweise auf. An der Bergruine läßt sich beobachten, wie die Bodenbeschaffenheit – in diesem Fall der runde Granitfelsen – für den Bau genutzt wurde.

Die Mauern von Great Zimbabwe dienten nicht Wohnzwecken im engeren Sinn, sondern sie umschlossen Hütten, deren Material aus *daga*, einer Kieselerde mit beigemischtem Lehm, bestand. Zwischen den Wohnhütten wurden etwa mannshohe Steinmauern erbaut, die kleinere Innenhöfe bildeten. Die großen Mauern umfaßten die Höfe und mehrere Wohnhütten, die auf diese Weise eine zusammenhängende Einheit waren.

Das Mauerwerk kann anhand der unterschiedlichen Baustile drei Perioden zugeordnet werden: In der ersten Periode wurden die Steine mit wenig Sorgfalt aufeinander geschichtet. Wegen ihrer unterschiedlichen Größe entstanden wellenförmige Schichten. Die Mauern zeigen keinerlei weitere Bearbeitung. In der zweiten Periode hat man Steine von zueinander passender Größe sorgfältig in Schichten verlegt. Nach Fertigstellung des Gesamtbaus wurden die Außenflächen geglättet. Da die einzelnen Steinreihen leicht nach innen versetzt sind, verjüngen sich

Mauern aus regelmäßigen Lagen behauener Steine

unregelmäßig geschichtetes Mauerwerk

nicht lagerhaftes, verkeiltes Mauerwerk

die Mauern nach oben. In der dritten Periode wurden wahllos gesammelte Steine beliebig zu niedrigen Mauern aufgeschichtet.

Die Mauern der Bergruine zeigen vorwiegend den Stil der ersten Periode, während das spätere, elliptische Bauwerk der zweiten zuzuordnen ist. Die dritte und jüngste Periode kennzeichnet bereits den Niedergang von Great Zimbabwe, der sich an verschiedenen provisorischen Erweiterungsarbeiten beobachten läßt.

Die **Bergruine** liegt auf einem Granithügel, der sich knapp 100 m über das Plateau erhebt und an der Südseite steil abfällt. Diesem Gebäudekomplex gaben die Karanga den Namen *dzimbahwe,* die Weißen nannten ihn Akropolis. Innerhalb der Umfriedung hatten 14 Wohnstätten Platz, wobei die Herrscher vermutlich in der westlichen Einfriedung residierten, während der Bereich der Osteinfriedung den Gräbern der Ahnen vorbehalten war. Dort fanden auch religiöse Zeremonien statt. Die Mauer dieser Einfriedung ist besonders regelmäßig geschichtet und stellenweise mit einem Fries verziert. Unterhalb der Osteinfriedung befindet sich eine Höhle. Wegen des Echoeffekts vermutete man in ihr eine Orakelstätte und gab ihr den Beinamen ›Flüsterhöhle‹.

Das elliptische Bauwerk im Tal, im Englischen **Great Enclosure,** von den Karanga *imba huru* (großes Haus) genannt, ist das größte frühgeschichtliche Einzelbauwerk südlich der Sahara. Innerhalb dieses bis zu Beginn des 15. Jh. fertiggestellten elliptischen Baus sollen die königlichen Frauen gewohnt haben. Die Außenmauer hat einen Umfang von 255 m, sie ist unten bis zu 6 m, oben bis zu 4 m dick und an die 11 m hoch. Der Durchmesser der Ellipse beträgt 89 m. Im Innern steht eine kreisförmige, gemauerte Einfriedung mit 21 m Durchmesser, die Raum für fünf Wohnhütten bot. An der mächtigen Außenmauer fallen von Süden nach Osten die zunehmende Höhe und die regelmäßigere Bauweise auf. An der Ostseite ist sie mit Monolithen und einem Fries aus doppelreihigem Zickzackmuster (Chevron) geschmückt. Vom Nordosteingang bis zum konischen Turm verläuft parallel zur Außenmauer eine früher errichtete Mauer, deren Bedeutung bis-

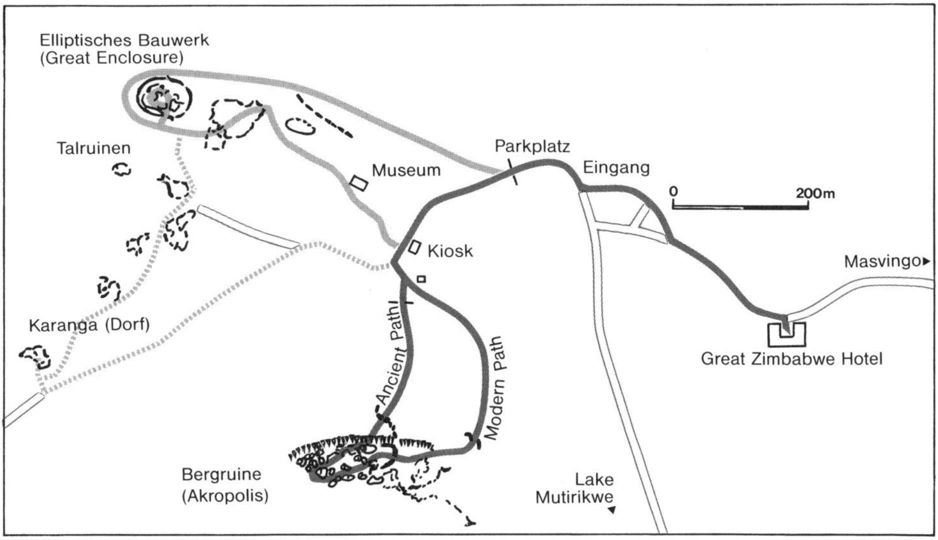

Great Zimbabwe: Plan der Gesamtanlage

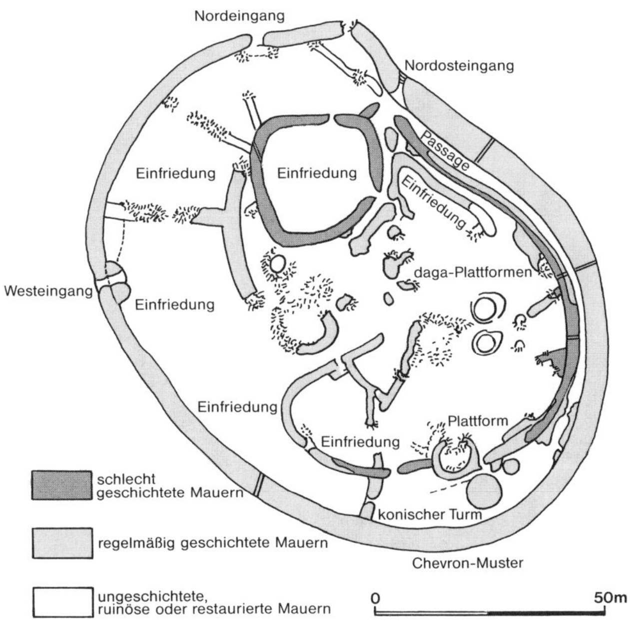

Plan des elliptischen Bauwerkes

lang nicht schlüssig erklärt werden konnte. Man mutmaßt, daß die Handwerker im Laufe der Zeit eine hohe Perfektion erreichten, so daß sie den zuletzt gebauten Abschnitt aus ästhetischen Gründen nicht an den alten Abschnitt anschließen mochten und kurzerhand direkt daneben eine neue Mauer schufen. Erich von Däniken vermutet, daß die elliptische Form des Bauwerks der Umlaufbahn des Sternes Sirius B um Sirius A (Großer Hund) nachempfunden ist.

Der auffälligste Einzelbau – architektonischer Höhepunkt der Anlage – ist der **konische Turm** mit einer Höhe von 10 m und einem Bodendurchmesser von 5 m, der sich bis zur Spitze auf 2 m verengt. Mit gleichmäßigen, nach innen versetzten Steinlagen erzielte man die konische Form. Der ursprünglich vorhandene Fries an der Spitze wurde bei Ausgrabungen zerstört. Bedeutung und Funktion dieses Turms sind bis heute nicht geklärt. Aufgrund seiner Bauweise ist keine Zweckfunktion erkennbar. Forscher vermuten, daß er einen überdimensionierten Getreidespeicher als Zeichen des Reichtums oder einen riesigen Phallus als Symbol der Macht des Herrschers darstellt.

Zwischen der Bergruine und dem elliptischen Bauwerk liegen zahlreiche kleinere Anlagen, die allgemein als **Talruinen** (Farbabb. 14) bezeichnet werden, teils aber auch die Namen früher weißer Besucher tragen, wie Mauch, Posselt oder Renders. In ihnen lebten die Vertrauten des Königs, der Hofstaat. Gemeinsame Merkmale sind die ungeraden Mauern zwischen den *daga*-Hütten, die runden Formen der Toreingänge und Stufenplatten sowie kegelförmige kleine Türme.

Vor dem konischen Turm standen mit geometrischen Mustern verzierte Monolithe. Ihre Anordnung in Gruppen und an besonders auffälligen Stellen des Mauerwerks läßt vermuten, daß es sich um Grabsteine handelte, die zum Gedenken der Toten des Herrscherhauses aufgestellt wurden.

An mehreren Stellen waren markante **Vogelskulpturen** aufgestellt. Zur Zeit der Wiederentdeckung Great Zimbabwes fanden europäische Abenteurer und Ausgräber sieben vollständige Exemplare und ein achtes beschädigtes und brachten sie außer Landes. Der Großwildjäger Felix Posselt stieß 1889 innerhalb der Osteinfriedung der Bergruine auf vier solcher Skulpturen. Trotz des Protestes der Karanga, die ihn zu der Ruine geführt hatten, schlug er einen Vogel von seinem Steinpfahl herab. Er verkaufte ihn später für 20 £ an Cecil Rhodes, der ihn in seinem Haus in Kapstadt aufstellte. Nach der Unabhängigkeit tauschte Zimbabwe mit einem Museum in Kapstadt fünf der Vögel gegen eine umfangreiche Insektensammlung ein. Der von Posselt verkaufte Vogel wurde jedoch mit der Begründung zurückgehalten, er stamme aus dem Privatbesitz von Rhodes. Die Skulpturen sind im **Museum von Great Zimbabwe** zu sehen. Sie bestehen aus weichem, dunklem, graugrünem Seifenstein, sind etwa 40 cm hoch und standen auf etwa mannshohen Steinsäulen. Da die Darstellungen stark stilisiert sind, führen Versuche, sie als Geier, Fischadler, Falken, Papageien oder Nashornvögel zu identifizieren, nicht weit. Die Füße enden eher in Zehen als in Krallen, die Flügel sind nur angedeutet und die Schnäbel kaum vom Kopf abgesetzt. Bei einem Vogel gleicht der Schnabel eingekerbten Lippen. Vögel und Säulen zeigen unterschiedliche Verzierungen, so daß jede Figur vermutlich etwas anderes symbolisierte.

In Great Zimbabwe kann neben den Ruinen ein nachgebautes **Karanga-Dorf** besichtigt werden. Ein Kiosk an einem schattigen Picknickplatz bietet Erfrischungsgetränke und Souvenirs an. Gegen einen nominalen Eintrittspreis ist die Anlage von 6–18 Uhr zu besichtigen.

Für die Bergruine und das elliptische Bauwerk sollte man jeweils zwei Stunden veranschlagen, für die Talruinen und das Museum jeweils eine halbe Stunde.

Um zur Bergruine zu gelangen, stehen vier beschilderte Wege zur Auswahl, von denen hier zwei vorgeschlagen werden: der steile, eindrucksvolle Ancient Path für den Aufstieg und der bequeme Modern Path für den Abstieg. Die enge Schlußpassage des Ancient Path führt in die Western Enclosure, von der sich eine sehr gute Aussicht über das Tal bietet: Im Osten erheben sich die Baroma-Berge, aus denen ein sehr dunkler und ein heller Gipfel herausragen, die weiße Siedler als ›Brüste der Königin von Saba‹ bezeichneten. Eine niedrige überdachte Passage, die in die südlichen Einfriedungen führt, ist als einzige in ihrer ursprünglichen Form erhalten. Von den südlichen Einfriedungen geht es über eine winkelige Nische, die Recess Enclosure, in die östliche Einfriedung, den eindrucksvollsten Teil der Bergruine. Hier standen sechs der Zimbabwe-Vögel. Oberhalb dieser Einfriedung liegt ein Plateau, von dem sich eine gute Aussicht bietet. Es empfiehlt sich, die Besichtigung des elliptischen Bauwerks im Innern beim konischen Turm zu beginnen und einen Rundgang um die Außenmauer anzuschließen. Dabei ist besonders im Südosten, auf der Höhe des konischen Turms, auf das Zickzackmuster zu achten.

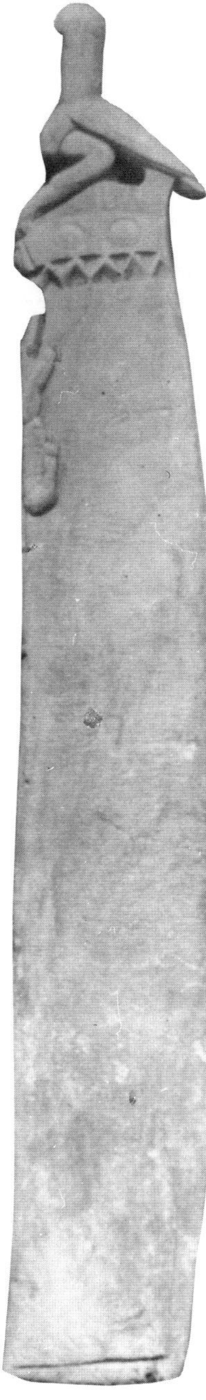

Vogelskulptur in Great Zimbabwe

Pflanzenwelt in Great Zimbabwe

Bei aller Faszination der Steinbauten lohnt es doch auch, sein Augenmerk auf die vielfältige Flora in der Umgebung der Ruinen zu richten. Die 20 verschiedenen Feigenbaumarten stellen eine nahezu komplette Sammlung der in Zimbabwe wachsenden Gattungen dar. Vor dem Kiosk steht ein schönes Exemplar des Lavendelbaumes (Heteropyxis natalensis), dessen Zweige und Blätter ein starkes Aroma abgeben, wenn man sie reibt. Zum Landschaftsbild gehören auch die Kandelaberbäume (Euphorbia ingens candelabrum) aus der Familie der Wolfsmilchgewächse, deren giftiger Saft zu starken Hautirritationen führt. Von Juli bis September geben die rotblühenden Aloen einen farbigen Kontrast zum grauen Granitstein der Ruinen ab. Typisch für die Region sind die buschige Kranz-Aloe (Aloe arborescens) und die einstämmige Zimbabwe-Aloe (Aloe excelsa zimbabwiensis).

Lake Mutirikwe (Lake Kyle)

Der **Lake Mutirikwe** (Lake Kyle) ist der zweitgrößte Stausee des Landes. Die 60 m hohe und 305 m lange Staumauer wurde 1961 gebaut, um die großen Zuckerrohr-Farmgebiete von Triangle und im Hippo-Tal mit Wasser zu versorgen. Der Stausee mit einer Fläche von 90 km² und einem Fassungsvermögen von 1400 Mio. Litern war in den letzten zehn Jahren wegen anhaltender Dürre nie mehr als zu einem Drittel gefüllt.

Im See leben verschiedene Fischarten, darunter Barsche, die eigens für Angler ausgesetzt wurden, ferner Flußpferde und Krokodile. Möglichkeiten zu segeln, Motorbootsport, Wasserski und Speerfischen zu betreiben, machen den Lake Mutirikwe zu einem beliebten Ausflugsziel. Am Südufer befinden sich zwei private Ferienhausanlagen (Mutirikwe Lake Shore Lodges und Kyle View Holiday Resort, s. S. 339f.), wo Bungalows und Zeltplätze gemietet werden können.

Der See und der nördlich angrenzende Tierpark, der in der Zeit des Staumauerbaus angelegt wurde, bilden das Mutirikwe-Erholungsgebiet. Der **Tierpark** ist ein lohnendes Ausflugsziel, denn er bietet auf einer relativ kleinen Fläche von 8900 ha eine große Konzentration an Wildtieren und ein abwechslungsreiches Landschaftsbild. Den vorhandenen Wildbestand, vor allem Antilopen, ergänzte man durch Arten, die aus anderen Parks herbeigeschafft bzw. durch die ›Operation Noah‹ (s. S. 220) aus dem Kariba-See gerettet wurden. Auf der Steppe entlang des Seeufers grasen die verschiedensten Antilopen, darunter der seltene Riedbock, Nyalas, Sassabys (Halbmondantilope) und Oribis (Bleichböckchen). Auch Breitmaulnashörner konnten erfolgreich heimisch gemacht werden. Die Nähe des Wassers und die zahlreichen Akazienbäume bieten den Giraffen ideale Lebensbedingungen. Die Herde hat sich zwischen 1963 und 1990 von fünf auf über 30 Tiere vermehrt. Seinen ›friedlichen‹ Charakter verdankt der Park nicht zuletzt der Tatsache, daß es hier keine Elefanten und außer den scheuen Leoparden keine Raubkatzen gibt. Die Parkverwaltung bietet Pferdeausritte zur Wildbeobachtung an, für die sich das Gebiet besonders gut eignet.

Im Tierpark können Ferienhäuser gemietet werden (Lodges und Cottages), die sich so großer Beliebtheit erfreuen, daß sie für Wochenenden und die Zeit der Schulferien langfristig gebucht werden sollten. Bei den jährlich zwischen den zimbabwischen Nationalpark-Camps veranstalteten Wettbewerben bezüglich Sauberkeit und Service ist das von Lake Mutirikwe mehrfach mit dem ersten Preis ausgezeichnet worden. Auf dem Campingplatz (mit Seeblick) kann meistens ohne vorherige Reservierung übernachtet werden.

Die **Chamavara Caves** liegen in der Nähe des Kyle Boat Club und sind auf einem leicht begehbaren, beschilderten Weg zu erreichen. Sie enthalten Felsmalereien.

Nahe der Staumauer steht die winzige, sehr schön dekorierte **St. Andrews-Kapelle,** von der sich eine hübsche Aussicht auf den See bietet. Die Kapelle wurde von Tom Van Graan auf den Wunsch seiner Tochter Marie errichtet, nachdem sie die italienische Kapelle in Kariba gesehen hatte. Kurz vor der Fertigstellung (1971) starb Marie bei einem Autounfall.

Der **Murray MacDougalls Drive** ist eine Panoramastraße, die durch eine abwechslungsreiche Landschaft an der Ostseite des Sees führt.

Lake Mutirikwe

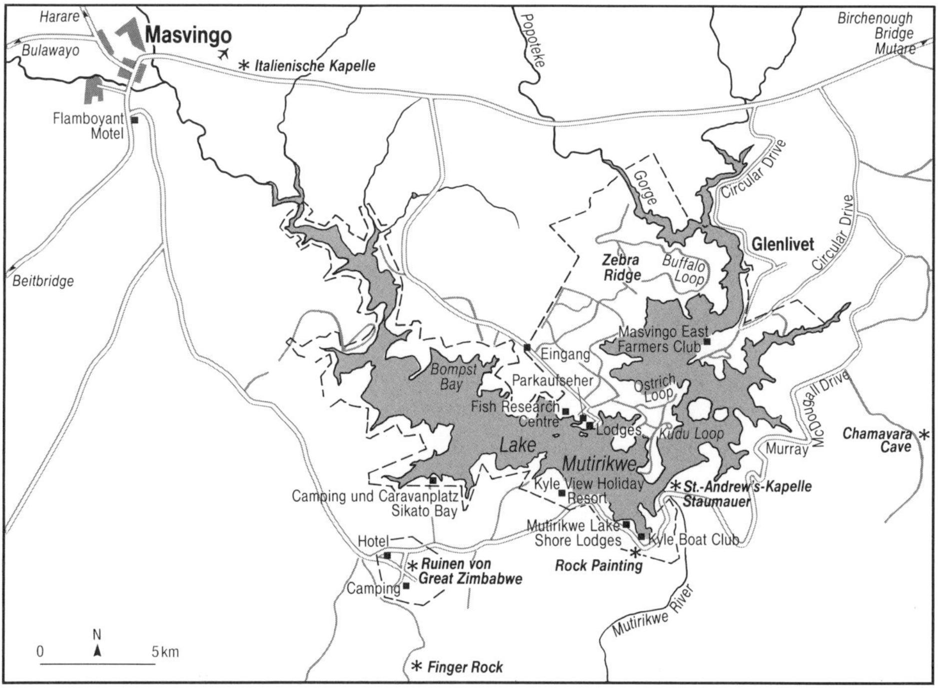

Kinder beim Wasserholen im Sabi-Gebiet

Mushandike Sanctuary

Dieser Tierpark liegt 27 km von Masvingo entfernt an der Straße nach Bulawayo. Auf seinem Gelände befindet sich ein Stausee. An Wochenenden zieht es viele Bewohner von Masvingo hierher, insbesondere Angler. Campingplätze und Grillmöglichkeiten sind vorhanden (Anschrift: P. Bag 9036, ✆ 2 44 12, Mashava).

Von Masvingo nach Süden

Die Zuckerrohrplantagen des Lowveld

Das Städtchen **Triangle** im Herzen des Lowveld ist das Zentrum der Zuckerindustrie. Dieser Landwirtschaftszweig geht auf die Initiative des Pioniers Thomas MacDougalls zurück. Nach mehreren Fehlschlägen als Rancher begann er in den späten 20er Jahren einen Kanal durch harten Granit zu bauen, um das umliegende Land mit dem Wasser des Mutirikwe-Flusses zu bewässern. Nachdem seine ersten Tabak-, Weizen- und Baumwollernten Heuschreckenschwärmen und Vögeln zum Opfer gefallen waren, wechselte er erfolgreich zum Anbau von Zuckerrohr über. Die beeindruckenden Erträge seiner Farm gaben in den 50er Jahren Anlaß, den Mutirikwe aufzustauen, um größere Gebiete bewässern zu können. Das Resultat sieht der Besucher heute in den sattgrünen weiten Zuckerrohrplantagen, die sich kontrastreich vom kargen, trockenen Lowveld abheben.

Im **MacDougalls Museum** im alten Haus dieses Siedlers kann man sich anhand von vergilbten Fotografien und Gebrauchsgegenständen ein Bild vom Leben des Pioniers machen und sich über den Anbau und die Verarbeitung von Zuckerrohr informieren (täglich von 8.30–9.30 und 15.30–16.30 Uhr geöffnet).

Gonarezhou National Park

Dieser entlegene Nationalpark ist mit über 500 000 ha der zweitgrößte des Landes. Man erreicht ihn über die A 4 von Masvingo nach Süden und muß dann in die A 10 Richtung Chiredzi abbiegen. In der Landschaft kontrastiert die von Baobabs dominierte Trockensavanne mit der dichten Vegetation entlang der Flüsse Sabi (Save) und Runde. Die vielen Elefantenherden machen dem Namen des Parks, ›Ort der Elefanten‹, alle Ehre. Sie sind kleinwüchsiger, haben aber größere Stoßzähne als ihre Artgenossen in den anderen Nationalparks des Landes, und sie gelten als besonders aggressiv, da sie im Grenzgebiet nach wie vor von Wilderern bedroht sind.

Gonarezhou National Park

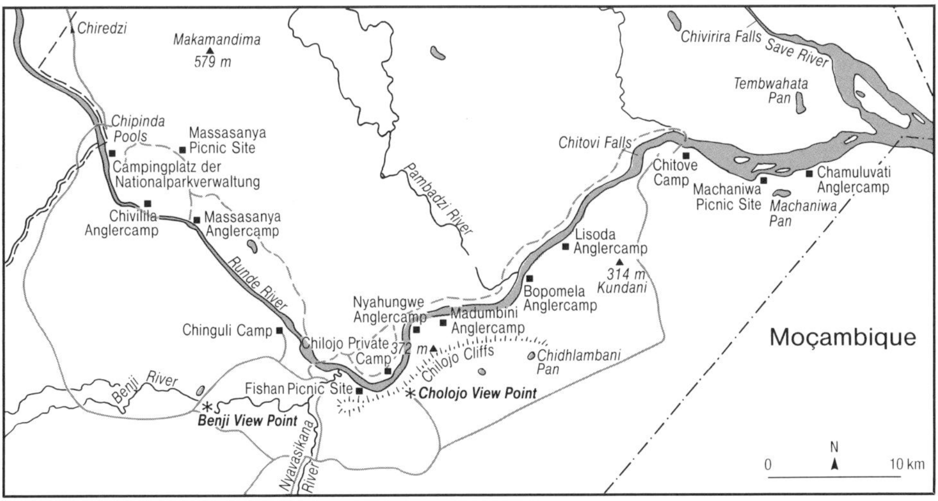

Außerdem leben hier die seltene Antilopenart Nyala sowie der gestreifte Königsgepard. Der Park mußte in den letzten Jahren wegen der Übergriffe von Rebellen aus Moçambique geschlossen werden, 1990 gab man ihn jedoch teilweise wieder frei. Er gliedert sich in zwei Zonen: Der Nordteil rund um die **Chipinda Pools** läßt sich nur mit Geländefahrzeugen durchqueren; der Campingplatz bei Chipinda Pools (56 km von Chiredzi) ist allerdings mit PKWs erreichbar. Der Campingplatz Chinguli liegt malerisch am Fluß Runde unweit der imposanten, verwitterten Sandsteintürme **Chilojo Cliffs.** Der Südteil des Parks, das Mabalauta-Gebiet, ist für PKW besser zugänglich. Zum Swimuwini Rest Camp, 169 km von Chiredzi entfernt, gehören sieben Chalets und ein Campingplatz am Ufer des Mwenezi-Flusses.

Sehenswürdigkeiten zwischen Harare und Masvingo

Ngezi-Erholungspark

104 km hinter Harare führt rechts ein Hinweisschild zu diesem Park. Durch den Ort Featherstone sind es 75 km auf guter Teerstraße, die zu dem an einem Stausee gelegenen beliebten Ausflugsort führen. Ferienhäuser können durch vorherige Buchung beim Nationalparkbüro in Harare gemietet werden. Für den Campingplatz ist eine Reservierung nicht erforderlich.

Driefontein/Serima Mission

Hinter Mvuma (bei km 219) zweigt links ein Weg nach Felixburg ab (Schotterstraße). Nach 7 km stößt man auf die Mission **Driefontein.** Heute ist hier eine Holzschnitzerschule untergebracht, die ihre Figuren zum Verkauf anbietet (s. S. 150).

Durch Felixburg führt der Weg weiter nach Chatsworth zur **Serima Mission.** Alles in der Kirche von Serima ist reich verziert: Die Türfüllungen des Hauptportals sind mit Reliefs und einzelnen Skulpturen versehen, die heilsgeschichtliche Szenen zeigen. Der Sockel der Altarplatte des ersten Hauptaltars besteht aus 20 geschnitzten Holzsäulen, die die marianischen Titel der Litanei wiedergeben; der Volksaltar ist mit Darstellungen der Apostel und des Kreuzwegs geschmückt. Das Taufbecken zieren Keramiktafeln, die Tauf- und Bekehrungsszenen zeigen; die Wandmalereien des Hauptschiffes erzählen von den Ursprüngen der Eucharistie, und die Fensternischen sind mit Engel- und Heiligenfiguren eingefaßt (s. S. 149 f.).

Eastern Highlands

Das östliche Hochland besteht aus einer Gebirgskette, die im Osten eine natürliche Grenze zu Moçambique bildet. Diese Eastern Highlands umfassen die Provinzhauptstadt Mutare und die Gebiete um Nyanga, Vumba und Chimanimani.

Kenner der Eastern Highlands assoziieren mit dieser nur wenig besiedelten Gegend schattige Wälder, Flüsse, die ganzjährig klares Wasser führen, Wasserfälle, Seen in der zerklüfteten Berglandschaft, weite kahle Felsplateaus – und vor allem sehr viel Ruhe. Manche Besucher fühlen sich hier an das Voralpenland erinnert. Cecil Rhodes sprach einst vom »Sanatorium Rhodesiens« (Farbabb. 29).

Die Vegetation in den Eastern Highlands ist vielfältig und für Zimbabwe einzigartig. In höheren Regionen wachsen Aloen, wobei besonders die Inyanga Aloe (Aloe inyangenis) hervorzuheben ist. Man findet wilde Lilien, Gladiolen, eine Vielzahl von Orchideenarten, verschiedene Moose und Koniferen. Die autochthone Mlanje-Zeder (Widdringtonia whytei) war ursprünglich weit verbreitet, aber ein großer Teil des Bestandes fiel Buschfeuern und der Abholzung zum Opfer, so daß sie heute nur noch selten – zumeist auf felsigem Gelände oder an Flüssen – zu finden ist. Im Westen von Nyanga wachsen Miniatur-Msasa (Brachystegia spiciformis), eine Baumart, die oft mit Misteln behangen ist. Die vielen Schirmakazien bieten inmitten der Felsformationen ein malerisches Bild, besonders in der Gegend um Juliasdale in der Nähe des Nyanga National Parks.

Im Vergleich zur einheimischen, wildwachsenden Flora wirken die angelegten Pinienwälder und Eukalyptuspflanzungen in den Eastern Highlands eher monoton und befremdlich. Doch liefern sie der Forstwirtschaft Zimbabwes, die zu den modernsten Afrikas zählt, den Rohstoff.

Südöstlich vom Nyanga-Nationalpark, an der Grenze zu Moçambique, liegen die bedeutendsten Tee- und Kaffeeplantagen des Landes. Die staatlichen Großpflanzungen gehören der Agricultural Rural Development Authority (ARDA), über deren Regionalbüro in Mutare ein Besuch arrangiert werden kann (✆ 6 37 07). Nyanga ist auch für seine Obstplantagen bekannt: Äpfel, Birnen, Nektarinen, Ananas und Pflaumen werden von hier aus in das ganze Land geliefert und zum Teil exportiert. Wirtschaftlich von Bedeutung sind daneben die Proteazeen-Pflanzungen. Viele der Blüten, die in deutschen Gärtnereien verkauft werden, stammen aus Zimbabwe. Im Burma-Tal, östlich von Mutare, gedeihen wegen des frostfreien Klimas Bananen, Kiwi, Macadamia und Pecan-Nüsse, Burley-Tabak und Baumwolle, im Vumba-Gebiet Kaffee.

Die Eastern Highlands sind für Vogel- und Schmetterlingsliebhaber ein lohnendes Reiseziel. Mit etwas Glück bekommt man Säbel- und Elenantilopen zu Gesicht. Kleinere Antilopen, Rockdassies und kreischende Meerkatzen sind häufig zu sehen, Leoparden dagegen selten, obwohl in den Wäldern im Durchschnitt ein Leopard pro Quadratkilometer zu Hause ist.

Mutare

Die Provinzhauptstadt liegt in 1190 m Höhe in einem Bergkessel der Eastern Highlands. Der Name Mutare stammt aus der Manyika-Sprache und bedeutet ›ein Stück Metall‹, ein Hinweis auf die Goldvorkommen in dieser Region. Mit 80 000 Einwohnern ist Mutare die fünftgrößte Stadt Zimbabwes. Von Harare oder Nyanga kommend, überquert man den Christmas Pass, so benannt von den Siedlern, die hier Weihnachten 1890 lagerten. Auf der Höhe des Passes, beim Chace's View, bietet sich eine großartige Aussicht auf das in der Senke liegende Mutare, Verwaltungshauptstadt von Manyikaland, der östlichsten der acht Provinzen Zimbabwes.

Bereits 1888 zog es europäische Abenteurer in diese Gegend. Sie suchten Häuptling Mutasa auf, um mit ihm über Schürfrechte zu verhandeln. Bald nach der Gründung von Fort Salisbury im Jahr 1890 ließ der Administrator von Mashonaland ein Fort bei Penhalonga errichten, in dessen Umgebung sich Goldgräber niederließen. Sie zogen jedoch ein Jahr später in die Nähe des Mutari-Flusses und errichteten dort die Siedlung Umtali, die heute als Old Mutare bekannt ist. Die Siedlergemeinde wuchs rasch an, und schon 1893 erschien in Umtali eine Wochenzeitung, der handgeschriebene ›Umtali Advertiser‹. 1895 lebten einer Gemeindechronik zufolge 100 Europäer in der Siedlung – 78 Männer, 13 Frauen und neun Kinder –, die nun auf die Fertigstellung der Eisenbahnlinie Beira–Mutare hofften.

Als der Gleisbau Anfang 1896 in die Nähe Umtalis vorrückte, stellte sich heraus, daß die Berge zu hoch waren. Die Eisenbahn konnte nicht zur Siedlung, also mußte die Siedlung zur Eisenbahn kommen: Zum dritten Mal wurde Mutare verlegt, und zwar um 15 km nach Süden. Der Anschluß an das Eisenbahnnetz im Jahr 1898 und die Herstellung der Verbindung nach Salisbury im Jahr 1899 sowie der Goldabbau führten zu einem wirtschaftlichen Aufschwung: Bald gab es vier Hotels, zwei Banken, eine Bücherei und mehrere Geschäfte. Zu Beginn des 20. Jh. fuhr in Mutare eine Straßenbahn. Sie beförderte Personen und Güter, wurde von Maultieren oder Ochsen gezogen und pendelte auf der Main Road zwischen Bahnhof und Stadtzentrum, aber 1919 wurde dieser im Land einmalige Nahverkehrs-Service wieder eingestellt.

Bis 1910, als sie nach Bulawayo verlegt wurde, hatte die Hauptverwaltung der Eisenbahn ihren Sitz in Mutare. Die Eisenbahngebäude wurden zerlegt, nach Bulawayo transportiert und dort wieder aufgebaut: Das jetzige Gepäckaufgabe-Gebäude des Bahnhofs von Bulawayo stammt aus Mutare.

Mutare ist das industrielle Zentrum von Manyikaland. Von Bedeutung sind die Papier- und Möbelherstellung, außerdem Konservenfabriken und Verpackungsbetriebe für Tee und Kaffee.

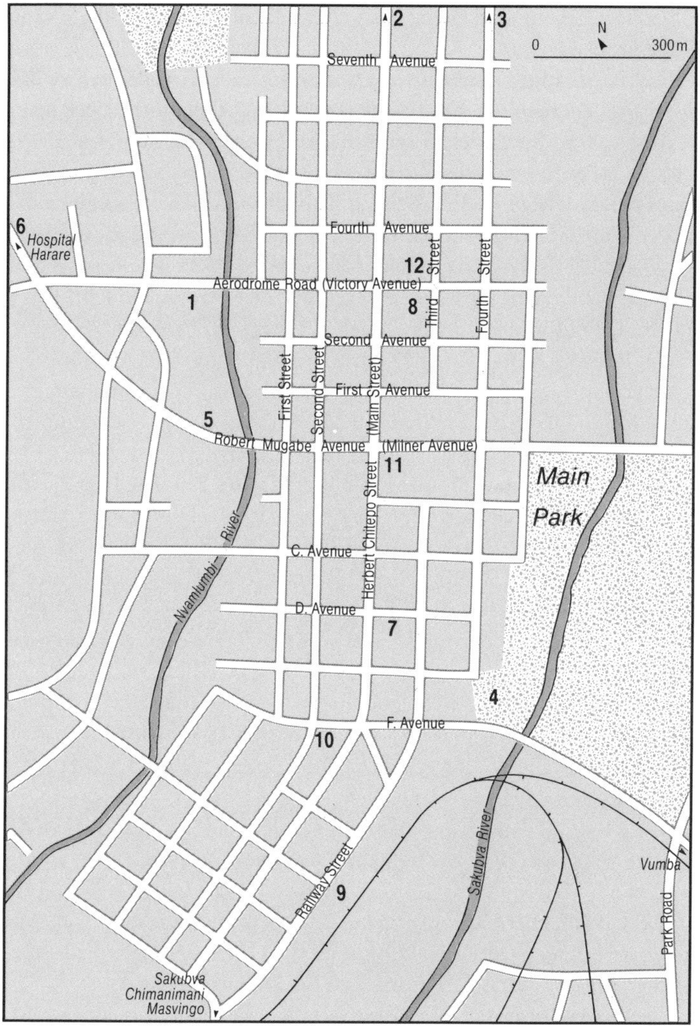

Mutare
1 Mutare Museum
2 Fairbridge Museum
3 Cecil Kop Nature Reserve
4 Aloe Garden
5 Civic Centre
6 Murahwa's Hill
7 City Centre Hotel
8 Manica Hotel
9 Bahnhof
10 Busbahnhof
11 Touristeninformation
12 Polizei

Die Unterbrechung der Handelsroute von Mutare nach Beira (Moçambique) im Jahr 1976 und der Bürgerkrieg haben die wirtschaftliche Position Mutares beeinträchtigt. Erst seit 1986, nach der Wiedereröffnung des Beira-Korridors, erlebt die Stadt einen erneuten Aufschwung.

Sehenswert ist das 1945 eröffnete **Mutare Museum.** Es enthält sowohl archäologische Objekte als auch eine historische Waffensammlung und alte Fahrzeuge, die im Innenhof zu sehen sind. Daneben kann man sich hier über die Flora und Fauna von Manyikaland informieren. Vogelliebhaber sollten auf jeden Fall das begehbare Vogelhaus mit seinen Hunderten verschiedener Arten besuchen. Kunst-Wanderausstellungen der Nationalgalerie ergänzen das Museumsprogramm.

Das **Fairbridge Museum,** auch ›Utopia House‹ genannt, ist das Haus des rhodesischen Schriftstellers Kingsley Fairbridge (1885–1924). Bekanntheit erlangte er durch seine Gedichte, in denen er das Siedlerleben im östlichen Hochland beschreibt. Ferner arbeitete er einen Plan aus, der vorsah, englische Waisen in den Commonwealth-Ländern zu Farmern auszubilden. Das Projekt wurde jedoch nicht in Zimbabwe realisiert, sondern in Westaustralien, wo Fairbridge seine letzten Lebensjahre verbrachte. Sein Elternhaus in Mutare wurde in ein Museum umgewandelt und zum nationalen Monument erklärt. In diesem typischen Siedlerhaus der Jahrhundertwende wird die Lebensweise jener Zeit veranschaulicht. Das Denkmal, das den jungen Fairbridge mit seinem afrikanischen Wegbegleiter Jack und seinem Hund Vic zeigt, hatte die englische Königinmutter 1953 enthüllt. Während der Dekolonisierungsphase wurde es von seinem ursprünglichen Standort entfernt und beim Museum aufgestellt (Fairbridge Museum, Jason Moyo Drive, 11, im Stadtteil Murambi; samstags und sonntags von 14–16 Uhr geöffnet, auf Anfrage beim Mutare Museum auch außerhalb dieser Zeit).

Das **Cecil Kop und Thompson's Vlei Nature Reserve** liegt 3,5 km vom Stadtzentrum entfernt. In diesem 1700 ha großen Tiergehege leben außer Raubtieren die am häufigsten vertretenen Tierarten Zimbabwes. Regelmäßig kommen Kinder der umliegenden Schulen hierher, um den zoologischen Reichtum ihrer Heimat zu bestaunen. Von einer Aussichtsplattform bietet sich ein guter Ausblick auf das Tiergehege und den direkt davor gelegenen Stausee (ursprünglich das Wasserreservoir der Stadt), der von den Tieren zum Trinken aufgesucht wird. Auf dem Gelände vor dem Stausee gibt es Picknick- und Grillplätze. In einem Informationszentrum mit einer *touchcollection* (Streichelzoo) liegen Tierpräparate zum Anfassen bereit. Die beste Zeit für einen Besuch ist gegen 16 Uhr, wenn die Fütterung stattfindet; samstags und sonntags kann man anschließend eine zoologische Dia-Show sehen (Öffnungszeiten: täglich von 9 Uhr bis zur Dämmerung).

Der **Aloe Garden** (Abb. 59) im Herzen der Stadt ist im südlichen Afrika wegen seiner Artenvielfalt bekannt. Hier wachsen 250 verschiedene Aloen, die vom gesamten Kontinent einschließlich Madagaskars stammen. Blütezeit ist zwischen Mai und August.

Das **Civic Centre** liegt in einem Gartenkomplex an der Robert Mugabe Avenue und beherbergt neben der Stadtverwaltung auch die Queens-Konzerthalle, die Turner Memorial-Stadtbücherei, das Courtauld Theatre und die Hauptpost.

Der **Cross Kopje** ist eine weithin sichtbare Erhebung, auf der ein 10 m hohes, nachts beleuchtetes Kreuz die östliche Grenze der Stadt markiert. Es wurde zum Gedenken an die im Zweiten Weltkrieg im Ostafrikafeldzug gefallenen Soldaten errichtet. Der Gipfel, von dem man eine weite Aussicht hat, ist vom Circular Drive aus über einen Pfad zu erreichen (ca. 2,5 km vom Stadtzentrum).

Zu **Murahwa's Hill** führt ein steiler Pfad unterhalb des Christmas Pass, und ein mäßig ansteigender Weg zweigt vom Jan Smuts Drive in der Nähe des Messegeländes ab. Auf dem Hügel fand man Zeugnisse einer prähistorischen Besiedlung der Region, die im Mutare Museum ausgestellt sind. Hier liegen auch die Ruinen einer Manyika-Siedlung aus dem 18. Jh. In unmittelbarer

Nähe sind unter einem Felsvorsprung Höhlenmalereien zu sehen, deren Alter auf 1000 Jahre geschätzt wird. Leider hat ihnen die Witterung bereits stark zugesetzt.

Den größten lokalen afrikanischen **Markt** gibt es im Sakubva Township, wo die meisten schwarzen Bürger Mutares wohnen.

In Mutare bieten sich verschiedene Unterhaltungsmöglichkeiten. Wer die weiße Gemeinde treffen möchte, sollte einen Besuch des Courtauld Theatre in Erwägung ziehen, da hier in erster Linie europäische Stücke aufgeführt werden. Afrikanisches Wochenend-Ambiente läßt sich im City Centre Hotel erleben, denn hier wird samstags häufig Live-Musik gespielt. Im Sakubva-Stadion finden an Wochenenden Fußballspiele der obersten Klasse statt, manchmal auch Konzerte.

Ausflüge in die Umgebung von Mutare

An der Straße von Mutare Richtung Harare zweigt wenige Meter hinter dem Christmas Pass Hotel an der gleichnamigen Tankstelle nach rechts die Straße nach Penhalonga ab (9 km). Man passiert das College of Forestry, eine forstwirtschaftliche Akademie, und gelangt nach 6 km an eine Gabelung. Dem Wegweiser nach La Rochelle folgend, erreicht man entlang des Imbeza Valley nach 3 km den beeindruckenden Garten von **La Rochelle.** Sir Stephen und Lady Virginia Courtauld legten diesen Garten einst an und übereigneten ihn 1972 dem National Trust. Ihre Leidenschaft für die Botanik wird jeder Besucher bei einem Spaziergang durch den Park spüren und sehen. Es gibt hier mehr als 350 verschiedene Baumarten aus der ganzen Welt, insbesondere Koniferen, ferner eine Azaleen- und Orchideensammlung sowie mehrere Wassergärten. Das Haupthaus mit seinem markanten Turm wird für Konferenzen und Seminare genutzt; zwischen 10 und 16.30 Uhr bekommt man hier Erfrischungen, am Wochenende auch Mittagessen. Selbstversorger finden gepflegte Picknick- und Grillplätze. Besuchern, die übernachten möchten, stehen Ferienhäuser und ein Swimmingpool zur Verfügung (✆ Penhalonga 2 50).

Die alte Goldgräbersiedlung **Penhalonga** liegt 18 km nordwestlich von Mutare. Funde von Goldarbeiten aus dem 16. Jh. lassen auf eine lange Tradition der Goldbearbeitung schließen. Fest steht, daß sich hier weiße Abenteurer niederließen, bevor 1890 der erste Siedlertreck eintraf. Die Kleinstadt erhielt ihren Namen nach der Penhalonga Mine, die von 1895 bis 1943 in Betrieb war. In der Nähe liegt die Rezende Mine. Sie existiert seit 1899. Neben Gold wird in der Gegend Bauxit abgebaut. Penhalonga ist nicht nur für die nahen Minen das kommerzielle Zentrum, sondern auch für die Farmen und die Forstwirtschaft der Umgebung.

Der **Lake Alexander,** 17 km nördlich von Penhalonga, ist durch den Aufstau des Odzani entstanden. Er dient als Wasserreservoir für Mutare und ist ein beliebter Ausflugsort für Angler und Wassersportler. Am Campingplatz können Ruderboote gemietet werden, und der Segelclub steht bei freundlicher Anfrage auch Nichtmitgliedern offen. Der Stausee liegt inmitten von Pinienpflanzungen. Wer vom Lake Alexander zum nördlich gelegenen Juliasdale oder nach

Nyanga weiterfahren will, folge der Staubstraße bis zum Dorf Watsomba (ca. 20 km). Von dort gelangt man auf einer Teerstraße nach Juliasdale. Mit einem geländegängigen Fahrzeug (Vierradantrieb ist nur während der Regenzeit nötig) und einer guten Karte (1:250 000) kann man auch quer durch das *communal land* fahren, vorbei an großen Teeplantagen, wobei markante Unterschiede zwischen kommerziellem Farmland und Kleinbauernregionen auffallen.

Die Felszeichnungen von Diana's Vow

In der Nähe von Rusape befinden sich die überaus sehenswerten Felszeichnungen von **Diana's Vow.** Der Name des Fundortes geht auf den Schwur (engl.: *vow*) des Farmers Rhys Fairbridge zurück, nie mehr ohne Gewehr loszuziehen; denn er war eines Tages unbewaffnet einem prächtigen Kudu begegnet und hatte die großartige Jagdgelegenheit nicht wahrnehmen können. Nach diesem Schwur und der Jagdgöttin Diana wurden seine Farm und die Felszeichnungen benannt. In der Abgeschiedenheit von Diana's Vow feierten die San vermutlich religiöse Feste. Ihre gut erhaltenen Felsmalereien befinden sich am größten von mehreren Granitblöcken, die

Diana's Vow: Felszeichnungen

eindrucksvoll ein kleines Plateau begrenzen. Über zwei Reihen menschlicher Figuren – viele tragen Schmuck und einige sind mit Masken versehen – sind zahlreiche Dinge abgebildet, die als Gaben und als persönliche Ausrüstungsgegenstände gedeutet werden können: gefüllte Körbe, Früchte, Pfeile und Bogen. Die zentrale Figur der Komposition ist jedoch eine liegende männliche Gestalt, die allein durch ihre Größe und die Feinheit der Darstellung beeindruckt. Sie trägt eine Maske mit Antilopengeweih und ist in ein weiß getupftes Gewand gekleidet. Weniger gut zu erkennen ist die darunter befindliche weibliche Gestalt in ähnlicher Positur. Die weißen Umrandungen der menschlichen Figuren lassen den Schluß zu, daß es sich um Zeichnungen jüngeren Datums handelt. Einer früheren Periode gehören die Hunde, Vögel, Schlangen und anderen Tiere, darunter ein Büffel, an. Ausgrabungsarbeiten ergaben, daß die Höhle von etwa 9000 v. Chr. bis ins 6. Jh. n. Chr. und dann noch einmal etwa von 1650 bis 1900 benutzt wurde. Wissenschaftler haben die dargestellte Szene unterschiedlich gedeutet. Es könnte sich um ein Königsbegräbnis und entsprechende Grabbeigaben handeln oder um einen Regenzauberer bei der Ausführung verschiedener Zeremonien.

Wer von Harare Richtung Nyanga fährt, sollte auf dem Weg zu Diana's Vow eine weitere ›Höhle‹ besuchen. 146 km hinter Harare (ca. 10 km hinter Headlands) biegt man links in die Baddely Road (Schotterstraße) ein. Nach 19 km findet man Hinweisschilder nach links auf eine Bergkuppe und erreicht hier nach einem etwa fünfminütigen Aufstieg einen Felsüberhang, an dem sechs rötlich schimmernde Elefanten, die sogenannten **Pink Elephants,** noch schwach erkennbar sind. Dieser *kopje* ist zugleich ein hervorragender Aussichtspunkt. Zu Diana's Vow fährt man auf derselben Straße 1,6 km weiter und schlägt dann den Weg nach rechts ein, um nach einem weiteren Kilometer in die Silver Bow Road einzubiegen. Nach 4,4 km geht es nach links, und wenig später weist ein Schild auf den Parkplatz vor der Höhle hin.

Nimmt man dagegen die A 14 von Rusape Richtung Nyanga, biegt man nach 8 km in die Silver Bow Road ein. Nach 28 km zweigt dann rechts eine kleine Straße zu Diana's Vow ab. Für Besucher, die aus Nyanga kommen, empfiehlt es sich, 37 km vor Rusape von der A 14 links in die Constance Road einzubiegen. Nach 13 km, an der Kreuzung mit der Silver Bow Road, folgt man dieser nach rechts und nach 2 km dem Hinweisschild zu Diana's Vow nach links.

Nyanga

Diese reizvolle und für einen erholsamen Urlaub besonders empfehlenswerte Gegend liegt im Norden der Provinz Manyikaland, die nach ihren Bewohnern, den Manyika, benannt ist. Sie stellen heute ungefähr 10% der Sprachgruppe der Shona. Ursprünglich siedelten sie in der Gegend des heutigen Mutare, doch dehnten sie ihr Wohngebiet im 18. Jh. auf das Nyanga-Plateau aus.

Die Manyika hatten schon sehr früh Kontakt zu Fremden. Im 15. Jh. kamen arabische Händler, die von den Goldminen der Manyika gehört hatten. Ihnen folgten Portugiesen, die erstmals 1512 von dem Gebiet berichteten. Sie beauftragten 1570 die Barreto Homem-Expedition, den Manyika-Herrscher Chikanga aufzusuchen und sich bei ihm Schürfrechte zu sichern. So entstanden regelmäßige Handelsbeziehungen zwischen Manyika und Portugiesen, die die Araber aus der Region zurückdrängten. Der portugiesische Einfluß erreichte im 17. Jh. seinen Höhepunkt: Die Häuptlinge zahlten den Südeuropäern hohe Tribute in Form von Gold. Als die an der Oberfläche liegenden Goldvorkommen gegen Ende des Jahrhunderts abgebaut waren, verloren die Portugiesen ihr Interesse und zogen sich allmählich aus der Region zurück.

Die Grenzen des Herrschaftsgebietes der Manyika waren im Süden und Norden durch Bergzüge und im Osten und Westen durch starke Nachbarstämme, die Teve und die Maungwe, vorgegeben. Obwohl sie ihre politische Autonomie wahren konnten, waren die Könige der Manyika immer mächtigeren Herrschern tributpflichtig: vom 15. bis 17. Jh. den Monumutapa-Königen und vom 17. bis 18. Jh. den Changamiren.

Der fruchtbare Boden und die ausreichenden Regenfälle sorgten für gute Ernten. Der Goldabbau bildete die Basis für Handelsbeziehungen mit Arabern und Portugiesen, die Stoffe und Perlen ins Land brachten. Diese Luxusgüter konnten wiederum gegen Vieh getauscht werden, und Vieh diente unter anderem dazu, den Brautpreis *(roora)* zu zahlen. Die Familien der Nachbarstämme sahen Manyika-Männer gern als Schwiegersöhne, weil sie vergleichsweise reich waren. Gegen Mitte des 18. Jh. wurde das ursprüngliche Gebiet der Manyika für die blühende und wachsende Gesellschaft zu klein. Um den Bevölkerungsdruck zu mindern, führte man sogar eine Geburtenkontrolle ein: Portugiesische Quellen aus dem Jahr 1780 berichten davon, daß Manyika-Frauen erfolgreich Kräuter zur Empfängnisverhütung verwendeten. Diese Lösung blieb jedoch auf die wohlhabenderen Bauern beschränkt, die nicht auf die Arbeitskraft ihrer Kinder angewiesen waren. Eine andere Strategie bestand in der Intensivierung der landwirtschaftlichen Produktion, unter anderem durch den Anbau von Mais und Reis, soweit es das hügelige Gebiet zuließ.

Doch all diese Bemühungen reichten nicht aus, und gegen Ende des 18. Jh. konnte der Bodenknappheit nur noch mit einer Vergrößerung des Wohngebietes abgeholfen werden. Dazu bot sich das dünn besiedelte Nyanga-Plateau an, wo jedoch schlechte Böden, das abschüssige Gelände und starke Regenfälle den Ackerbau erschwerten. Trotzdem gelang es den Manyika, ihre Ernährung sicherzustellen und sogar einen Überschuß für den Tauschhandel zu erwirtschaften.

Kein anderer Stamm der Region hat so viel Energie in die Entwicklung verbesserter Anbaumethoden gesteckt. Die Manyika terrassierten Hänge und befestigten sie mit Steinmauern. Das Terrassensystem erstreckte sich über mehr als 100 km von Norden nach Süden. Es ist nicht als Indiz für eine dichte Besiedlung zu deuten, sondern vielmehr Zeichen einer wohlüberlegten landwirtschaftlichen Planung. Die Manyika bestellten ihr Land nach einem Rotationssystem: Während auf einem Feld geerntet wurde, befestigten die Bauern das Nachbargelände mit Steinwällen, um es für die Bestellung vorzubereiten. Ferner entwickelten sie ein Be- und Entwässerungssystem, bestehend aus Kanälen und Furchen, und erreichten dadurch eine optimale Nutzung des Terrains.

Die Ruinen von Nyanga

Die Bewohner des Nyanga-Plateaus schützten ihre Hüttensiedlungen durch Steinwälle vor den Angriffen benachbarter Stämme. Diese Anlagen bildeten eine Kette befestigter Forts, die in Sichtweite auf Hügeln errichtet wurden und die Verständigung der Bewohner mittels eines wohldurchdachten Signalsystems ermöglichten, unter anderem durch Kudu-Hörner. Die Ruinen erinnern an andere präkoloniale Steinbauten in Zimbabwe, etwa an Great Zimbabwe (s. S. 277 ff.), doch lebte in Nyanga nicht nur die Führungsschicht in den Forts, sondern auch die

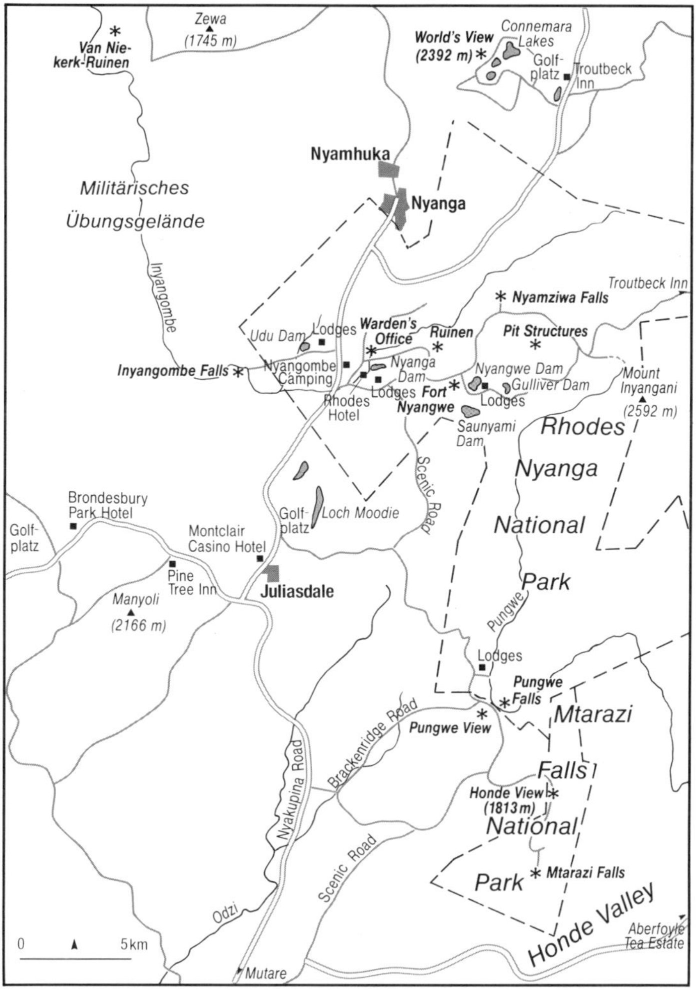

Nyanga National Park und Umgebung

Grubenbauten der Manyika im Nyanga National Park

Bevölkerung, und es handelt sich hier um Verteidigungsanlagen, nicht um Repräsentationsbauten.

Die Ruinen des **Fort Nyangwe** sind das bekannteste Zeugnis dieser Kultur. Sie liegen 5 km östlich des Rhodes Nyanga Hotels und sind über die Straße zum Mount Inyangani zu erreichen. Das Fort steht auf einem Hügel, von dem sich die Aussicht auf den Mount Inyangani und den Nyangwe Dam (auch: Mare Dam) genießen läßt. Das Mauerwerk ist teilweise gut erhalten. Die sechs größeren Innenhöfe haben eine Gesamtfläche von knapp 2000 m² und sind mit Aloen bewachsen. Am Parkplatz steht eine Tafel mit Kurzbeschreibung und Grundrißskizze.

Die interessanten **Van Niekerk-Ruinen** befinden sich auf einem militärischen Übungsgelände; ihre Besichtigung sollte daher nur nach Absprache mit den lokalen Behörden erfolgen. Der Archäologe Randall-McIver untersuchte die Ruinen 1905 und benannte sie nach dem Siedler, der ihn hingeführt hatte. Sie bestehen aus mindestens 15 Einzelruinen, die allerdings nur teilweise zugänglich sind.

In der Nähe des Rhodes Nyanga Hotels liegt ein Ruinenfeld mit sogenannten **pits,** deren Mauern stark unter vandalierenden Besuchern gelitten haben. Charakteristisch sind die runden ummauerten Ausschachtungen, die einen Durchmesser von 2–8 m aufweisen. Der Afrika-Forscher Leo Frobenius schrieb 1931: »Diese ›pits‹ sind künstlich hergestellte Gruben, die stets in die Böschung abfallender Hügelvorsprünge hineingearbeitet sind, und zwar in der Weise, daß eine Schichtlinie durch eine im weiten Bogen vorgeschuhte Kunstmauer ausgebuchtet und ergänzt ist. Diese Mauer repräsentiert ein bedeutendes Werkstück, denn ich habe Stärken bis zu neun Metern gemessen. Indem nun in der Mitte der Vorlagerung auch noch der Boden ausgehoben wird, entsteht ein rundes bis ovales Kellergemach von vier bis acht Metern Durchmesser.« Welche Funktion die Gruben besaßen, ist umstritten: Man deutete sie als *Slave pits* (Sklavengruben), als Fluchtstätte für Frauen und Kinder, als Kornspeicher, als Plätze zum Goldwaschen und als Viehställe. Während der Kolonialzeit nahm man einen semitischen oder arabischen Ursprung an und interpretierte die *pits* sogar als symbolische Darstellung des Bauches der phönizischen Fruchtbarkeitsgöttin Astarte. Den tatsächlichen Baumeistern, den Bantu, wollte man diese mit Mauern ausgekleideten Vertiefungen wohl nicht zurechnen.

Am glaubhaftesten ist die These, es habe sich um Viehställe gehandelt. Die Wände bestehen aus sorgfältig aufgeschichtetem Gestein, und auch der Boden ist mit Steinen ausgelegt, aber es fehlt jeglicher Hinweis auf eine Abdeckung der Gruben. Insofern können sie kaum als Schutzräume, Sklavengruben oder Kornspeicher benutzt worden sein. Der Zugang erfolgte durch niedrige, mit flachen Platten überdachte Tunnel, die so angelegt sind, daß Regenwasser zum Reinigen hineingespült werden konnte.

Die Befestigungsanlage insgesamt hat eine Vielzahl von Deutungen herausgefordert. Die ersten europäischen Entdecker, die Deutschen Dr. Heinrich Schlichter (1897) und Dr. Carl Peters (1900), glaubten an einen semitischen Ursprung. Der Kurator von Great Zimbabwe, R. N. Hall, behauptete um 1900, Araber hätten die *pit structures* um das 11. und 12. Jh. gebaut. Der Archäologe Dr. Randall-MacIver, der die Entstehungsgeschichte der Ruinen im Auftrag der Verwaltung der British South Africa Company untersuchte, schrieb sie als erster Forscher den Bantu-Stämmen zu, die zwischen dem 13. und 17. Jh. in diesem Gebiet gelebt hatten. Peter Garlake kam später zu ähnlichen Ergebnissen, die heute allgemein anerkannt sind.

Nyanga National Park

Der 33 000 ha große, zwischen 2000 und 2300 m hoch gelegene Nyanga-Nationalpark befindet sich 275 km von Harare (via Rusape) und 99 km von Mutare entfernt. Auch außerhalb der Regenzeit ist es hier recht frisch. Daher sollten Besucher warme Kleidung und einen Regenschutz mitbringen. Geologisch bestehen die zerklüfteten Felsformationen aus Granit und Dolerit (Farbabb. 11).

Vom Park aus läßt sich Zimbabwes höchster Berg, der 2592 m hohe **Mount Inyangani,** besteigen. Diese im Prinzip leichte Bergtour wird bei Nebel gefährlich und sollte daher nur bei klarem Wetter unternommen werden. Erzählungen berichten von Menschen, die nicht vom Inyangani zurückkehrten, und auch in der Presse erscheinen immer wieder Artikel über spurlos verschwundene Wanderer.

Bei klarem Wetter ist der Aufstieg auf den Berg auch für Untrainierte problemlos zu bewältigen. Ein gut ausgetretener, markierter Weg führt in etwa einer Stunde auf den Rücken des

Die Wassernixe Njuzu

In manchen Bächen und Flüssen des Landes sind Wassernixen zu Hause, so auch in dem Bach, der den Inyangani herunterfließt und dessen Plätschern schon am Fuße des Berges zu hören ist. Eine Sage der Shona erzählt von der Wassernixe Njuzu, die ab und zu junge Menschen zu sich ruft. Sie verschwinden aus dem irdischen Leben und leisten Njuzu fortan im Wasser Gesellschaft. Die Familie des Verschwundenen darf darüber nicht trauern, weil Njuzu dann den Menschen töten würde, den sie zu sich geholt hat. Vielmehr gehen die Angehörigen zu einem Heiler, der ihnen den Rat gibt, der Wassernixe nach einer Weile einen schwarzen Ochsen zu opfern. An einem frühen Morgen gehen sie mit dem Heiler und einem Ochsen zum Bach. Sie feiern eine Zeremonie, trinken Bier und tanzen, bis das verschwundene Familienmitglied aus dem Wasser steigt, um am Freudenfest teilzunehmen, zur Trommelmusik seiner Verwandten zu tanzen und in den Kreis seiner Familie zurückzukehren.

Bergmassivs. Nach einer weiteren Stunde durch Hochlandheide erreicht man den Gipfel, wo Wanderer mit einer guten Rundsicht belohnt werden.

Außer dem höchsten Berg befindet sich in den Eastern Highlands auch der höchste Wasserfall des Landes und der zweithöchste Afrikas: Das Wasser der **Mtarazi Falls** stürzt 726 m tief über zwei Stufen in das Tal des Honde River. Die Mtarazi Falls finden sich im Mtarazi National Park, der an den Nyanga National Park grenzt.

Weiter nördlich liegen die 240 m hohen **Pungwe Falls.** Vom Aussichtspunkt **Pungwe View** überblickt man eine 10 km lange Schlucht. Als Cecil Rhodes diese Gegend 1896 zum erstenmal sah, war er derart beeindruckt, daß er seinem Handelsbeauftragten in Rhodesien folgende Anweisung schickte: »Lieber McDonald, Inyanga ist sehr viel schöner, als Sie mir beschrieben haben. Ein Gutteil des Farmlandes ist bereits an Siedler vergeben. Bevor alles verteilt ist, kaufen Sie mir 40 000 ha, auf jeden Fall mit den Pungwe-Wasserfällen. Ich würde gerne Schafzucht und Apfelplantagen versuchen. Sagen Sie nicht, daß Sie den Kauf für mich tätigen. Mit freundlichen Grüßen, Ihr C. J. Rhodes.«

Ebenfalls eindrucksvoll sind die **Inyangombe Falls** und die **Nyamziwa Falls**. An heißen Tagen ist es ein himmlisches Vergnügen, sich in den Wasserbecken zu erfrischen. Baden ist hier überall möglich, denn in dieser Höhe gibt es weder Krokodile noch die Erreger der Bilharziose. Lohnend ist auch eine Erkundung der Flußläufe. Während der Trockenzeit eignet sich dazu insbesondere das südliche Flußufer unweit der Inyangombe Falls. Nach der Flußüberquerung führt der Weg durch dichtes, dorniges Gebüsch. Die Kratzer, die man bei einer derartigen Wanderung abbekommen kann, sind an den lauschigen Uferplätzen mit glasklarem Wasser, wo nichts außer den Vogelstimmen des afrikanischen Busches zu hören ist, recht schnell vergessen.

Nyanga ist für seine Forellen berühmt, die landesweit in den besseren Restaurants angeboten werden. Die vielen kleinen und größeren Seen gehören zu den Anglerparadiesen des Landes. Allerdings muß man das Angeln mit der Fliege beherrschen, denn Hakenangeln ist nicht gestattet. Private und öffentliche Fischteiche werden von den Forellenzüchtereien immer wieder aufgestockt und durch Hotelbetriebe oder die Nationalparkverwaltung gehegt.

Auch Golfer kommen im Nyanga-Gebiet auf den drei ausgezeichneten **Golfplätzen** mit jeweils neun Löchern auf ihre Kosten. Sie liegen beim Brondesbury Park Hotel, beim Montclair Casino Hotel und beim Troutbeck Inn Hotel. An Wochenenden und während der Schulferien suchen einheimische Golfenthusiasten diese Hotels gern auf. Regelmäßig werden Turniere veranstaltet (Informationen in den genannten Hotels).

Tennisplätze und Swimmingpools stehen in den drei genannten Hotels sowie im Nyanga National Park zur Verfügung. Die Gegend kann auch zu Pferd erkundet werden, denn das Brondesbury Park Hotel, das Troutbeck Inn Hotel und die Nationalparkverwaltung bieten Ausritte an, auch für ungeübte Reiter. Von einem Morgenritt durch die Wälder wird jeder begeistert zurückkehren.

Vumba

Vumba, 1500 bis 1900 m hoch gelegen, gehört zu den großen landschaftlichen Attraktionen von Zimbabwe. Den Reiz der Zone macht die Kombination von tropischem Regenwald, einem prachtvollen botanischen Garten, schönen Bergstraßen, charmanten Hotels und einem angenehmen gemäßigt-feuchten Klima aus. Die aufsteigenden Nebel, die morgens die Berge einhüllen und sie in eine geheimnisvolle Märchenlandschaft verwandeln, haben der Gegend ihren Namen verliehen: ›Vumba‹ bedeutet ›Nebel‹.

Nur wenige Kilometer südöstlich von Mutare gelegen, kann Vumba Ziel eines Tagesausflugs sein. Doch ist die Gegend so schön, daß sich ein mehrtägiger Besuch empfiehlt. An der landschaftlich reizvollen, kurvenreichen Strecke durch die Vumba Mountains sind mehrere Aussichtspunkte gekennzeichnet. Ein erster Blick über das Vumba-Gebiet und auf das benachbarte Moçambique bietet sich 6 km hinter Mutare (Ausfahrt Herbert Chitepo Street, Abzweigung Vumba/Beira) vom Aussichtspunkt **Prince of Wales View.** 1 km weiter ist am Straßenrand eine Gebietskarte mit genauen Wegbeschreibungen und Entfernungsangaben aufgestellt.

Die **Scenic Road** (Rundstraße) durch Vumba (70 km/2–3 Std.) führt durch das Burma Valley auf den um 1900 m hohen Bergzug. Von dort geht es weiter in ein rund 1000 m hoch gelegenes Tal. Wegen des frostfreien Klimas werden hier ganzjährig Kaffee, Baumwolle, Bananen und andere tropische Früchte geerntet. Aus dem Burma Valley führt die Straße durch das Zimunya *communal land* zurück zur Zufahrtsstraße nach Mutare.

Vumba ist für seinen **botanischen Garten** bekannt, einen 30 ha großen Park. Er wurde in den frühen 30er Jahren von der Familie Taylor angelegt, die hier die Farm Manchester bewirtschaf-

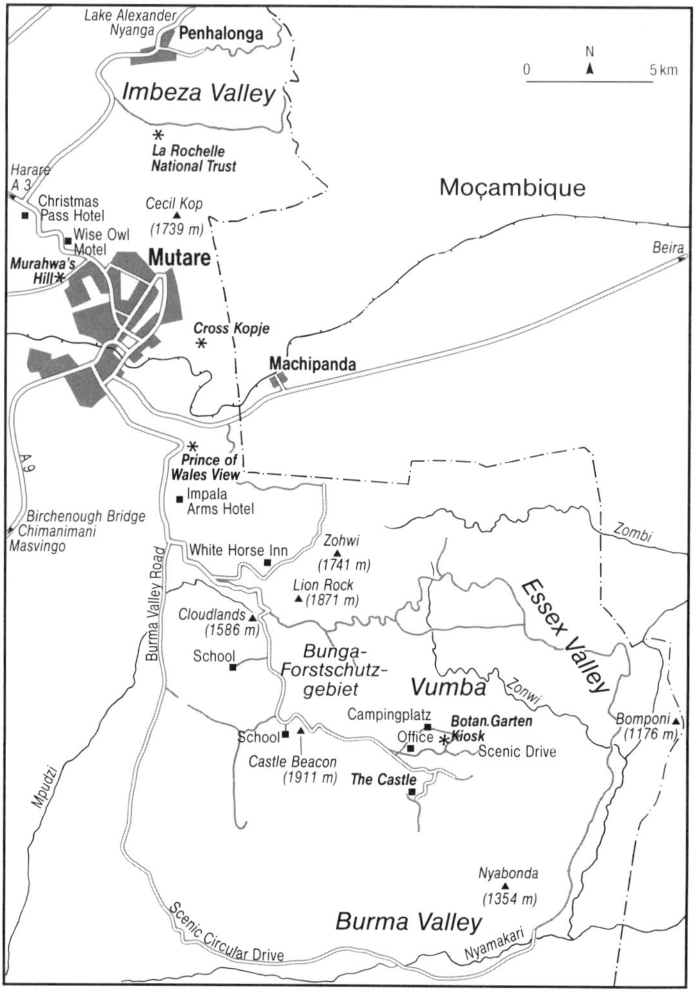

Vumba

tete; 1957 verkaufte die Familie das Areal an den Staat, der es zu einem botanischen Garten mit vielen einheimischen Bergpflanzen, aber auch aus anderen tropischen Ländern importierter Flora verwandelte. Bäche speisen einen kleinen Stausee, auf dem Wasserlilien wachsen. Unter meterhohen Baumfarnen führt ein Pfad an Proteazeen, Azaleen und Hydrangeas vorbei, und Begonien, Lilien, Aloen, Fuchsien und viele andere Spezies beeindrucken durch Farbe und Duft. Der zimbabwische Frühling (September bis November) und Herbst (März bis Mai) sind die besten Jahreszeiten, um das Blütenparadies zu erleben. In einem schön gelegenen **Teehaus** mitten im botanischen Garten werden Imbisse und Getränke angeboten.

Chimanimani Mountains

Die Chimanimani Mountains (Farbabb. 20) sind der südlichste Ausläufer des östlichen Hochlandes. Die blaugrauen, schroffen Berge stehen in deutlichem Kontrast zum gleichmäßigen Grün der Nutzwälder im Tal. Auf dem Hochplateau des Nationalparks können sich Wanderer an rauschenden Wasserfällen, glasklaren Flußbecken und einer seltenen Bergflora erfreuen.

Chimanimani ist gleichzeitig der Name eines Distrikts, eines Dorfes, einer Bergkette und eines Nationalparks. Die Berge heißen in der Landessprache eigentlich *mawenje,* was ›steil‹ oder ›Abhang‹ bedeutet. Chimanimani heißt soviel wie ›in einer Reihe gehen‹ und bezieht sich auf das Bergjoch, das der Bevölkerung jahrhundertelang als Verbindungsweg nach Moçambique diente. Die Siedler übertrugen den Namen auf die gesamte Region.

Chimanimani

Der in 1483 m Höhe gelegene Ort Chimanimani befindet sich 150 km südlich von Mutare am Ende der Nationalstraße. Bis vor wenigen Jahren hieß das kleine Dorf nach der englischen Heimat von Dunbar Moodie, der 1892 einen Treck aus Südafrika in die Gegend geführt hatte, Melsetter. Es besteht im Grunde aus der anglikanischen Kirche St. George, einer Tankstelle,

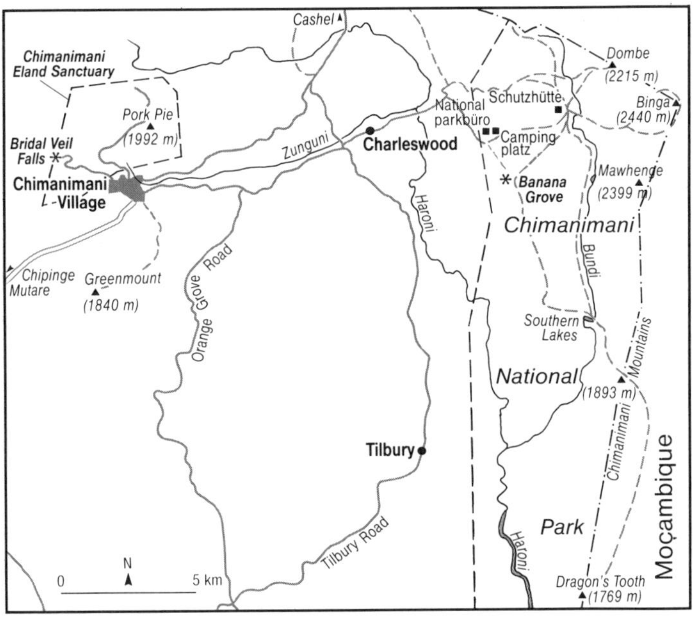

Chimanimani

Landschaft in den Chimanimani Mountains

einigen Läden nahe der Bushaltestelle und einem alten, schön gelegenen Hotel. In der Zeit des Befreiungskampfes verließen viele Farmer die unsicher gewordene Gegend. Die Verbliebenen betreiben heute Viehzucht und bauen Gemüse, Obst und Kaffee an. Wirtschaftlicher Schwerpunkt ist jedoch die Holzindustrie.

Das **Eland Sanctuary** liegt in unmittelbarer Nähe der Ortschaft. Dieser Tierpark wurde eingerichtet, um den Lebensraum der Elenantilopen zu schützen. Im Dickicht sind sie nicht leicht zu finden, aber der Ausflug lohnt schon wegen der hervorragenden Fernsicht. Zum Gelände gehören der Wasserfall **Bridal Veil,** neben dem ein Campingplatz geschaffen wurde, und die **Pork Pie** oder Nyanzure-Berge, deren 1992 m hoher Gipfel von der Schotterstraße aus in einer halben Stunde bestiegen werden kann.

Chimanimani National Park

Dieser Nationalpark gehört zu den schönsten Wandergebieten des südlichen Afrika. Eine rauhe Bergkette, deren höchste Erhebung der 2440 m hohe Binga ist, bildet die Grenze zu Moçambique. Der Bundi River durchfließt das Hochplateau von Norden nach Süden, wo er in den Haroni mündet. Der Bundi entspringt in einem weiten, rundum von Bergen umgebenen Kessel an der Nordgrenze des Parks und schwillt bald zu einem wasserreichen Gebirgsbach an. Rauschende Wasserfälle und ruhige Abschnitte, teils mit kleinen Seen, in denen ohne Bedenken geschwommen werden kann, bestimmen das abwechslungsreiche Bild des Flußlaufs. Mit etwas Glück begegnet der Wanderer einer Herde grasender Elen- und Rappenantilopen oder einem scheuen Blauducker; Murmeltiere und Schliefer können zwischen den Felsen beobachtet werden. Die Vegetation wirkt auf den ersten Blick karg, zeigt jedoch eine interessante Artenvielfalt. Im Nordteil wachsen Bergakazien, Baumfarne, Orchideen, Proteazeen und Aloen, während sich im entlegenen, nur wenig besuchten Südteil rund um die Haroni-Schlucht immergrüne Bergwälder erhalten haben. Auf den quarzhaltigen Böden gedeihen in Verbindung mit dem rauhen Klima Aloen und einige Proteas-Arten, die ausschließlich in dieser Gegend vorkommen.

Ein Campingplatz befindet sich beim Nationalparkbüro Mutekeswange am Fuß des Bergmassivs, 17 km von der Ortschaft Chimanimani entfernt. Wanderern steht außerdem eine Schutzhütte auf dem Hochplateau im Quellgebiet des Bundi zur Verfügung (Gemeinschaftsschlafraum), und im Park selbst gewähren Felsvorsprünge und etliche Höhlen Unterschlupf. Wege sind nicht markiert, aber im nördlichen Teil des Parks deutlich zu erkennen, so daß man sich mit Hilfe einer Karte zurechtfindet. Vor Beginn der Tour ist beim Nationalparkbüro eine Eintrittsgebühr zu entrichten; die Route sowie voraussichtliche Dauer der Wanderung sind bekanntzugeben. Es empfiehlt sich, den Parkwächter nach der aktuellen Situation entlang der moçambiquanischen Grenze zu befragen. Der Aufstieg führt über den Bailley's Folly, der am Campingplatz beginnt. Nach knapp 2 Std. erreicht man den Kamm des Bergrückens, der den Park an der Westseite begrenzt. Dann geht es leicht bergab, und in einer weiteren halben Stunde gelangt man zur Schutzhütte, von wo sich ein weiter Ausblick über den Bergkessel bietet. Wer in der Hütte übernachten möchte, sollte eine entsprechende Ausrüstung dabeihaben, da sie nicht eingerichtet ist.

Bridal Veil-Fälle in Chimanimani

Von hier lassen sich Tagestouren im nördlichen Teil des Parks unternehmen, wobei sich Wanderungen auf dem Hochplateau mit der Besteigung der umliegenden Gipfel verbinden lassen. Drei bis vier Gehstunden entlang des Bundi benötigt man bis zu den Southern Lakes südlich der Schutzhütte. Dort verlocken die umliegenden Berge und Schluchten zu weiteren Erkundungen. Ein bequemer und landschaftlich abwechslungsreicher Rückweg führt von den Southern Lakes über den Banana Grove in 4 Std. zum Basislager zurück.

Zur Ausrüstung für mehrtägige Wanderungen gehören in jedem Fall warme, regenfeste Kleidung als Schutz gegen Nässe und Kälteeinbrüche sowie ein Camping-Kocher, denn Lagerfeuer sind im Nationalpark verboten. Gutes Quellwasser ist hingegen zur Genüge vorhanden.

Chirinda Forest

Der Chirinda Forest (ca. 90 km südlich von Chimanimani), ein botanisches Schutzgebiet, ist einer der letzten immergrünen Bergwälder des Landes. Unter den Baumarten dominieren Riesenmahagoni (Khaya myasica und Lovoa swynnertonii).

Über **Chipinge,** eine kleine Farmerstadt inmitten der hügeligen Tee- und Kaffeeplantagen, erreicht man 30 km südlich die Missionsstation **Mount Silinda,** die unmittelbar an der Grenze zu Moçambique liegt. Kurz davor ist der **Big Tree Park** ausgeschildert, der an einem Parkplatz beginnt und zum höchsten Baum des Waldes führt, einem über 70 m hohen Mahagoni-Riesen (15 Min. Gehzeit). Sein Alter wird auf 1000 Jahre geschätzt, obwohl die Missionare gern erzählen, er habe hier schon zu Christi Zeiten gestanden. Vom Big Tree Path zweigt ein ebenfalls beschilderter Weg ins **Valley of the Giants** ab, wo man Samango-Affen in den hohen Baumkronen und an den Lianen turnen sehen kann. Gutes Schuhwerk ist zu empfehlen.

Hot Springs

Bei Kilometer 85 der A 9 von Mutare Richtung Birchenough Bridge befinden sich heiße Schwefelquellen, die nicht nur für Kurgäste ein Vergnügen sind, sondern für alle, die ein heißes Bad mit einem kühlen Drink genießen wollen. Im **Hot Spring Resort** sind zwar immer noch bauliche Erweiterungsarbeiten im Gang (1990), aber einige Ferienhäuser sind bereits fertiggestellt, das Schwimmbad wurde restauriert und der Campingplatz mit Sanitäreinrichtungen und Grillplätzen versehen. In einem kleinen Laden erhält man Proviant, und in der Cafeteria kann ein Imbiß eingenommen werden. An Wochenenden sind die Hot Springs bereits jetzt ein beliebter Ausflugsort. Wer in einem Ferienhaus übernachten möchte, sollte im voraus buchen (Bulawayo: ✆ 75270).

Abbildungs- und Quellennachweis

Farbabbildungen

Astrid und Marcus Cornaro, Kampala (Uganda): Umschlagvorderseite, Umschlaginnenklappe, Umschlagrückseite, 2, 6, 7, 8, 10, 11, 13, 14, 15, 16, 17, 19, 22, 23, 25, 26, 27, 28, 29
Lilli Donauberger: 18
Werner Gartung, Nürnberg: 20
Ralf Orange, Köln: 21
Georgia Rakelmann, Gießen: 24
Gernot Rücker, Aarbergen: 1
Leonhard Thun: 5
Sönke Wandschneider, Hamburg: 3, 4, 9, 12

Schwarzweiß-Abbildungen

Astrid und Marcus Cornaro, Kampala (Uganda): 22, 23, 24, 25, 26, 27, 28, 29, 30, 38, 49, 50, 51, 52
Katharina Cornaro: 31, 33, 34
Howard Miné: 51, 52
National Archives, Harare (Zimbabwe): 1–19, 41, 46, 47, 48
Ralf Orange, Köln: 19, 20, 21, 32, 35, 36, 37, 39, 40, 42, 53, 54, 55, 56, 57, 58, 59
C. Zessner-Spitzenberg: 44, 45

Abbildungen im Text

E. T. Brown, Mutare (Zimbabwe): S. 58, 61, 146, 147, 148
Astrid und Marcus Cornaro, Kampala (Uganda): S. 16, 40, 62, 91 (unten), 149 (2), 152, 153 (2), 155, 197, 199, 206, 224, 226, 250, 273, 274, 290, 298
Katharina Cornaro: S. 86
National Archives, Harare (Zimbabwe): S. 44, 93, 98, 99, 100 (3), 101, 102, 103, 106, 111, 133, 135, 137, 139, 143, 145, 156, 186, 187, 220, 280, 287
Ralf Orange, Köln: Frontispiz, S. 11, 21, 31, 35, 38, 40, 49, 83, 91 (oben), 188, 193, 195, 200, 213, 217, 219, 257, 260, 263, 271, 278, 302, 308, 309
Bruce Paton, Ottawa (Kanada): S. 205
Georgia Rakelmann, Gießen: S. 210
Süddeutscher Verlag, Bilderdienst, München: S. 33, 55, 131, 214, 228f.
Ullstein Bilderdienst, Berlin: S. 158
C. Zessner-Spitzenberg: S. 191

Karten, Pläne und Zeichnungen: DuMont Buchverlag, Köln, sowie Christian Hesse, Köln

Literaturhinweise

Banana, Canaan S. (Hrsg.): Turmoil and Tenacity, Zimbabwe 1890–1990. Harare 1989

Beach, David: Shona and Zimbabwe 900–1850. Gweru 1984

Bourdillon, M. F. C.: The Shona People. Gweru 1987

Frederiksen, Julie: Non but Ourselves. Masses versus Media in the Making of Zimbabwe. Harare 1982

Garlake, S. Peter: Simbabwe. Goldland der Bibel oder Symbol afrikanischer Freiheit? Bergisch Gladbach 1975

Garlake, S. Peter: The Painted Caves. An Introduction to the Prehistoric Art of Zimbabwe. Harare 1987

Mudenge, S. I. G.: A Political History of Munhumutapa 1400–1902. Harare 1988

Phimister, Ian: An Economic and Social History of Zimbabwe, 1890–1948, Capital Accumulation and Class Struggle. London 1988

Pleticha, Heinrich: Simbabwe. Entdeckungsreise in die Vergangenheit. Stuttgart 1985

Pleticha, Heinrich (Hrsg.): David Livingstone. Zum Sambesi und quer durchs südliche Afrika. 1849–1856. Stuttgart 1985

Ranger, T. O.: Peasant Consciousness and Guerilla in Zimbabwe. Harare 1985

Reichert, Christoph: Das neue Zimbabwe. Gesellschaft im Übergang. Bonn 1984

Sauerwein, Astrid: Mission und Kolonialismus in Zimbabwe 1840–1940. Kollisionen, Konflikte und Kooperationen. Gießen 1990

Sommerlatte, Herbert W. A.: Gold und Ruinen in Zimbabwe. Aus den Tagebüchern und Briefen des Schwaben Karl Mauch (1837–1875). Gütersloh 1987

Weiß, Ruth: Die Frauen in Zimbabwe. München 1983

Belletristik

Atkinson, Norman: The Broken Promise and Other Traditional Fables from Zimbabwe. Harare 1989

Chinodya, Shimmer: Harvest of Thorns. Harare 1989

Dangarembga, Tsitsi: Nervous Conditions. Harare 1988

Hove, Chenjerai: Bones. Harare 1988

Lessing, Doris: Afrikanische Tragödie. Frankfurt 1980

Dies.: Martha Quest. Frankfurt 1981

Dies.: Eine richtige Ehe. Stuttgart 1982

Dies.: Sturmzeichen. Stuttgart 1982

Marechera, Dambudzo: Die Haut der Zeit. Wuppertal 1989

Ders.: The Black Insider. Harare 1990

Ders.: Das Haus des Hungers. Frankfurt 1981

Mungoshi, Charles: Coming of the Dry Season. Harare 1981

Ders.: Waiting for the Rain. Harare 1983

Samkange, Stanlake: On Trial for my Country. London 1977

Staunton, Irene (Hrsg.): Mothers of the Revolution. Harare 1990

Wild, Flora: Patterns of Poetry in Zimbabwe. Gweru 1988

Zimunya, Musaemurai; Kadhani, Murderer: And Now the Poets Speak. Harare 1982

Reisevorbereitungen

Informationsstellen

In Deutschland gibt es mehrere Informationsstellen: Zimbabwe Tourist Office, Wiener Str. 40, 6000 Frankfurt a. M., ✆ 0 69/65 32 04; Büro der Air Zimbabwe, Steinweg 9, 6000 Frankfurt a. M. 1, ✆ 0 69/29 40 20; Zimbabwe Netzwerk e. V., Haussmannstr. 16, 7000 Stuttgart, ✆ 07 11/2 36 92 00; Informationsstelle Südliches Afrika e. V. Blücherstraße 14, 5300 Bonn, ✆ 02 28/21 32 88.

Diplomatische Vertretung: Botschaft Zimbabwes in Deutschland, Villichgasse 7, 5300 Bonn 2, ✆ 02 28/35 60 71. An diese Informationsstellen können sich auch Österreicher und Schweizer wenden.

Reisezeit

Wegen des angenehmen Klimas kann Zimbabwe ganzjährig bereist werden. Die trockenheißen Monate September und Oktober bieten wegen der spärlichen Vegetation und der Konzentration der Wildtiere um die Wasserstellen die besten Voraussetzungen zur Wildbeobachtung. Klimatisch besonders angenehm ist die Zeit von Ende April bis Anfang Juni. Im östlichen Hochland ist ganzjährig mit kaltem Regenwetter zu rechnen. Bei Reisen während der Schulferien sowie an Feiertagen (s. S. 346) sollten Übernachtungen unbedingt langfristig vorgebucht werden. Insbesondere Nationalparks, Reiseziele rund um Kariba und in den Eastern Highlands sind frühzeitig ausgebucht.

Gesundheitsvorsorge

Eine Reise nach Zimbabwe ist nicht mit besonderen gesundheitlichen Risiken verbunden. Im Falle einer Erkrankung kann auf ein gutes städtisches Netz privater Ärzte und Kliniken zurückgegriffen werden. Bei Anreise aus Europa werden keine Impfungen verlangt. Dennoch empfiehlt sich eine Auffrischung der Polio- und Tetanus-Schutzimpfung. Eine Gamma-Globulin-Impfung bietet durch die Stärkung des Immunsystems einen zusätzlichen Schutz gegen Infektionen und wird daher vielfach gegen Hepatitis A empfohlen. Eine solche Impfung ist jedoch nur bei Reisen in ländliche Gebiete angezeigt.

Zur Prophylaxe gegen Malaria ist bei Reisen ins Zambezi-Tal generell und bei Aufenthalten in mittleren Höhenlagen während der Regenzeit (November bis April) anzuraten, während sie bei Reisezielen auf dem Hochplateau (über 1200 Meter) nicht unbedingt erforderlich ist. Als Prophylaxe werden das in Zimbabwe erhältliche und sofort wirksame Deltaprim und Daraprim empfohlen; Lariam, Resochin und Fansidar werden von Ärzten in Zimbabwe nur zur Therapie und nicht zur Prophylaxe verschrieben, um die Bildung von Resistenzen gegen diese Medikamente nicht zu fördern. Die Ansteckungsgefahr läßt sich durch die konsequente abendliche Anwendung einer Moskitoschutzlotion (Autan) und durch das Schlafen unter einem Moskitonetz erheblich reduzieren.

Die (Darm-)Bilharziose (lat.: Schistosoma mansoni) wird durch infizierte Saugwürmer übertragen, die in allen Gewässern außerhalb des östlichen Hochlandes, insbesondere in stehenden Gewässern nahe besiedelter Gebiete, vorhanden sind. Die Krankheit ruft eine mit Blutungen einhergehende Darmentzündung hervor, die bei zeitgerechter Diagnose medikamentös geheilt werden kann. Eine Prophylaxe gibt es nicht. Vom Baden ist daher allgemein abzuraten. Wer sich aus zwingenden oder unvorhersehbaren Gründen in solchen Gewässern aufgehalten hat, sollte sich sofort abtrocknen.

Zum Thema Aids: In Zimbabwe werden sämtliche Blutkonserven systematisch auf HIV überprüft. Die Mitnahme von Einwegspritzen ist lediglich bei einem Aufenthalt in ländlichen Gebieten angebracht. Eine Ansteckung in der Klinik kann so gut wie ausgeschlossen werden. Hingegen ist die Ansteckungsgefahr bei ungeschütztem Geschlechtsverkehr groß.

Eine besondere Nachsorge ist nach einem Aufenthalt in Zimbabwe nicht nötig. Bei auffälligen Krankheitserscheinungen (unspezifisches, hohes Fieber, Blut in Harn oder Kot) sollte man den Arzt auf die vorangegangene Zimbabwe-Reise hinweisen.

Reisegepäck

Fast alle Artikel des täglichen Bedarfs sind erhältlich; es kann daher sparsam gepackt werden. Nachstehend einige Ratschläge: In gehobenen Restaurants und Hotels wird abends auf formelle Kleidung (Jackett und Krawatte für Herren, Rock/Kleid für Damen) Wert gelegt; gutes Schuhwerk und ein Sonnenhut sind für den Genuß einer Safari ausschlaggebend. Als Safarikleidung sind leichte Baumwollgewebe in dezenten Farben zu empfehlen (kein Weiß, da bei Tierbeobachtung zu auffällig!). In den Monaten Juni bis August ist für die kühlen Abende und kalten Nächte ein warmer Pullover, in den Monaten November bis April ein guter Regenschutz erforderlich.

Artikel des persönlichen Bedarfs, wie spezielle Medikamente, Mückenschutz, Kosmetika, Haarspray, Rasierklingen, Sonnenschutz und Wegwerfwindeln, sind aus Europa mitzubringen, desgleichen Stromadapter (dreipolig, englisches System), ein Fernglas, Filme, Batterien, eine Taschenlampe und Sportausrüstungen.

Reisekasse

Reiseschecks und Bargeld (englische Pfund, US$, DM) werden in allen städtischen Banken und Hotels gewechselt. Die Barabhebung mit Euroschecks und Kreditkarten, jeweils bis zu 400 DM, ist nur in manchen Bankzentralen möglich und mit längerer Wartezeit verbunden. Kreditkarten werden von größeren Hotels, in vielen Reisebüros und von Autovermietern als Zahlungsmittel akzeptiert, nicht jedoch in Restaurants und an Tankstellen. Verbreitet sind Visa, Diners, Eurocard/ Mastercard und American Express.

Reisen mit Kindern

In den meisten Hotels gibt es für Kinder bis zu zwölf Jahren 50% Ermäßigung auf den Übernachtungspreis. Für Kinder zwischen sieben und 14 Jahren bieten einige Safariunternehmen spezielle einwöchige Ferienlager an, wo unter Anleitung und Betreuung Abenteuer und Wildniserfahrung geboten werden (Camp-Sprache ist Englisch). Bei den meisten Safaris jedoch sind Jugendliche erst ab 15 Jahren zugelassen.

Kinderferienlager: Kuvhima Safaris (bei Chiredzi), Buchung bei Rob und Gail Williamson, 7, Cinnamon Close, Chisipite, Harare, ✆ 4 48 39; Geoff Cox Adventure Centre (Eastern Highlands), Buchung: 5 Browning Drive, Strathaven, Harare, ✆ 3 56 92.

Ein- und Ausreisebestimmungen

Das Visum erhalten deutsche, österreichische und Schweizer Staatsbürger für einen Aufenthalt von bis zu 90 Tagen bei der Einreise, sofern sie einen mindestens noch sechs Monate gültigen Reisepaß und ein Rückflugticket vorweisen können. Das Visum ist seit 1991 kostenpflichtig (5 US$, bei mehrfacher Ein- und Ausreise 10 US$). Einreisende ohne Rückflugticket müssen ausreichende Zahlungsmittel (Reiseschecks, Bargeld, Kreditkarte) nachweisen. Ein Impfpaß ist nur bei der Einreise aus Ländern erforderlich, in denen Gelbfieber oder Cholera verbreitet sind.

Bei der Ausreise ist eine Flughafengebühr von 10 US$ zu entrichten. Entsprechende Stempelmarken erhält man auch im Vorverkauf bei Banken.

Bei der Ein- und Ausfuhr von Alkoholika, Tabakwaren und Artikeln des persönlichen Bedarfs gelten die international üblichen zollfreien Grenzen. Es empfiehlt sich, High-Tech-Geräte bei der Einfuhr zu deklarieren, um sich bei der Ausreise Rückfragen zu ersparen. Schußwaffen bedürfen einer Einfuhrgenehmigung, die das Zollamt am Flughafen für eine befristete Zeit ausstellt.

Devisen können ohne Beschränkung eingeführt werden, sofern man sie bei der Einreise deklariert (Customs Exchange Control, grünes Formular). Die Ausfuhr ist bis zur Höhe des deklarierten Einfuhrbetrages erlaubt; die Einfuhrerklärung muß bei der Ausreise vorgezeigt werden. An Landeswährung dürfen max. 40 Z$ ausgeführt werden (1991).

Anreise

Direkt von Frankfurt nach Harare fliegen Lufthansa, Air Zimbabwe und British Airways. Die Swiss Air plant, Zimbabwe ab 1992 anzufliegen. Die Flüge der TAP (via Lissabon), der Ethiopian Airways (via London/Adis Abeba), der Ghana Airways (via London/Accra), der Balkan Airways (via Sofia/Malta/Lagos) und der Zambia Airways (via Rom/Lusaka) werden oft zu einem Billigtarif angeboten.

Zwischen Harare und den Hauptstädten des südlichen und östlichen Afrika bestehen gute Flugverbindungen, so daß man auch über Botswana, Kenya, Malawi, Mauritius, Namibia oder Südafrika nach Zimbabwe reisen kann. Auf dem Landweg erreicht man Zimbabwe dann von Botswana über die Grenzposten Kazungula (Chobe National Park) und Plumtree (Francistown), von Südafrika über den Grenzort Breitbridge (Messina). Express Motorways bietet einen direkten Bus-Fernverkehr zwischen Johannesburg und Harare an. Von Namibia fährt man durch den Caprivi-

Zipfel nach Zambia (Sesheke, Livingstone) und weiter nach Victoria Falls. Von Lusaka, der Hauptstadt Zambias, existiert eine Straßenverbindung über den Grenzort Chirundu am Zambezi nach Harare. Die Straßen durch Moçambique sind derzeit noch aus Sicherheitsgründen nicht zu empfehlen. Die Grenzübergänge sind tägl. von 6–18, in Beitbridge bis 20 Uhr geöffnet.

Zwischen der Stadt Bulawayo, dem Eisenbahnknotenpunkt des Landes, und Südafrika bzw. Botswana (Gaborone/Francistown) sowie Zambia (Lusaka/Livingstone) bestehen regelmäßige Zugverbindungen.

Unterwegs in Zimbabwe

Für Touristen sind die zweckmäßigsten öffentlichen Verkehrsmittel Flugzeuge und Expreßbusse. Züge, in der 1. Klasse geringfügig billiger als Expreßbusse, sind verkehrssicher und bequem, jedoch langsam und unpünktlich. Die Fahrtzeit beträgt je nach Strecke das Doppelte bis Dreifache derjenigen, die Expreßbusse benötigen. Überlandbusse sollten nur diejenigen benutzen, die bereit sind, sich in überfüllte, pannenanfällige und wenig verkehrstaugliche Fahrzeuge zu setzen und genügend Zeit haben.

Generell empfiehlt sich das Flugzeug für die Reiseziele Kariba, Victoria Falls und Bulawayo. Expreßbusverbindungen bieten sich für Fahrten nach Mutare und Bulawayo an. Der Nachtzug zwischen Harare und Bulawayo und zwischen Bulawayo und Victoria Falls ist eine Alternative zu den tagsüber verkehrenden Expreßbussen.

Für Fahrten nach Masvingo und in das östliche Hochland ist ein PKW öffentlichen Verkehrsmitteln vorzuziehen, auch um vor Ort beweglich zu sein.

... mit dem Flugzeug

Regelmäßige Inlandflüge der Air Zimbabwe zwischen Harare und Bulawayo, Kariba, Victoria Falls (täglich), nach Gweru (täglich außer Sa), nach Masvingo (dreimal wöchentlich) und nach Buffalo Range (zweimal wöchentlich). Richtpreise (Stand Herbst 1991): Normaltarif Harare – Bulawayo – Harare 100 DM, Excursion Fare 70 DM; Harare – Victoria Falls – Harare 160 DM bzw. 125 DM. Auskunft und Buchung bei Air Zimbabwe (s. S. 322). Ein besonderes Angebot sind die Flame Lily Tours, auf die Air Zimbabwe bei gemeinsamer Buchung und Vorausbezahlung von Flug und Hotel etwa 20% Preisnachlaß gewährt. Es handelt sich um Flüge von Harare nach Victoria Falls und/oder Hwange, Kariba, Bulawayo, Masvingo mit Unterkunft in Hotels der Mittel- bis Luxusklasse. Ferner werden eintägige Ausflüge von Harare nach Victoria Falls in Verbindung mit einem organisierten Besuchsprogramm einschließlich der Mahlzeiten angeboten.

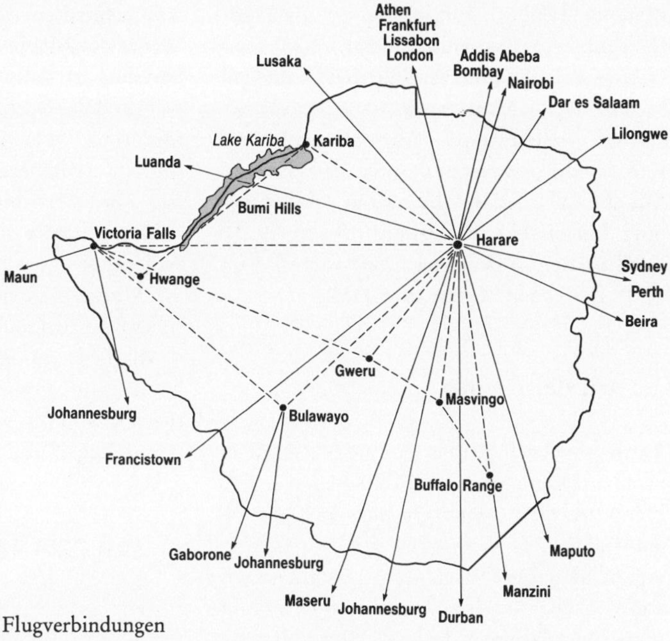

Nationale und internationale Flugverbindungen

Zimbabwe besitzt ein dichtes Netz an Landepisten für Kleinflugzeuge, von denen die bedeutendsten touristischen Ziele angeflogen werden. Außer verschiedenen Chartergesellschaften (s. Harare S. 322, Kariba S. 327 und Victoria Falls S. 332) setzen auch einige der Safariunternehmen eigene Kleinflugzeuge ein. Gängig sind Sechssitzer (Baron Aircraft, Aztec). 1991 kosteten exklusive Pauschalangebote (bei U.A.C., Baron Aircraft) für Flüge von Harare nach Victoria Falls 1300 DM.

... mit dem Zug

Tägliche Nachtzugverbindungen bestehen zwischen Harare und Mutare, Harare und Bulawayo, Bulawayo und Victoria Falls sowie zwischen Bulawayo und Chiredzi. Zwischen Harare und Bulawayo verkehrt auch ein Tageszug. Richtpreise (Stand 1991) für die Strecke Harare – Bulawayo: 15 DM in der 1. Klasse (4er-Abteile), 10 DM in der 2. Klasse (6er-Abteile), 5 DM in der 3. Klasse (Economy, ohne Abteile).

Bettwäsche für den Nachtzug muß am Bahnhof bestellt werden. Nostalgikern kann eine Dampflokreise von Bulawayo nach Victoria Falls nahegelegt werden (s. S. 333).

... mit dem Bus

Lokale Busse verkehren regelmäßig auf den Hauptverkehrsstrecken und unregelmäßig auf den meisten Nebenstraßen. Verspätungen wegen Pannen und vieler Zwischenstopps sind einzurechnen. Die Haltestellen sind meistens nur behelfsmäßig als *busstop* markiert. Expreßbusse: Expreßbusfahrten mit reservierten Plätzen und verläßlichem Fahrplan bieten: Ajay Motorways für die Strecke Harare – Bulawayo – Victoria Falls und Express Motorways für die Strecken Harare – Mutare und Harare – Bulawayo – Johannesburg (Südafrika). Richtpreise (Stand 1991): Die Fahrt von Harare nach Bulawayo kostet ca. 19 DM, nach Mutare ca. 9 DM.

... mit dem Auto

Zimbabwe verfügt über ein ausgezeichnetes Straßennetz mit genügend Tankstellen an den Hauptverkehrsstraßen. Die meisten Tankstellen sind abends ab 18 bzw. 20 Uhr geschlossen, in kleineren Ortschaften manchmal auch am Wochenende (ab Samstagmittag). Getankt wird Normalbenzin *(petrol)*, Normalbenzin mit 10%iger Ethanolbeimischung *(blend)*, oder Diesel *(diesel)*. Die Preise liegen geringfügig unter dem europäischen Niveau.

Es herrscht Linksverkehr mit Rechtsvorrang an Kreuzungen. Die Höchstgeschwindigkeit beträgt 60 km/h in Ortschaften und 100 km/h auf Überlandstraßen.

Mietwagenunternehmen gibt es in Harare, Kariba, Victoria Falls, Hwange, Bulawayo, Masvingo und Mutare. Die Preise für Mietwagen entsprechen in etwa den europäischen. Wegen des knappen Angebotes ist die Vorausbuchung zu empfehlen, für Feiertage und während der Schulferien ist sie unbedingt erforderlich. Wer keine Kreditkarte besitzt, muß in der Regel eine Kaution (umgerechnet 500–700 DM) hinterlegen.

Der normale Führerschein ist für einen Aufenthalt von bis zu 6 Monaten gültig; die Mitnahme eines internationalen Führerscheins ist dennoch zu empfehlen.

Mitglieder europäischer Autoclubs erhalten bei der zimbabwischen Automobile Association (s. S. 347) Vergünstigungen bei Autoanmietungen und Hotelbuchungen.

... mit dem Taxi

In allen größeren Städten und anderen Touristenzentren können Taxis gemietet werden, die meistens mit Taxametern ausgestattet sind. Sie stehen vor den Flughäfen, vor Hotels und vor mit Schildern ausgezeichneten Taxiständen. Fast immer handelt es sich um kleine, alte und für längere Überlandfahrten nicht unbedingt geeignete Autos. Die Preise sind moderat. Billiger sind die *emergency taxis* (Peugeot 404), die festgelegte Routen abfahren und in denen bis zu 10 Passagiere Platz haben.

Routenvorschläge

Eine Woche

Vorschlag A: Schwerpunkt Safari

1. Tag: Harare (Nationalgalerie, Chapungu Kraal), Domboshava
2. Tag: Flug nach Victoria Falls, Besichtigung der Fälle (auch von Zambia), *Flight of Angels,* abends Bootsfahrt auf dem Zambezi (Sunset Cruise)

3.–5. Tag: Besichtigung der Fälle und Weiterflug entweder nach Hwange (Unterkunft in den Makokolo, Sikumi Tree oder Sable Valley Lodges) oder Kariba (Kanusafari Kariba–Chirundu, Besuch von Fothergill oder Spurwing Island bzw. von Bumi Hills)

6. Tag: Rückflug nach Harare

Tage 2–6 können als *Flame Lily Tour* bei Air Zimbabwe gebucht werden.

Vorschlag B: Schwerpunkt Zimbabwe Ruins

1. Tag: Harare (Nationalmuseum, Chapungu Kraal), Domboshava/Epworth
2. Tag: Fahrt nach Masvingo über Serima Mission; Übernachtung im Great Zimbabwe Ruins Hotel oder in den Mutirikwe Lake Shore Lodges
3. Tag: Besichtigung der Ruinen; Seerundfahrt zum Mutirikwe-Nationalpark; Übernachtung im Nationalpark-Camp
4. Tag: Ausritt im Nationalpark, Rückfahrt nach Harare
5. Tag: Flug nach Victoria Falls; Besichtigung der Fälle, *Flight of Angels,* Radrundfahrt, Rückflug nach Harare (*Flame Lily Tour* von Air Zimbabwe)
6. Tag: Zusätzlicher Tag in Victoria Falls oder Tagesausflug von Harare aus nach Tengenenge, zum Great Dyke oder in die botanischen Gärten

Vorschlag C: Schwerpunkt Geschichte

1. Tag: Harare (Nationalarchiv, Chapungu Kraal), Domboshava
2. Tag: Flug nach Bulawayo (Nationalmuseum, Eisenbahnmuseum) und Fahrt zu den Kame Ruins; Übernachtung im Churchill Arms Hotel
3. Tag: Tagesausflug zu den Kame Ruins und Nalatale Ruins
4. Tag: Tagesausflug zum Matobo National Park (Felsmalereien, Grab von Cecil Rhodes); Nachtzug nach Victoria Falls
5. Tag: Victoria Falls (siehe Vorschlag A oder B)
6. Tag: Rückflug nach Harare

Zwei Wochen

Vorschlag D: Schwerpunkt Zimbabwe Ruins und Safari

1. Tag:	Harare (Nationalgalerie, Nationalarchiv, Mbare-Markt, Chapungu Kraal)
2. Tag:	Fahrt nach Masvingo via Serima Mission; Besuch der Great Zimbabwe Ruins; Übernachtung im Great Zimbabwe Ruins Hotel
3. Tag:	Seerundfahrt zum Mutirikwe-Nationalpark; Übernachtung im Nationalpark-Camp oder in den Mutirikwe Lake Shore Lodges
4. Tag:	Fahrt nach Matobo; Übernachtung im Nationalpark-Camp
5. Tag:	Matobo National Park (Felszeichnungen, Grab von Rhodes)
6. Tag:	Fahrt über Bulawayo (Nationalmuseum) nach Hwange; Übernachtung im Maincamp von Hwange
7. Tag:	Hwange National Park, Übernachtung im Robins oder Sinamatella Camp
8. Tag:	Fahrt nach Victoria Falls
9. Tag:	Besichtigung der Fälle (s. Vorschlag A); Fahrt nach Mlibizi
10. Tag:	Autofähre nach Kariba (Alternativen: Rückgabe des Mietwagens in Victoria Falls, Flug nach Kariba; Rückfahrt über Binga, Chizarira, Karoi oder über Binga, Gokwe, Kadoma nach Harare; Geländewagen erforderlich)
11. u. 12. Tag:	Ankunft am Vormittag in Kariba; Safari (Kanusafari Kariba–Chirundu, Fothergill oder Spurwing Island, Bumi Hills)
13. Tag:	Rückfahrt nach Harare

Vorschlag E: Schwerpunkt Geschichte und Safari

1. Tag:	Harare
2. Tag:	Flug nach Bulawayo (Nationalmuseum, Eisenbahnmuseum)
3. Tag:	Tagesausflug zum Matobo National Park (Felszeichnungen, Grab von Rhodes)
4. Tag:	Tagesausflug zu den Ruinen von Kame und Nalatale
5.–7. Tag:	Railsafari über Hwange nach Victoria Falls
8. Tag:	Ankunft in Victoria Falls, Besichtigung der Fälle
9. Tag:	Besichtigung der Fälle (s. Vorschlag A)
10–12. Tag:	Flug nach Kariba; Safari (Kanusafari Kariba–Chirundu oder Chirundu–Mana Pools, Fothergill oder Spurwing Island oder Bumi Hills)
13. Tag:	Rückflug nach Harare

Vorschlag F: Schwerpunkt Wandern im östlichen Hochland

1. Tag:	Harare
2. Tag:	Abfahrt nach Masvingo, Aufenthalt analog Vorschlag D, Tage 2–4
4. Tag:	Fahrt nach Chimanimani, Übernachtung im Chimanimani Hotel
5.–8. Tag:	Wandern in den Chimanimani Mountains
9. Tag:	Fahrt nach Vumba; Übernachtung im The Castle oder White Horse Inn

10. Tag:	Fahrt über Mutare nach Nyanga; Übernachtung im Nationalpark-Camp oder im Troutbeck Inn
11.–12. Tag:	Wandern in Nyanga (Mt. Inyangani, World's View), Besuch der archäologischen Ruinenstätten
13. Tag:	Rückfahrt nach Harare über Diana's Vow und Marondera

Für einen zusätzlichen Tagesflug von Harare nach Victoria Falls kann man den Aufenthalt in Chimanimani oder Nyanga verkürzen!

Drei Wochen

Vorschlag D oder E plus
2 Tage in Victoria Falls (Rafting) oder Kariba
3 Tage für Fahrt Harare–Nyanga–Harare
1 Tag für Harare; Tagesausflüge nach Tengenenge, zum Great Dyke, in die botanischen Gärten

Vier Wochen

Kombination der Routen E und F, für die jeweils zwei Wochen zu veranschlagen sind.

Regionalführer: Praktische Informationen

Harare und Umgebung

Reise und Verkehr

Straßenverbindungen von Harare: A 1 (Ausfahrt über Lomagundi Road) nach Karoi–Chirundu/Zambia (349 km); A 2 (Ausfahrt über Enterprise Road) nach Murewa–Nyamapanda/Moçambique (238 km); A 3 (Ausfahrt über Mutare/Msasa Road) nach Marondera–Rusape–Mutare/Moçambique (262 km); A 4 (Ausfahrt über Beatrice Road) nach Masvingo–Beitbridge/Südafrika (581 km); A 5 (Ausfahrt über Samora Machel Avenue) nach Gweru–Bulawayo–Plumtree/Südafrika (541 km); A 11 (Ausfahrt über Golden Stairs Road) nach Concession bzw. auf die A 12 Bindura–Mount Darwin (157 km).

Expreßbusse: Abfahrt/Ankunft der AJAY-Motorways-Busse beim Monomatapa Hotel, 54 Park Lane; Buchung bei Manica Travel Services, Travel Centre, Jason Moyo Avenue, ✆ 70 34 21, 70 84 41. Express Motorways, Rezende Street, Busterminal; Buchung: Seke Road/Hood Road, ✆ 72 03 92, 6 35 05.

Überlandbusse: Abfahrt/Ankunft beim Mbare Busterminal, 3 km südlich des Stadtzentrums, in Nähe der Beatrice Road (keine Vorbuchung erforderlich).

Städtischer Linienverkehr: Busse der Harare United Omnibus Company, Rezende Street, ✆ 72 65 70, verkehren innerhalb der Stadt und in die Vororte.

Busrundfahrten in Harare und Umgebung bieten an: Zimtour, Zimbabwe Tourist Development Corporation (s. Reiseveranstalter). United Touring Company, 4 Park Street/ Jason Moyo Avenue, ✆ 79 37 01.

Züge: Tägliche Verbindungen nach Mutare und Bulawayo. Der Hauptbahnhof liegt im Stadtzentrum an der Kenneth Kaunda Avenue/Angwa Street. Information und Kartenreservierung: ✆ 70 00 11, 70 00 33.

Flüge: Der Harare International Airport liegt 13 km südlich des Stadtzentrums (Zufahrt über Seke Road – Rotten Row – Airport Road). Ein Zubringerbus verkehrt in regelmäßigen Abständen und in Anpassung an den Flugplan zwischen dem Flughafen und dem Stadtbüro von Air Zimbabwe.

Fluggesellschaften: Air Zimbabwe-Stadtbüro: Third Street/Speke Avenue, ✆ 79 44 81, 5 26 81; im Flughafen, ✆ 73 70 11; Telex: 4 00 08 ZW. Air Botswana: Cresta Jameson Hotel, ✆ 79 46 41/2/3, 70 31 31. Air Malawi: Samora Machel Avenue/Nyerere Way, ✆ 70 64 97, 70 83 83. Air Mauritius: Old Mutual Centre, Moyo Avenue/Third Street, ✆ 73 57 38/9, 70 22 37. Balkan Airlines: Trustee House, 55 Samora Machel Avenue, ✆ 72 92 13. British Airways: Batanai Gardens, First Street/Moyo Avenue, ✆ 79 46 16. Ethiopian Airlines: Cabs Centre, Moyo Avenue, ✆ 79 07 05/6, 79 52 15/6. Kenya Airways: Stanley House, Moyo Avenue, ✆ 79 21 81/2/3. KLM: Harvest House, Baker Avenue, ✆ 70 42 38, 70 54 30. LAM Moçambique Airlines: 69 Samora Machel Avenue, ✆ 70 33 38/9. Lufthansa: Meikles Hotel. Jason Moyo Avenue/Third Street, ✆ 70 76 06, 70 86 96. Quantas: Karigamombe Centre, 54 Union Avenue, ✆ 79 46 76/7, 79 59 31. South African Airways: Lintas House, 46 Union Avenue, ✆ 73 89 22. Royal Swazi: 69 Samora Machel Avenue, ✆ 73 01 70/9. Tap Air Portugal: Prudential House, Angwa Street/Speke Avenue, ✆ 70 62 31/2/3/4. Zambia Airways: Pearl Assurance Building, First Street, ✆ 79 32 35/6.

Private Chartergesellschaften (Inlandflüge): UAC United Air: Flughafen, ✆ 73 17 13. Astra Air (Pvt) Ltd.: Prince Charles Airport, ✆ 79 63 61. Executive Air, Skyline Charters, ✆ 3 29 59, 3 29 99, 2 36 59.

Leihwagen: Avis, 5 Samora Machel, ✆ 72 03 51/2, 5 01 21 (Flughafen), Telex: 2 60 56 ZW; Echo/Europcar, 19 Samora Machel Avenue, ✆ 70 22 21/2/3, 73 02 60, Telex: 2 46 41 ZW; Hertz, 46 Samora Machel Avenue oder Park Street (United Touring Company), ✆ 79 27 91, 79 37 01, 72 72 09, 5 03 20 (Flughafen), Telex: 2 47 41 ZW, 2 61 58 ZW. Lokale

Firmen: Budget Tours, Stanley House, Jason Moyo Street, ✆ 72 04 26, 79 03 60, 70 48 14, Telex: 2 43 09 ZW; Truck and Car Hire: Jason Moyo Avenue/55 Chinoyi Street, ✆ 70 04 41, 70 69 64, 3 22 42; Fleet-Budget and Car Rentals; 100 Takawira Street/Jason Moyo Avenue, ✆ 70 57 34. Utow-Trailer Hire, 27 C Cripps Road, Granite Side, ✆ 7 24 47, 73 00 31/2 (Vermietung von Anhängern).

Taxis: Standplätze am Bahnhof, am African Unity Square (Third Street), in der Kaguvi Street in der Nähe des Civic Centre und bei größeren Hotels. Funktaxis: Radiocabs, 5 Samora Machel Avenue, ✆ 70 77 07; Ace Minicabs, 5 Samora Machel Avenue, ✆ 72 04 60; Minifare, Avondale Shopping Centre, ✆ 3 66 16/8, 3 58 83; Taxi Cream Line, ✆ 70 33 33, 72 71 11/2.

Fahrräder: Pedal Pushers, 46 Samora Machel Avenue, ✆ 70 20 69, 30 44 22.

Reiseveranstalter: Air Zimbabwe (Flame Lily Tours), s. Fluggesellschaften. Manica Travel Services Travel Centre, Jason Moyo Avenue, ✆ 70 34 21, Telex 2 43 16, P.O.Box 3141. Phileas Fogg, Enterprise Road, Newlands Shopping Centre (Charlsona House 9), P.O. Box 5454, ✆ 70 41 41/2/3/4, Telex 2 64 48. Safari Interlink, 55 Samora Machel (Trustee House), P.O.Box 5920, ✆ 72 05 27, 70 09 11/2, Telex 2 21 71. Zimbabwe Tourist Development Corporation, 105 Moyo Avenue, P.O. Box 8052, ✆ 79 36 66/7/8/9.

Safariunternehmen: In Harare ansässige Veranstalter mit überregionalem Angebot sind u. a.: Garth Thompson Safari Consultants, Monomatapa Hotel, P.O.Box 5826, ✆ 79 52 02, 79 52 87. Goliath Safaris, Brontë Hotel, P.O.Box CH 294, ✆ 70 88 43, Telex 2 43 87 ZW. Safari Interlink, 55 Samora Machel Avenue, P.O.Box 5920, ✆ 72 05 27, 70 09 11/2, Telex 2 21 71 ZW. Shearwater Adventures, Karigamombe Centre, Samora Machel Avenue, P.O.Box 3961, ✆ 73 57 12, Telex 26391 ZW. Wild Africa Safaris, 99 Mugabe Road, P.O. Box 488, ✆ 73 83 20, 73 83 29, Telex 2 66 41 ZW. Zambezi Trails, Meikles Hotel, P.O.Box 825, ✆ 72 37 19, 70 50 40, Telex 2 60 63.

Unterkunft

Hotels in Harare: ***** Meikles Hotel, Jason Moyo Avenue/Third Street, P.O.Box 594, ✆ 79 56 55, Telex 2 60 63 ZW; traditionsreiches Hotel der Luxusklasse mit Pool. ***** Monomatapa Hotel, 54 Park Lane, P.O.Box 2445, ✆ 70 45 01, Telex 2 60 78 ZW; Luxusklasse, mit Pool. ***** Sheraton Hotel, Pennefather Avenue, P.O.Box 30, ✆ 72 97 71, Telex 2 65 74 ZW; Luxusklasse, Tennis, Pool. **** Cresta Jameson, Samora Machel Avenue, P.O.Box 2833, ✆ 79 46 41, Telex 2 64 83 ZW; gehobener Standard, Pool; wenig Unterhaltung. **** Holiday Inn, Samora Machel Avenue, P.O.Box 7, ✆ 79 56 11, Telex 2 20 76 ZW; gehobener Standard, Pool; abwechslungsreiches Unterhaltungsangebot. *** Cresta Oasis, 124 Baker Avenue, P.O.Box 1541, ✆ 70 42 17, Telex 2 20 99 ZW; Mittelklasse, Pool. ** Ambassador, 88 Union Avenue, P.O.Box 872, ✆ 70 81 21, Telex 2 26 54 ZW; Mittelklasse. Brontë Hotel, 132 Baines Avenue, ✆ 79 66 31; Mittelklasse, Pool; schöne, familienfreundliche Anlage im Kapstil. Earlside, 34 Selous Avenue, ✆ 72 11 01; Pool, ruhige, preiswerte Unterkunft mit kolonialem Ambiente. Elizabeth Hotel, Julius Nyerere Way, P.O.Box 3023, ✆ 70 85 91; preiswert. Queens Hotel, Kaguvi/Mugabe Road, P.O.Box

520, ✆ 73 89 77, Telex 2 26 79 ZW; preiswert. Red Fox Hotel, Greendale Avenue, P.O.Box HG 28, ✆ 4 54 66; preiswert, außerhalb des Zentrums. Russel Hotel, Baines Avenue, Third Street, P.O.Box 8563, ✆ 79 05 65; preiswert. International Hotel, Baker/Fourth Street, P.O.Box 566, ✆ 70 03 32; preiswert.

Jugendherberge: Harare Youth Hostel, Josiah Chinamano Avenue, ✆ 79 64 36; zentral gelegen, häufig überfüllt, tagsüber bis 17 Uhr geschlossen.

Gästehäuser mit Gemeinschaftsräumen: Paw-Paw Lodge Guest House, Chitepo Avenue/Fifth Street, ✆ 72 43 37. Fala Fala Lodge, 161 Union Avenue, ✆ 79 66 60.

Camping: Coronation Camp Site, 6 km östlich vom Stadtzentrum an der Mutare Road; saubere Anlage mit Warmwasser.

Hotels in der Umgebung von Harare: ** Karoi Hotel, Karoi Centre, P.O.Box 51, Karoi, ✆ 1 64/63 17, 62 82, Mittelklasse. * Caves Motel, Chinhoyi Caves, P.O.Box 230, Chinhoyi, ✆ 1 67/23 40, Mittelklasse, Pool.

Restaurants

Sonntags haben viele Restaurants Ruhetag.

Restaurants in Hotels: Bagatelle, Meikles Hotel, ✆ 79 56 65. The Huntsman, Red Fox Hotel, ✆ 4 54 66. La Chandelle, Sheraton Hotel, ✆ 72 97 71. L'Escargot, Courtney Hotel, Eighth Street, ✆ 88 27 47. Tifanny's, Jameson Hotel, ✆ 79 46 41.

... mit internationaler Küche: Alexander's Restaurant, 7 Livingstone Avenue, ✆ 7 00 03 40. The Carvery, Fife Avenue Shopping Centre, ✆ 70 24 84. The Cellar, Marimba Shopping Centre, ✆ 2 39 49. Esquires, hinter dem Borrowdale Shopping Centre, ✆ 72 54 37. Hollie's, Strathaven Shopping Centre, ✆ 30 27 30. Homegrown (vegetarisch), Speke Avenue/Moffat Street, ✆ 70 35 45. Pino's, 73 Union Avenue, ✆ 79 23 03. The Tobacco Barn, Mount Pleasant Shopping Centre, ✆ 3 59 71, 3 65 25. Wombles, Ballantyne Park Shopping Centre, ✆ 88 27 47.

... mit Nationalitätenküche: Aphrodite (griechisch), Strathaven Shopping Centre, ✆ 3 55 00. Bamboo Inn (chinesisch), 81 Mugabe Road, ✆ 70 54 57. Coimbra (portugiesisch), 61 Selous Avenue, ✆ 7 00 02 34. Da Guido's (italienisch), Montagu Shopping Centre, ✆ 72 33 49. Demis (griechisch), Speke Avenue/Moffat Street, ✆ 72 33 08. Le Français (französische Küche), Avondale Shopping Centre, ✆ 30 27 06. Harvest Garden/Sheraton (dienstags afrikanisch), ✆ 72 97 71. The Manchurian (mongolisch), Belgravia Shopping Centre, ✆ 3 61 16. The Sitar (indisch), Newlands Shopping Centre, ✆ 72 91 32.

Einkaufen und Souvenirs

Schnitzereien, Textilien, Schmuck, Korbwaren, Keramik: Afro Craft Centre, Shop 2, Parkade, Samora Machel Avenue, ✆ 72 55 99. The African Curios Centre, Ambassador Hotel, Union Avenue, ✆ 79 22 47. Gift Unique, Trustee House, Samora Machel Avenue, ✆ 70 43 56. The Little Cave, 103 Kaguvi Street/Moyo Avenue, ✆ 72 28 61. The Market, Samora Machel Avenue, gegenüber Parkade, ✆ 72 05 08. Mbara Musika, Mbare, größter afrikanischer Markt (Instrumente, Töpfe, Korbwaren etc.). The National Handicraft

Centre, Grant Street/Chinhoyi Street, ✆ 72 18 15/6. Zimba Craft Cooperative, Shop 5, Parkade, Samora Machel Avenue, ✆ 70 72 01.

Skulpturen: Chapungu Kraal, 1 Harrow Road, Msasa, ✆ 47472, 475 33. Matombo Gallery, 114 Takawira Street, ✆ 79 2472, 70 30 31. National Gallery Market, Julius Nyerere Way/Park Lane, ✆ 70 46 66. Stone Dynamics, 56 Samora Machel Avenue, ✆ 70 25 08. Vukutu Gallery, Harvey Brown Avenue/Blakiston Street, ✆ 72 07 67.

Gemälde: Genesis Gallery, 24 George Silundika Avenue, ✆ 70 24 69. Richard Rennie, 28 George Silundika Avenue, ✆ 70 67 31.

Schmuck: Deborah Wernberg (Eigenproduktion von Silberschmuck), Penrith End, Borrowdale, ✆ 8 87 52 16. Galaxy Gems, Angwa Street/Union Avenue, Robinson House, ✆ 72 45 57. Msasa Jewellers, Harrow Road, ✆ 4 81 61, 4 84 41. Sambena, 38 Angwa Street, ✆ 70 67 19 (Smaragde). Sterling Crafts, Speke Avenue, Koblenz House, ✆ 36 30 97.

Keramik: Ros Byrne Pottery, 1 Harrow Road, Msasa, nahe beim Chapungu Kraal.

Textilien mit afrikanischem Design: Danhiko, 123 Mutare Road, ✆ 4 32 87. Fambidzanai, Dovedale Road (Abzweigung nach links von der Lomagundi Road bei Kilometerstein 20,5), ✆ 39 70 37.

Lederwaren: Leather World, Moyo Avenue, Cabs Centre Shop 2, ✆ 70 35 68. Turkish Leather, 94 Harare Street, ✆ 70 66 20.

Elfenbein/Trophäen: The Jumbo, Baker Avenue/Second Street, ✆ 79 21 24. Moore's Trophies, Jason Moyo Avenue, Pamron Building, ✆ 72 92 29. Solo Arts and Crafts, Parkade Shop 10, Samora Machel Avenue, ✆ 70 58 04.

Delikatessen: Italian Bakery, Avondale Shopping Centre, ✆ 3 97 32. Seiler's Butchery, 78 Mutare Road, Msasa, ✆ 4 55 18.

Buchhandlungen: Kingstons, Jason Moyo Avenue/Second Street, ✆ 72 09 92/3. Grassroots, Jason Moyo Avenue/Third-Fourth Street, ✆ 79 25 51. Mambo Press, Speke Avenue (Mutual House), ✆ 70 58 99.

Unterhaltung und Kultur

Jazz, Pop: Your Place Restaurant, 99 Mugabe Road, ✆ 70 43 55. Manhattan, Monomatapa Hotel, 54 Park Lane, ✆ 70 45 21. Harper's, Holiday Inn, Samora Machel Avenue, ✆ 79 56 11. Sarah's Nite Club, Cabs Building, Moyo Avenue, ✆ 70 46 37. Sandro's, Kine Centre, Julius Nyerere Way, ✆ 79 24 60.

Zimbabwe Rock/Jit Sound: (Livemusik an Wochenenden): Skyline Motel (20 km Richtung Masvingo), ✆ 675 88, 60 81 81. Queens Garden Hotel, Mugabe Road/Kaguvi Street, ✆ 73 89 77, Sa und So nachmittag Liveauftritte (Thomas Mapfumo, Oliver Mutukudzi). Kambuzuma Hotel, 5 Jumba Road Section, Kambuzuma, ✆ 6 37 76, Sa und So abends (Lovemore Maijavana). Machipisa Night Club, Highfield, ✆ 6 24 06, Sa und So abends (Bhundu Boys, Maijavana). Playboy Night Club, 40 Union Avenue, ✆ 72 30 65. Job's Nite Spot, Julius Nyerere Way, ✆ 70 82 49.

Diskotheken: Archipelago Nite Club, Linquenda House, Baker Avenue, ✆ 79 20 94.

Rosalinds Supper Club, Avondale Shopping Centre, ✆ 3 97 28. Stodart Hall, Mbare Township (traditionelle zimbabwische Tänze).

Kinos: Kine 1 und 2, Union Avenue/Nyerere Way, ✆ 72 45 15. Kine 3 und 4, Union Avenue, ✆ 7 91 22. Vistarama und Elite 100, Avondale Shopping Centre, ✆ 3 99 95. Studio 1 und 2, Strathaven Shopping Centre, ✆ 30 27 87.

Theater: Reps-Theater, Second Street Extension (europäische Klassiker sowie Musicals, gelegentlich afrikanisches experimentelles Theater); Buchung bei Spotlight, Theatre Booking Office, Chancellor House, 69 Samora Machel Avenue, ✆ 72 47 54. Weitere Informationen über Theater in der Universität, in Schulen, beim British Council und bei der Alliance Française in der Zeitschrift ›This Month in Harare‹.

Museen: National Museum, Civic Centre, Rotten Row, ✆ 70 72 02, täglich 9–17 Uhr. National Archives, Borrowdale Road, Gunhill (5 km vom Stadtzentrum entfernt), ✆ 79 27 41, Mo–Fr 7.45–16.30, Sa 8–12 Uhr, Eintritt frei. National Gallery, Julius Nyerere Way/Park Lane, ✆ 70 46 66, täglich außer Mo 9–17 Uhr, geringe Eintrittsgebühr. Geologiemuseum, Fourth Street (Maufe Building), werktags 8–16 Uhr.

Sport

Golf: Royal Harare Golf Club (6467 m), Fifth Street Extension, ✆ 70 29 20/9; international bekannter Platz entlang des botanischen Gartens. Chapmann (6514 m), Samora Machel Avenue, Highlands, ✆ 73 69 50. Country Club (6143 m), Brompton Road, Highlands, ✆ 73 21 28. Warren Hills (6666 m), Princess Road, Mabelreign, ✆ 79 23 23/4. Wingate Park (6384 m), Alps Road, Borrowdale, ✆ 88 22 24. Harare South Country Club (6169 m), 23 km südlich der Stadt Richtung Masvingo, ✆ 6 75 84, 60 82 13. Ruwa Country Club (6344 m), 29 km östlich der Stadt Richtung Mutare, schönes, altkoloniales Clubhaus.

Schwimmen: Les Brown Swimming Pool, Harare Gardens (Park Lane), geöffnet von Mai–Aug., 11–16 Uhr, Aug.–Mai 10–18.25 Uhr. Zehn weitere öffentliche Schwimmbäder in den Stadtbezirken sind von Aug.–Mai, 11–13 und 14–18.15 Uhr geöffnet; Mo sowie von Mai–Aug. geschlossen.

Reiten: Es gibt zahlreiche private Reitställe, v. a. in Borrowdale. Reiten als Touristenattraktion wird dagegen selten angeboten. Unterricht erteilen: Lewisam Riding School, 17 Kent Road, Chisipite, ✆ 5 46 02; L. K. Stables and Horse Sanctuary, Hatfield, ✆ 72 62 82, 5 06 01.

Tennis, Squash: Die zahlreichen privaten Sportclubs stehen in der Regel auch Nichtmitgliedern offen, wie der Harare Sports Club, North Avenue, ✆ 72 44 24 (Tennis), 72 22 34 (Squash).

Wichtige Adressen

Information: Harare Publicity Association, 95 Jason Moyo Avenue/Second Street (am African Unity Square), ✆ 70 50 85/6/7. Zimbabwe Tourist Development Corporation, Jason Moyo Avenue/Fourth Street, ✆ 70 65 11/2/3; 79 36 66/9. Automobile Association, Fanum House, 57 Samora Machel Avenue, ✆ 70 70 21.

Polizei: Auskunft ✆ 70 01 01; Zentrale: Inez Terrace/Kenneth Kaunda Avenue, ✆ 73 30 33, 72 12 12.

Apotheke: QV Day and Night Pharmacy, Union Avenue/Angwa Street, ✆ 72 26 78.

Banken: Barclays Bank, Barclay House, Jason Moyo Avenue/First Street, ✆ 72 98 11, Telex 2 64 34 ZW. Grindleys Bank, Ottoman House, 59 Samora Machel Avenue, ✆ 79 58 71. Standard Chartered Bank, Speke Avenue/Inez Terrace, ✆ 70 80 55, Telex 2 21 15 ZW. Zimbabwe Banking Corporation, Zimbank House, Speke Avenue/First Street, ✆ 73 50 11, Telex 2 41 63 ZW, Fax 73 56 00; P.O. Box 3198.

Kirchen: Cathedral of the Most Sacred Heart (katholisch), Fourth Street, ✆ 72 04 41. Cathedral of St. Mary and All Saints (anglikanisch), Baker Avenue/Second Street, ✆ 70 22 51. Martin Luther Church (lutheranisch), 227 Five Street.

Hauptpostamt: Inez Terrace/Jason Moyo Avenue, ✆ 79 44 91.

Stadtbibliothek: Harare City Library, Moyo Avenue/Rotten Row, ✆ 70 49 21.

Kariba-See, Zambezi-Tal und Mana Pools National Park

Kariba-Stadt

Straßenverbindungen: A 1 Kariba – Makuti (77 km, kurven- und wildreiche, pittoreske Strecke) – Harare (292 km); A 1 Makuti – Chirundu/Zambia (61 km).

Überlandbusse: täglich zwischen Harare – Makuti sowie Makuti – Kariba.

Flüge: Kariba – Harare 1× täglich, Kariba – Hwange/Victoria Falls 1×mal täglich. Air Zimbabwe Büro im Flughafen, ✆ 161/29 13–4. Der Flughafen befindet sich 14 km außerhalb der Stadt, ein Zubringerbus ist vorhanden. Charterflüge: United Air Charters, c/o Cutty Sark Hotel, ✆ 161/23 05, außerdem von Buffalo Safaris, Kazungula Safaris und Kingdom Safaris; Landepisten (für Kleinflugzeuge): Rukomechi, Mana Pools, Chikwenya, Kanyemba, Fothergill, Matusadona, Bumi Hills, Binga und Mlibizi.

Autovermietung: Avis, Oasis Service Station, Lake Drive, ✆ 161/25 55. Hertz, Lake View Inn, ✆ 161/26 62; Cutty Sark Hotel, ✆ 23 21; Caribbea Bay Hotel, ✆ 161/24 54.

Taxi: Caribbea Bay Hotel, ✆ 161/24 53–4.

Reiseveranstalter: United Touring Company (✆ 26 62) bietet täglich Stadtrundfahrten. Abfahrt und Buchung in den Hotels Caribbea Bay (✆ 24 54), Cutty Sark (✆ 23 21) und Lake View Inn (✆ 26 62).

Safariunternehmen (s. auch Kariba-See und Mana Pools): Buffalo Safaris/Zambezi Canoeing, ✆ 161/26 45 und 28 27, Telex 4 12 81, P.O. Box 113: Kanu-, Fuß-, Landrover-, Angel-, Hausboot- und Fotosafaris in Kariba, Matusadona, Mana Pools und auf dem Zambezi-Unterlauf. Chimpembere Safaris, ✆ 161/29 46, Telex 4 53 72; P.O. Box 9: Camping, Kanufahrten, Hausboote, Fußsafaris rund um Kariba und bei Mana Pools. Kingdom Safaris/Rob Shattock, ✆ 161/27 46, P.O. Box 9, Chirundu (Harare: ✆ 79 56 86 und 72 31 61, Telex 2 66 43, Fax 6 78 17): Kanu-, Fuß-, Wander-, Hausboot-, Angel- und Fotosafaris in Matusadona, am Kariba-See, am Zambezi-Unterlauf, in Mana Pools, am Escarpment bei Chirundu und rund um Kariba; schöne, rustikale Lodge am Zambezi bei Chirundu. Safari Services Kariba, ✆ 161/24 33, Telex 48 26 ZW, c/o Kariba Breezes Hotel: Bootscharter, Motorboottransfer zu den Inseln im See und zum gegenüberliegenden Ufer. Chris Warden, ✆ 161/24 33, P.O. Box 221: spezialisiert auf Fotosafaris in Kuburi Wilderness und im Bereich Kariba-See.

Hotels: Caribbea Bay, Lake Shore, P.O. Box 120, ✆ 161/24 53–4, Telex 4 12 95 ZW; Feriencenter mit gehobenem Standard; Casitas mit Kochgelegenheit und Kinderschlafzimmer; Campingplatz vorhanden; Sandstrand, Pool, Casino und Wassersportmöglichkeiten (Surfen, Segeln, Paddeln und Fischen); Tagesbesucher zahlen eine Zufahrtsgebühr. **Cutty Sark, Kariba Township, P.O. Box 80, ✆ 161/23 21, Telex 4 12 98 ZW; Mittelklasse, Pool, Allwetter-Tennisplatz mit Flutlichtanlage, Bootsanlegeplatz, Unterhaltung mit Livemusik; Ausgangspunkt für Tageskreuzfahrten von Cruise Kariba. Kariba Breezes, Lake Shore, P.O. Box 3, ✆ 161/24 33; Mittelklasse, maurischer Stil; Pool, Bootsanlegemöglichkeiten, Wasserski und Wasserjet. **Lake View Inn, Camp Hill, P.O. Box 100, ✆ 161/24 11, Telex 4 12 91; Mittelklasse, Pool. Most Heigh Hotel, Kariba Heights, P.O. Box 88, ✆ 161/29 64; billig, weite Aussicht, Pool; Rauch- und Alkoholverbot; unverheiratete Paare werden getrennt untergebracht. *Zambesi Valley Hotel, Stand 643, Nyamutamba, P.O. Box 105, ✆ 161/29 26; billig, Pool, lokale Szene; Liveband und beliebter Treffpunkt der Einheimischen.

Camping: Nyanyana National Park Camp, etwa 28 km außerhalb der Stadt an der Mündung des Nyanyana gelegen (die 5 km lange Zufahrt zweigt von Kariba aus kurz hinter dem Flughafen seewärts ab), ✆ 161/2 25 17, Buchung in Harare (s. Nationalparks S. 353). Mopani Bay Camp Site: gepflegte gemeindeeigene Anlage mit Schwimmbad (Zufahrt beim Cutty Sark Hotel), P.O.Box 130, ✆ 161/2 23 15. M.O.T.H. Campingplatz (des Kriegsveteranen-Vereins Memorable Order of the Tin Hat, steht Nichtmitgliedern offen), in Seeufernähe, Zufahrt Sable Drive, P.O.Box 67, ✆ 161/28 09.

Restaurants und Unterhaltung: Restaurant Pedros, im Carribea Bay Resort (mexikanische Küche). Livemusik im Lake View Inn, im Zambezi Valley und im Cutty Sark Hotel. Casino im Carribea Bay Resort.

Sport: Der Country Club auf den *heights* (gegenüber der St. Barbara-Kapelle) bietet Tennis, Squash, Bowling und Billard (Snooker); ✆ 161/22 83. Geöffnet 10.30–14 und 17–22.30 Uhr. Wassersport s. Kariba-See.

Wichtige Adressen: Information bei der Kariba Publicity Association (bei der Aussichtswarte), ✆ 161/23 28, und beim Kariba Town Council, ✆ 161/24 85, 28 16; P.O. Box 130. Nationalparkverwaltung: ✆ 161/22 57.
Polizei: ✆ 161/24 44.
Hospital: Heights Drive, ✆161/23 82.
Praktischer Arzt: 11 Libuyen Avenue, ✆ 161/28 19.
Kirchen: Kariba Christian Centre, im Most Heigh Hotel (ökumenisch). St. Barbara, The Heights (katholisch).
Postamt: The Heights, ✆ 161/23 90; Mahombekombe Township, ✆ 161/23 80.

Souvenirgeschäft: Kiosk bei der Aussichtswarte (Observation Post).

Kariba-See

Straßenverbindungen: Matusadona, Bumi Hills und das Chete Safarigebiet sind über die Schotterstraße Karoi–Binga (344 km) mit Geländefahrzeugen zu erreichen.

Fähren: Die Fähre des District Development Fund (Versorgungsschiff für Fischerdörfer) verkehrt jede zweite Woche zwischen Kariba und Binga mit Zwischenstopps nach Bedarf (Fahrtzeit: etwa 50 Std.); Passagiere und 4 PKW werden preisgünstig mitgenommen (Voranmeldung erforderlich; Proviant und Schlafsack mitnehmen); Abfahrt in Kariba nahe dem Nationalparkbüro (Mlibizi Drive); Binga: ✆ 115/229; Kariba: ✆ 161/2694, P.O. Box 195, Kariba.

Kariba Ferries bieten je nach Bedarf Überfahrten – in der Hauptreisezeit bis zu neun – zwischen Kariba und Mlibizi an (Fahrtzeit: 22 Std.); keine Zwischenstopps, der Fahrpreis schließt volle Verpflegung sowie die Benutzung von Liegen und Decken ein; Abfahrt/Ankunft: Andora Hafen; frühzeitige Buchung, v. a. für PKW, erforderlich; Harare: ✆ 65476, 67661, P.O. Box 578; Kariba (keine Buchungen): ✆ 161/2460, P.O. Box 70.

Kreuzfahrten: Conquest Tours: Kreuzer ›Conquest‹ für acht Personen, Fischerbeiboote und Kanus; Waterfalls, Harare, ✆ 68532/3, P.O. Box W41. Kariba Cruises: Kreuzer ›Suejen‹ für acht Personen, Fischerbeiboot; Kariba, ✆ 161/2839, P.O. Box 186. Landela Safaris: Luxushausboot ›Out of Africa‹ für zwölf Personen, Harare (Kopje), ✆ 702634, Telex 26198, P.O. Box 66293. Manica Touring Services: Fünf-Tage-Kreuzfahrt zwischen Mlibizi und Kariba auf dem Luxuskreuzer ›Manica‹ für zehn Personen, wahlweise in Verbindung mit zweitägigem Aufenthalt in Victoria Falls; Harare, ✆ 736091, Telex 24316, Fax 736003, P.O. Box 429. Safari Interlink: Katamaran ›Salvinia‹ für acht Personen, Fischerbeiboot; Harare, ✆ 720527, Telex 22493. Kariba Ferries: Vermieten die Luxusschiffe ›Manica‹ und ›Tabequa‹ (Adresse s. ›Fähren‹).

Bootsvermietung bei Kariba Breezes Marina (✆ 2475), Voranmeldung beim gleichnamigen Hotel.

Kanusafaris werden auf folgenden Strekken angeboten: Kariba–Chirundu (60 km, 3 Tage), Chirundu–Mana Pools/Nyamepi Camp (60 km, 3 Tage), Mana Pools–Kanyemba (150 km, 5 Tage), Rukomechi–Chikwenya (95 km, 4 Tage).

In der Regel startet täglich mittags auf den drei erstgenannten Streckenabschnitten eine Gruppe (bis zu zwölf Personen in maximal sechs Kanus). Die Strecke Rukomechi–Chikwenya wird auch von den gleichnamigen Camps aus angeboten. Zu den Ausgangspunkten Chirundu und Mana Pools werden die Teilnehmer auf Vereinbarung in Kariba oder Makuti abgeholt.

Der Preis der Kanusafaris schließt Essen, Getränke und Campingausrüstung ein. Mitzubringen sind ein Fernglas, eine wassergeschützte Fotoausrüstung, ein Sonnenhut, Sonnenschutzcreme sowie Insektenschutzmittel. Buchungen können in Kariba (s. Safari-Unternehmen in Kariba-Stadt) und in Harare (Goliath Safaris, Shearwater, Safari Interlink und Garth Thompson/Natureways, s. S. 323) vorgenommen werden.

Reiseveranstalter (s. auch Kariba-Stadt): Das Angebot zu Tagesausflügen erweitert sich ständig. Täglich Siesta- und Abendkreuzfahrten von Cruise Kariba (✆ 26 97) und ein Ausflug mit Kariba Breezes Marina (✆ 2475) zur Sampakuruma-Insel (mit Fischen, Wasserski und Paddeln). Lake Safaris (✆ 2474/27 52) bietet Tagesfahrten an das Ufer des Matusadona National Park, zur Insel Fothergill oder zu den Inseln Antelope und Zebra an.

Safariunternehmen mit Camps am See (von Ost nach West): Fothergill Island (Kazungula Safaris), P.O. Box 2081, ✆ 22 53, Kariba: beliebtes Camp mit Schwimmbad am Ufer des wildreichen Matusadona National Park; der Ausbau zu einer Lodge ist vorgesehen. Safaris zu Fuß, zu Wasser (Kanu und Motorboot), mit Geländewagen (Fothergill wird in trockenen Jahren zur Halbinsel) und Angelmöglichkeiten; mehrtägige Kanufahrten sowie Wanderungen in den Matusadona-Bergen.

Sanyati Lodge (Sanyati Safaris, Harare, P.O. Box 2008, ✆70 09 11), Kariba: strohgedeckte Chalets für bis zu acht Personen unmittelbar am Eingang zur Sanyati-Schlucht. Schwimmbad, Fischen, Wildbeobachtung vom Boot und vom Fahrzeug aus.

Spurwing Island, P.O. Box 101, ✆ 24 66, Kariba: vor der Sanyati-Schlucht, am Ufer des Matusadona National Park gelegenes kleines, stilvoll gehaltenes Camp mit guter Betreuung. Schwimmbad, Safariangebot ähnlich wie auf Fothergill, Fischen.

Matusadona National Park Camps, P.O. Box 2003, ✆ 2577, Kariba (Buchung im Zentralbüro, s. Nationalparks, S. 353). Tashinga, Muuyu (Elephant Point) und Mbalabala (am Westufer des Ume) sind gut ausgestattete Nationalpark-Camps für Selbstversorger; Pauschaltarife für Mindestaufenthalte von sechs Tagen und für höchstens zwölf Personen. Bei Tashinga gibt es außerdem einen Campingplatz.

Bumi Hills Safari Lodge, P.O. Box 41, ✆ 23 53, Kariba, oder Zimbabwe Sun Hotels, ✆ 7277 44, Harare: Luxuriöse und entsprechend teure Anlage an der Mündung des Ume. Hausboot (›Lake Wilderness‹) mit Übernachtungsmöglichkeiten für acht Personen; Safaris zu Fuß, per Boot, mit Fahrzeugen; Fischen. 20 Zimmer, davon 10 mit der Auszeichnung ›*luxury*‹, Schwimmbad. Transfer von Kariba-Stadt im Kleinflugzeug.

Tiger Bay, P.O. Box 102, ✆ 25 69, Kariba: elegante Anlage in der Ume-Bucht, zwölf strohgedeckte Chalets mit Schwimmbad. Fischen, zwei- und dreitägige Kanufahrten auf dem Ume, Safaris zu Fuß, per Boot, mit Fahrzeugen. Transfer von Kariba im Kleinflugzeug.

Binga Resort, P.O. Box 9, ✆ 115/2 44, Binga: ein etwas verwahrlostes Restcamp mit angeschlossenem Campingplatz, meist von Durchreisenden genutzt; heiße Schwefelquellen, Vermittlung von Hausbooten. Am Binga Resort fährt die Fischerei-Fähre nach Kariba ab.

Mlibizi Lodge und Safari Camp, P.O. Box 298, ✆ 1 15/271, Hwange (Harare, ✆ 70 70 72): schöne, strohgedeckte Anlage nahe dem Hafen (Abfahrt der Kariba-Fähren); Reitpferde und Schwimmbad.

Fischercamps der Nationalpark-Verwaltung: Im Eastern Basin stehen Selbstversorgern die geschützten Camps Nemotomba, Mudzema, Nyamunga zur Verfügung, außerdem Cache Cache im Charara Safari Area sowie Sampakurama am Ufer des *communal area* Cache Cache. Im Westteil des Sees liegen die Camps Makuyu und Sengwa an der Mündung des Sengwa, ferner Chateme, Siamatelele, und Siakapengi. Information bei der Nationalpark-Verwaltung (s. Nationalparks, S. 353).

Unterkunft in Mlibizi: Mlibizi Resort, ✆ 19/78060 (Postanschrift: P.O. Box 2335, Bulawayo), Mittelklasse; Pool, Reitmöglichkeit.

... in Makuti: *Clouds End Hotel, ✆ 163/526, Telex 22493 ZW (Postanschrift: P.O. Box 112, Karoi), Mittelklasse; Pool.

... in Chirundu: Chirundu Valley Motel, P.O. Box 10, ✆ 164/618; billig, Pool.

Hausboote: Das Chartern von Hausbooten (Flöße mit Aufbau) erfreut sich zunehmender Beliebtheit. Kariba Cruises ist auf die Vermietung privater Hausboote spezialisiert, ebenso Kingdom Safaris und Safari Interlink (s. S. 327).

Camping: Die Genehmigung, auf den Inseln Antelope, Zebra und Sampakuruma zu campieren, erteilt der Kariba Town Council, ✆ 2485, 2816. Siehe auch ›Safariunternehmen‹.

Wassersport: Windsurfen, Paddeln, Jollensegeln beim Caribbea Bay Resort Hotel.

Wasserski und Wasserjetfahren beim Kariba Breezes Hotel.

Speerfischen/Tauchen: Informationen bei der Zimbabwe Underwater Diving Association, P.O. Box 6832, Harare.

Segeln: Kariba Yachts Safaris bieten von April bis Anfang Oktober einwöchige Segeltörns auf 6,75-m-Kieljachten mit vier Kojen an. Erfahrungen werden nur für die Abschlußfahrt im sturmreichen September vorausgesetzt. Anfänger erhalten eine kurze Einführung. Rechtzeitige Buchung ist erforderlich! In Einzelfällen werden Boote an gute Segler vermietet: P.O. Box 80, Kariba, ✆ 2321, Telex 41298; Harare: ✆ 736789 und 790277, Telex 26496.

Mana Pools National Park

Straßenverbindungen: 23 km nördlich von Makuti zweigt am Fuße des Escarpment von der A1 eine beschilderte Schotterstraße nach Osten (rechts) ab; nach 30 km erreicht man den Parkeingang von Mana Pools (Nyakasikana Gate), nach weiteren 42 km das Nyamepi Main Camp. Eine Zufahrtsgenehmigung vom Marongora-Nationalparkbüro ist erforderlich. Die Straßen in Mana Pools sind für PKWs schlecht geeignet, wenn es auch möglich ist, in der Trockenzeit ohne Allradantrieb bis zu den Camps entlang des Zambezi-Ufers zu gelangen. Besucher, die von der Hauptzufahrtsstraße abweichen wollen, sollten auf jeden Fall einen Geländewagen verwenden.

Nationalparkbüro Marongora: 16 km nördlich von Makuti auf der A1, ✆ 163/5282. Buchungsstelle für Individualreisende: Nationalpark-Zentralbüros in Harare oder Bulawayo (s. Nationalparks, S. 353).

Safariunternehmen im Nationalpark: Die Einrichtungen des Mana Pools National Park, insbesondere die Campingplätze Vundu und Mucheni Camp und das Nyamepi Hauptcamp, werden lange Zeit im voraus von Safariunternehmen gebucht und den Touristengruppen in Kombination mit einer geführten Safari (einschließlich Ausrüstung und Vollverpflegung) angeboten. Besucher ohne Ausrüstung und Ortskenntnisse buchen einen Aufenthalt in Mana Pools am besten über eines dieser Safariunternehmen (s. Kariba-Stadt, S. 327f.).

Camps/Lodges der Safariunternehmen entlang des Zambezi: Die Albida Lodge bei Chirundu ist über Kingdom Safaris zu buchen. Rukomechi ist ein ganzjährig geöffnetes Camp für 16 Personen an der Mündung des Flusses Rukomechi, an der Westseite des Mana Pools National Park. Von Nov. bis April ist das Camp nur vom Zambezi aus oder mit Kleinflugzeugen erreichbar, von Mai bis Okt. auch über die Zufahrt zum Mana Pools National Park (Genehmigung der Nationalparkverwaltung in Marongora erforderlich). Buchung: Harare, ✆ 79 52 02 und 79 52 87, Telex 2 23 64, P.O. Box 5826. Chikwenya ist ein stilvolles Camp für 16 Personen, das von Kazungula Safaris geführt wird; geöffnet von April bis Nov.; Anreise mit Kleinflugzeugen; Buchung auf Fothergill Island oder in Harare.

Victoria Falls und Hwange National Park

Straßenverbindungen: A 8, Victoria Falls–Hwange–Bulawayo (439 km); Victoria Falls–Hwange–Binga–Karoi–Kariba (1240 km); Victoria Falls–Hwange–Mlibizi (Autofähre nach Kariba); Victoria Falls–Kazungula (Grenze Botswana, 72 km).

Busse: Expreßbusse von Ajays oder Express Motorways fahren täglich nach Bulawayo, Überlandbusse nach Bulawayo, Binga, Mlibizi (Autofähre) und Kariba. (Weitere Informationen bei der örtlichen Publicity Association).

Züge: Täglich nach Bulawayo, Bahnhof: ✆ 43 91/2.

Flüge: Victoria Falls–Harare 2× täglich, Victoria Falls–Hwange und Kariba 1× täglich, Victoria Falls–Johannesburg/Südafrika 2× wöchentlich, Victoria Falls–Maun/Botswana 3× wöchentlich. Air Zimbabwe Büro: ✆ 1 13/ 43 16; im Flughafen: ✆ 42 50, 45 50. United Air Charters (Inlandflüge): ✆ 42 20. Der Flughafen befindet sich 40 km außerhalb der Stadt; Zubringerbusse.

Autovermietung: Avis, Livingstone Way/ Mellet Drive, ✆ 1 13/45 32. Hertz, Livingstone Way, Zimbank, ✆ 42 67 (Flughafen: ✆ 43 25 22).

Reiseveranstalter: Safari Travel Agency, bei der Tankstelle gegenüber dem Makasa Sun Hotel, P.O. Box 185, ✆ 45 71 und 44 26, Telex 5 16 64, Fax. 44 17; Vermittlung und Buchung von Reisen rund um Victoria Falls in Hwange und Botswana. United Touring Company, Zimbankbuilding, Livingstone Way, P.O. Box 35, ✆ 42 67, Telex 5 16 49; Vermittlung von Reisen in alle Regionen Zimbabwes.

Safariunternehmen: Guyu Safaris, P.O. Box 179, ✆ 1 13/2 45 17, Telex 34 99: Jagd- und Fotosafaris im Matetsi-Gebiet. Imbabala Safari Camp, P.O. Box 110, ✆ 42 19, 43 48, Telex 5 16 85, 5 16 62: exklusive Lodges mit Vollpension bei Kazungula am Zambezi; Fischen, Wildbeobachtung. Jed Robinson Safaris, P.O. Box 145, ✆ 44 86, Telex 5 16 60: Camping-Safaris am Zambezi, in Hwange, Kazuma, Chizarira und im Matusadona National Park. Kalambeza Safaris, P.O. Box 121, ✆ 44 51 und 44 80, Telex 5 16 60: Ausflüge in den Busch rund um Victoria Falls, Bootsfahrten auf dem Zambezi und Safaris in Kazuma. Landela Safaris, P.O. Box 132, ✆ 42 47: Camping-Safaris, Fischen, Wildwasserpaddeln.

Mwari Komborera Safaris, P.O. Box 130, ✆ 42 43, Telex 5 16 57: Tagesausflüge, Fischen, ornithologische Wanderungen. Railsafaris, Buchung unter Chancellor House, Samora Machel Avenue, Harare, ✆ 73 60 56, Telex 2 20 68: Fahrten mit einem kolonialen, von einer Dampflok gezogenen Sonderzug, der zwischen Bulawayo und Victoria Falls verkehrt. United Air Charter, P.O. Box 50, ✆ 42 20: Charterflüge, ›Flight of Angels‹. Westwood Game and River Safaris, P.O. Box 21, ✆ 43 15 19: Luxuriöse Nächtigung am Zambezi für Kleingruppen, großes Safariangebot. Zambezi Safaris, P.O. Box 159, ✆ 42 19, Telex 5 16 62: Tagesausflüge rund um Victoria Falls, Safaris in Hwange, Kazuma und Chobe/Botswana. Zambezi Wilderness, P.O. Box 18, ✆ 45 67, Telex 5 16 60, Fax 44 17: mehrwöchige Safaris im Zambezi-Tal und im Hwange National Park. Zambezi Fishing Safaris, P.O. Box 35, ✆ 42 25: Bootsfahrten auf dem Zambezi und Bootsvermietung.

Hotels: ****The Victoria Falls Hotel, Mallet Drive, P.O. Box 10, ✆ 1 13/42 03–4, Telex 5 16 51 ZW: berühmtes Luxushotel im Kolonialstil mit Ausblick auf Brücke und Zambezi-Schlucht, Tennis, Pool. ****Makasa Sun Hotel, Mallet Drive, P.O. Box 90, ✆ 42 75, Telex 5 16 50 ZW: gehobener Standard, schöner Ausblick auf die Wasserfälle von der Dachterrasse; Pool, Casino, Diskothek. Ilala Lodge, Livingstone Way, P.O. Box 18, ✆ 47 37, Telex 5 16 86, Fax 44 17: strohgedeckte rustikale Unterkunft der gehobenen Klasse mit privater Atmosphäre, Pool. ****Elephant Hill, Park Way (gegenüber dem Golfplatz), P.O. Box 300, ✆ 46 22, 47 97, Telex 24 43 ZW: weitläufige, stilvolle Anlage mit Golfplatz, Tennis, Pool (Wiedereröffnung 1992 vorgesehen). ***A'Zambezi River Lodge, Park Way, P.O. Box 130, ✆ 45 61, Telex 5 16 57 ZW: Mittelklasse, schöne Uferlage, 6 km außerhalb der Stadt, Pool. ***Rainbow Hotel, Park Way, P.O. Box 150, ✆ 45 83–5, Telex 5 16 54 ZW: Mittelklasse, im Stadtzentrum; Pool. **Spray View Hotel, Livingstone Way, P.O. Box 70, ✆ 43 44–5; Mittelklasse, Pool.

Weitere Übernachtungsmöglichkeiten: Victoria Falls Rest Camp, P.O. Box 41, ✆ 1 13/42 10: zentrale gemeindeeigene Anlage mit Chalets, Cottages und Campingplätzen für Selbstversorger. Lodges der Nationalparkverwaltung: für Selbstversorger, 6 km außerhalb der Stadt am Eingang zum Zambezi National Park, Buchung über Zentralbüros in Harare oder Bulawayo (s. Nationalparks, S. 353).

Restaurants und Unterhaltung: Restaurant im Victoria Falls Hotel (›Livingstone Room‹), täglich afrikanische Tanzvorstellung, ebenso im Village. Casino im Makasa Sun Hotel, ✆ 1 13/44 61. Diskothek im Sprayview Hotel.

Souvenirgeschäfte: Soper's Curios, Adam Stander Rd., ✆ 1 13/43 61; Victoria Falls Gift Shop, Livingstone Way, ✆ 44 29.

Wichtige Adressen: Informationsbüro Publicity Association, Parkway, P.O. Box 97, ✆ 1 13/42 02; Fremdenverkehrsbüro, Parkway, P.O. Box 113, ✆ 43 76 und 4380.

Polizei: Livingstone Way, ✆ 1 13/42 06 und 44 01.

Hospital: Victoria Falls Surgery, West Drive, ✆ 1 13/43 19; Gemeindearzt, ✆ 45 87.

Postamt: Livingstone Way, ✆ 43 02, 43 03.

Sport: Fischen mit Zambezi Fishing Safaris (s. Safariunternehmen).

Golf: Der berühmte Golfplatz (18 Löcher) bei Elephant Hill steht ab 1992 wieder zur Verfügung (s. Hotels).

Radfahren: Räder sind ein geeignetes und bei Besuchern beliebtes Fortbewegungsmittel; Verleih bei Tankstellen und Geschäften im Ort.

Rafting: Zambezi Whitewater, Buchung bei örtlichen Reiseveranstaltern oder in Harare (Shearwater Adventures, Safari Interlink, Zambezi Trails). Sobek (Zambia), Buchung bei örtlichen Reiseveranstaltern und in Livingstone, Zambia, P.O. Box 60957, ✆ 1 19–2 60/ 3 32 14 32, Telex 2 40 18.

Kayak: Buchung bei örtlichen Reiseveranstaltern oder in Harare (Shearwater Adventures).

Reiten: Safaris zu Pferd veranstaltet Zambezi Horse Trails; Buchung bei örtlichen Reiseveranstaltern.

Hwange National Park

Straßenverbindungen: A 8, Bulawayo–Main Camp (288 km); Victoria Falls–Main Camp (198 km), Abzweigung zum Main Camp bei Straßenkilometer 265.

Busse: Expreßbusse Victoria Falls–Bulawayo halten bei der Hwange Safari Lodge.

Züge: Haltestelle Dete, Ankunft der Züge von Bulawayo um 1.30 Uhr.

Flüge: Hwange–Victoria Falls 1× täglich; Hwange–Kariba/Harare 1× täglich, Hwange–Bulawayo 1× wöchentlich.

Mietwagen: Hertz, Hwange Safari Lodge, ✆ 1 10/3 93.

Reiseveranstalter: Touch the Wild, P. Bag Dete 577/9, ✆ 1 18/21 05, Telex 5 16 04: Drei gut geführte, exklusive Privatcamps; die Sikumi Tree Lodge und Sable Valley Lodge liegen in der Nähe des Main Camp, und Makalolo befindet sich im Südosten des Parks, Abholung im Main Camp oder am Flughafen. Imbabala (s. Victoria Falls) betreibt das luxuriöse Jijima Safari Camp im Süden des Hwange-Parks; Abholung am Flughafen oder im Main Camp. Siehe auch Safariunternehmen und Reiseveranstalter in Victoria Falls.

Hotels in Hwange, Dete, Gwayi: ***Hwange Safari Lodge, Maincamp Road, P.O. Box 5792, Dete, ✆ 3 23/4 93, Telex 5 16 02 ZW; gehobener Standard, Tennisplatz; weite Anlage mit Schwimmbad am Eingang zu tierreichem Park; im angeschlossenen Bush Camp Übernachtungsmöglichkeit in Baumhäusern. **Baobab Hotel, Baobab Hill, P.O. Box 120, Hwange, ✆ 1 19/3 23 und 4 93; komfortables Mittelklassehotel mit Pool, Ausblick auf die Eisenbahntrasse (Dampflokomotive). In Gwayi: *Gwaai River Hotel, Victoria Falls Road, P.O. Box 9, ✆ Gwayi 34 00; preiswert, Pool und Tennisplatz.

Weitere Übernachtungsmöglichkeiten: Deka Drum Fishing Resort, P.O. Box 2, Hwange, ✆ 1 18/5 05 24: Fischercamp am Westende des Kariba-Sees, 50 km von Hwange; Ferienhütten mit Restaurant, Schwimmbad, Bootsvermietung, Camping.

Im Nationalpark (Reservierung in Harare oder Bulawayo, s. Nationalpark, S. 353): Main Camp, P. Bag Dete 5776, ✆ 1 18/3 71: ganzjährig geöffnet; Cottages, Lodges, Chalets und Campingplatz. Restaurant, Geschäft, Bar und Tankstelle vorhanden. Sinamatella Camp, P. Bag Hwange 5941, ✆ 1 81/4 45 22: ganzjährig geöffnet; Anfahrt von Hwange Town (50 km); Angebot, Ausstattung und Buchung siehe Main Camp. Robins und Nantwich Camps, P. Bag Hwange 5936, Hwange, ✆ 1 18/7 02 20: geöffnet Mai–Okt.; Anfahrt zum Robins Camp von Victoria Falls über eine 70 km lange Piste (Abzweigung von der A 8 bei Kilometerstein 391). Nantwich Camp liegt 11 km westlich davon. Lodges (Nantwich) und Chalets (Robins), Campingplatz, Geschäft und Tankstelle sind vorhanden.

Bulawayo und das südliche Matabeleland

Bulawayo

Straßenverbindungen: A 5 Bulawayo–Gweru–Kwekwe–Kadoma–Harare (439 km); A 9 Bulawayo–Zvishavane–Masvingo (282 km); A 8 Bulawayo–Hwange–Victoria Falls (437 km); A 7 Bulawayo–Plumtree–Grenze Botswana (110 km).

Busse: Expreßbusse täglich nach Harare und Victoria Falls; Zimbabwe Omnibus Company, Lobengula Street/Sixth Avenue, ✆ 19/7 40 59; Express Motorways, c/o UTC, George Silundika Street/Fourteenth Avenue, ✆ 6 14 02; Buchungen bei den Busunternehmen. Überlandbusse mehrmals täglich in die größeren Städte; Abfahrt/Ankunft am Renkini Busterminus, Sixth Avenue Extension, gegenüber der Mzilikazi-Polizeistation. Weitere Informationen bei der Bulawayo Publicity Association, ✆ 6 08 67).

Züge: täglich nach Harare, Victoria Falls und Francistown (Botswana); Bahnhof: Thirteenth Avenue/Lobengula Street, Auskunft unter ✆ 36 31 11, Reservierung unter ✆ 32 23 10 und 32 22 84.

Flüge: Bulawayo–Harare 2× täglich, Bulawayo–Victoria Falls 4× wöchentlich, Bulawayo–Masvingo 3× wöchentlich, Bulawayo–Buffalo Range 1× wöchentlich, Bulawayo–Johannesburg (Südafrika) täglich außer Sa. Air Zimbabwe Büro: Jason Moyo Avenue, zwischen Eleventh und Twelfth Avenue, ✆ 7 20 51. Der Flughafen liegt 22 km außerhalb der Stadt an der Queens Road, ✆ 2 64 23; Zubringerbus vorhanden.

Taxis: Rixi Taxi, ✆ 6 06 66, 6 19 33; Skyline Taxi, ✆ 7 24 54; Trixi Taxi, ✆ 6 01 54 und 6 07 04. Taxis können auch tageweise zu einem ausgehandelten Sondertarif gemietet werden (preiswerter als die Tagestarife der Mietwagen).

Mietwagen: Avis, Robert Mugabe Way/Tenth Avenue, ✆ 19/6 85 71 und 6 13 06, P.O. Box 1914; am Flughafen: ✆ 2 66 57. Hertz, Bulawayo Sun Hotel, George Silundika Street/Fourtheenth Avenue, ✆ 7 47 01 und 6 14 02, P.O. Box 118; am Flughafen: ✆ 2 71 77. Echo/Europcar, Africa House, Fife Street, ✆ 6 79 25 und 7 41 57. Transit, Car and Truck Hire, Twelfth Avenue/Robert Mugabe Way, P.O. Box FM 260, ✆ 7 64 95–6 oder 6 22 77 (abends).

Fahrräder: Transit, Car and Truck Hire, Adresse s. Mietwagen.

Reisebüros: Bon Voyage, Eighth Avenue/George Silundika Street, ✆ 19/7 40 61, Telex 3 31 97. Budget Tours, Beverly Place, Fife Street/Tenth Avenue, ✆ 7 66 44–5, Telex

3 35 31. Centrust Travel, 47 Forth Street/Third Avenue, ✆ 6 19 95, Telex 2 57 56. Executive Travel Zimbabwe, 88 Jason Moyo Street, ✆ 7 90 84, Telex 3 30 24. Galaxy Travel Corporate & Leisure, Travel Parkade Centre, Ninth Avenue/Fife Street, ✆ 6 50 61, Telex 3 31 17. Manica Travel Services, Federal Centre, Tenth Avenue, zwischen Main und Fourth Street, ✆ 6 25 21, Telex 3 35 28. Mitchell Cotts Travel, Pioneer House, Eighth Avenue/Fife Street, ✆ 6 86 31. Paltours & Travel, Eighth Avenue/George Silundika Street, ✆ 7 40 61–3, Telex 3 31 97. Sunshine Tours, Old Mutual Arcade, Eighth Avenue/Jason Moyo Street, ✆ 6 77 91, Telex 3 33 04. Ausflüge mit dem Bus (Stadtrundfahrten, eintägige Ausflugsfahrten nach Matobo, zu den Kame-Ruinen und zum Chipangali Wildlife Orphanage) und Safariunternehmen organisieren: United Touring Company, George Silundika Street/Fourteenth Avenue, ✆ 6 14 02, Telex 3 33 84.

Safariunternehmen, die auch Ausflüge nach Matobo anbieten: Black Rhino Safaris, 65 Southway, Burnside, ✆ 19/4 16 62. Africa Dawn Safaris, P.O. Box 128, Bulawayo; ✆ Harare 70 71 38; Fax 73 56 15. Shamwari Safaris, P.O. Box 2421 Bulawayo, ✆ 6 10 71–2. Inhlaba Safaris, P.O. Box 1427 Bulawayo, ✆ 6 87 39. Sunrise Safaris, P.O. Box 485 Bulawayo, ✆ 675 51/2. Railsafaris, s. Victoria Falls.

Hotels: The Nesbitt Castle, 6 Percy Avenue, Hillside, ✆ 19/4 27 26, Fax 4 18 64; Luxusklasse, schloßähnliche Anlage mit Schwimmbad und Sauna, gute Küche, exclusiver Service (1991: 200 US$ Einzel-, 300 US$ Doppelzimmer). ***Bulawayo Inn, Minerton Drive, P.O. Box 88, Ascot Centre, ✆ 7 24 64, Telex 3 33 41 ZW; gehobener Standard, Tennis, Pool. ***Bulawayo Sun, J. Tongogara Street/Tenth Street, P.O. Box 654, ✆ 6 01 01, Telex 3 32 42 ZW; gehobener Standard, zentral gelegen. ***Cresta Churchill, Matobo Road-Hillside, P.O. Box 9140, ✆ 4 42 43, 4 10 46, Telex 3 30 51 ZW; gehobener Standard, Pool, 6 km außerhalb der Innenstadt, schöner kolonialer Fachwerkbau, gepflegte Küche. **Grey's Inn, Mugabe Way/Takawira, P.O. Box 527, ✆ 6 01 21–2; preiswert, Pool. **New Royal Hotel, Silundika/Sixth Avenue, P.O. Box 1199, ✆ 6 57 64; Mittelkasse. **Selborne Hotel, Takawira Avenue, P.O. Box 219, ✆ 6 57 41–3; Mittelklasse, Pool, altes Kolonialhotel, zentral gelegen. Manor Hotel, 100 Lobengula Street, P.O. Box 1035, ✆ 6 10 01 und 7 68 03; preiswert. Waverley Hotel, 133 Lobengula Street, P.O. Box 12 RY, ✆ 6 00 33; preiswert.

Weitere Übernachungsmöglichkeiten: Youth Hostel, Townsend Road/Third Street, ✆ 19/7 64 88, geöffnet täglich ab 17 Uhr. Y.W.C.A., Ninth Avenue/Lobengula Street, ✆ 6 01 85, Übernachtung auch für Männer möglich.

Campingplatz: Bulawayo Municipal Camp Site and Caravan Park, Central Park, ✆ 19/7 50 11 und 6 38 51.

Restaurants und Unterhaltung: Capri, George Silundika Street/Eleventh Avenue, ✆ 19/6 86 39, italienische Küche und Steaks; Livemusik. The Carvern, Eleventh Avenue, ✆ 3 69 31; Livemusik. Golden Spur Grill, 85 Robert Mugabe Way, ✆ 7 01 18, Steaks. Granada, Parkade Centre, Fife Street/Ninth Avenue, ✆ 7 07 16, spanische Küche. Jade Moon Chinese Restaurant, Tenth Avenue/Josiah Tongogara Street, ✆ 7 60 86, chinesische

Küche. La Gondola, Robert Mugabe Way/Tenth Avenue, ✆ 6 29 86, italienische Küche, Livemusik. Maison Nic, Warnborough Mansions, Forth Avenue/Main Street, ✆ 6 18 84, Fischspezialitäten, französische Küche. Massimo, Ascot Centre, Johannesburg Road, ✆ 6 74 30. Mexicana Restaurant, Robert Mugabe Way/Ninth Avenue, ✆ 772 92. Peking Restaurant, Treger House, Jason Moyo Street, ✆ 6 06 46 und 6 69 39, chinesische Küche. The Red Ox, Fourteenth Avenue/Jason Moyo Street, ✆ 7 64 44, italienische Küche. 27 b Steak House, Tenth Avenue/Josiah Tongogara Street, ✆ 6 46 76. The Pantry, Fifteenth Avenue, zwischen Main Street und Forth Street, ✆ 6 05 61, traditionelle zimbabwische Küche, geöffnet 5–15 Uhr. Y.M.C.A.-Kantine, Ninth Avenue/Lobengula Street, traditionelle Ndebele-Küche, beliebter lokaler Treffpunkt, geöffnet Mo–Fr 12–14.30 Uhr. Exchange Bar, 76 Main Street, ✆ 6 04 21, traditionsreicher Pub aus dem Jahr 1896. New Waverly Hotel, am Wochenende im Biergarten lokale Musikgruppen. Bulawayo Sun Hotel, Jazz. Talk of the Town, Monte Carlo Centre, Fife Street/Twelfth Avenue, beliebter Nachtclub, Diskothek.

Kino: Kine 1 und 2, Robert Mugabe Way. 7-Arts Theatre, Jason Moyo Street. Rainbow Visterama, George Silundika Street. Alliance Française, ✆ 19/6 27 97, zeigt französische Filme mit englischen Untertiteln.

Souvenirs: Balaza, 105 George Silundika Street, ✆ 19/770 84: handgedruckte Stoffe, Batiken. Tendele, Naakes Galery, 90 Fife Street, ✆ 6 87 97; Kunstgewerbe, Schmuck, T-Shirts, Wandbehänge. Jairos Jiri, neben der Nationalgalerie; Kunstgewerbe. Bulawayo Home Industries Centre, Mzilikazi Township, ✆ 672 45; Batiken, Mohairpullover aus handgesponnener Wolle, Korbwaren. Mzilikazi Art and Craft Centre, gegenüber dem Bulawayo Home Industries Centre; Keramikgeschirr, Holz- und Steinskulpturen. Country Cottage, 119 b Fife Street, ✆ 6 37 88; Antiquitäten, Kitsch. Music, Jason Moyo Street, ✆ 6 68 95 und 7 16 07; gute Auswahl an zimbabwischem Pop und Jit Jive. Haefeli's Swiss Bakery, 103 Fife Street, ✆ 6 47 31; ausgezeichnete Schweizer Konditorei/Bäckerei.

Buchhandlungen: Books of Zimbabwe, George Silundika Street, zwischen Fourteenth und Fifteenth Avenue, ✆ 19/6 11 35; neuaufgelegte Siedlerliteratur, historische Reiseberichte, Antiquariat, Drucke historischer Bilder. Bookworm, 105 Robert Mugabe Way, ✆ 6 00 01; Antiquariat. Kingstons, Jason Moyo Street, ✆ 6 08 69. The Book Centre, 80 a Jason Moyo Street, ✆ 7 19 01.

Wichtige Adressen: Bulawayo Publicity Association (Fremdenverkehrsbüro), City Hall, P.O. Box 861, ✆ 19/6 08 67; Automobile Association (AA), Fanum House, Leopold Takawira Avenue/Joshia Tongogara Street, ✆ 7 00 63. Nationalparkbüro: 140 a Fife Street, P.O. Box 2283, ✆ 6 36 46.

Polizei: Fife Street/Leopold Takawira Avenue, ✆ 19/7 25 16.

Krankenhaus: St. Lukes' Way, ✆ 19/7 21 11. Ärzte- und Apothekennotdienst: Dae-Nite Pharmacy, Robert Mugabe Way/Eighth Avenue, ✆ 6 62 41, geöffnet 8–20 Uhr, Chemist's Emergency Service, 86 Robert Mugabe Way, geöffnet bis 21 Uhr.

Post: Main Street/Eighth Avenue, ✆ 19/6 25 35.

Kirchen: St. Mary's Cathedral (katholisch), Lobengula Street/Ninth Avenue, ✆

19/6 03 59. Evangelical Lutheran Church, Corner House, Leopold Takawira Avenue/ Herbert Chitepo Street, ✆ 6 26 86.

Stadtbibliothek: Eighth Avenue/Fourth Street, ✆ 6 09 66, geöffnet Mo–Fr 9–17.30, Sa 9–12.30 Uhr.

Sport: Golfplätze des Bulawayo Golf Club, (6431 m) 18–72, ✆ 19/6 14 28, Park Road (nur 3 km von der Innenstadt entfernt), und des Bulawayo Country Club, (6186 m) 18–72, ✆ 4 96 77, 10 km außerhalb der Innenstadt an der Straße nach Esigodini; Harry Allan Golf Club, (6456 m) 18–72; ✆ 6 38 45, Leopold Takawira Avenue, 7 km außerhalb der Stadt in der Nähe der Pferderennbahn.

Fischen: Gute Angelmöglichkeiten bieten die Stauseen um Bulawayo; Informationen und Lizenzen bei der Nationalparkverwaltung.

Schwimmen: Städtisches Schwimmbad, Samuel Parirenyatwa Street, geöffnet Sept.–Mai, 10–14 und 15–18 Uhr.

Reiten: Upwey Riding School, Cicular Drive, Burnside, ✆ 4 28 45–6, 10 km außerhalb der Stadt. Chipchase Stables, Waterford, ✆ 4 34 53. Greyville Equestrian Centre, Burnside Road. Bulawayo Drive, ✆ 4 28 29. Ponyritte in Matobo können bei der Nationalparkverwaltung gebucht werden.

Matobo National Park

Unterkunft: Inungu Guesthouse, direkt am Nationalpark gelegen, privates, gut ausgestattetes Ferienhaus für max. acht Personen. Buchung über Sunshine Tours, s. Bulawayo S. 336. National Parks Accomodation, Lodges und Chalets; am schönsten sind die Ferienhäuser Blackeagle und Fisheagle Lodge (für max. sechs Personen). Buchungen über: Bulawayo Booking Agency, 140 a Fife Street, P.O. Box 2283, ✆ 19/6 36 46, oder bei Harare Central Booking Office, 93 b Jason Moyo Avenue, P.O. Box 8151, ✆ 14/70 60 77.

Zwischen Bulawayo und Harare

Unterkunft in Gweru: *** Fairmile Hotel, Bulawayo Road, P.O. Box 1232, ✆ 1 54/41 44, Telex 777 67 ZW; Mittelklasse, Golf, Pool. *** Midlands Hotel, 114 Mainstreet, P.O. Box 267, ✆ 25 81, Telex 777 31 ZW; Mittelklasse, Golf, Tennis.

... in Kwekwe: *** Golden Miles Motel, Gweru Road, P.O. Box 238, ✆ 155/37 11; Mittelklasse, Pool. * Shamwari Hotel, R. Mugabe Way, P.O. Box 659, ✆ 23 87; preiswert.

... in Kadoma: *** Kadoma Ranch Motel, Bulawayo Road, P.O. Box 874, ✆ 1 68/23 21–4, Telex 4 23 09 ZW; Mittelklasse, Golf, Pool.

Information in Gweru: Fremdenverkehrsbüro, Civic Centre, Robert Mugabe Way, P.O. Box 295, ✆ 22 26.

... in Kadoma: P.O. Box 86, ✆ 27 17.

Masvingo, Great Zimbabwe, Lake Mutirikwe

Masvingo

Straßenverbindungen: A 4 Masvingo–Mvuma–Chivu–Harare (292 km); A 9 Masvingo–Zvishavane–Bulawayo (280 km); A 9 Masvingo–Birchenough Bridge–Mutare (297 km); A 4 Masvingo–Beitbridge (Grenze zu Südafrika, 288 km).

Überlandbusse: Abfahrt/Ankunft beim Markt im Mucheke Township, Masvingo, Charumbira Street. Information im Fremdenverkehrsbüro.

Flüge: Masvingo–Harare täglich außer Sa; Masvingo–Bulawayo 3 × wöchentlich.

Taxi: ✆ 139/3304

Mietwagen: Hertz (bei Reisebüro Travelworld), ✆ 139/2131

Reiseveranstalter: Travelworld, Foundershouse, Robert Mugabe Street, P.O. Box 688, ✆ 139/2131, Telex 91118.

Organisierte Busausflüge: ZIM Tours bietet täglich Busfahrten ab Masvingo mit folgendem Programm an: Besuch der Ruinen von Great Zimbabwe, mittags Picknick am See, Besichtigung der Stadtmauer und des Tierparks. Buchung unter ✆ 4054 oder über Verkehrsbüro in Masvingo, ✆ 2643, oder in Harare, ✆ 79366–9, 706511–3; Preise wochentags 80 $ pro Person, am Wochenende 66 $, Kinder bis zu zwölf Jahren zahlen die Hälfte (1990). UTC bietet die gleiche Tour an; Buchung: P.O. Box 658, Masvingo, ✆ 2131 und 2104, oder im Hauptbüro in Harare, 4 Park Street, Ecke Jason Moyo Avenue, ✆ Harare 793701, Telex 26030.

Hotels: ** Chevron Hotel, Mainstreet, P.O. Box 245, ✆ 139/2054–5; Mittelklasse, Pool. ** Flamboyant Hotel, Beitbridge Road, P.O. Box 225, ✆ 2005–6; Mittelklasse. Masvingo A 1 Hotel, im Mucheke Township, Stand 1678, P.O. Box 45, Chikato/Masvingo, ✆ 2917; Billigunterkunft.

Camping- und Caravanplatz: 2 km außerhalb der Stadt, ✆ 2431–4.

Wichtige Adressen: Masvingo Publicity Association (Fremdenverkehrsbüro), Robert Mugabe Street, gegenüber dem Chevron Hotel, P.O. Box 340, ✆ 139/2643.

Polizei: Hughes Street, ✆ 2222.

Krankenhaus: Hay Robertson Street, ✆ 21112–3.

Apothekennotdienst: Masvingo Pharmacy, Hughes Street, ✆ 3884, 4136.

Post: Robert Mugabe Street/Leopold Takawira Avenue, ✆ 2711.

Kirchen: Katholische Kirche, Hughes Street, ✆ 2956. Methodistenkirche, Josiah Tongogara Avenue/Hughes Street, ✆ 2444.

Sport: Tennis und Golf (6278 m/18–72) beim Masvingo Sports Club, Bradbury Club, Bradbury Street, ✆ 2381.

Great Zimbabwe

Unterkunft: *** Great Zimbabwe Hotel, Zimbabwe Ruins, P.O. Box 9082, Masvingo, ✆ 139/2274 und 2449; Mittelklasse, 26 km von der Stadt, 10 Gehminuten von den Ruinen entfernt; schöne Gartenanlage mit Pool; alle Zimmer mit Bad, WC, Radio und TV; Tennisplatz, Reitangebote, Fahrradverleih, Tankstelle.

Camping: National Museums & Monuments Camping, P. Bag 9158, ✆ 2081, 246325; direkt am Eingang zu dem Ruinenfeld gelegen.

Geführte Ruinentour und Tierbeobachtungen: Sunbird Safaris, Great Zimbabwe Hotel, P.O. Box 644, ✆ 2274.

Lake Mutirikwe

Unterkunft: Mutirikwe Lake Shore Lodges, P.O. Box 518, Masvingo, ✆ 139/292421, am

Südufer gelegen; grasgedeckte komfortable Ferienhäuser für zwei bis sechs Personen, ausgerüstet mit Kochgelegenheit, Kühlschrank und Geschirr; auch ein Camping- und Caravanplatz; Restaurant mit Bar. Kyle View Holiday Resort, P. Bag 9055, ✆ 22 38 22; ähnlich wie Mutirikwe Lake Shore Lodges ausgestattete Ferienbungalows am Südufer, Restaurant, Aufenthaltsraum, Pool, Flutlicht-Tennisplatz, kleiner Lebensmittelladen, Tankstelle, Camping- und Caravanplatz. Sikato Bay, P. Bag 9136, ✆ 22 38 20; Camping- und Caravanplatz am Westufer, 6 km von Great Zimbabwe entfernt. Mutirikwe Recreational Park and Game Park: Ferienhäuser sowie Caravan-/Campingplatz im Erholungspark, P. Bag 9136, ✆ 29 13. Buchung über die Hauptbüros in Harare und Bulawayo, s. Nationalparks S. 353.

Sport: Wer im Lake Mutirikwe angeln möchte, benötigt eine Lizenz des Nationalparkbüros. Information über Wassersportmöglichkeiten beim Sports Club, ✆ 139/ 23 81. Ponyausritte im Erholungspark können bei der Nationalparkverwaltung gebucht werden.

Im Südosten

Unterkunft in Chiredzi (Richtung Gonarezhou National Park): ** Tambuti Lodge, Chiredzi River, P.O. Box 22, ✆ 131/25 75, Mittelklasse, Golf, Tennis, Pool.

Unterkunft in Beitbridge (an der Grenze zu Südafrika): ** Beitbridge Hotel, Stand 15, P.O. Box 82, ✆ 214/413, Telex 5 27 28 ZW, Mittelklasse, Pool. Peter's Motel, Stand 60, P.O. Box 21, ✆ 3 09, Telex 5 27 06 ZW, Pool; preiswert.

Unterkunft in Chivu (Richtung Harare): * Vic's Tavern, 277 York Street, P.O. Box 12, ✆ 27 64; preiswert.

Östliches Hochland

Mutare

Straßenverbindungen: A 3 Mutare–Rusape–Marondera–Harare (263 km); A 15 Mutare–Nyanga (107 km); A 9 Mutare–Birchenough Bridge–Masvingo (296 km).

Busse: Expreßbusse 5× wöchentlich nach/ von Harare; Express Motorways, Buchung bei Manica Travel, Abfahrt/Ankunft: Manica Hotel. Mit Überlandbussen regelmäßige Verbindungen nach Beitbridge, Chipinge, Chiredzi und ins Honde Valley; Information: Zvinoira Busservice, 26 d Eickhoff Avenue, ✆ 120/6 11 27; Abfahrt/Ankunft beim Busbahnhof in Sakubva Township.

Züge: Täglich Nachtzug nach Harare; Bahnhof: Railway Street, ✆ 120/6 28 35, geöffnet Mo–Fr 8–12 und 14–16 Uhr.

Taxis: ✆ 120/6 33 44.

Mietwagen: Hertz, c/o Manicaland Publicity Association, Market Square, P.O. Box 69, ✆ 120/6 47 11. Echo Car Hire, c/o Grants Service Station, 21 Robert Mugabe Avenue, ✆ 6 32 67.

Reisebüros: Manica Travel Service, Herbert Chitepo Street/Second Avenue, ✆ 6 41 12. GMS-Travel, 20 Glasgow Road, P.O. Box 230, ✆ 6 44 46, Telex 8 11 06.

Unterkunft: ** Christmas Pass Hotel, Mutare Road, P.O. Box 841, ✆ 120/6 38 18, 6 38 83, Telex 8 11 67 ZW; 5 km Richtung Harare gelegen, Mittelklasse, Pool. *** Manica Hotel, Victoria Avenue, P.O. Box 27, ✆ 6 44 31, Telex 8 11 01; Mittelklasse, Pool. ** The Wise Owl Motel, Harare Road, P.O. Box 588, ✆ 6 46 43; Mittelklasse, Pool. Balmoral Hotel, C Avenue/Third Street, ✆ 6 14 35; Kolonialbau im Zentrum der Stadt, preiswert. City Centre Hotel, Herbert Chitepo Street/D Avenue, P.O. Box 653, ✆ 6 24 41; an der Hauptstraße, preiswert.

Campingplatz: Christmas Pass, ✆ 6 00 20–11.

Restaurants und Unterhaltung: Terrassencafeteria im Meikles, Herbert Chitepo Street. Stax Steak House, Norwich Union Centre, Herbert Chitepo Street. Freitas, Mountview Flats, Seventh Avenue/Second Street. Little Swallow Inn, neben City Centre Hotel, am Wochenende Livemusik. Fiesta Park Motel, außerhalb der Stadt an der Straße nach Beira gelegen, ✆ 120/6 07 55, an Wochenenden Livemusik, war 1991 geschlossen. Kino-Centre, Robert Mugabe Avenue. Courtauld Theatre, Robert Mugabe Avenue.

Souvenirs/Geschäfte: Mutare Crafts, 94c Herbert Chitepo Street, ✆ 120/6 29 30; Kunstgewerbe. Jairos Jiri, 41 First Street, Kunstgewerbe. Jenny's Cottage, 130 Herbert Chitepo Street, ✆ 6 07 41; Nippes, Antiquitäten, hausgemachte Marmeladen, leichte Imbisse. Mitchells Bakery, Ecke Herbert Chitepo/Robert Mugabe Avenue; beste Großbäckerei des Landes.

Wichtige Adressen: Manicaland Publicity Association (Fremdenverkehrsbüro), Market Square, P.O. Box 69, ✆ 120/6 47 11. Automobile Association (AA), Fanum House, Milner Avenue, ✆ 6 44 22.

Polizei: Aerodrome Road, gegenüber vom Manica Hotel, ✆ 6 42 12.

Krankenhaus: Seventh Avenue Surgical Unit, 123 Herbert Chitepo Street, ✆ 6 46 35–81.

Apothekennotdienst: Central Pharmacy, Cuthberts Building, ✆ 6 12 11.

Post: Robert Mugabe Avenue.

Sport: Golf im Hillside Golf Club (6207 m, 18–73), P.O. Box 469, ✆ 120/60 72, und im Mutare Raylton Sports Club (5973 m, 18–72), P.O. Box 36, ✆ 6 18 68. Tennis in mehreren Sportclubs der Stadt.

Vumba

Verkehr: Am besten fährt man mit einem PKW nach Vumba. Vom lokalen Stadtterminal an der F Avenue in Mutare fährt morgens der Essex Valley Bus bis nach Clondlands, 13 km vom Botanischen Garten entfernt.

Hotels: The Castle, P.O. Box V 7401, Mutare, ✆ 120/21 03 20; burgähnliche Anlage, Privatpension mit individueller Atmosphäre und ausgezeichnetem Service, gute Küche; im voraus buchen! ** Impala Arms Hotel, Fernhill Road, Vumba, P.O. Box 524, Mutare, ✆ 6 07 22; Mittelklasse, Pool. ** White Horse Inn, Laurenceville Road, P.O. Box 3193, Mutare, ✆ 6 03 25–6, Telex 8 11 75 ZW; Mittelklasse, Pool, gute Küche, gepflegte Atmosphäre. **** Leopard Rock Hotel, Luxusklasse, schloßähnliche Anlage, Golf, Tennis, Reiten, Casino; Buchungen über: ✆ Harare 73 89 99, Telex 2 41 47, Fax: 73 89 99; Postanschrift: P.O. Box CH 89, Chisipite, Harare.

Private Ferienhäuser: Sie liegen auf Farmgelände, sind sehr gut ausgestattet und deutlich preisgünstiger als die Hotels. Die meisten sind auf Selbstversorger eingerichtet, jedoch helfen Hausangestellte bei Abwasch und Reinigung. Bei einigen der Ferienhäuser können Pferde gemietet und ein Schwimmbad mitgenutzt werden. Die Vermittlung übernimmt auch das Fremdenverkehrsbüro in Mutare: Cloud Seven, 18 km von Mutare, sechs Betten, ✆ 120/21 96 17. Coffee Cottage, Essex Valley, 39 km von Mutare, sechs Betten, ✆ 120/21 71 22. Culemborg Cottages, 17,5 km von Mutare, vier und zwei Betten, ✆ 120/6 46 35, 6 44 27. Far Forest Cottage, 33 km von Mutare, zwei Betten, ✆ 120/21 85 24. Gower Park Cottage, 16 km von Mutare, zwei Betten, ✆ 120/21 97 13. Munzeiro Farmhouse, c/o Chiremba Estate, ✆ 120/21 71 16. Ntaba Cottage, 18 km von Mutare, zwei Betten, ✆ 120/6 31 50. Trinafor Cottage, sechs Betten, ✆ 120/6 45 22. Twinstreams Cloudlands, drei und sechs Betten, ✆ 120/21 51 25.

Campingplatz: Im Botanischen Garten, mit Pool und hervorragender Aussicht; Spontanbesuche sind möglich, Buchung über die Nationalparkzentrale in Harare.

Rusape

Unterkunft: Crocodile Hotel, Mutare Road, P.O. Box 166, ✆ 24 04; preiswert, Pool.

Nyanga National Park

Straßenverbindungen: A 3/A 14 Nyanga–Rusape–Harare (269 km); A 15 Nyanga–Juliasdale–Mutare (107 km).

Busse: Überlandbusse bis Nyanga, Busbahnhof im Nyamhuka Township.

Hotels: Die im folgenden genannten Hotels im Nationalpark oder in der näheren Umgebung sind an der Hauptstraße ausgeschildert. *** Troutbeck Inn, Troutbeck, P.O. Box 1, Nyanga, ✆ 129–8/3 05, Telex 8 12 77 ZW; gehobener Standard, Golf, Tennis, Reiten, Pool, an einem der schönsten Golfplätze des Landes gelegen. *** Montclair Casino, Juliasdale Road, P.O. Box 10, Juliasdale, ✆ 129/2 54, 2 31, Telex 8 12 72 ZW; Mittelklasse, Tennis, Golf, Reiten, Pool. *** Brondesbury Park, Nyanga Road, P.O. Box UA 306, Juliasdale, ✆ 129/2 41; Mittelklasse, Golf, Reiten, Tennis, Pool. Pine Tree Inn, Susurumba Road, P.O. Box 1, Juliasdale, ✆ 129/2 59 16, Telex 8 12 68 ZW; Mittelklasse, private Atmosphäre, gute Küche, Tennis, Golf, Reiten. * Rhodes Nyanga Hotel, Nyanga National Park, P.O. Box 8024 N, Rusape, ✆ 377, Telex 8 12 67 ZW; Mittelklasse, Golf, Tennis, auf dem ehemaligen Anwesen von Rhodes gelegen, beherbergt ein kleines Museum.

Private Ferienhäuser: Über das Fremdenverkehrsbüro in Mutare oder direkt unter den angegebenen Telefonnummern zu buchen. Brackenridge Cottage, 3 km vom Pungwe View, zehn Betten, Juliasdale, ✆ 180/2 63 21. Holiday Club, 10 km von Juliasdale, sechs Betten, ✆ 180/2 40 23. Punch Rock Chalets, hinter Pine Tree Inn, ✆ 180/2 44 24. Silver Rocks Holiday Farm, 10 km südlich von Juliasdale, ✆ 180/2 17 19. Tara Cottage, nahe beim Montclair Hotel, ✆ 180/2 24. Ferienhäuser der Nationalparkverwaltung (bei der Zentrale in Harare oder vor Ort bei der Nationalparkverwaltung zu buchen) am Nyangwe (Mare) Dam, 8 km östlich des Eingangsbüros, am (Rhodes) Nyanga Dam (in der Nähe des Parkeingangsbüros), am Udu Dam 4 km westlich des Büros und an den Pungwe Falls; alle sind wunderschön jeweils an einem kleinen Stausee gelegen und gut ausgestattet (mit Kamin).

Camping im Nationalpark: Nyangombe Campsite, an der Straße nach Nyanga. Er ist großflächig angelegt, Pinien bieten Schatten, und trotz der Nähe zur Straße ist der Verkehrslärm gering (Buchung im Zentralbüro in Harare, ✆ 14/70 60 77). Übernachtung im Honde Valley: Aberfoyle Country Club, 90 km von Juliasdale entfernt; Buchung: c/o Aberfoyle Tea Estate, P.O. Box 8293, Causeway, Harare, ✆ 14/70 82 39, Telex 2 63 77, Fax 70 22 29; landschaftlich sehr schön auf einer Tee- und Obstbaumplantage gelegen; Schwimmbad, Tennis, Golfplatz (2036 m, 9 Löcher).

Chimanimani

Verkehr: Chimanimani – Mutare (150 km); Chimanimani – Masvingo (280 km). Überlandbusse von/nach Mutare (ab Markt in Chimanimani, Information im Hotel).

Unterkunft: Chimanimani Hotel, 180 Memorial Road, P.O. Box 5, Chimanimani, ✆ 1 26/5 11; Pool, preiswert. Travellers Pot Pourri, P.O. Box 1: Gemeinschaftsschlafraum, Küche; Buchung über Chimanimani Hotel, preiswert (Schlafsack mitbringen).

Camping: Auf Nachfrage bei der Hoteldirektion neben dem Hotel möglich; im Nationalpark im Basiscamp Mutekeswane; Übernachtung auch in der Berghütte möglich (Buchung vor Ort bei der Parkverwaltung).

Kleiner Sprachführer

Englisch, Shona und Ndebele gelten als offizielle Landessprachen. Je nach Region wird entweder Shona oder Ndebele gesprochen, jedoch kann man sich auch auf Englisch überall verständigen. Die Bevölkerung schätzt es allerdings sehr, wenn Besucher Begrüßungsformeln und einfache Sätze in Shona oder Ndebele äußern.

Shona wird fast immer so ausgesprochen, wie im Deutschen gelesen. Ndebele ist durch Klicklaute in Verbindung mit den Buchstaben/Silben ›qh‹, ›q‹, ›x‹, ›cha‹, ›ca‹ etwas schwieriger auszusprechen.

Deutsch	**Shona**	**Ndebele**
Begrüßungs- und Höflichkeitsformeln		
Guten Morgen!	mangwanani!	livuke njani!
Haben Sie (gut) geschlafen?	marara here?	livuke njani?

Deutsch	Shona	Ndebele
Ich habe (gut) geschlafen, wenn Sie (gut) geschlafen haben.	ndarara mararawo.	sivukile singabuza lina.
Ich habe (gut) geschlafen.	ndarara.	sivukile.
Guten Tag!	masikati!	litshonile!
Haben Sie (den Tag gut) verbracht?	maswera here?	litshona njani?
Ich habe (den Tag gut) verbracht, wenn Sie (den Tag gut) verbracht haben.	ndaswera (kana) maswerawo.	sitshonile singatsho lina.
Ich habe (den Tag gut) verbracht.	ndaswera.	sitshonile.
Guten Abend!	manheru!	litshone njani!
Hallo! (Sing.)	mhoro!	sawubona!
Hallo! (Pl.)	mhoroi!	salibonani!
Hallo! (Antwort)	ehoi!	yebo!
Wie geht es Ihnen?	makadii/makadini?	kunjani/linjani?
Mir geht es (gut), wenn es Ihnen (gut) geht.	ndiripo makadiiwo.	sikona linjani lani.
Mir geht es (gut).	ndiripo.	sikhona.
Auf Wiedersehen!	chisarai zvakanaka!	lisale kuhle!
Willkommen!	titambire!	samkele!

Hilfreiche Redewendungen

Ja	ehe	yebo
Nein	aiwa	hayi
Verzeihung!	ruregereo!	uxolo!
Entschuldigen Sie!	pamusoroi!	uxolo/ngixolela!
Mit Vergnügen/einverstanden!	zvakanaka!	kulungile/huhle!
Herzlichen Glückwunsch!	makorokoto!	amhlope!
Danke!	ndatanda/mazvita!	ngiyabonga/wenzile kakhulu!
Wie heißen Sie?	munonzi ani?	ungubani?
Ich heiße ...	ndinonzi ...	ngingu ...
Ich bin ...	ndini ...	yimi ...
Angenehm (gut!)	zvakanakai.	kulungile.
Woher kommen Sie?	munobva kupi?	uvelangaphi?
Ich komme aus Deutschland.	ndinobva kuGermany.	ngivela eJelimani.
Sprechen Sie Englisch?	mu-no-taura chirungu here?	liyakhuluma isikhiwa yini?
Ich spreche kein Shona.	handitauri chishona.	angikhuhuni isishona.
Ich habe nicht verstanden.	handina kunzwa.	angizwanga.

Deutsch	Shona	Ndebele
Bitte	ndapota	uxolo
Freund	shamwari	mngane/umngane
Wo?	kupi?	ngaphi?
Wann?	rini?	nini?
Wie?	sei/nei?	njani?
Heute	nhasi	lamuhla
Gestern	nezuro	izolo
Morgen	mangwana	kusasa
Frau/Frauen	mukadzi/vakadzi	umfazi/abafazi
Mann/Männer	murume/varume	indoda/amadoda
Kind/Kinder	mwana/vana	umtwana/abantwana
Ich bin satt.	ndaguta.	sengisuthi.
Ich habe Durst.	ndine nyota.	ngomile.

Beim Einkaufen

Haben Sie ...?	mune chingwa ... here?	ulesinkwa yini ...?
Wieviel kostet das?	imarii?	yimalini?
Ich möchte ...	ndinoda ...	ngifuna ...
Brot	chingwa	isinkhwa
Eier	mazai	amaqanda
Fisch	hove	inhlanzi
Fleisch vom ...	nyama ye ...	inyama ye ...
... Huhn	huku	nkukhu
... Rind	mombe	inkomo
... Ziege	mbudzi	imbuzi
... Schwein	nguruve	ingulube
Bier	doro/hwahwa	utshwala
Milch	mukaka	uchago
Wasser	mvura	amanzi
Tee	tii	itiye
Salz	munyu	isaudo
Zucker	shuga	ushukela
Gemüse	muriwo	umbhida
Kartoffeln	mbatatisi	amagwili
Klein/wenig/groß	diki/shoma/guru	okuncane/okulutswane/okukhulu

Deutsch	Shona	Ndebele
Beim Reisen		
Wo ist das Hotel?	hotera iri kupi?	ihotela ingaphi?
Wo ist der Bahnhof/die Haltestelle?	chiteshi chiri kupi?	isitishi singaphi?
Wo geht es nach ...?	mugwagwa unoenda ku ...?	indlela eya ko ...?
Ist es weit?	kure zvakadii?	kukhatshana okunganani?
Gibt es heute einen Bus nach ...?	nhasi pane bhazi riri kuenda ... here?	lamuhla kulebhasi ehambayo na ...?
Wann kommt der Bus?	bhazi richauya rini?	ibhasi iyabuya nini?
Wann fährt der Bus ab?	bhazi richaenda rini?	ibhasi izahamba nini?
Mein Auto ist kaputt.	motokari yangu yakafa.	imota yami ifile.
Sagen Sie, wo ist eine Tankstelle?	ko, rimwe garaji repeturu riri kupi?	elimye igalaji lepeturu lingaphi?
Wochentage		
Montag	muvhoro	umvulo
Dienstag	chipiri	ulwesibili
Mittwoch	chitatu	ulwesithathu
Donnerstag	china	ulwesine
Freitag	chishanu	ulwesihlanu
Samstag	mugovera	isabatha
Sonntag	svondo	isonto
Wildtiere		
Leopard	mbada	ingwe
Nashorn	chipembere	ubhejane
Büffel	nyati	inyathi
Löwe	shumba	isilwane/ngwenyama
Elefant	nzou	indhlovu
Pavian/Affe	gudo (bveni/tsoko)	indwangu/inkawu
Zebra	mbizi	idube
Impala	mhara	impala
Giraffe	swiza	intundla
Hyäne	bere	impisi
Nilpferd	mvuu	imvubu

Praktische Hinweise von A–Z

Apotheken

Die städtischen Apotheken *(Pharmacies* und *Drugstores)* bieten ein ausreichendes Sortiment gängiger Medikamente. Adressen ausgewählter Apotheken in Provinzhauptstädten finden sich im Regionalführer.

Ärztliche Versorgung

Landesweiter Notruf ✆ 99. Ärzte *(Medical Practitioners)* und Zahnärzte *(Dental Surgeons)* sind im amtlichen Telefonbuch jeweils am Beginn der Telefonverzeichnisse größerer Städte aufgeführt. Regierungsspitäler sind im Telefonbuch – teils mit Privatadresse diensthabender Ärzte – unter ›Government Departments, Ministry of Health‹ zu finden. Adressen: s. Regionalführer.

Auskunft

Städtische Informationsbüros *(Publicity Associations)* gibt es in Bulawayo, Gweru, Harare, Kadoma, Kariba, Masvingo, Mutare und Victoria Falls (Adressen s. Regionalführer). Dort erhält man Broschüren über die Regionen sowie Landkarten. Für Harare, Bulawayo, Masvingo und Mutare geben die Informationsbüros monatlich Stadtzeitungen mit Veranstaltungshinweisen sowie Anschriften und Telefonnummern wichtiger Institutionen heraus.

Zentrale Auskunftstelle in Harare: Zimbabwe Tourist Development Corporation, Tourism House, 105 Jason Moyo Avenue, Ecke Fourth Street, ✆ 14/79 36 66–9, 70 65 11–3; Telex 2 60 82 ZIMTOR ZW, P.O. Box 8052, Causeway, Harare.

Autoclub

Die Automobile Association of Zimbabwe (AA) bietet Beratung, Routenvorschläge und Kartenmaterial und übernimmt Buchungen von Hotels und Mietwagen (10% Ermäßigung für Mitglieder). Außerdem leistet sie Pannenhilfe im Stadtgebiet. Adresse der Zentrale: Fanum House, Samora Machel Avenue 57, ✆ 14/70 70 21, Telex 2 21 67 FANUM ZW, P.O. Box 585, Harare.

Diplomatische Vertretungen in Zimbabwe

Deutsche Botschaft: 14 Samora Machel Avenue, ✆ 14/73 19 55–8; Telex 2 46 09 ZW, P.O. Box 2168, Harare.

Österreichische Botschaft: 30 Samora Machel Avenue, New Shell House, ✆ 14/70 29 21/2, Telex 2 25 46, P.O. Box 4120, Harare.

Schweizer Botschaft: 9 Lanark Road, Belgravia, ✆ 14/70 39 97/8, P.O. Box 3440, Harare.

Einkaufen

Öffnungszeiten der Geschäfte: Mo–Fr 8.30/9.00–17, Sa bis 12 Uhr. Kleinere Lebensmittelgeschäfte oder ›Cafés‹ und einige größere Supermärkte sind auch Samstagnachmittag und Sonntagvormittag bis 12 Uhr geöffnet (in Harare z. B. Avondale, Chisipite, Five Street).

Steinskulpturen: Die Galerien Harares bieten eine große Auswahl an Stücken verschiedener Künstler und übernehmen auch die Verschiffung (Adressen s. Regionalteil Harare). Darüber hinaus gibt es ein reiches Angebot an ›Steineiern‹ aus Halbedelsteinen, Quarzen u. a. (Achtung: besonders farbenfrohe Exemplare können u. U. künstlich eingefärbt sein).

Kunsthandwerk: Das geringe Angebot an typisch afrikanischem Kunsthandwerk beschränkt sich auf niedrige hölzerne Sitzhocker (Nationalgalerie), Spazierstöcke (lokale Märkte) und auf Holzfiguren oder Masken, die meist aus anderen afrikanischen Ländern importiert wurden. Weniger für Touristen als für die lokale Bevölkerung werden auf Märkten Körbe aller Art als Gebrauchsgegenstände angeboten. Die besonders schönen Körbe der Volksgruppe der Tonga sind am ehesten im National Handicraft Centre in Harare, in der Nationalgalerie und in einigen Souvenirläden erhältlich.

Schmuck: Ketten, Armreifen und Ohrringe aus Malachit sind sehr preisgünstig in Städten und Touristenzentren zu kaufen. Silberschmuck in europäischem Stil wird in einigen Silberschmieden nach Designvorlagen in relativ kurzer Zeit angefertigt (Silberschmiede Msasa, s. Regionalführer Harare).

Elfenbein: Für Schmuck und Zierat aus Elfenbein werden in Geschäften Zertifikate ausgestellt, die bestätigen, daß es sich um legal verarbeitetes und erworbenes Elfenbein handelt (über den letzten Stand der Einfuhrbestimmungen des Heimatlandes informiert im Zweifelsfall die Botschaft).

Textilien: T-Shirts werden in einer reichen Designauswahl und in guter Qualität in vielen Geschäften angeboten. Bedruckte oder gebatikte Stoffe, die sich als Tischdecken, Vorhang- oder Kleiderstoffe eignen, gibt es in vielen Souvenirläden und kleineren Kunstgewerbegeschäften. In zunehmendem Maße werden diese Stoffe auch zu Kleidung, Kissenbezügen u. ä. verarbeitet. In allen größeren städtischen Einkaufszentren, häufig auch an den Flughäfen, werden Häkeldecken aus Baumwolle in allen Größen sehr günstig angeboten.

Lederwaren: Hand- und Reisetaschen, Koffer und Gürtel aus strapazierfähigem Elefanten-, Büffel- und Rindsleder können in speziellen Ledergeschäften und Souvenirläden preisgünstig erstanden werden.

Musik: Schallplatten oder Kassetten gibt es in Musikgeschäften (z. B. bei Spinalong) und manchen Buchläden (z.B. Kingstons). Der billige Preis und die oft gute Musik entschädigen den Käufer für die mittelmäßige Qualität der Tonträger.

Elektrizität

Die Spannung beträgt 220/230 V Wechselstrom. Abgesehen von den Steckern für Rasierer in den Hotels gibt es dreipolige englische Steckdosen.

Essen und Trinken

Zimbabwe ist kein Reiseland für Gourmets, doch werden Steakliebhaber das gute Fleisch zu niedrigen Preisen genießen können; die Auswahl an vegetarischen Gerichten ist trotz reichhaltigem Gemüseangebot sehr beschränkt. Fischgerichte aus Forellen und Brassen sind am ehesten in Restaurants der Eastern Highlands zu empfehlen.

Wildgerichte aus Impala-Fleisch und Krokodilschwanz sind die einzigen nennenswerten kulinarischen Spezialitäten. Der *Crocodile Cocktail* mit Mayonnaise ist eine beliebte Vorspeise. Das *Crocodile Steak* wird als Hauptgericht serviert.

Die Mahlzeiten in Hotels orientieren sich an englischen Sitten: Das Frühstück ist sehr üppig; mittags gibt es meist eine Buffetauswahl, und die abendlichen Dinners sind mit drei bis vier Gängen äußerst reichhaltig.

Die traditionelle Küche – *sadza* (Maisbrei) mit *nyama* (Fleisch) und Gemüsebeilagen – hat bisher, mit Ausnahme des National Handicraft Centre in Harare, in die gängigen Restaurants noch keinen Einzug gehalten. Man kann sie in den ›Volksküchen‹ auf den Märkten, in Imbißstuben und bei Überlandfahrten in der Nähe der Bushaltestellen kosten, wo auch geröstete Maiskolben, hartgekochte Eier und Früchte der Saison angeboten werden.

Als Reiseproviant ist *biltong* (getrocknetes Rind- oder Wildfleisch) sehr geeignet und beliebt. *Biltong* wird in Supermärkten und in Fleischereien verkauft.

Alkoholische Getränke schenkt man in den ›*licenced*‹ Restaurants aus. Der Großteil des Angebotes stammt aus der lokalen Produktion: Das klare Lagerbier *(Castle, Lion, Blacklabel* und *Zambezi Spezial)* gleicht im Geschmack europäischen Bieren. Die zimbabwische Weinindustrie verbessert von Jahr zu Jahr ihre Produkte, von denen insbesondere die trockenen Weißweine *Mukuyu Paradis, Marapara, Mateppe Bin 16* und *Blanc de Noir* empfohlen werden können. Die Qualität der Rotweine ist noch mäßig; am ehesten sind der *Mukuyu Renaissance,* der *Mukuyu Nouveau* und der *Pinotage* zu empfehlen. Whisky, Cognac, Sherry, Portwein und Rum werden ebenfalls angeboten.

Chibuku, das traditionelle Bier, braut man aus Mais, bei besonderen Anlässen auch aus Hirse. Die dicklich trübe Konsistenz erinnert nur vage an das europäische Bier. *Chibuku* wird in Einwegtüten verkauft oder aus 2-l-Eimern getrunken, die in den lokalen Biergärten herumgereicht werden.

Als nichtalkoholische Getränke sind Coca Cola sowie verwandte Limonaden erhältlich, die selbst in den entlegensten Gegenden in kleinen Läden zu bekommen sind. Trotz reichem Fruchtangebot hat sich bis jetzt keine ›Saftkultur‹ entwickelt. *Rock shandy* ist ein erfrischender nichtalkoholischer Cocktail, der aus Limonade, Sodawasser und einem Spritzer Angostura-Bitters gemischt wird. Eine Abwandlung ist der *Malawi shandy,* bei dem anstelle der Limonade alkoholfreies Ginger-Bier benutzt wird.

Tee und Kaffee werden in allen Gaststätten serviert; während der Tee recht gut ist, schmeckt der Kaffee, der meistens aus *chikory* (Kaffee-Ersatz aus Zichorie) hergestellt wird, enttäuschend. Wer Bohnenkaffee möchte, sollte auf *100% pure coffee* bestehen.

Feiertage und Ferien

Feiertage sind Neujahr, Karfreitag, Ostermontag und der erste Weihnachtsfeiertag (25. 12.). Weitere Feiertage: Independence Day, 18. April; Public Holiday, 19. April; Workers' Day, 1. Mai; Africa Day, 25. Mai; Heroes Day, 11. August; Armed Forces Day, 12. August; Public Holiday, 13. August; Boxing Day, 26. Dezember. Schulferien: Anfang Dezember bis Mitte Januar, Mitte April bis Mitte Mai, Anfang August bis Mitte September.

Fotografieren

Ausreichend Filme und Ersatzbatterien sollten mitgebracht werden. Diafilme gibt es überhaupt nicht, und Farbnegativfilme werden häufig mit abgelaufenem Datum verkauft. Wegen der hohen Lichtintensität sind weniger lichtempfindliche Filme (19–21 DIN) zu empfehlen, wenn auch für Tieraufnahmen mit 24–27-DIN-Filmen bessere Resultate erzielt werden. Auf jeden Fall ist die Verwendung eines UV-Filters, eines Polarisationsfilters oder eines Skylightfilters zu empfehlen. Den unterschiedlichen Motiven wird am ehesten eine Spiegelreflexkamera mit Wechselobjektiven (Zoom von 35–85 mm und entweder einem weiteren Zoom von 80–200 mm oder einem Teleobjektiv von mindestens 200 mm) gerecht.

Die Filme sollte man erst zu Hause zur Entwicklung geben. Einige Geschäfte in den größeren Städten bieten zwar die Entwicklung von Farbnegativfilmen an, ihre Qualität läßt jedoch zu wünschen übrig. Bei technischen Problemen mit der Fotoausrüstung bietet Strachan's Photo Pharmacy, 66 Baker Avenue, Harare, fachliche Hilfe an.

Filme und Kamera sind unbedingt vor Hitze zu schützen; bei einem Kanutrip und für einen Ausflug an die Victoria Falls ist ein Wasserschutz empfehlenswert.

Die beste Zeit zum Fotografieren sind die frühen Morgen- und späten Nachmittagsstunden. Zur Mittagszeit aufgenommene Bilder zeigen wegen der grellen Sonne meistens einen Dunstschleier. Bei der Belichtung ist die hohe Lichtintensität zu beachten. Beim Fotografieren von dunklen Gesichtern eher überbelichten; grundsätzlich sollte bei Personenaufnahmen zuvor um die Einwilligung des Betreffenden gebeten und dessen Privatsphäre respektiert werden. Zimbabwer/innen lassen sich meist gerne fotografieren; viele wünschen, daß man ihnen einen Abzug zusendet.

Fotografierverbot besteht für militärische Objekte, Brücken, Telekommunikationsanlagen und Parlamentsgebäude. Das gleiche gilt für Soldaten und politische Veranstaltungen.

Frauen allein in Zimbabwe

Alleinreisende Frauen können Zimbabwe unbesorgt besuchen. Dezente Kleidung (knielanger Rock) zu tragen und einen Ehemann und Kinder zu erwähnen hilft, selbst in Bars nicht behelligt zu werden.

Geld

Die Währung Zimbabwe Dollar ist nach dem Dezimalsystem gegliedert. 100 *cents* = 1 Zimbabwe Dollar (Z$). Es gibt 1 *cent*, 5, 10, 20, 50 *cents* sowie 1-Dollar-Münzen und 2-, 5-, 10- und 20-Dollar-Scheine. Wechselkurs im September 1991: 1 Z$ = 0,34 DM.

Barclays, Standard Chartered und Grindleys Bank dominieren das Bankwesen in Zimbabwe und besitzen in allen Städten und Geschäftszentren Filialen. Öffnungszeiten: Mo, Di, Do, Fr 8–15, Mi 8–14 und Sa 8–11.30 Uhr (Adressen der Zentralen s. Regionalführer: Harare).

Schwarztausch wird Touristen besonders in den Fußgängerzonen von Harare und in Victoria Falls angeboten. Es ist davon abzuraten, auf entsprechende Angebote einzugehen, da Devisenvergehen mit hohen Strafen geahndet werden. Eine Liberalisierung des Devisenmarktes und die zukünftige Zulassung von Wechselstuben sind Teil eines 1991 begonnenen Strukturanpassungsprogramms.

Karten

Bei der Automobile Association AA (s. Automobilclub) sind insbesondere regionale Routenkarten zu bekommen, beim Department of the Surveyor General, Electra House, Samora Machel Avenue, ✆ 14/79 55 45, P.O. Box 8099, Harare, vor allem Wander- und Schiffahrtskarten in großem Maßstab. Ein Stadtplan von Harare ist im örtlichen Buchhandel erhältlich.

In Zimbabwe wurden 1982 die Städtenamen und 1990 die Straßen- und anderen Namen afrikanisiert.

Städtenamen

Neu	Alt
Chimanimani	Melsetter
Chinoyi	Sinoia
Chipinge	Chipinga
Chivu	Enkeldoom
Dete	Dett
Guruve	Sipolilo
Gweru	Gwelo
Harare	Salisbury
Hwange	Wankie
Kadoma	Gatooma
Kwekwe	Queque
Marondera	Marondellas
Masvingo	Fort Victoria
Matobo	Matopos
Mazowe	Mazoe
Mutate	Umtali
Mvurvi	Umvukwee
Nyanga	Inyanga
Shurugwi	Selukwe
Somabhula	Somabula
Zvishavana	Shabani

Damm- und Seenamen (Auszug)

Neu	Alt
Chivero	Hunyani Poort (Lake McIlwaine)
Manyame	Darwendale
Matobo	Matopos
Mutirikwe	Kyle
Ngezi	Palawan
Nyanga	Rhodes
Nyangwe	Mare
Rusape	Lesapi
Seke	Prince Edward

Kultur und Unterhaltung

Regelmäßige Ausstellungen von Gemälden und Skulpturen zeitgenössischer Künstler der

Region prägen das kulturelle Angebot. Seltener findet man gute Theateraufführungen. Traditionelle afrikanische Tänze werden den Touristen in Victoria Falls und im Chapungu Kraal in Harare vorgeführt.

Zu den interessanten Museen in Harare gehören die Nationalgalerie und das Nationalarchiv. In Bulawayo lohnt sich ein Besuch des Eisenbahnmuseums und der historischen und naturkundlichen Ausstellung des Nationalmuseums. Auskünfte über Kultur- und Naturvereinigungen, wie die Archäologische oder die Ornithologische Gesellschaft, erteilen die Nationalmuseen in Harare und Bulawayo. Eine umfassende Liste von Künstlergruppen und Kunstvereinen führt die National Arts Foundation of Zimbabwe, Robert Mugabe Road 95, P.O.Box UA 463, Harare, ✆ 14/70 78 98.

Die Kinos in Harare und Bulawayo zeigen aktuelle internationale Filme. Am Wochenende spielen zahlreiche Musikgruppen in den städtischen Tanzlokalen den typischen Zimbabwe Rock.

Spielcasinos gibt es in den Hotels Montclair in Juliasdale, Makasa Sun in Victoria Falls, Carribea Bay in Kariba und (gelegentlich) im Monomatapa in Harare.

Maße und Gewichte

Es gilt das metrische System, wenn auch vielfach noch nach englischem System gemessen wird.

1 *inch* (in)	=	2,540 cm
1 *foot* (ft)	=	0,305 m
1 *yard* (yd)	=	0,914 m
1 *mile* (mi)	=	1,609 km
1 *gallon* (gal)	=	4,546 l
1 *hectar* (ha)	=	10 000 qm
1 *acre* (ac)	=	4,047 qm
1 *ounce* (oz)	=	28,35 g
1 *pound* (lb)	=	453,59 g

Medien

Zeitungen und Zeitschriften: Das Angebot an lokalen englischsprachigen Zeitungen ist verhältnismäßig groß; internationale Tageszeitungen werden nur unregelmäßig in den großen Hotels verkauft.

Tageszeitungen sind der halbamtliche ›The Herald‹ (Verlagshaus in Harare) und ›The Chronicle‹ (Verlagshaus in Bulawayo), die beide zum staatlichen Zimbabwe Mass Media Trust gehören. In den meisten Provinzhauptstädten erscheinen lokale Tageszeitungen wie ›The Manica Post‹ in Mutare, ›The Midlands Observer‹ in Kwekwe und der ›Masvingo Provincial Star‹ in Masvingo. Sonntags kann man in Harare ›The Sunday Mail‹ und in Bulawayo ›The Sunday News‹ kaufen, ferner seit 1991 die ›Sunday Times‹ und die ›Weekend Gazette‹. Freitags erscheint die wirtschaftskritische, konservative Wochenzeitung ›Financial Gazette‹.

Lesenswert ist das monatlich publizierte Journal ›Moto‹: Das katholische Verlagshaus Mambo Press diskutierte in ›Moto‹ in der Zeit vor der Unabhängigkeit Menschenrechtsfragen und Grundsätze der Demokratie und kritisierte die rhodesische Regierung heftig. Die kritische Haltung behielt man auch der Regierung Zimbabwes gegenüber bei. Ferner sind die Monatszeitschriften ›Parade‹ und ›Horizon‹ zu nennen, die neben ihrem Unterhaltungscharakter (Musik- und Sportberichte) auch soziale und politische Themen aufgreifen.

Fachzeitschriften werden von diversen Interessenverbänden monatlich oder vierteljährlich verlegt, wie ›The Artist‹ für Kunstinteressierte, ›Zimbabwe Wildlife‹ für Naturliebhaber und verschiedene landwirtschaftliche Fachzeitungen.

Radio: Von den vier Radiosendern ist einer ›englisch‹ orientiert und überträgt klassische Musik sowie Haus- und Gartensendungen. Radio 2 sendet hauptsächlich die zimbabwische Hitparade und Nachrichten. Radio 3 legt seinen Schwerpunkt auf internationale Popmusik und Sportnachrichten. Radio 4 sendet landessprachlichen Schulfunk und Erziehungsprogramme.

Fernsehen: Die Zimbabwe Broadcasting Corporation betreibt zwei Sender: ZBC 1 zeigt vorwiegend lokale Produktionen und erzieherische Sendungen (häufig in den Landessprachen), ZBC 2 bringt amerikanische und englische Serien und Unterhaltungsfilme. Alle Nachrichten werden jeweils in Englisch, Shona und Ndebele gebracht.

National- und Naturparks

Zu den Touristenattraktionen Zimbabwes gehören die zahlreichen Nationalparks, Safari- und Erholungsgebiete, Gehege und botanischen Gärten. Eine Übersichtskarte findet sich auf S. 36 dieses Buches. Die Eintrittsgebühr, Übernachtungen und die Nutzung der Freizeitangebote wie Fischen, Ponyausritte, Wandern sind überaus preiswert.

Informationen und Buchung von National- und Naturparkbesuchen beim Department of National Parks and Wildlife Management (Öffnungszeiten: Mo–Fr 7.45–16.15 Uhr) in Harare: Central Booking Office, Jason Moyo Avenue, 93 B (Travel Center), P.O. Box 8151, Telegramm: ›Parklife‹, ✆ 14/70 60 77; in Bulawayo: Bulawayo Booking Agency, 140 A Fife Street, P.O. Box 2283, Telegramm: ›Parklife‹, ✆ 19/6 36 46. S. auch Safariunternehmen im Regionalteil.

Die rechtzeitige Buchung ist insbesondere für die Schulferien und für Feiertage sowie generell für Mana Pools, Lake Mutirikwe (Kyle), Lake Chivero (McIlwaine) und für das Maincamp von Hwange erforderlich. Einige Plätze werden wegen der besonders hohen Nachfrage sogar verlost. Üblicherweise sind 50% der Kosten spätestens zwei Wochen nach Buchung anzuzahlen und der Saldo bis 30 Tage vor dem gebuchten Termin zu begleichen. Bei der Buchungsbestätigung bekommt der Klient nützliches Informationsmaterial über den entsprechenden Park und die Unterkunft zugeschickt.

Unterkünfte in National- und Naturparks:
Chalets: die Kochstelle befindet sich außerhalb der Unterkunft; kein eigenes Bad
Cottages: mit Küche, Bad und WC; kein Geschirr vorhanden
Lodges: mit Küche, Bad, WC, Geschirr, Bett- und Tischwäsche
Camping Sites: gut gepflegte Plätze mit sauberen sanitären Anlagen und Feuerstellen

Cottages und *Lodges* werden vom Personal gesäubert, das auch Geschirr abwäscht.

Walking Safaris: Während der Trockenzeit bietet die Nationalparkverwaltung in ausgewählten Nationalparks (Chizarira, Mana Pools, Hwange, Gonarezhou) sehr preisgünstige Fußwanderungen für Kleingruppen an (Selbstversorgung), die von bewaffneten Führern begleitet werden. Das Angebot ist begrenzt und wechselt jährlich. Rechtzeitige Buchung ist erforderlich.

Richtpreise für die Benutzung von Parkeinrichtungen (Stand 1991):

Eintrittsgebühr:	0,50 DM/Tag/Person
Lodge:	ca. 20–30 DM/Nacht/bis zu sechs Personen
Cottage:	ca. 15–20 DM/Nacht/bis zu sechs Personen
Chalet:	ca. 10 DM/Nacht/bis zu sechs Personen
Campingplatz:	ca. 5 DM/Nacht/bis zu sechs Personen
Brennholz:	2 DM/Bündel
Walking Safari:	150 DM für Gruppen von bis zu sechs Personen

Verhalten im Park: Bei organisierten Safaris ist den Anweisungen des Führers unbedingt Folge zu leisten. Bei nicht geführten Safaris gilt grundsätzlich: Verlassen des Fahrzeugs nur an gekennzeichneten Plätzen. Fußsafaris ohne Führer sind nur in Mana Pools und Chizarira erlaubt. Gruppen gehen immer im ›Gänsemarsch‹. Tiere nur von der windabgewandten Seite aus sicherer Entfernung, wo möglich in Deckung durch einen Baum oder einen Termitenhügel, beobachten. Tiere keinesfalls füttern oder reizen und angemessenen Abstand halten. Nahrungsmittel stets verschlossen aufbewahren (Obst hat beispielsweise große Anziehungskraft auf Elefanten).

Besonders gefährlich sind einzelne Büffel, Elefantenkühe mit Jungen und verwundete Tiere. Bei einer überraschenden Begegnung mit Großwild und Raubkatzen sollte man keinesfalls davonrennen, sondern eine aufrechte Haltung bewahren und deutlich zurückweichen. Vorsicht an Fluß- und Seeufern vor Krokodilen: niemals länger am Wasser verweilen, Waschtätigkeiten immer mit Blick auf das Wasser durchführen.

Naturschutz

Auf Regierungsebene ist in Zimbabwe der Natural Resources Board für die Festlegung einer umfassenden Naturschutzpolitik verantwortlich. Die verschiedenen privaten Organisationen faßt die Dachorganisation Zimbabwe National Conservation Trust zusammen.

Die Wildlife Society of Zimbabwe gibt monatlich das Naturmagazin ›Zimbabwe Wildlife‹ heraus, das allen Mitgliedern – auch im Ausland – zugesandt wird. Sie unterhält kleinere Parks, die u. a. auf die Erziehung und Unterrichtung von (Schul-)Kindern ausgerichtet sind. Das Umweltbewußtsein von Schulkindern zu schärfen ist auch das Ziel des Environmental Education Wilderness School Trust, der Ferienlager für sozial benachteiligte Kinder im Zambezi-Tal veranstaltet.

Für die Rettung des von der Ausrottung bedrohten Nashorns treten v. a. der Verein Conservation 2000 und die Save the Rhino-Bewegung ein. Für die Erhaltung der Umwelt im Zambezi-Tal engagiert sich die Zambezi Society.

Entwicklungspolitische Gesichtspunkte verfolgen unter den lokalen Organisationen insbesondere die Environment and Development Activities – Zimbabwe (ENDA), deren Schwerpunkt angepaßte Technologien sind, und die Zimbabwe Energy Research Organisation (ZERO), die sich mit Problemen des Energieverbrauchs beschäftigt. Unter den internationalen Organisationen ist die International Union for the Conservation of Nature and Natural Resources (IUCN) besonders aktiv, die in Harare ein Regionalbüro eingerichtet hat und am CAMPFIRE-Programm beteiligt ist (s. S. 48).

Post

Der Versand und die Zustellung von Post funktionieren im Vergleich zu anderen afrikanischen Ländern zuverlässig und rasch. Briefe von und nach Europa benötigen etwa eine Woche.

Öffnungszeiten: Mo–Fr 8.30–16 Uhr (Hauptpostamt in Harare 8–16 Uhr), Sa bis 11.30 Uhr.

Poste Restante-Schalter gibt es in allen Hauptpostämtern. Hier sind auch Sonderbriefmarken erhältlich.

Preisniveau

1991 ist in Zimbabwe ein Strukturanpassungsprogramm angelaufen, das auf eine Liberalisierung der Wirtschaft abzielt. In diesem Zusammenhang steigen die Preise deutlich an, und sie werden nur zum Teil durch den gleichzeitigen Kursverfall des Z$ ausgeglichen. Ein Ende dieses Inflationsschubs ist zur Zeit nicht absehbar. Die Preise im Tourismussektor sind in den letzten Jahren zusätzlich aufgrund der erhöhten Nachfrage angestiegen. Generell sind Dienstleistungen, Lebensmittel, lokale Fertigwaren, Essen in Restaurants und Unterkünfte in Hotels der Unter- und Mittelklasse preiswerter als im europäischen Durchschnitt, während Importartikel wie Maschinen, Elektrogeräte und -teile, Fotozubehör, Luxusgegenstände und Spirituosen deutlich teurer sind. Die Kosten für Flüge, Automietung und Übernachtungen in Hotels der Ober- und Luxusklasse entsprechen dem europäischen Preisniveau.

Reiseveranstalter

In Harare, in den Provinzhauptstädten und generell in Touristenzentren gibt es eine große Auswahl an Reisebüros und Safariunternehmen, die Touren zu allen touristisch beliebten Zielen sowie Safaris anbieten. Die Reiseveranstalter sind durchweg bemüht, auf besondere Interessen der Kunden (z. B. im Bereich Sport) einzugehen.

Der Dienstleistungszweig ›Safari‹ ist einer der am schnellsten wachsenden Wirtschaftszweige des Landes; der ›Hotel and Conference Guide to Zimbabwe‹ (1990) führt mehr als 140 Safari- und Jagdunternehmen auf! Die Veranstalter mit regionalen Schwerpunkten werden in den jeweiligen Regionalteilen aufgelistet.

Sicherheit und Verhalten im Alltag

In Städten und Touristenzentren, besonders in Fußgängerzonen und in großen Menschenansammlungen, sollte man sich vor Taschendieben in acht nehmen! In ländlichen Gebieten ist die Sicherheit des Gastes ein wichtiges soziales Gebot.

Der Besucher sollte Höflichkeit und Achtung gegenüber den Älteren zeigen, indem er sie beispielsweise zuerst begrüßt.

Sperrzonen

Vereinzelte militärische Sperrgebiete gibt es entlang der Nordost- und Nordsüdgrenze zu Moçambique. Touristische Zentren sind jedoch nicht betroffen.

In Harare wird nachts von 18–6 Uhr die Chancellor Avenue vor der Residenz des Präsidenten gesperrt.

Telefonieren

Internationale Verbindungen werden – oft im Gegensatz zu Inlandsgesprächen außerhalb des regionalen Netzes – problemlos und schnell hergestellt. Gesprächspartner im Ausland können entweder direkt oder durch den Operator angewählt werden, der im Anschluß an das Gespräch die Gebühren mitteilt.

Internationaler Operator und Auskunft: 96. Für Gespräche von Zimbabwe nach Deutschland ist die Nummer 110–49, nach Österreich 110–43, in die Schweiz 110–41 vorzuwählen, wobei dann jeweils die Null der Ortsvorwahl wegzulassen ist. Für Gespräche nach Zimbabwe wählt man den internationalen Ländercode 263 plus die Ortsvorwahl ohne die erste Ziffer und dann die gewünschte Teilnehmernummer.

Ortsvorwahlen in Zimbabwe:

Bulawayo	19	Kadoma	168
Chegutu	153	Kariba	161
Chimanimani	126	Karoi	164
Chinhoyi	167	Kwekwe	155
Chiredzi	131	Makuti	163
Dete	118	Marondera	179
Gweru	154	Masvingo	139
Harare	14	Mutare	120
Hwange	181	Nyanga	129–8
Juliasdale	129	Victoria Falls	113

Trinkgeld

Zwischen 5–10% gibt man in Restaurants, an Taxifahrer u. ä. Für Hilfspersonal bei Safaris ist der Richtwert je nach erbrachter Dienstleistung 5 bis 10 DM/Tag.

Unterkunft

Hotels: Die Hotels in Zimbabwe besitzen durchweg einen hohen Standard und brauchen einen Vergleich mit europäischen Einrichtungen nicht zu scheuen. In Hotels der Luxus- und der gehobenen Klasse werden in Touristenzentren unterschiedliche Preise für Ausländer *(Non Residents)* und Einheimische *(Residents)* veranschlagt. Touristen zahlen für Übernachtungen etwa doppelt so viel wie Zimbabwer.

Die Preise für ein Einzel-/Doppelzimmer der *Non Residents*-Klasse betrugen im Herbst 1991 etwa:

Luxusklasse (*****): über 155/200 DM pro Nacht;

Hotels gehobener Kategorie (****/*** und nichtklassifizierte Ferienanlagen mit vergleichbarem Standard): 110/130 bis 155/220 DM;

Mittelklassehotels (**, auch gut geführte, nicht klassifizierte Hotels): 45/60 bis 110/130 DM;

Unterkünfte der Billigklasse (Hotels mit Einzel- und Doppelzimmern, Sanitäranlagen nach europäischem Muster und fließendem Wasser): 15/20 bis 45/60 DM.

Jugendherbergen gibt es nur in Harare und Bulawayo; sie können von jedermann benutzt werden; Vergünstigung mit internationalem Jugendherbergsausweis. Preis pro Nacht und Person: ca. 3 DM.

Gästehäuser sind Billigstunterkünfte mit Schlafräumen für zwei bis acht Personen sowie gemeinschaftlichen Sanitäreinrichtungen und Kochgelegenheiten. Preis: 3 bis 7 DM pro Nacht/Person.

Nationalpark-Unterkünfte: preiswerte Unterkünfte in *Cottages, Chalets* und *Lodges,* s. Nationalparks S. 353 f.

Ferienhäuser: Die Vermietung privater Häuser ist v. a. im östlichen Hochland verbreitet. Diese schön gelegenen, gut ausgestatteten Zweitwohnsitze von Weißen sind v. a. für Familien mit Kindern eine preiswerte Alternative zum Hotelaufenthalt.

Safari Camps: Entlang des Zambezi, am Ufer des Kariba-Sees und im Hwange National Park haben Safariunternehmen ständige Camps eingerichtet, die als komfortable und teure Ausgangspunkte für Safaris in die Umgebung dienen. Ein typisches *Camp* – manchmal auch als *Lodge* bezeichnet – besteht aus strohgedeckten Hütten in traditioneller Bauweise, einem Gemeinschaftsraum mit Bar, Sanitäranlagen mit fließendem Wasser und einem kleinen Schwimmbad.

Camping: Die zahlreichen gepflegten Campingplätze in den Städten und Nationalparks eignen sich hervorragend zum Zelten. Saubere Sanitäranlagen, meist mit fließendem Wasser, Grillplätze und Feuerstellen sind für die Plätze charakteristisch. Campingausrüstung vermietet: Rooneys Camping Centre, Seke Road 144, ✆ 14/70 35 15–8, 79 27 94.

Urlaubsaktivitäten

Fischen: Beliebte Reviere sind der Kariba-See (Tigerfisch), der Zambezi-Fluß (Brasse), die Stauseen des Highveld (Barsch) und das östliche Hochland (Forelle). Ein Großteil der für Angler interessanten Fische werden auf S. 32 f. und auf S. 215 beschrieben.

Die über hundert Anglervereine Zimbabwes faßt die National Angler's Union zusammen: P.O.Box 1123, Harare. Die geringen Lizenzgebühren (etwa 1 DM/Tag) sind in den Nationalparks an die Verwaltung zu entrichten, ansonsten an die Gemeindeämter. Angelscheine werden nicht benötigt. Über Einzelheiten informiert die Broschüre ›Fishing‹ der Zimbabwe Tourist Development Corporation. Nützliche Informationen enthält auch das Magazin ›The Zimbabwe Fisherman‹, P.O.Box 6204, Harare.

Golf: Mit 70 Golfplätzen, davon allein 14 im Umkreis von Harare, mit sehr billigen Eintrittsgebühren (3 DM/Spiel, Stand 1991) gilt Zimbabwe zunehmend als Golfer-Geheimtip Nummer eins. Fast alle Plätze stehen auch Nichtmitgliedern zur Verfügung, Ausrüstungen werden in den Städten, in größeren Hotels und auf vielen Golfplätzen verliehen (3 DM/Tag und Spieler). Einzelheiten können der Broschüre ›Golf‹ der Tourist Development Corporation entnommen werden.

Jagd: In Zimbabwe wird auf 17% der Landesfläche legal gejagt. Die Hauptjagdsaison dauert von März bis November.

Preise (Stand 1990) für Abschußgenehmigungen: 100 US$ für ein Buschschwein, 500 US$ für ein Zebra, 800 US$ für eine Elenantilope, 1500 US$ für eine Rappenantilope, 2000 US$ für einen Leoparden, 2500 US$ für einen Löwen, bis zu 4500 US$ für einen Elefanten. Jagden werden in der Regel nur mehrtägig angeboten.

Ein Jagdschein ist nicht erforderlich, aber die Begleitung durch einen staatlich geprüften einheimischen Jäger ist zwingend vorgeschrieben. Zur Einfuhr von Jagdwaffen s. Einreisebestimmungen, S. 315.

Auskünfte: The Provincial Warden (Hunting) Department of National Parks and Wildlife Management (Parkverwaltung), ✆ 707624, P.O.Box 8365, Harare. The Registration Office (Jagdregistratur): ✆ 706511, P.O.Box 8052, Harare. Zimbabwe Professional Hunters and Guides Association, ✆ 730771, P.O.Box UA 191, Harare, sowie Safariunternehmen, s. S. 323.

Reiten: Reiten (Polo) war seit jeher ein beliebter Zeitvertreib der weißen Farmer und wird bis heute eifrig ausgeübt. Größere Hotels (v. a. im östlichen Hochland), einige Nationalparks (Lake Mutirikwe, Lake Chivero, Nyanga, Matopos) und Safariunternehmen (Victoria Falls) bieten Reitausflüge zunehmend als Touristenattraktion an.

Tennis: Die meisten Hotels sowie alle Sportclubs bieten auch Nichtmitgliedern preiswerte Möglichkeiten zum Tennisspielen. Die angebotene Ausrüstung, sofern vorhanden, ist allerdings minderwertig; ambitionierte Spieler sollten daher eigene Schläger (und Bälle) mitbringen.

Wandern: Hervorragende Wandermöglichkeiten gibt es insbesondere im östlichen Hochland (Mt. Inyangani, Chimanimani Nationalpark), zumal hier keine gefährlichen Wildtiere leben und Wanderungen ohne Führer möglich sind. *Walking Safaris* durch wildreiche Parks, bei denen eine Kleingruppe mit einem bewaffneten, orts- und naturkundigen Führer mehrere Tage durch die Wildnis streift, erfreuen sich zunehmender Beliebtheit. Je nach Angebot wird die Ausrüstung entweder selbst getragen oder im Jeep transportiert. Informationen bei den Safariunternehmen Touch the Wild, Landela Safaris, Kingdom Safaris und Buffalo Safaris (s. S. 323).

Wassersport: Zimbabwe bietet eine Reihe attraktiver Wassersportmöglichkeiten. V. a. ist hier die aufregende Wildwasser-Schlauchbootfahrt auf dem Zambezi unterhalb der Victoria-Fälle zu nennen. Anspruchsvoll ist eine Kajakfahrt auf dem Oberlauf des Zambezi. Auf dem Unterlauf erfreuen sich Kanusafaris großer Beliebtheit. Segelfreunde können am Lake Kariba eine mehrtägige Yachtsafari buchen oder mit Surfbrettern vor den Hotelstränden kreuzen (s. Regionalführer). In Kariba kann auch Wasserski ausgeübt werden. Hinzuweisen ist generell auf die Verseuchung der Seen mit Bilharziose (s. S. 313 f.).

Wasserqualität

Leitungswasser kann in Hotels und Restaurants bedenkenlos getrunken werden. Bei einem Aufenthalt in ländlichen Gebieten, wo das Wasser nicht aus Brunnen, sondern aus Flüssen oder Wasserlöchern stammt, empfiehlt es sich, das Wasser abzukochen oder mit Micropur aufzubereiten.

Zeitunterschied

MEZ + 1 Std. im Winter; während der europäischen Sommerzeit besteht kein Zeitunterschied.

Erklärung der Fachbegriffe (Glossar)

ANC African National Congress; erste bedeutende Oppositionsbewegung der schwarzen Bevölkerung Zimbabwes; 1934 gegründet, 1959 verboten

ANC African National Council; 1971 als Dachorganisation der afrikanischen Oppositionsparteien gegründet, wurde sie unter ihrem Vorsitzenden Bischof Abel Muzorewa eine eigene Partei, die 1979 als United African Congress (UANC) in der Übergangsregierung von Zimbabwe-Rhodesien vertreten war

Balancing rocks Häufig vorkommende Form von ›Inselbergen‹; markante übereinander liegende Felsen, die durch Verwitterung der sie umgebenden Gesteins- und Erdmassen an die Oberfläche gelangten und dann erodierten

Bantu Wörtl. ›Mensch‹; Bezeichnung für die in Ost-, Zentral- und Südafrika vorherrschende Sprachfamilie, zu der u. a. Swahili, Zulu, Shona und Ndebele gehören

Chimurenga Shona-Bezeichnung für den bewaffneten Widerstand; historischer Begriff für den Befreiungskampf von 1896/97 (Erster Chimurenga) und für den Kampf gegen das rhodesische Regime 1965–1980 (Zweiter Chimurenga)

Common land Wörtl. ›allgemeines Land‹; ehemals den Weißen vorbehaltenes Farmland, das seit der Unabhängigkeit auch von Afrikanern erworben werden kann

Communal areas Kommunale Landgebiete, die aus den ehemals für Afrikaner bestimmten Gebieten (zunächst *native reserves,* dann *tribal trust land*) hervorgegangen sind

Game farming Form der Farmwirtschaft, wobei gleichzeitig Vieh und Wild gehalten werden, insbesondere Rinder gemeinsam mit Zebras und Antilopen

Game ranching Ausschließliche Weidehaltung von Wildtieren zwecks Jagd und Fleischgewinnung

Kalanga Eine Sprachgruppe der Shona, die südlich von Victoria Falls beheimatet ist

Kapstil Architektonischer Stil des frühen 20. Jh. in Südafrika (Kapstadt), für den Giebeldächer und weiße, glatte Fassaden charakteristisch sind

Karanga Eine südzentrale Sprachgruppe der Shona, die in Masvingo und Umgebung beheimatet ist

Korekore Eine Sprachgruppe der Shona im Nordwesten Zimbabwes

Kurova guva Zeremonielles Begräbnisfest, bei dem nach dem Glauben der Shona die Seele des Verstorbenen in die Familie zurückkehrt. Der Verstorbene übernimmt die Funktion eines Schutzgeistes für die Familie

Lobola Bezeichnung der Ndebele für die Werbegaben des Schwiegersohns an die Familie seiner Braut. Oft fälschlich mit

›Brautpreis‹ übersetzt, verbindet die *lobola* beide Familien und bietet der Frau im Fall einer Trennung materielle Unterstützung

Location Vorort eines Dorfes, der wie die → *townships* als Wohngebiet für Afrikaner angelegt wurde

Manyika Eine Sprachgruppe der Shona im Osten Zimbabwes

Mbira ›Daumenklavier‹; traditionelles Musikinstrument der Bantu mit verschieden langen, auf einem hölzernen Resonanzkörper befestigten Stahllamellen, die beim Zupfen einen zitherähnlichen Klang erzeugen. In Zimbabwe erlebte die *mbira*-Musik im Befreiungskampf (1965–1980) eine Renaissance

Mhondoro Ahnen- und Schutzgeister des Stammes der Shona

Mlimo Bezeichnung der Ndebele für das höchste göttliche Wesen

Muroyi (Mehrz.: *varoyi*) Für die Shona das Medium eines bösen Geistes, oft eine Frau, die anderen absichtlich Schaden zufügt und mit Hexerei assoziiert wird

Mutopo Totem- oder Clan-Name der Shona, der auf eine mystische Verwandtschaft zwischen Mensch und Naturobjekten verweist. Oft dienen Tiere als Totem. Das Totem ist durch Tabuvorschriften geschützt

Mwari Bezeichnung der Shona für den Schöpfer aller Dinge, der über den Ahnengeistern steht. Er wird nicht für individuelle Angelegenheiten, sondern für gesamtgesellschaftliche Belange und übergeordnete Dinge um Unterstützung gebeten

N'anga Traditioneller Heiler und/oder Weissager der Shona

National reconcilation Wörtl. ›nationale Versöhnung‹; Ausdruck für die Politik der schwarzen Regierung, die nach der Unabhängigkeit konstruktiv mit der weißen Bevölkerungsminderheit zusammenarbeitete, statt sich für die Auswüchse der Kolonialpolitik der Weißen zu rächen und mit Ausweisung, Enteignung u. ä. zu reagieren

Ndau Eine Sprachgruppe der Shona im Südosten Zimbabwes

Ndebele Sprachgruppe der südöstlichen Bantu, die sich aus der Zulu-Sprache entwickelt hat; wird im Südwesten Zimbabwes in/um Bulawayo gesprochen (ca. 18% der Gesamtbevölkerung)

Pungwe Shona-Begriff für nächtliche zeremonielle Feste, die im Befreiungskampf (1965–1980) als Ort der Begegnung zwischen Kämpfern und der örtlichen Bevölkerung einen wesentlichen Beitrag zur landesweiten Mobilisierung leisteten

Patriotic Front (PF) 1976 als gemeinsame Plattform von ZANU und ZAPU für die Genfer Friedenskonferenz gegründet. ZANU und ZAPU übernahmen die Abkürzung PF in ihre Parteinamen

Roora Shona-Bezeichnung für die Werbegaben des Schwiegersohns an die Familie seiner Braut (s. auch → *lobola*)

Royal Game Wörtl. ›königliches Wild‹; ein Begriff aus der Kolonialzeit, als die vom Königreich Großbritannien eingesetzte Kolonialverwaltung den Abschuß von Wild genehmigen mußte. Das Konzept des ›Royal Game‹ führte zu Konflikten zwischen der weißen Regierung und der afrikanischen Landbevölkerung, die unter den vom Wild verursachten Schäden litt, während die Weißen die ausschließlichen Nutznießer der Jagd waren

Sadza Maisbrei mit fester Konsistenz; ein Grundnahrungsmittel der Shona in Zimbabwe

San Jäger und Sammler der Steinzeit, die auf dem Hochplateau zwischen Zambezi und Limpopo lebten (›Buschleute‹)

Shave (Mehrz.: *mashave*) Für die Shona der Geist eines Unbekannten, der ohne die notwendigen Begräbnisrituale auf fremdem Boden verstarb. Häufig verleiht er seinem Medium besondere Eigenschaften, z. B. die des Heilens, des Tanzens oder besondere handwerkliche Fertigkeiten

Shona Bezeichnet die Sprache und die Gruppe der südzentralen Bantu; in Zimbabwe ca. 77% der Gesamtbevölkerung

Svikiro Medium eines Ahnengeistes *(mudzimu → vadzimu)*, häufig ein weibliches Familienmitglied

Township Stadtteil, der in der Kolonialzeit als Siedlung für Afrikaner angelegt wurde, während das Wohnen in der Stadt selbst den Weißen vorbehalten blieb

Unilateral Declaration of Independence UDI-Verfassung vom 11. 11. 1965; einseitige, verfassungswidrige Loslösung des Landes unter Führung von Ian Smith von der Kolonialmacht Großbritannien

Vadzimu (Einz.: *mudzimu*) Ahnen- und Schutzgeister der Shona-Familien

ZANU Zimbabwe African National Union; 1963 von Sithole gegründet, wird seit 1976 von Robert Mugabe geführt

ZANLA Zimbabwe African National Liberation Army; militärischer Flügel der ZANU während des Befreiungskampfes (1965–1980)

ZAPU Zimbabwe African People's Union; 1961 von Joshua Nkomo gegründet, ging 1987 in der ZANU (PF) auf

Zezuru Sprachgruppe der Shona im Zentrum des Landes, in/um Harare

ZIPRA Zimbabwe People's Revolutionary Army, militärischer Flügel der ZAPU während des Befreiungskampfes (1965–80)

Ortsregister

B = Botanische Schutzgebiete, E = Erholungsgebiete, G = Gehege, N = Nationalparks, S = Safarigebiete

Namensregister

Harare

1 African Unity Square
2 Parlament
3 Meikles Hotel
4 Touristeninformation
5 Anglikanische Kathedrale
6 The Mall
7 Gebäude der Versicherungsgesellschaft NEM
8 Alte Markthalle
9 Standard Chartered Bank
10 Faraday's Building
11 Store Brothers Building
12 Arnold Building
13 Rathaus
14 Oberster Gerichtshof
15 Munhumatapa Building
16 Mapondera Building
17 Karigamombe Shopping Centre
18 Charter House
19 Nationalgalerie
20 Les Brown Swimmingpool
21 Geologiemuseum
22 Nationalmuseum
23 Städtische Bücherei
24 Sheraton Hotel
25 Konferenzgebäude
26 Parteihauptquartier der ZANU
27 Courtould Theatre
28 Busbahnhof
29 Bahnhof
30 Hauptpost
31 Travel Centre, Air Zimbabwe
32 Nationalparkbüro
33 National Handicraft Centre
34 Polizeihauptquartier